よくわかるFPシリーズ

合格トレーニング

FP1技能士1級

学科基礎・応用

TAC FP講座 編

はじめに

　本書は、ファイナンシャル・プランニング技能検定1級学科試験の合格を目指すための問題集です。本書対応のテキスト「合格テキストFP技能士1級」でインプットした知識を効果的にアウトプットできるよう構成しています。

　ファイナンシャル・プランニング技能検定1級学科試験は、「基礎編」と「応用編」に分かれて実施されます。基礎編は、四肢択一形式の問題50問を150分で解答し、応用編は、大問5問に対して各3問の小問がついており、合計15問を150分で解答します。

　基礎編では、「年金・社保」分野からの出題は若干少ない傾向にありますが、そのほかは平均的に1分野あたり、8問から9問程度が出題されます。一方、応用編は、空欄補充形式による適語記述問題や数値計算問題のいずれかの形式で問われ、「ライフプランニングと資金計画・リスク管理」を除く5分野から出題されます。「タックスプランニング」や「不動産」、「相続・事業承継」などの分野では、毎回同じような設問形式で出題される問題もあり、過去問を事前に解いておくことは傾向を知るうえで非常に有効な手段となっています。

　本書は、本試験の出題傾向を踏まえ、過去の問題から合格するために必要かつ十分な数の良問を論点ごとにピックアップし、解説をつけるとともに、必要に応じて一部改題等を行っています。全6分野の基礎編、応用編の問題を一冊に収載することで、利用者の利便性をできる限り図りました。

　読者の皆様が本書を最大限に活用され、FP技能検定1級の合格をつかみとり、確かな知識に裏付けされたファイナンシャルプランナーとして活躍されることを心より祈念いたします。

2024年5月
TAC　FP講座

本書の特長・利用方法

本書は、各問ごとに問題パートと解答・解説パートがそれぞれ表裏に配置されているため、学習を進めるうえで最適の構成になっています。間違えた問題や不明な箇所は本試験までに復習して、マスターしましょう。

■問題パート（右ページ）

項目別に問題をまとめているので、学習したい論点に集中して取り組むことができます。

問題を解くたびにチェックを入れ、反復学習に役立てましょう。

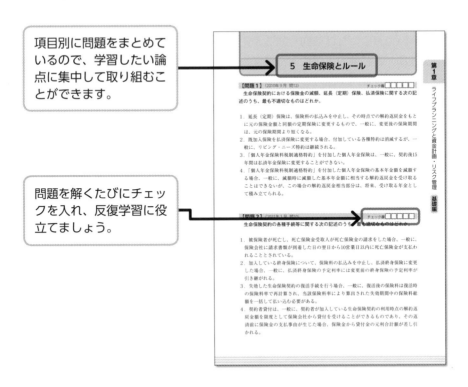

5　生命保険とルール

第1章　ライフプランニングと資金計画・リスク管理　基礎編

【問題1】（2010年9月 問12）　　　　　　　　　　チェック欄□□□□□
生命保険契約における保険金の減額、延長（定期）保険、払済保険に関する次の記述のうち、最も不適切なものはどれか。

1. 延長（定期）保険は、保険料の払込みを中止し、その時点での解約返戻金をもとに元の保険金額と同額の定期保険に変更するもので、一般に、変更後の保険期間は、元の保険期間より短くなる。
2. 既加入保険を払済保険に変更する場合、付加している各種特約は消滅するが、一般に、リビング・ニーズ特約は継続される。
3. 「個人年金保険料税制適格特約」を付加した個人年金保険は、一般に、契約後15年間は払済年金保険に変更することができない。
4. 「個人年金保険料税制適格特約」を付加した個人年金保険の基本年金額を減額する場合、一般に、減額して減額した基本年金額に相当する解約返戻金を受け取ることはできないが、この場合の解約返戻金相当分は、将来、受け取る年金として積み立てられる。

【問題2】（2011年1月 問10）　　　　　　　　　　チェック欄□□□□□
生命保険契約の各種手続等に関する次の記述のうち、最も適切なものはどれか。

1. 被保険者が死亡し、死亡保険金受取人が死亡保険金の請求をした場合、一般に、保険会社に請求書類が到着した日の翌日から10営業日以内に死亡保険金が支払われることとされている。
2. 加入している終身保険について、保険料の払込みを中止し、払済終身保険に変更した場合、一般に、払済終身保険の予定利率には変更前の終身保険の予定利率が引き継がれる。
3. 失効した生命保険契約の復活手続を行う場合、一般に、復活後の保険料は復活時の保険料率で再計算され、当該保険料率により算出された失効期間中の保険料総額を一括して払い込む必要がある。
4. 契約者貸付は、一般に、契約者が加入している生命保険契約の利用時点の解約返戻金額を限度として保険会社から貸付を受けることができるものであり、その返済前に保険金の支払事由が生じた場合、保険金から貸付金の元利合計額が差し引かれる。

■解答・解説パート（左ページ）

【問題1】 正解 **3**

1. **適 切** 延長（定期）保険に変更後の保険期間は、一般に元の保険期間より短くなる。なお、解約返戻金が多く、元の保険期間を超える場合には元の保険期間とし、満了日に生存保険金が支払われることとされている。

2. **適 切** 払済保険に変更する場合、各種特約は消滅するが、リビング・ニ…約は継続するのが一般的である。

3. **不適切** 「個人年金保険料税制適格特約」を付加した個人年金保険は、一般に、契約後**10年間**は…

4. **適 切** 「個人年金保険料税制適格特約」を付加した個人年金保険の基本年金額を減額する場合、解約返戻金を受け取ることはできず、年金開始日まで積み立てられる。

【問題2】 正解 **2**

1. **不適切** 被保険者が死亡し、死亡保険金受取人が死亡保険金の請求をした場合、一般に、保険会社に請求書類が到着した日の翌日から5営業日以内に死亡保険金が支払われることとされている。

2. **適 切** 払済保険に変更する場合、一般に、払済保険の予定利率には変更前の保険の予定利率が引き継がれる。

3. **不適切** 失効した生命保険契約の復活手続を行う場合、一般に、復活後の保険料は失効時の保険料率で再計算され、当該保険料率により算出された失効期間中の保険料総額を一括して払い込む必要がある。

4. **不適切** 契約者貸付は、一般に、契約者が加入している生命保険契約の利用時点の解約返戻金額の所定の範囲内（保険会社や保険種類で異なる）を限度として保険会社から貸付を受けることができるものであり、その返済前に保険金の支払事由が生じた場合、保険金から貸付金の元利合計額が差し引かれる。

肢ごとに問題を解く際の解説がついています。1つひとつ確認していきましょう。

おぼえておくべき重要語句・ポイントは太字になっています。しっかり押さえておきましょう。

※図はいずれもサンプルです。

FP技能士・1級試験のしくみ

1級FP技能検定　試験概要

試験実施団体	金融財政事情研究会（金財）	
試験科目と出題形式	【学科試験】	基礎編　マークシート方式による筆記試験、四答択一式
		応用編　記述式による筆記試験
	【実技試験】口頭試問形式	
受検資格	①２級技能検定合格者で、FP業務に関し１年以上の実務経験を有する者、②FP業務に関し５年以上の実務経験を有する者、③厚生労働省認定金融渉外技能審査２級の合格者で、１年以上の実務経験を有する者	
試験日	【学科試験】９月・１月・５月の年３回	
	【実技試験】６月・10月・２月の年３回	
試験時間	【学科試験】	基礎編　10：00~12：30
		応用編　13：30~16：00
	【実技試験】	面接開始約15分前に設例配布、各面接の１人当たり所要時間は約12分。
出題数と合格基準	【学科試験】基礎編　50問、応用編　５題、200点満点で120点以上	
	【実技試験】異なる設例課題に基づき２回面接、200点満点で120点以上	

1級試験お問い合わせ先　一般社団法人　金融財政事情研究会　検定センター
https://www.kinzai.or.jp/
TEL 03-3358-0771

1級FP技能士とCFP®

- ２級FP技能検定合格者で１年以上のFP実務経験を有する者
- ５年以上のFP実務経験を有する者

FP技能士１級学科試験を
受検・合格！

- AFP登録者
- FP協会が認めた大学で所定の単位を取得した者

CFP®資格審査試験を受検・合格！
↓
CFP®エントリー研修
↓
３年間の実務経験要件充足・日本FP協会登録により、CFP®として認定

実技試験を受検・合格！

1級FP技能士に！

目　次

第1章　ライフプランニングと資金計画・リスク管理

基礎編

第2章　年金・社会保険

基礎編

応用編

第3章　金融資産運用

基礎編

応用編

第4章　タックスプランニング

第5章　不動産

第6章　相続・事業承継

第1章

ライフプランニングと
資金計画・リスク管理

基礎編

1 FPの職業倫理・関連法規・係数の活用

【問題1】（2023年5月 問1）　　　　　　　　チェック欄☐☐☐☐☐

ファイナンシャル・プランニングを業として行ううえでの関連法規に関する次の記述のうち、関連法規に抵触するものはいくつあるか。なお、各関連法規において別段の定めがある場合等は考慮しないものとする。

(a) ファイナンシャル・プランナーのAさんは、官公庁が作成した転載を禁止する旨の表示がない広報資料をインターネットで入手し、その許諾を得ることなく、自身が開催した資産運用に関するセミナーのレジュメで出典を明記して使用した。

(b) 税理士の登録を受けていないファイナンシャル・プランナーのBさんは、顧客から配偶者控除と配偶者特別控除の適用要件を聞かれ、無償で所得税法の条文等を示しながら一般的な解説をした。

(c) 弁護士の登録を受けていないファイナンシャル・プランナーのCさんは、ひとり暮らしの高齢の顧客からの依頼により、任意後見契約を公正証書で締結した。

1．1つ
2．2つ
3．3つ
4．0（なし）

【問題2】（2013年1月 問1）　　　　　　　　チェック欄☐☐☐☐☐

ファイナンシャル・プランニングを行ううえでの関連法規に関する次の記述のうち、最も不適切なものはどれか。

1．不利益となるべき事実を告げずにする保険契約の乗換行為は、保険業法における保険契約の締結または保険募集に関する禁止行為にあたる。

2．個人情報の保護に関する法律での個人情報とは、生存する個人に関する情報に含まれている氏名、生年月日等により特定の個人を識別できるものをいう。

3．弁護士法は、弁護士の資格を持たない者が、報酬を得る目的で訴訟事件を取り扱うこと等、法律事務の取扱いを業とすることを原則として禁止している。

4．金融商品取引法は、金融商品取引業者として登録を受けていない者が投資助言・代理業を行うことは禁じているが、投資運用業を行うことは禁じていない。

(a) 抵触しない 官公庁の広報資料で転載が禁止されていないものを出典を明記して使用する場合、当該官公庁の許諾を得てなくても、著作権法に抵触しない。

(b) 抵触しない 税理士の登録を受けていない者が、税法の条文等を示しながら一般的な解説をすることは、税理士法に抵触しない。

(c) 抵触しない 任意後見契約の締結をするための特別な資格は不要である。したがって、弁護士の登録を受けていない者が、任意後見契約を締結することは弁護士法に抵触しない。

以上より、関連法規に抵触するものは0（なし）であり、正解は**4**となる。

1．適 切 保険業法では、保険募集人が不利益となるべき事実を告げずにする保険契約の乗換行為は禁止されている。

2．適 切 個人情報の保護に関する法律における個人情報は、生存する個人に関する情報で、氏名、生年月日等により特定の個人を識別できるものをいう。

3．適 切 弁護士の資格を持たない者が報酬を得る目的で法律事務の取扱いを業とすることは、禁止されている。

4．不適切 金融商品取引業者のうち投資運用業者として登録を受けている者でなければ、**投資運用業も**行うことは**できない**。

【問題3】（2024年1月　問1）　　　　　　　チェック欄 □□□□□

　Aさん（55歳、1969年1月3日生まれ）は、妻Bさん（50歳、1974年1月11日生まれ）との2人暮らしである。Aさんは65歳から20年にわたって、夫婦2人の公的年金と老後資金の取崩しの合計で毎年300万円を受け取りたいと考えている。Aさんの65歳から支給される公的年金の年金額が毎年180万円、妻Bさんの65歳から支給される公的年金の年金額が毎年75万円である場合、毎年300万円を受け取るためにAさんが65歳時点で準備する必要がある老後資金の金額として、次のうち最も適切なものはどれか。

　なお、取崩期間中の運用利率は年3％、取崩しは年1回行うものとする。また、下記の係数表を利用して算出し、計算過程および計算結果は万円未満を切り捨て、税金や手数料等は考慮しないものとする。

〈年3％の各種係数〉

	終価係数	現価係数	年金終価係数	減債基金係数	年金現価係数	資本回収係数
5年	1.1593	0.8626	5.3091	0.1884	4.5797	0.2184
20年	1.8061	0.5537	26.8704	0.0372	14.8775	0.0672

1．　　660万円
2．　　993万円
3．　1,012万円
4．　1,218万円

公的年金だけでは不足する資金を算出すればよい。

Aさんの70歳から15年間：300万円−（Aの年金180万円＋Bの年金75万円）＝45万円不足

したがって、20年にわたり45万円取り崩すための準備資金を求める。

45万円×14.8775（年3％、年金現価係数、20年）＝6,694,875円

→669万円…①

Aさんが70歳になるまでは、Bさんの年金は受給できないため、

Aさんの65歳から5年間：75万円不足

したがって、5年にわたり75万円取り崩すための準備資金を求める。

75万円×4.5797（年3％、年金現価係数、5年）＝3,434,775円

→343万円…②

毎年300万円を受け取るためにAさんが65歳時点で準備する必要がある老後資金の金額は、①と②の合計である。

①＋②＝**1,012万円**

【問題4】（2023年9月　問1）　　　　　　　　　　チェック欄 ☐☐☐☐☐

　Aさん（45歳）は、65歳から10年間にわたって毎年1,000千円を受け取るために、65歳までの20年間、年金原資を毎年均等に積み立てることを考えている。この場合、45歳から65歳までの20年間の毎年の積立額として、次のうち最も適切なものはどれか。

　なお、積立期間および取崩期間中の運用利回り（複利）は年3％とし、積立ておよび取崩しは年1回行うものとする。また、下記の係数表を利用して算出し、計算結果は千円未満を切り捨て、手数料や税金等は考慮しないものとする。

〈年3％の各種係数〉

	終価係数	現価係数	年金終価係数	減債基金係数	年金現価係数	資本回収係数
10年	1.3439	0.7441	11.4639	0.0872	8.5302	0.1172
20年	1.8061	0.5537	26.8704	0.0372	14.8775	0.0672
30年	2.4273	0.4120	47.5754	0.0210	19.6004	0.0510

1．317千円

2．372千円

3．412千円

4．435千円

【問題４】 正解 1

65歳時の年金原資

1,000千円×8.5302（年３％、年金現価係数、10年）＝8,530,200円

この金額を得るために20年間、毎年積み立てる金額

8,530,200円×0.0372（年３％、減債基金係数、20年）＝317,323.44円

→317千円

2　フラット35と教育資金

【問題1】（2023年9月 問7）　　　　　　　　チェック欄☐☐☐☐☐

　フラット35およびフラット35借換融資に関する次の記述のうち、最も適切なものはどれか。

1．一戸建て住宅は、原則として、敷地面積が70㎡以上で、かつ、敷地が一般の交通の用に供する道に2m以上接していなければ、フラット35の融資対象とならない。

2．70歳以上の者は、フラット35借換融資を申し込むことができない。

3．フラット35借換融資の申込者が所有し、かつ、申込者が利用するセカンドハウス（単身赴任先の住宅、週末を過ごすための住宅などで賃貸していないもの）を購入した際の借入金は、フラット35借換融資の対象とならない。

4．フラット35借換融資の申込者は、借換対象となる住宅に係る借入金の債務者と同一である必要があるが、借換融資の申込みにおいて債務者を追加して2人にすることができる。

【問題2】（2022年9月 問8改題）　　　　　　チェック欄☐☐☐☐☐

　住宅金融支援機構のフラット35およびリ・バース60に関する次の記述のうち、最も適切なものはどれか。

1．フラット35地域連携型には、フラット35地域連携型（子育て支援・空き家対策）とフラット35地域連携型（地域活性化）があり、利用するためには、住宅金融支援機構と連携する地方公共団体から、「フラット35地域連携型利用対象証明書」の交付を受ける必要がある。

2．フラット35維持保全型は当初5年間、フラット35の借入金利が引き下げられるが、フラット35Sと併用することはできない。

3．長期優良住宅でない住宅のリフォーム資金としてリ・バース60を利用する場合、債務者および連帯債務者が満60歳以上であれば、その融資限度額は、取扱金融機関にかかわらず「8,000万円」「住宅のリフォーム費用」「担保評価額（住宅および土地）の60％」のうち、最も低い額となる。

4．リ・バース60は、取扱金融機関にかかわらず申込者が生存中は毎月の返済は利息のみであり、申込者の死亡時における残債務については、担保物件の相続人が現金によって一括返済しなければならない。

1. 不適切 敷地面積の要件はない。なお、一戸建て住宅の床面積は70㎡以上が要件となっている。

2. 不適切 フラット35借換融資は、申込時の年齢が70歳未満でなければならないが、親子リレー返済を利用する場合、70歳以上でも申し込むことができる。

3. 不適切 フラット35借換融資はセカンドハウス（単身赴任先の住宅、週末等を過ごすための住宅等で賃貸をしていないもの）も対象である。

4. 適　切 フラット35借換融資の申込者は、借換対象となる住宅ローン債務者と同一であることが必要であるが、借換えに伴い、債務者を追加することができる。ただし、申込者は連帯債務者を含めて2人までである。

1. 適　切 フラット35地域連携型を利用するためには、地方公共団体に対しフラット35地域連携型利用対象証明書を申請し、交付を受けた当該証明書を金融機関に提出する必要がある。

2. 不適切 フラット35維持保全型とフラット35Sは併用できる。なお、フラット35維持保全型は、維持保全・維持管理に配慮した住宅や既存住宅の流通に資する一定の住宅を取得する場合、当初5年間、金利が年0.25％引き下げられる。

3. 不適切 長期優良住宅でない住宅のリフォーム資金としてリ・バース60を利用する場合、債務者および連帯債務者が満60歳以上であれば、その融資限度額は、取扱金融機関にかかわらず「8,000万円」「住宅のリフォーム費用」「担保評価額（住宅および土地）の50％または60％」のうち、最も低い額となる。

4. 不適切 申込者の死亡時における元金については、相続人が現金によって一括返済するだけでなく、担保物件の売却によって返済することもできる。担保物件の売却代金で返済した後に残った債務については、リコース型を選択すれば相続人が残債を返済する必要がある（ノンリコース型を選択すれば返済の必要がない）。

【問題3】（2023年1月 問8改題）　　　　　　　　チェック欄□□□□□

　日本政策金融公庫の教育一般貸付（国の教育ローン）等に関する次の記述のうち、最も不適切なものはどれか。

1．教育一般貸付の申込みにあたって、申込者の世帯で扶養している子が1人の場合、原則として世帯年収が790万円以下であることが要件となるが、新型コロナウイルス感染症の影響を受けて世帯の収入が減少したときは、世帯年収の上限額は990万円となる。

2．教育一般貸付の対象となる学校は、原則として、修業年限が6カ月以上の大学、大学院、専修学校、高等学校、高等専門学校等であるが、インターナショナルスクール等の各種学校や職業能力開発校は対象とならない。

3．教育一般貸付の資金使途は、対象となる学校の入学金、授業料だけでなく、受験料や受験時の交通費・宿泊費、在学のために必要となる住居費用、学生の国民年金保険料等が認められている。

4．国の高等教育の修学支援新制度は、給付型奨学金の支給と授業料・入学金の免除または減額（授業料等減免）の2つの支援からなる。住民税非課税世帯（第Ⅰ区分）およびそれに準ずる世帯（第Ⅱ～Ⅲ区分）の学生・生徒が支援の対象となる。第Ⅳ区分は、世帯年収600万円程度までの多子世帯と私立理工農系の学部に通う学生が支援の対象となる。

1. 適　切　2020年1月29日以降、新型コロナウイルス感染症による影響を受けて世帯収入（所得）が減少している者が国の教育ローンを申し込む場合、世帯年収（所得）の上限額が緩和される特例措置が適用される。

通常の場合		
子どもの人数	1人	2人
給与所得者の年間収入	790万円	890万円
事業所得者の年間収入	600万円	690万円

特例措置		
子どもの人数	1人	2人
給与所得者の年間収入	990万円	
事業所得者の年間収入	790万円	

2. 不適切　インターナショナルスクール（高校以上）、予備校、デザイン学校等の各種学校や職業能力開発校等の教育施設も対象となる。なお、大学の研究生・聴講生といった正規の学籍で在籍しない場合、防衛大学校や税務大学校といった学生が公務員として学校に通う場合は対象とならない。

3. 適　切　国の教育ローンの資金使途は、入学金、授業料、通学費用、パソコン購入費、下宿費用、学生の国民年金保険料等、幅広く認められている。

4. 適　切　高等教育の修学支援新制度は、①授業料等減免制度の創設、②給付型奨学金の支給の拡充を内容としている。①については、各大学等が一定の上限額まで授業料等の減免を実施し、②については、日本学生支援機構が一定額を各学生に支給する。

［支給の対象］・世帯年収600万円程度まで
・多子世帯（扶養する子が3人以上いる間、第1子から支援）
・私立の理工農系（文系との授業料差額に着目した支援）

【問題4】（2024年1月　問7）　　　　　　　　　チェック欄 ☐☐☐☐☐

　教育資金について年齢層別の教育費等の主な負担軽減等に関する次の記述のうち、最も不適切なものはどれか。

1．日本学生支援機構の入学時特別増額貸与奨学金は、第一種奨学金または第二種奨学金に加えて、入学した月の分の奨学金の月額に一時金として増額して貸与する有利子の奨学金である。
2．児童手当の額は、児童1人当たり月額1万円または1万5,000円であるが、一定金額以上の所得を有する者に支給される特例給付の額は5,000円である。
3．高等学校等就学支援金は、国立・公立・私立を問わず高等学校等に通う生徒等に対して授業料を支援する制度であり、支援金は生徒等の生計を維持する者に支払われる。
4．国の高等教育の修学支援新制度は、給付型奨学金の支給と授業料・入学金の免除または減額（授業料等減免）の2つの支援からなり、住民税非課税世帯およびそれに準ずる世帯の学生等が支援の対象となる。

1．適　切　なお、入学時特別増額貸与奨学金は、日本政策金融公庫の「国の教育ローン」に申し込んだが利用できなかった世帯の学生・生徒を対象としている。また、入学時特別増額貸与奨学金のみ貸与はできない。

2．適　切　所得制限限度額未満の児童手当の額は、次のとおりである。

児童の年齢	児童１人あたり月額
３歳未満	15,000円
３歳以上小学校修了前	10,000円 第３子以降は15,000円
中学生	10,000円

　所得制限限度額以上の特例給付は、児童１人につき月額5,000円である。

　なお、所得上限限度額以上の場合、支給されない。

（なお、2024年10月より、所得制限を撤廃、高校生年代まで延長、第３子以降は３万円に改正）

3．不適切　支援金は、学校設置者（都道府県、学校法人等）が生徒本人に代わって受け取り、授業料に充てるため、生徒や保護者が直接受け取るものではない。

4．適　切　高等教育の修学支援新制度は2020年４月より、「授業料・入学金の免除または減額」と「返還を要しない給付型奨学金の大幅拡充」の支援を目的としてスタートしている。住民税非課税世帯および準ずる世帯の学生等が対象となっている。

3　中小企業の資金計画・資金調達

【問題1】（2022年5月 問8）

チェック欄　□□□□□

キャッシュ・フロー計算書（間接法）に関する次の記述のうち、最も不適切なものはどれか。

1．「売上高の減少」「販売費及び一般管理費の増加」は、営業活動によるキャッシュ・フローが減少する要因となる。
2．「有形固定資産の取得」「投資有価証券の取得」は、投資活動によるキャッシュ・フローが減少する要因となる。
3．「自己株式の取得」「社債の償還」は、財務活動によるキャッシュ・フローが減少する要因となる。
4．「借入金の返済」は、フリー・キャッシュ・フローが減少する要因となる。

【問題2】（2023年5月 問8）

チェック欄　□□□□□

信用保証協会の保証制度に関する次の記述のうち、最も適切なものはどれか。

1．「経営安定関連保証（セーフティネット保証）」は、中小企業信用保険法に規定された8つの事由のいずれかにより経営の安定に支障が生じている中小企業者が、事業所の所在地の市町村長または特別区長の認定を受けた場合に利用することができる。
2．「借換保証」は、複数の借入金を1つにまとめて、返済期間を長期間とすることで、毎月の返済額の軽減を目的とした制度であり、借換えの際に、複数の借入金残高の合計額以上の融資を受けることはできない。
3．「創業関連保証」は、新たに創業しようとする者であって18歳以上40歳未満の者に限り利用することができるが、経営実績がない創業時に融資を受けるためには、事業計画書が必要となる。
4．「事業承継特別保証」は、その利用にあたって、原則として経営者保証が必要であるが、一定の期間内に事業承継を実施する法人は、経営者保証のない借入金に係る借換資金に限り、経営者保証は不要である。

1. 適 切　営業活動によるキャッシュ・フローは、企業が本業によって得たキャッシュ・フローを表す。売上高、仕入高、販売費及び一般管理費、売上債権、支払債務、法人税等の増減が営業活動によるキャッシュ・フローに影響を及ぼす。

2. 適 切　投資活動によるキャッシュ・フローは、有形・無形減価償却資産の取得や売却、有価証券等の取得や売却等による資金の動きを表示する。

3. 適 切　財務活動によるキャッシュ・フローは、借入れ、社債の発行・償還、新株発行、自己株式の取得など、資金の調達および返済による資金の動きを表示する。

4. 不適切　借入金の返済は財務活動によるキャッシュ・フローの変動要因であり、フリー・キャッシュ・フローの変動要因ではない。フリー・キャッシュ・フローとは、営業活動によるキャッシュ・フローと投資活動によるキャッシュ・フローの合計をさす。

1. 適 切　経営安定関連保証（セーフティネット保証）は、次の8つの事由のいずれかに該当する特定中小企業者が市区町村長または特別区長の認定を受けた場合に利用することができる。
① 連鎖倒産防止
② 取引先企業のリストラ等の事業活動の制限
③ 突発的災害（事故等）
④ 突発的災害（自然災害等）
⑤ 業況の悪化している業種（全国的）
⑥ 取引金融機関の破綻
⑦ 金融機関の経営の相当程度の合理化に伴う金融取引の調整
⑧ 金融機関の整理回収機構に対する貸付債権の譲渡

2. 不適切　借換保証では、借換えの際に、新たな資金を上乗せして融資を受けることができるため、複数の借入金残高の合計額を超えることもある。

3. 不適切　創業関連保証を利用する者に年齢制限は設けられていない。

4. 不適切　事業承継特別保証に経営者保証は不要である。なお、一定の期間内に事業承継を実施する法人は、事業承継前に受けた経営者保証がある融資を、経営者保証のない事業承継特別保証に借り換えることが可能である。

【問題3】（2015年1月　問8）　　　　　　　　　　チェック欄 ☐☐☐☐☐

中小企業の資金調達に関する次の記述のうち、**最も不適切なもの**はどれか。

1．信用保証協会保証付融資（マル保融資）の対象となる企業は、建設業の場合、資本金3億円以下または常時使用する従業員数300人以下のいずれかを満たす必要がある。

2．信用保証協会保証付融資（マル保融資）の一般保証限度額は、普通保証1億円と無担保保証8,000万円を合わせた1億8,000万円である。

3．日本政策金融公庫の中小企業経営力強化資金（中小企業事業）は、自ら事業計画の策定を行い、認定経営革新等支援機関の指導や助言を受けている中小企業者に対して、事業計画の実施のために必要とする設備資金および長期運転資金を融資する制度である。

4．ABL（動産・債権担保融資）は、企業の保有する債権や在庫・機械設備等の動産を担保として資金調達する方法であり、担保の対象となる債権には、売掛債権のほか、診療報酬債権や工事請負代金債権などがある。

第1章　ライフプランニングと資金計画・リスク管理 基礎編

1.適 切 信用保証協会保証付融資（マル保融資）の対象となる企業は、資本金または常時使用する従業員のいずれか一方が、以下に該当する企業である。

業　種	資本金	従業員数
製造業など（建設業・運送業・不動産業を含む）	3億円以下	300人以下
ゴム製品製造業	3億円以下	900人以下
卸売業	1億円以下	100人以下
小売業・飲食業	5,000万円以下	50人以下
サービス業	5,000万円以下	100人以下
ソフトウェア業／情報処理サービス業	3億円以下	300人以下
旅館業	5,000万円以下	200人以下
医業を主たる事業とする法人	－	300人以下

2.不適切 信用保証協会保証付融資（マル保融資）の一般保証限度額は、**普通保証2億円**と**無担保保証8,000万円**を合わせた**2億8,000万円**である。

3.適 切

4.適 切 ABL（動産・債権担保融資）は、企業の保有する債権や動産を担保として資金調達する方法であり、担保となる債権には、売掛債権、診療報酬債権、工事請負債権などがある。また、担保となる動産には、商品、在庫、機械設備、農畜産物などがある。

4 リスクマネジメントと保険制度

【問題1】（2023年5月 問9）　チェック欄□□□□□

保険募集人の募集行為に関する次の記述のうち、**最も不適切な**ものはどれか。

1．銀行等が保険募集人として保険募集を行う場合、融資先募集規制により、当該銀行等の事業性資金の融資先に対し、生命保険の募集をいっさいすることはできない。
2．投資性の高い保険（特定保険契約）の募集には、金融商品取引法の販売・勧誘ルールが準用され、「適合性の原則」「契約締結前・契約締結時交付書面の交付」等が義務付けられている。
3．乗合代理店は、比較可能な同種の保険商品のなかから顧客の意向に沿った保険商品を選別して提案をしようとする場合、乗合代理店が取り扱う保険商品のうち顧客の意向に沿った比較可能な同種の保険商品の概要や当該提案の理由を説明しなければならない。
4．金融庁の「保険会社向けの総合的な監督指針」では、高齢者に対する保険募集について、「親族等の同席」「複数の保険募集人による保険募集」「高齢者本人の意向に沿った商品内容等であることの確認」等の取組みを実行するよう求めている。

【問題2】（2015年1月 問9）　チェック欄□□□□□

損害保険の募集行為等に関する次の記述のうち、**最も不適切な**ものはどれか。

1．コールセンターのオペレーターが行う、事務手続についての説明行為は、損害保険募集人の登録をしていない者でも行うことができる。
2．保険契約の契約条項のうち重要な事項は、「契約概要」と「注意喚起情報」に分類して告げることとされている。
3．保険法では、一部の事業リスクに係る保険契約を除いて、すべての保険契約を対象に、保険法の規定よりも保険契約者等に不利な内容の約款の定めは無効とする片面的強行規定が設けられている。
4．保険期間1年の火災保険契約の場合、申込者（保険契約者）が個人であるときは、クーリング・オフ制度により、保険契約の申込みの撤回等をすることができる。

1. **不適切** 一時払終身保険、一時払養老保険、積立傷害保険、積立火災保険等および事業関連保険（銀行等のグループ会社を保険契約者とするものに限る）などの保険募集は行うことができる。

2. **適 切** 変額保険、変額年金保険、外貨建て保険、MVA機能を有する保険等の特定保険契約については、金融商品取引法が準用されるため、保険募集に際し、適合性の原則、契約締結前・契約締結時交付書面の交付等が義務付けられている（保険業法300条の2）。

3. **適 切** 顧客自身が意向に沿う商品を選択するために、乗合代理店は、比較可能な商品の概要を明示し、顧客の求めに応じて商品内容を説明しなければならない。また、顧客の意向に合致している商品の中から、保険募集人の判断により絞込みを行った場合には、商品特性や保険料水準などの客観的な基準や理由等についての説明も必要である。

4. **適 切** 金融庁の「保険会社向けの総合的な監督指針」では、高齢者に対する保険募集について、次の具体的な取組みの実行を求めている（監督指針Ⅱ－4－4－1－1(4)）。
   ① 保険募集時に親族等の同席を求める方法
   ② 保険募集時に複数の保険募集人による保険募集を行う方法
   ③ 保険契約の申込みの検討に必要な時間的余裕を確保するため、複数回の保険募集機会を設ける方法
   ④ 保険募集を行った者以外の者が保険契約申込の受付後に高齢者へ電話等を行うことにより、高齢者の意向に沿った商品内容等であることを確認する方法

1. **適 切** 次の行為のみを行う場合は、保険募集人の登録は不要である。
   ・保険募集人の指示を受けて行う、商品案内チラシの単なる配布
   ・コールセンターのオペレーターが行う、事務的な連絡の受付けや事務手続等についての説明行為
   ・金融商品説明会における、一般的な保険商品の仕組み、活用法等についての説明

2. **適 切** 保険契約の契約条項のうち重要な事項は、「契約概要」と「注意喚起情報」に分類し、告げなければならない。

3. **適 切** 保険法では、一部の事業リスクに係る保険契約を除いて、保険法の規定よりも保険契約者等に不利な内容の約款の定めは無効とする片面的強行規定が設けられている。

4. **不適切** 保険期間が1年以内の契約は、個人契約であってもクーリング・オフ制度が適用されないため、保険契約の申込みの撤回等をすることはできない。

【問題3】（2022年9月 問9）　　　　　チェック欄□□□□□

保険業法に定める保険契約の申込みの撤回等（クーリング・オフ制度）に関する次の記述のうち、適切なものはいくつあるか。なお、各選択肢において、申込者は個人であり、ほかに必要とされる要件等はすべて満たしているものとする。

(a) 保険会社が指定する医師による診査が終了して生命保険契約を申し込んだ場合や健康診断書を提出して生命保険契約を申し込んだ場合、クーリング・オフ制度により当該生命保険契約の申込みの撤回等をすることができない。

(b) 既に加入している生命保険契約の特約の更新手続を行った場合、クーリング・オフ制度により当該生命保険契約の特約の更新手続の撤回等をすることができる。

(c) 保険期間5年の火災保険契約を申し込んだ場合、クーリング・オフ制度により当該火災保険契約の申込みの撤回等をすることができない。

1．1つ
2．2つ
3．3つ
4．0（なし）

【問題4】（2024年1月 問9）　　　　　チェック欄□□□□□

保険業法および金融庁の「保険会社向けの総合的な監督指針」に関する次の記述のうち、最も不適切なものはどれか。

1．書面の交付またはこれに代替する電磁的方法により、顧客に情報の提供を行うにあたって、同一媒体を用いて一体で「契約概要」および「注意喚起情報」を記載する場合、それぞれに記載すべき内容を明瞭に区分して表示しなければならない。

2．保険期間が1カ月以内であり、かつ、被保険者が負担する保険料の額が1,000円以下である保険契約の募集においては、顧客の意向の把握を要しない。

3．特定保険契約の募集に際しては、加入の動機やニーズ、資産、収入等の財産の状況だけでなく、投資性金融商品の購入経験の有無およびその種類等、顧客の属性等の的確な把握を行うことが求められる。

4．保険会社においては、「自然災害」「営業上のトラブル」「人事上のトラブル」等に加え、口コミ、インターネット等による「風評」による危機に対しても危機管理マニュアルの策定が求められる。

【問題3】　正解 **4**

(a) 不適切　保険会社が指定する医師による診査が終了した場合、クーリング・オフ制度は適用されないが、健康診断書を提出して申し込んだ場合、所定の要件を満たせばクーリング・オフ制度は適用される。

(b) 不適切　既契約の特約の中途付加・更新・保険金額の中途増額を行った場合は、クーリング・オフ制度の適用外である。

(c) 不適切　保険期間が1年を超える契約は、クーリング・オフ制度が適用される。

以上より、適切なものは0（なし）であり、正解は**4**となる。

【問題4】　正解 **1**

1．不適切　「契約概要」と「注意喚起情報」について、同一媒体を用いて一体で記載する場合には、明瞭に区分しなくても、当該情報を「契約情報」として表示することで足りる。

2．適　切　保険期間が1カ月以下かつ被保険者が負担する保険料が1,000円以下の保険契約において、顧客の意向把握や意向確認が不要となる。ただし、契約者と被保険者が異なる契約においては契約者に意向把握や意向確認をする必要がある。

3．適　切　変額保険、変額年金保険、外貨建て保険、MVA機能を有する保険等の特定保険契約の募集に際しては金融商品取引法が準用されるため、適合性の原則を遵守する必要がある。

4．適　切　保険会社の危機管理態勢に重大な問題がないかを検証する際に、危機管理マニュアルを策定して、業務実態やリスク管理の状況等を見直すように金融庁が求めている。なお、危機管理マニュアルの策定においては、「自然災害」「営業上のトラブル」「人事上のトラブル」等に加えて、口コミ、インターネット等による「風評」などの危機に対応しなければならない。

【問題5】（2022年5月 問9）　　　　　　　チェック欄 ☐☐☐☐☐

生命保険契約者保護機構に関する次の記述のうち、適切なものはいくつあるか。

（a）生命保険契約者保護機構による補償の対象となる生命保険契約は、高予定利率契約を除き、保険会社破綻時の責任準備金等の80%まで補償される。

（b）かんぽ生命保険の生命保険契約は、生命保険契約者保護機構の補償の対象とならないが、別途、保険金等の支払に関する政府保証がある。

（c）国内で事業を行う生命保険会社において加入した外貨建終身保険は、生命保険契約者保護機構の補償の対象とならない。

1．1つ
2．2つ
3．3つ
4．0（なし）

【問題6】（2023年5月 問10）　　　　　　　チェック欄 ☐☐☐☐☐

保険契約者保護機構に関する次の記述のうち、最も適切なものはどれか。

1．国内で事業を行うJA共済等の各種共済、少額短期保険業者は、募集する共済等の種類に応じて生命保険契約者保護機構または損害保険契約者保護機構に加入しなければならない。

2．生命保険契約者保護機構による補償の対象となる生命保険契約のうち、年金原資が保証されている変額個人年金保険については、高予定利率契約を除き、生命保険会社破綻時の年金原資保証額の90%まで補償される。

3．損害保険契約者保護機構による補償の対象となる損害保険契約のうち、任意加入の自動車保険については、損害保険会社破綻後3カ月以内に保険事故が発生した場合、支払われるべき保険金の全額が補償される。

4．損害保険契約者保護機構による補償の対象となる損害保険契約のうち、傷害保険や所得補償保険は、高予定利率契約を除き、損害保険会社破綻時の責任準備金等の80%まで補償される。

(a) 不適切 生命保険契約者保護機構による補償の対象となる生命保険契約は、高予定利率契約を除き、保険会社破綻時の責任準備金等の90%まで補償される。

(b) 不適切 かんぽ生命保険の生命保険契約は、生命保険契約者保護機構の補償の対象となる。

(c) 不適切 国内における元受保険契約である外貨建の保険は、生命保険契約者保護機構の補償の対象となる。

以上より、適切なものは0（なし）であり、正解は**4**となる。

1．不適切 各種共済、少額短期保険業者は、保険契約者保護機構の加入の対象外である。

2．不適切 補償対象契約については、国内における元受保険契約で、運用実績連動型保険契約の特定特別勘定部分以外について、破綻時点の責任準備金等の90%（高予定利率契約等を除く）まで補償される。年金原資が保証されている契約の年金原資保証額の90%までが補償されるわけではない。

3．適　切 個人が締結した火災保険・賠償責任保険や、任意加入の自動車保険（契約者が個人であると法人であるとを問わない）などについては、損害保険会社破綻後3カ月以内に保険事故が発生した場合、支払われるべき保険金の全額が補償される。

4．不適切 傷害保険や所得補償保険（契約者が個人であると法人であるとを問わない）については、高予定利率契約を除き、損害保険会社破綻時の保険金の90%まで補償される。なお、高予定利率契約の場合、補償割合は90%から追加で引き下げられる。

【問題7】（2023年9月　問10）　　　　　チェック欄 ☐☐☐☐☐

　生命保険会社の健全性・収益性に関する指標等に関する次の記述のうち、最も不適切なものはどれか。

1．責任準備金の積立方式のうち、チルメル式では、事業費を初年度に厚くし、初年度以降、一定の期間で償却すると想定し、責任準備金を計算する。
2．基礎利益は、保険会社の基礎的な期間損益の状況を表す指標であり、経常利益に有価証券売却損益等の「キャピタル損益」を加えて、危険準備金繰入額等の「臨時損益」を除いて算出される。
3．EV（エンベディッド・バリュー）は、保険会社の企業価値を表す指標であり、貸借対照表などから計算される「修正純資産」と保有契約から将来生じる利益の現在価値である「保有契約価値」を合計して算出される。
4．実質純資産額は、有価証券や有形固定資産の含み損益等を反映した時価ベースの資産の合計から、価格変動準備金や危険準備金等の資本性の高い負債を除いた負債の合計を差し引いて算出される。

【問題8】（2022年1月　問9）　　　　　チェック欄 ☐☐☐☐☐

　生命保険会社の健全性・収益性に関する指標に関する次の記述のうち、適切なものはいくつあるか。

（a）実質純資産額は、有価証券や有形固定資産の含み損益などを反映した時価ベースの資産の合計から、価格変動準備金や危険準備金などの資本性の高い負債を除いた負債の合計を差し引いて算出され、保険会社の健全性の状況を示す行政監督上の指標の1つである。
（b）ソルベンシー・マージン比率は、保険会社が有する保険金等の支払余力を表す指標であり、この値が200％を下回った場合には、金融庁による業務改善命令等の早期是正措置の対象となる。
（c）基礎利益は、保険会社の基礎的な期間損益の状況を表す指標であり、経常利益から「キャピタル損益」と「臨時損益」を除いて算出される。

1．1つ
2．2つ
3．3つ
4．0（なし）

1．適　切　責任準備金の積立方式であるチルメル式は、保険会社の事業費は、営業職員・代理店への報酬、保険証券の作成費用、医師への診査手数料などの経費の支払いによって契約初年度が多額になることを考慮し、初年度の事業費を厚くした上で、一定の期間で償却する方法である。

2．不適切　基礎利益は、経常利益から有価証券の売却損益などの「キャピタル損益」と「臨時損益」を控除して求める。

3．適　切　EV(エンベディット・バリュー)は、「修正純資産」と「保有契約価値」の合計で算出される。

4．適　切　実質純資産額（実質資産負債差額）とは、有価証券や有形固定資産の含み損益などを反映した時価ベースの資産の合計から、価格変動準備金や危険準備金などの資本性の高い負債を除いた負債の合計を差し引いて算出されるもので、この値がマイナスとなった場合、金融庁による業務改善命令の対象となる指標の1つである。

(a) 適　切

(b) 適　切

(c) 適　切

　したがって、適切なものは3つであり、正解は**3**となる。

【問題9】（2023年1月 問9）　チェック欄☐☐☐☐☐

保険法に関する次の記述のうち、最も不適切なものはどれか。

1．保険契約者の配偶者を被保険者とする終身保険について、保険契約を締結する場合や契約締結後に保険金受取人を変更する場合、当該配偶者の同意がなければ、その効力は生じない。
2．損害保険の契約締結後に保険価額が著しく減少して保険金額を下回った場合、保険契約者は、保険者に対して、契約締結時に遡って保険金額および保険料の減額を請求することができる。
3．損害保険契約における保険者は、保険事故による損害が生じた場合、当該損害に係る保険の目的物が当該損害の発生後に保険事故ではない理由により滅失したときであっても、当該損害をてん補しなければならない。
4．保険契約者または被保険者の告知義務違反があった場合、保険者の保険契約の解除権は、保険者が解除の原因があることを知った時から1カ月間行使しないとき、または保険契約の締結の時から5年を経過したときに消滅する。

【問題10】（2017年1月 問9）　チェック欄☐☐☐☐☐

保険法に関する次の記述のうち、最も不適切なものはどれか。

1．保険契約者または被保険者になる者は、生命保険契約の締結に際し、保険事故の発生の可能性に関する重要な事項のうち保険者になる者が告知を求めたものについて、事実の告知をしなければならないとされている。
2．保険金受取人が保険金を請求する権利および保険契約者が保険料の返還を請求する権利は、時効により2年で消滅するとされている。
3．生命保険契約の保険契約者は、被保険者の同意を得て、法律上有効な遺言により、死亡保険金受取人を変更することができるとされている。
4．保険法の規定は、原則として同法施行日以後に締結された保険契約に適用されるが、重大事由による解除に関する規定は、同法施行日よりも前に締結された保険契約にも適用される。

【問題9】 正解 2

1．適 切 保険金受取人を変更する場合には、被保険者の同意が必要である。したがって、被保険者である配偶者の同意がなければ、その効力は生じない。

2．不適切 片面的強行規定により、保険価額が著しく減少した場合は、契約者が保険会社に対して保険金額の減額を申し出ることができる。但し、減額後の保険金額に対応する保険料が減額されるのみで、締結時に遡る訳ではない。

3．適 切 保険の対象が保険事故ではない理由で滅失した場合であっても、滅失前に生じた保険事故による損害においては、保険金支払い義務が生じる。

4．適 切 一般的に、保険会社の保険約款において告知義務違反の時効は契約締結時から2年とされているが、保険法での時効は5年である。なお、保険会社が解除の原因を知った時から1カ月間解除権を行使しない場合も消滅する。

【問題10】 正解 2

1．適 切 保険契約者または被保険者は、生命保険契約の締結に際し、保険事故の発生の可能性に関する重要な事項のうち保険者になる者が告知を求めたものについて、事実の告知をしなければならない。

2．不適切 保険法によれば、保険金受取人が保険金を請求する権利および保険契約者が保険料の返還を請求する権利は、時効により**3年**で消滅することとされている。

3．適 切 保険契約者は、被保険者の同意を得て、法律上有効な遺言により、死亡保険金受取人を変更することができる。

4．適 切 重大事由による解除に関する規定は、保険法施行日前に締結された保険契約にも適用される。

【問題11】（2012年9月 問10）　　　　　　　チェック欄

　保険法および保険業法に関する次の記述のうち、最も不適切なものはどれか。

1．保険法は、保険契約に関する一般的なルールを定めた法律で、保険契約の締結から終了までの間における、保険契約における関係者の権利義務等を定めている。
2．保険業法は、保険業の公共性にかんがみ、保険業を行う者の業務の健全かつ適切な運営および保険募集の公正を確保することにより、保険契約者等の保護を図り、もって国民生活の安定および国民経済の健全な発展に資することを目的とする。
3．保険法によれば、保険金受取人が保険金を請求する権利または保険契約者が保険料の返還を請求する権利は、時効により2年で消滅する。
4．保険法には、質権者・差押債権者・破産管財人など、当事者以外の解除権者による解除（解約）請求に対し、保険金受取人が一定要件のもと、保険契約を存続させることができる介入権制度が設けられている。

1. **適　切**　保険法は、保険契約に関する一般的ルールを定めた法律である。

2. **適　切**　保険業法は、主に保険業者の守るべきルールを定めた法律である。

3. **不適切**　保険法によれば、保険金受取人が保険金を請求する権利および保険契約者が保険料の返還を請求する権利は、時効により**3年**で消滅する。

4. **適　切**　なお、保険法では、介入権制度を新設し、解除権者が契約を解除（解約）しようとした場合に、解除（解約）の効力が発生するまでの間（保険会社が解除の通知を受けたときから1カ月を経過するまでの日）に保険金受取人が解除権者に解約返戻金相当額を支払うこと等により、契約を存続させることができることが規定されている。

5 生命保険とルール

【問題1】（2010年9月 問12）　　　　　　　　　チェック欄☐☐☐☐☐

生命保険契約における保険金の減額、延長（定期）保険、払済保険に関する次の記述のうち、最も不適切なものはどれか。

1．延長（定期）保険は、保険料の払込みを中止し、その時点での解約返戻金をもとに元の保険金額と同額の定期保険に変更するもので、一般に、変更後の保険期間は、元の保険期間より短くなる。
2．既加入保険を払済保険に変更する場合、付加している各種特約は消滅するが、一般に、リビング・ニーズ特約は継続される。
3．「個人年金保険料税制適格特約」を付加した個人年金保険は、一般に、契約後15年間は払済年金保険に変更することができない。
4．「個人年金保険料税制適格特約」を付加した個人年金保険の基本年金額を減額する場合、一般に、減額時に減額した基本年金額に相当する解約返戻金を受け取ることはできないが、この場合の解約返戻金相当部分は、将来、受け取る年金として積み立てられる。

【問題2】（2023年9月 問11）　　　　　　　　　チェック欄☐☐☐☐☐

生命保険契約の各種手続等に関する次の記述のうち、最も適切なものはどれか。

1．被保険者が死亡し、死亡保険金受取人が死亡保険金の請求をした場合、一般に、保険会社に請求書類が到着した日の翌日から10営業日以内に死亡保険金が支払われることとされている。
2．契約者（＝保険料負担者）は、遺言によって死亡保険金受取人を変更することができるが、その変更を保険会社に対抗するためには、相続発生後、契約者（＝保険料負担者）の相続人が保険会社にその旨を通知する必要がある。
3．個人年金保険料税制適格特約が付加されていない定額個人年金保険において、基本年金年額の減額を行い返戻金が発生した場合、返戻金は払い戻されず、所定の利息をつけて積み立てられ、年金開始日に増額年金の買い増しに充てられる。
4．加入している生命保険契約を払済保険に変更する場合、被保険者は改めて健康状態等についての告知または医師の診査を受ける必要がある。

第1章　ライフプランニングと資金計画・リスク管理　基礎編

1．**適　切**　延長（定期）保険に変更後の保険期間は、一般に元の保険期間より短くなる。なお、解約返戻金が多く、元の保険期間を超える場合には元の保険期間とし、満了日に生存保険金が支払われる。

2．**適　切**　払済保険に変更する場合、各種特約は消滅するが、リビング・ニーズ特約は継続されるのが一般的である。

3．**不適切**　「個人年金保険料税制適格特約」を付加した個人年金保険は、一般に、契約後**10年間**は払済年金保険に変更できない。

4．**適　切**　「個人年金保険料税制適格特約」を付加した個人年金保険の基本年金額を減額する場合、解約返戻金を受け取ることはできず、年金開始日まで積み立てられる。

1．**不適切**　保険金や給付金の支払期限は、一般に、保険会社に請求書類が到着した日の翌日から5営業日以内とされている。

2．**適　切**　遺言による保険金受取人の変更は、その遺言が効力を生じた後、保険契約者の相続人がその旨を保険者に通知することで、保険者に対抗することができる（保険法44条2項）。

3．**不適切**　個人年金保険料税制適格特約が付加されている個人年金保険の基本年金額を減額した場合、返戻金を受け取ることはできないが、所定の利息が付されて積み立てられ、年金支払開始日に増額年金の買増しに充てられる。個人年金保険料税制適格特約が付加されていない個人年金保険では、このような取り扱いはない。

4．**不適切**　払済保険に変更する場合、被保険者は改めて健康状態等についての告知または医師の診査を受ける必要はない。

【問題3】（2023年5月 問11）　　　　　　　チェック欄☐☐☐☐☐

生命保険契約の各種手続等に関する次の記述のうち、最も適切なものはどれか。

1．払済保険に変更した場合、予定利率は変更時点における予定利率が適用され、原則として、元契約に付加されていた特約は消滅するが、リビング・ニーズ特約は消滅しない。
2．生命保険会社は、保険契約者または被保険者の告知義務違反があった場合、生命保険契約の締結日から5年以内で、かつ、契約の解除の原因があることを知った時から2カ月以内であれば、契約を解除することができる。
3．個人年金保険料税制適格特約が付加された個人年金保険において、年金年額の減額を行い返戻金が発生した場合、返戻金は所定の利息を付けて積み立てられ、年金支払開始日に増額年金の買増しに充てられる。
4．契約転換とは、現在の生命保険契約を活用して同一の生命保険会社で新規に契約する方法であり、転換（下取り）価格には、転換前契約の責任準備金が充当され、積立配当金は払い戻される。

【問題4】（2019年5月 問10）　　　　　　　チェック欄☐☐☐☐☐

生命保険契約の各種手続等に関する次の記述のうち、最も適切なものはどれか。

1．契約者は、加入している生命保険契約の解約返戻金相当額まで保険会社から貸付を受けることができ、その返済前に保険金の支払事由が生じた場合、保険金から貸付金の元利合計額が差し引かれる。
2．生命保険契約の締結時に夫婦であった契約者と被保険者が契約締結後に離婚した場合、被保険者は、保険法の規定に基づき、保険会社に対し、当該保険契約の解除を請求することができる。
3．個人年金保険料税制適格特約が付加された個人年金保険は、契約日から10年以内に払済年金保険に変更することや、年金受取人を変更することはできない。
4．被保険者が死亡し、死亡保険金受取人が死亡保険金の請求をした場合、通常、保険会社に請求書類が到着した日の翌日から10営業日以内に死亡保険金が支払われることとされている。

【問題3】 正解 3

1. **不適切** 払済保険の予定利率は、一般に、変更前の保険契約の予定利率が引き継がれる。なお、付加されていた特約は消滅するが、リビング・ニーズ特約や指定代理請求特約は消滅しない。

2. **不適切** 告知義務違反による保険者の解除権は、保険者が解除の原因があることを知った時から1カ月間行使しないとき、または、保険契約の締結の時から5年を経過したときに消滅する（保険法28条4項）。

3. **適 切** 個人年金保険料税制適格特約が付加されている個人年金保険の基本年金額を減額した場合、解約手当金を受け取ることはできないが、所定の利息が付されて積み立てられ、年金支払開始日に増額年金の買増しに充てられる。

4. **不適切** 契約転換制度は、現在加入中の保険契約における責任準備金や積立配当金を転換価格として新たな保険契約の一部に充当する方法である。積立配当金の払戻しはない。

【問題4】 正解 3

1. **不適切** 契約者貸付を受けられる金額は、契約している生命保険の解約返戻金の一定範囲内であり、解約返戻金相当額まで貸付を受けることはできない。

2. **不適切** 被保険者は契約者に対して当該保険契約を解除するよう請求することができるが、保険会社に対しては、当該保険契約の解除を請求することはできない。

3. **適 切** 契約後10年以内に払済年金保険へ変更するなど、個人年金保険料税制適格特約の要件を満たさなくなるような契約内容の変更はできない。

4. **不適切** 通常、保険会社に請求書類が到着した日の翌日から**5営業日**以内に死亡保険金が支払われることとされている。

6 生命保険・共済の商品

【問題1】（2020年9月 問11）　　　　　　チェック欄□□□□□

　金融機関の住宅ローンを利用する際に加入する団体信用生命保険の一般的な商品性等に関する次の記述のうち、最も適切なものはどれか。

1．団体信用生命保険は、契約者および被保険者を債務者である住宅ローン利用者、保険金受取人を債権者である金融機関とする生命保険である。
2．団体信用生命保険の保険料は、被保険者の契約時の年齢、性別および債務残高に応じて算出される。
3．三大疾病保障特約付団体信用生命保険の保険料については、三大疾病保障特約部分の保険料も含めて、住宅ローン利用者の生命保険料控除の対象とならない。
4．被保険者の死亡時、団体信用生命保険から支払われる保険金は相続税の課税対象となり、相続開始時における債務残高は債務控除の対象となる。

【問題2】（2023年5月 問12）　　　　　　チェック欄□□□□□

　総合福祉団体定期保険の一般的な特徴に関する次の記述のうち、適切なものはいくつあるか。

（a）総合福祉団体定期保険の保険期間は1年から5年であり、保険期間が長いほど、毎年の保険料は割安となる。
（b）総合福祉団体定期保険の保険料率は、被保険者の年齢に応じて保険料が算出される「年齢群団別保険料率」が適用されるため、被保険者の年齢に関係なく同一の保険料となる「平均保険料率」に比べて割安となる。
（c）ヒューマン・ヴァリュー特約を付加するためには、被保険者になる者の署名、押印のある個々の同意書および医師の診査が必要となる。

1．1つ
2．2つ
3．3つ
4．0（なし）

【問題1】　正解 **3**

1．**不適切**　団体信用生命保険は、債務者である住宅ローン利用者が被保険者、債権者である金融機関が契約者および保険金受取人となる生命保険である。

2．**不適切**　団体信用生命保険の保険料は、被保険者の年齢、性別にかかわらず、債務残高に応じて算出される。なお、一般に、民間の住宅ローンでは、当該保険料は金利に含まれ不要とされている。

3．**適　切**　生命保険料控除は、保険金受取人のすべてが自己または配偶者その他の親族となっている必要がある。団体信用生命保険の契約形態において、契約者および受取人は債権者である金融機関であるため、団体信用生命保険の保険料は生命保険料控除の対象とならない。

4．**不適切**　保険金受取人は債権者である金融機関であるため、相続税の課税対象とならない。また、保険金により住宅ローン残高が相殺されるため、相続開始時における債務残高は債務控除の対象とならない。

【問題2】　正解 **4**

(a)　**不適切**　総合福祉団体定期保険は1年更新の保険である。

(b)　**不適切**　平均保険料率に比べて年齢群団別保険料率のほうが割安になるとは限らない。若年者の保険料は、年齢群団別保険料率のほうが割安となるが、平均保険料率では割高となる。一方、中高年者の保険料は、平均保険料率のほうが割安となるが、年齢群団別保険料率では割高となる。

(c)　**不適切**　ヒューマン・ヴァリュー特約の付加にあたり、被保険者になる者についての医師の診査は不要である。

以上より、適切なものは0（なし）であり、正解は**4**となる。

【問題3】（2022年9月　問11）　　　　　　　　　チェック欄☐☐☐☐☐

各種生命保険の一般的な商品性に関する次の記述のうち、**適切なもの**はいくつあるか。

(a) 組立型総合保険とは、終身保険を主契約として、「死亡保障」「介護保障」「医療保障」「就業不能保障」等の特約のなかから必要な特約を選択して組み合わせることができる保険である。

(b) 健康増進型保険は、契約後の毎年の健康診断結果が一定の基準を満たしている場合に保険料の割引や還付金の支払がある保険であり、ウォーキング等の健康増進活動に応じて保険料が変動等するものはない。

(c) 就業不能保険は、傷害や疾病による入院や在宅療養によって所定の就業不能状態となった場合に保険金や給付金が支払われる保険であり、精神疾患による入院や在宅療養となった場合に保険金や給付金が支払われるものはない。

1．1つ
2．2つ
3．3つ
4．0（なし）

【問題4】（2024年1月　問11）　　　　　　　　　チェック欄☐☐☐☐☐

生命保険の一般的な特徴に関する次の記述のうち、**最も不適切なもの**はどれか。

1．個人年金保険料税制適格特約が付加されている個人年金保険の基本年金額を減額した場合、減額した基本年金額に相当する解約返戻金相当部分は、将来の増額年金として積み立てられる。

2．指定代理請求特約における指定代理請求人の範囲は、被保険者の配偶者、子、父母、孫、祖父母、兄弟姉妹とされ、甥や姪は被保険者と生計を一にしていたとしても指定代理請求人になることができない。

3．契約転換制度により、現在加入している生命保険契約を新たな契約に転換する場合、転換後契約の保険料は、転換時の年齢等により算出され、転換時において告知等をする必要がある。

4．市場価格調整（MVA）機能を有する終身保険の解約返戻金は、解約時の市場金利が契約時と比較して上昇していた場合には減少し、低下していた場合には増加することがある。

(a) **不適切** 組立型総合保険は、主契約を限定することなく保険会社が定める所定の各種保険や第3分野の保険を自由に組み合わせて加入することができる保険である。

(b) **不適切** 健康増進型保険には、健康増進活動（ウォーキング等）に応じて保険料が変動するものや還付金の受取りができるものもある。

(c) **不適切** うつ病などの精神疾患が原因で就業不能になった場合を保障する就業不能保険もある。

以上より、適切なものは0（なし）であり、正解は**4**となる。

1. **適 切** 個人年金保険料税制適格特約が付加されている個人年金保険の基本年金額を減額した場合、解約時に解約返戻金を受け取れないが、所定の利息が付されて保険会社に積み立てておき、年金支払開始日に増額年金の買増しに充てられる。

2. **不適切** 指定代理請求人の範囲は保険会社によって異なるが、一般的に、①被保険者の戸籍上の配偶者、②被保険者の直系血族、③被保険者と同居または生計を一にしている被保険者の3親等内の親族である。甥や姪が被保険者と生計を一にしている場合は上記③に該当するため指定代理請求人に指定することができる。

3. **適 切** 契約転換制度の利用には、告知または医師の診査が必要である。転換時点の年齢による保険料率で保険料は計算される。

4. **適 切** 市場価格調整（MVA）を利用した生命保険とは、解約時の市場金利に応じて解約返戻金が変動する生命保険である。解約時の市場金利が契約時と比較して上昇していれば、積立金の資産を値下げして市場に売却することになるため、値下げ分は解約返戻金に反映して減少する。

【問題5】（2022年9月　問10）　　　　　　　　　　チェック欄 ☐☐☐☐☐

各種共済に関する次の記述のうち、最も不適切なものはどれか。

1．全国労働者共済生活協同組合連合会（こくみん共済coop）が行うこくみん共済の総合保障タイプの掛金は、加入口数、加入時の年齢により異なるが、性別による差異はない。
2．全国生活協同組合連合会が行う都道府県民共済の生命共済は、共済事業の年度ごとの決算において剰余金が生じた場合、割戻金を受け取ることができる。
3．全国共済農業協同組合連合会が行うJA共済は、農家である正組合員以外の者であっても、出資金を支払い、准組合員になって利用することができるほか、准組合員にならずに利用することもできる。
4．全国共済農業協同組合連合会が行うJA共済の建物更生共済は、火災のほか、台風や地震などの自然災害による損害も保障の対象となり、保障期間満了時には満期共済金を受け取ることができる。

【問題6】（2023年1月　問10）　　　　　　　　　　チェック欄 ☐☐☐☐☐

外貨建保険に関する次の記述のうち、最も適切なものはどれか。

1．個人が加入した外貨建養老保険（一時払い）を契約締結日から5年以内で解約し、解約差益が発生した場合、一時所得として総合課税の対象となる。
2．外貨建終身保険（平準払い）において、毎回一定額の外貨を保険料に充当する払込方法を選択することにより、ドルコスト平均法により為替変動リスクを軽減する効果が期待できる。
3．外貨建終身保険（平準払い）について、円換算支払特約を付加することで、死亡保険金や解約返戻金を円貨で受け取ることが可能になり、為替変動リスクを軽減する効果が期待できる。
4．市場価格調整（MVA）機能を有する外貨建終身保険は、市場金利に応じた運用資産の価格変動が解約返戻金額等に反映され、契約時と比較した解約時の市場金利の上昇は、解約返戻金額の減少要因となる。

1．不適切　こくみん共済の毎月の掛金は、加入口数により異なるが、性別だけでなく、年齢による差異もない。

2．適　切　都道府県民共済の生命共済は、共済事業の年度ごとの決算において剰余金が生じた場合、共済金の支払いの有無にかかわらず、割戻金を受け取ることができる。

3．適　切　JAごとに組合員の利用高の1／5までは、出資金を支払わず「員外利用」として組合員にならないで利用することができる。

4．適　切　建物更生共済は火災だけでなく、地震や台風、豪雨などの自然災害も補償する。なお、満期時には満期共済金が支払われる。火災共済は支払事由が火災等に限定されているため、自然災害は補償の対象外となる掛け捨て型の共済である。

1．不適切　一時払養老保険や一時払損害保険などで保険期間5年以下または保険期間が5年超であっても5年以内に解約されたものの差益は、外貨建てであっても、源泉分離課税の対象となる金融類似商品である。

2．不適切　ドルコスト平均法は毎月一定額購入することである。保険料が外貨に設定されている保険の場合は、適用されないため、為替変動リスクを軽減する効果はない。

3．不適切　円換算支払特約を付加すれば、外貨建の死亡保険金・高度障害保険金・解約返戻金・保険契約者貸付の貸付金・年金を円貨で受け取れる。為替変動の影響は受けるため、リスク軽減効果はない。

4．適　切　解約時の市場金利に応じて解約返戻金が変動する。解約時の市場金利が契約時より上昇した場合に、積み立てた資産を値下げして市場に売却するため、解約返戻金額は値下げ分減少する。

【問題7】 (2023年5月 問15)　　　　　　　　　チェック欄 ☐☐☐☐☐

　第三分野の保険・特約の一般的な商品性に関する次の記述のうち、適切なものはいくつあるか。

(a) 指定代理請求特約において、指定代理請求人として指定することができる範囲は、被保険者の配偶者、直系血族、直系血族以外の2親等以内の親族であり、一般に甥や姪を指定することはできない。

(b) 要介護状態になった場合に、一時金や年金を受け取ることができる介護保険において、年齢、保険期間等の契約内容が同一であるときは、保険料は、被保険者が男性よりも女性のほうが高くなる。

(c) 認知症保険は、一定期間の待期期間（不担保期間・免責期間）が設けられており、待期期間経過後に認知症と診断確定された場合に給付金が支払われるが、保険期間中に給付金が支払われなかった場合、一般に払込保険料相当額の満期保険金が支払われる。

1.　1つ
2.　2つ
3.　3つ
4.　0（なし）

【問題7】 正解 **1**

(a) 不適切 指定代理請求人として指定できる者は、一般的に、①被保険者の戸籍上の配偶者、②被保険者の直系血族、③被保険者と同居または生計を一にしている被保険者の3親等内の親族である。したがって、3親等の親族である甥や姪を指定することができる。

(b) 適 切 統計上、女性は男性よりも長寿の傾向がある。また、高齢になるに従い、介護を必要とする者の割合が増加する。したがって、年齢、保険期間等の契約内容が同一であるときは、保険料は、被保険者が男性よりも女性のほうが高くなる。

(c) 不適切 保険期間が有期である認知症保険では、保険期間中に給付金が支払われなかった場合、期間満了時に満期保険金を受け取ることができる商品もあるが、その額は払込保険料を下回る。

以上より、適切なものは1つであり、正解は**1**となる。

7 損害保険と法律・商品

【問題 1】 (2013年1月 問14改題)　　　　　チェック欄 ☐☐☐☐☐

　自動車損害賠償責任保険と自動車保険に関する次の記述のうち、最も不適切なものはどれか。

1. 自動車保険の約款では、保険金の支払期限は、原則として保険金の請求が完了した日を含めて30日以内と定めている。
2. 自動車損害賠償責任保険、自動車保険ともに、保険金請求権の時効は3年である。
3. 自動車損害賠償責任保険は強制保険であり、原則としてすべての自動車と原動機付自転車に付保する必要がある。これを怠ると、1年以下の懲役または50万円以下の罰金に処せられる。
4. 自損事故により自動車保険から被保険者本人が受け取る保険金のうち、後遺障害による保険金は一時所得となり、所得税・住民税の課税対象となる。

【問題 2】 (2011年1月 問13)　　　　　チェック欄 ☐☐☐☐☐

　自動車損害賠償保障法および自動車損害賠償責任保険（以下、「自賠責保険」という）に関する次の記述のうち、最も不適切なものはどれか。

1. 民法では、不法行為における加害者に故意や過失があったことの立証責任は損害賠償請求をする被害者側にあるが、自動車損害賠償保障法では、加害者に故意や過失がなかったこと等の立証責任は加害者側にある。
2. 自賠責保険は強制保険であり、加入せずに自動車やバイク等を運行した場合、1年以下の懲役または500千円以下の罰金に処せられる。
3. 政府が行う自動車損害賠償保障事業では、被害者が直接政府の保障事業に請求することにより、自賠責保険と同じ支払限度額の保障を受けられるが、労働者災害補償保険などから給付が受けられる場合には、その金額を差し引いて保険金が支払われる。
4. 自賠責保険における被害者請求および政府が行う自動車損害賠償保障事業に対する請求権の時効は、5年である。

1．**適　切**　保険法では、保険金の支払期限を定める場合、保険金の支払いのために必要な事項を確認するための合理的な期間を経過する日を保険金の支払期限とするとしている。この合理的な期間は、一般に自動車保険の約款において請求完了日を含めて30日と定めている。

2．**適　切**　保険法では、保険金請求権の時効は3年とされている。

3．**適　切**　自動車賠償責任保険に未加入で運転した場合、1年以下の懲役または50万円以下の罰金に処せられる。

4．**不適切**　自損事故により自動車保険から被保険者本人が受取る保険金のうち、後遺障害による保険金は**非課税**である。

1．**適　切**　自動車損害賠償保障法では、「自己および運転者が自動車の運行に関し注意を怠らなかったこと」「被害者または運転者以外の第三者に故意または過失があったこと」「自動車に構造上の欠陥または機能の障害がなかったこと」をすべて証明しなければ、加害者は賠償責任を免れることはできない。

2．**適　切**　加入しない場合、記述通りの懲役または罰金に処せられる。

3．**適　切**　自動車損害賠償保障事業では、自賠責保険とは異なり、被害者が社会保険から給付があった場合や、加害者からの支払いがあった場合には、その金額を差し引いた保険金が支払われる。

4．**不適切**　自賠責保険における被害者請求および政府が行う自動車損害賠償保障事業に対する請求権の時効は、**3年**である。

【問題3】（2023年5月　問13）　　　　　　　　チェック欄 □□□□□

　自動車損害賠償責任保険（以下、「自賠責保険」という）に関する次の記述のうち、最も不適切なものはどれか。

1．自賠責保険は、自動車の運行中の事故に対して保険金が支払われるが、運行には自動車の走行だけではなく、クレーン車のクレーン操作などの自動車に構造上設備されている装置を本来の目的に従って使用する場合も含まれる。
2．複数台の自動車による事故において、共同不法行為により他人の身体に損害を与えた場合、自賠責保険の保険金額に加害者の有効な自賠責保険の契約数を乗じたものが、保険金の支払限度額になる。
3．自賠責保険では、保険契約者または被保険者の悪意によって発生した損害について保険金は支払われないが、被害者は、保険会社に対し、保険金額の限度において損害賠償額の支払を請求することができる。
4．自賠責保険では、自動車事故の被害者の過失割合が5割以上の場合、積算した損害額が保険金額に満たないときには積算した損害額から、保険金額以上となるときには保険金額から、被害者の過失割合に応じて2割から5割の減額が行われる。

【問題4】（2021年1月　問13）　　　　　　　　チェック欄 □□□□□

　自動車損害賠償責任保険（以下、「自賠責保険」という）および政府の自動車損害賠償保障事業（以下、「政府保障事業」という）に関する次の記述のうち、最も不適切なものはどれか。

1．自賠責保険の保険料は、自動車の車種や保険期間に応じて定められており、締結する保険会社、運転者の範囲・年齢、自動車の年間走行距離による差異はない。
2．自賠責保険における被害者1人当たりの保険金の支払限度額は、死亡の場合で3,000万円、傷害の場合で120万円であり、後遺障害の場合は障害の程度に応じて最大4,000万円である。
3．政府保障事業では、被害者は、損害賠償額が確定する前であっても、治療費などの当座の費用として仮渡金の支払を請求することができる。
4．政府保障事業による損害の塡補は、自賠責保険と同様に、人身事故による損害が対象となり、物損事故による損害は対象とならない。

1. **適 切** 自動車損害賠償保障法において「運行」とは、人または物を運送すると
しないとにかかわらず、自動車を当該装置の用い方に従い用いることとされてい
る（自賠法2条2項）。解釈上、自動車の駐停車中や、クレーン車のクレーン操作
中なども含まれる。

2. **適 切** 加害者が複数いる場合、保険金の支払限度額は、一般的に加害者の車両
台数分に応じて増加する。

3. **適 切** 保険会社は、一定の場合を除き、保険契約者または被保険者の悪意によ
って生じた損害についてのみ、てん補の責めを免れる（自賠法14条）。この場合で
も、被害者は、保険会社に対し、保険金額の限度において、損害賠償額の支払い
を請求することができる（自賠法16条1項）。

4. **不適切** 被害者に重大な過失がある場合は、次表のとおり、積算した損害額が保
険金額に満たない場合には積算した損害額から、保険金額以上となる場合には保
険金額から減額を行う。ただし、傷害による損害額（後遺障害および死亡に至る
場合を除く）が20万円未満の場合はその額とし、減額により20万円以下となる場
合は20万円とする。

減額適用上の被害者の過失割合	減額割合	
	後遺障害または死亡に係るもの	傷害に係るもの
7割未満	減額なし	減額なし
7割以上8割未満	2割減額	2割減額
8割以上9割未満	3割減額	
9割以上10割未満	5割減額	

（自動車損害賠償責任保険の保険金等及び自動車損害賠償責任共済の共済金等の支払基準
（2001年金融庁、国土交通省告示第1号））

1. **適 切** なお、自賠責保険の保険料は、車種（車種の一部は地域等で異なる）お
よび保険期間で適用する基準料率により計算される。なお、離島地域に適用する
基準料率は別途設けられている。

2. **適 切** 支払限度額は、死亡3,000万円など記述の通り決められている。

3. **不適切** 政府保障事業は、自賠責保険と異なり、仮渡金制度の取り扱いはない。

4. **適 切** 人身事故による損害のみが対象である。

【問題5】 (2019年9月 問14)　　　　チェック欄 ☐☐☐☐☐

　民法および「失火の責任に関する法律」（以下、「失火責任法」という）に関する次の記述のうち、適切なものはいくつあるか。

（a）Aさんが失火で隣家を全焼させ、Aさんに重大な過失が認められる場合、民法の規定が適用されるため、Aさんは隣家の所有者に対して損害賠償責任を負う。

（b）Bさんがガス爆発事故により隣家を損壊させ、Bさんに故意または重大な過失が認められない場合、失火責任法の規定が適用されるため、Bさんは隣家の所有者に対して損害賠償責任を負うことはない。

（c）賃貸住宅に住んでいる借家人Cさんが失火で借家を全焼させ、Cさんに重大な過失が認められる場合、民法の規定が適用されるため、Cさんは家主に対して損害賠償責任を負う。

（d）賃貸住宅に住んでいる借家人Dさんが失火で借家を全焼させ、Dさんに重大な過失が認められない場合、失火責任法の規定が適用されるため、Dさんは家主に対して損害賠償責任を負うことはない。

1．1つ
2．2つ
3．3つ
4．4つ

民法および失火責任法の適用関係は以下のとおり。

原因	隣家への賠償	家主への賠償
軽過失による失火	損害賠償責任を負わない （失火責任法の適用）	損害賠償責任を負う （民法の債務不履行責任） (c)(d)
爆発による損壊 重過失または故意による失火	損害賠償責任を負う （民法の不法行為責任） (a)(b)	

(a) 適 切 Ａさんに重過失が認められるため、失火責任法の適用はなく、隣家の所有者に対し民法の不法行為責任（損害賠償責任）を負う。

(b) 不適切 Ｂさんはガス爆発事故を起こしているため、失火責任法の適用はなく、隣家の所有者に対し民法の不法行為責任（損害賠償責任）を負う。

(c) 適 切 Ｃさんは借家人であるため、失火責任法の適用はなく、家主に対し民法の債務不履行責任（損害賠償責任）を負う。

(d) 不適切 Ｄさんは借家人であるため、失火責任法の適用はなく、家主に対し民法の債務不履行責任（損害賠償責任）を負う。

したがって、適切なものは2つであり、正解は**2**となる。

【問題6】 (2023年9月 問13)　チェック欄 ☐☐☐☐☐

各種損害保険に付帯することができる個人賠償責任（補償）特約（以下、「本特約」という）の一般的な商品性に関する次の記述のうち、最も適切なものはどれか。なお、記載のない事項については考慮しないものとする。

1．民法第709条に規定する不法行為による損害について、本特約では、被保険者の故意による損害は補償の対象とならない。
2．本特約における被保険者には、保険契約締結時における記名被保険者の配偶者や同居の親族等が含まれるが、保険契約締結後に婚姻により配偶者となった者や同居した親族は被保険者とならない。
3．本特約では、別荘等の被保険者が一時的に居住の用に供する住宅の管理に起因して発生した偶然な事故は補償の対象とならない。
4．本特約が付帯された自動車保険のノンフリート契約において、本特約の保険金が支払われた場合、「1等級ダウン事故」に該当し、契約更新後の等級は1等級下がる。

【問題7】 (2023年1月 問14)　チェック欄 ☐☐☐☐☐

個人が契約する任意の自動車保険の一般的な商品性に関する次の記述のうち、最も不適切なものはどれか。なお、記載のない事項については考慮しないものとする。

1．自動車保険におけるテレマティクス保険とは、走行距離や運転者の運転の特性（アクセルやブレーキの操作状況などの安全運転指向等）の情報を取得・評価して保険料に反映させる保険である。
2．記名被保険者が運転する被保険自動車の事故により、同乗していた記名被保険者の配偶者がケガをした場合、その治療費等は、対人賠償保険により補償される。
3．ノンフリート等級別料率制度では、前年度契約において対人・対物賠償保険から保険金が支払われた場合、保険契約の更新時に等級が3つ下がり、前年度契約において盗難・台風・落書き等により車両保険から保険金が支払われた場合、保険契約の更新時に等級が1つ下がる。
4．ノンフリート等級別料率制度では、自動車を譲渡して自動車保険契約を解約する際に中断証明書を取得した場合、中断後に新たに契約する自動車保険の契約始期日が解約日から10年以内であれば、中断前の契約の等級を引き継ぐことができる。

【問題6】 正解 1

1. 適　切　契約者・被保険者の故意による不法行為の損害は、補償対象ではない。

2. 不適切　個人賠償責任保険の被保険者は、本人、本人の配偶者、本人または配偶者と生計をともにする同居の親族、本人または配偶者と生計をともにする別居の未婚の子である。これらの者の続柄は保険事故発生時点で判断する。

3. 不適切　別荘等の被保険者が一時的に居住の用に供する住宅の管理に起因して発生した偶然な事故は補償対象である。

4. 不適切　自動車保険のノンフリート契約において、人身傷害保険や搭乗者傷害保険、個人賠償責任特約、無保険車傷害特約、弁護士費用特約など特約保険金のみが支払われた場合は「ノーカウント事故」に該当する。

【問題7】 正解 2

1. 適　切　テレマティクスとは、テレコミュニケーション（通信）とインフォマティクス（情報工学）を組み合わせた造語である。ドライバーの走行距離や運転特性を保険料に反映させる保険である。

2. 不適切　被保険自動車を運転中の者またはその父母、配偶者もしくは子が被害者になった場合は、対人賠償保険で保険金が支払われない。

3. 適　切　ノンフリート等級別料率制度において、対人・対物賠償の保険事故により保険金を受け取った場合は更新時に等級が3つ下がる。盗難・台風・落書き等により車両保険から保険金を受け取った場合は更新時に等級が1つ下がる。

4. 適　切　ノンフリート等級別料率制度において、自動車を譲渡して自動車保険を解約する際に、中断証明書を取得しておくことで、解約日から10年以内に契約した場合に中断前の等級を引き継ぐことができる。

【問題8】（2020年1月 問13）　　　　　　　　　チェック欄☐☐☐☐☐

火災保険および地震保険に関する次の記述のうち、最も適切なものはどれか。

1. 火災保険、地震保険ともに、保険期間を1年単位で10年まで選択することができ、長期契約の保険料を一括払いした場合には、いずれも保険料に対して所定の割引率が適用される。
2. 店舗併用住宅を対象とする場合、火災保険では、専用住宅と異なる保険料率が適用されることがあるが、地震保険では、所在地や建物の構造の区分が同一であれば、専用住宅との保険料率の差異はない。
3. 家財を対象とする場合、1個または1組の価額が30万円を超える貴金属や書画、骨董品については、火災保険、地震保険ともに、契約時に申告して申込書等に明記することにより、保険の対象とすることができる。
4. 火災保険、地震保険ともに、保険金は、保険の対象となっている建物や家財の損害の程度を「全損」「大半損」「小半損」「一部損」に区分し、保険金額にその区分に応じた割合を乗じて決定される。

【問題9】（2020年1月 問14）　　　　　　　　　チェック欄☐☐☐☐☐

各種傷害保険の一般的な商品性に関する次の記述のうち、最も不適切なものはどれか。なお、記載のない事項については考慮しないものとする。

1. 普通傷害保険では、被保険者が自転車による通勤中において、自動車と接触して被った傷害について、保険金支払の対象となる。
2. 就業中のみの危険補償特約を付帯した普通傷害保険では、被保険者が職務に従事している間に被った傷害について、労災認定された場合に限り、保険金支払の対象となる。
3. 国内旅行傷害保険では、旅行行程中に被保険者がかかったウイルス性食中毒について、保険金支払の対象となる。
4. 海外旅行傷害保険では、旅行行程中に発生した地震によって被保険者が被った傷害について、保険金支払の対象となる。

【問題8】 正解 2

1. **不適切** 地震保険の保険期間は、5年が限度となる。保険期間2年から5年の保険料を一括払いした場合、所定の割引率が適用される。なお、2022年10月から火災保険の保険期間も最長5年となる予定である。

2. **適 切** 地震保険での差異はない。

3. **不適切** 地震保険では、1個または1組の価額が30万円を超える貴金属や書画、骨董品については、保険の対象とならない。

4. **不適切** 記述は地震保険における区分であり、火災保険の保険金は、保険の対象となっている建物や家財の損害に応じた保険金が支払われる。

【問題9】 正解 2

1. **適 切** 自転車事故による傷害は対象となる。

2. **不適切** 就業中のみの危険補償特約を付帯した普通傷害保険では、労災認定にかかわらず、被保険者が職務に従事している間に被った傷害について保険金支払の対象となる。

3. **適 切** 国内旅行傷害保険では、ウイルス性食中毒も支払対象となる。

4. **適 切** 海外旅行傷害保険では、地震による傷害も支払対象となる。なお、国内旅行傷害保険では、地震によって被保険者が被った傷害は補償しない。

【問題10】（2023年9月　問14）　　　　　　　チェック欄 ☐☐☐☐☐

　地震保険に関する次の記述のうち、**最も不適切なもの**はどれか。

1．地震保険では、72時間以内に生じた2以上の地震等は、被災地域がまったく重複しない場合を除き、一括して1回の地震等とみなされる。
2．地震保険は、火災保険に原則自動付帯となっているが、契約者が地震保険を付帯しないことの意思表示をした場合は、付帯しないことができる。
3．地震保険では、1回の地震等により支払われる保険金の額にかかわらず、支払われる保険金の総額の2分の1を民間（各損害保険会社および日本地震再保険株式会社）が負担し、残りの2分の1を政府が負担する。
4．地震を原因とする地盤液状化により、地震保険の対象である木造建物が傾斜した場合、傾斜の角度または沈下の深さにより一定の損害が認定されれば、保険金が支払われる。

【問題11】（2023年1月　問13）　　　　　　　チェック欄 ☐☐☐☐☐

　住宅建物および家財を対象とする火災保険の一般的な商品性に関する次の記述のうち、**最も不適切なもの**はどれか。

1．火災保険の対象となる住宅建物は、その構造により、M構造、T構造、H構造に区分され、適用される保険料率は、同一地域であればH構造が最も高い。
2．住宅建物および家財を対象として火災保険を契約する場合、敷地内の車庫に収容されている被保険者所有の自転車や総排気量が125cc以下の原動機付自転車は、家財として補償の対象となる。
3．隣家で発生した火災の消火活動により火災保険の対象となる住宅建物が水濡れによる損害を被った場合、その損害は補償の対象となる。
4．火災保険に付帯する地震火災費用特約は、火災保険の対象となる住宅建物が地震等を原因とする火災により半焼となった場合に保険金額の5％（300万円を限度）が支払われ、全焼となった場合に保険金額の10％（600万円を限度）が支払われる特約である。

1．**適　切**　地震保険では、72時間以内に生じた2以上の地震等は、1回の地震等とみなされる。ただし、被災地域が全く重複していない場合は除かれる。

2．**適　切**　地震保険は原則自動付帯となるため、主契約である火災保険を締結する際に、保険契約者から地震保険を付帯しない旨の申し出がない限り、地震保険が付帯される。

3．**不適切**　民間と政府の負担割合は、1回の地震等により支払われる保険金額の総額により異なる。

4．**適　切**　木造建物、共同住宅を除く鉄骨造建物の場合、地盤液状化による建物の傾斜または最大沈下量により、全損、大半損、小半損、一部損の認定を行う。

1．**適　切**　住宅建物の構造等級別による保険料率は、同一地域においてH構造が最も高く、M構造が最も低い。

2．**適　切**　自転車や総排気量125cc以下の原動機付自転車は、保険証券記載の建物内（敷地内車庫を含む）に収容されている場合に家財に含めて補償の対象である。なお、自動車は保険の対象に含まれない。

3．**適　切**　消火活動による水濡れ損害は、自宅だけでなく隣家などで火事が起きた場合であっても火災保険で補償される。

4．**不適切**　地震火災費用特約は、地震等を原因とする火災により建物が半焼以上または家財が全焼した場合に、火災保険金額の5％（300万円を限度）の保険金が支払われる。

【問題12】（2022年9月 問15）　　　　　　　　　　　　チェック欄 ☐☐☐☐☐

　会社役員賠償責任保険（D&O保険）の一般的な特徴に関する次の記述のうち、最も不適切なものはどれか。

1．会社役員賠償責任保険は、被保険者である会社役員が役員の業務の遂行に起因して保険期間中に損害賠償請求を受けた場合に、法律上の損害賠償責任を負うことによって被る損害に備えることができる。

2．会社役員賠償責任保険の補償の対象となる損害賠償金には、判決に基づく損害賠償金や和解金のほか、罰金、課徴金、懲罰的損害賠償金も含まれる。

3．株式会社が会社役員賠償責任保険の契約内容を決定するためには、株主総会（取締役会設置会社にあっては取締役会）の決議が必要である。

4．会社役員賠償責任保険の株主代表訴訟敗訴時担保部分に係る保険料を、会社が一定の手続を経て会社法上適法に負担した場合、当該保険料について、役員個人に対する経済的利益の供与はなく、役員個人に対する給与課税は行われない。

1．適　切　会社役員が、その業務遂行のために行った行為に起因して、保険期間中に株主代表訴訟や会社訴訟、第三者訴訟など損害賠償請求を受けた場合に、法律上の損害賠償金および争訟費用の損害に対して保険金が支払われる。

2．不適切　保険金の支払対象である法律上の損害賠償金には、罰金、課徴金、懲罰的損害賠償金等を含まない。

3．適　切　D&O保険の契約内容の決定をするには、株主総会（取締役会設置会社の場合は取締役会）の決議によらなければならない（会社法第430条の3第1項）。

4．適　切　①取締役会の承認、および②社外取締役が過半数の構成員である任意の委員会の同意、または社外取締役全員の同意の取得という手続を行うことにより、株主代表訴訟敗訴時担保部分に係る保険料を会社法上適法に会社負担とした場合、役員に対する経済的利益の供与はないため、役員個人に対する給与課税は行われない（平成28年2月24日付　国税庁「新たな会社役員賠償責任保険の保険料の税務上の取扱いについて（情報）」）。

【問題13】（2023年5月　問14）　　　　　　　　チェック欄☐☐☐☐☐

事業活動に係る各種損害保険に関する次の記述のうち、最も不適切なものはどれか。

1．サイバー保険や個人情報漏えい保険では、外部からの不正アクセスにより、顧客の個人情報が外部に漏えいした場合に、被保険者が法律上の損害賠償責任を負うことによって被る損害やそれらに対応する費用を補償する。
2．生産物賠償責任保険では、第三者に引き渡した製品や仕事の結果に起因する事故により、他人の身体または財物に損害を与えた場合に、被保険者が法律上の損害賠償責任を負うことによって被る損害を補償する。
3．施設所有（管理）者賠償責任保険では、施設の管理や施設の用法に伴う仕事の遂行が原因となり、他人の身体または財物に損害を与えた場合に、被保険者が法律上の損害賠償責任を負うことによって被る損害を補償する。
4．労働災害総合保険は、労働者災害補償保険（政府労災保険）の上乗せ補償を目的とした「法定外補償保険」と、従業員の仕事の遂行が原因となり、第三者に損害を与えた場合に、被保険者が法律上の損害賠償責任を負うことによって被る損害を補償する「使用者賠償責任保険」の2つの補償から構成されている。

【問題14】（2021年5月　問15）　　　　　　　　チェック欄☐☐☐☐☐

労働災害総合保険の一般的な商品性に関する次の記述のうち、最も適切なものはどれか。

1．労働災害総合保険は、法定外補償保険と使用者賠償責任保険で構成されており、どちらか一方だけを契約することはできない。
2．労働災害総合保険のうち、法定外補償保険は、被用者が業務の遂行上の事故によって被る損害について労働者災害補償保険による給付が行われない場合に保険金が支払われるものである。
3．労働災害総合保険のうち、使用者賠償責任保険は、被用者が業務の遂行に起因して第三者に損害を与え、使用者が法律上の損害賠償責任を負うことによって被る損害について保険金が支払われるものである。
4．労働災害総合保険には、契約時に平均被用者数または賃金総額の見込額に基づいて算出された暫定保険料を支払い、保険期間終了後に実際値に基づいて算出された確定保険料との差額を精算する契約方式がある。

【問題13】 正解 **4**

1．適 切 個人情報漏洩保険は、委託先の外部業者の不正行為や外部からの不正アクセスにより顧客の個人情報が外部に漏洩した場合に、顧客等に対して法律上の損害賠償責任を負担することによって生じた損害や対応する費用などを補償する。サイバー保険は、外部からの不正アクセスによって、顧客の個人情報が外部に漏洩したり、他人の業務を阻害したりする場合に生じる損害賠償金の支払いおよび情報漏洩対応費用や再発防止実施費用などを補償する。

2．適 切 生産物賠償責任保険（PL保険）は、被保険者の占有を離れた財物に起因して、または、被保険者が行った仕事の結果に起因して、仕事の終了後において、他人の身体・生命を害し、または他人の財物を損壊したことについて法律上の賠償責任を負担することによって被る損害を補償する。

3．適 切 施設所有（管理）者賠償責任保険は、施設の所有者または管理者が、その所有・使用・管理する施設の構造上の欠陥、管理の不備に起因する賠償責任および施設にかかわる販売、サービス等の業務遂行に起因する賠償責任を補償する保険である。

4．不適切 使用者賠償責任保険は、事業主に責任がある政府労災保険の給付対象となる労働災害について、政府労災保険等の給付や法定外補償規定に基づく支払いを超える法律上の損害賠償責任を負担することによって支払うこととなった損害賠償金等を補償する保険である。

【問題14】 正解 **4**

1．不適切 労働災害総合保険は、法定外補償保険と使用者賠償責任保険を組み合わせた保険であるが、希望により、いずれか一方のみを契約することもできる。

2．不適切 法定外補償保険は、事業主が労働者災害補償保険に上乗せして給付する災害補償金を補償する。労働者災害補償保険の給付が保険金の支払い要件である。

3．不適切 使用者賠償責任保険は、事業主に責任がある労働者災害補償保険の給付対象となる労働災害について、労働者災害補償保険等の給付や法定外補償規定に基づく支払いを超える法律上の損害賠償責任を負担することによって支払う損害賠償金等を補償する。

4．適 切 労働災害総合保険の契約方式には、契約時に保険料の計算基礎（平均被用者数、賃金総額または請負金額等）の見込額に基づいて算出された暫定保険料を支払い、保険期間終了後に、暫定保険料の計算基礎の実際値に基づいて算出された確定保険料と暫定保険料の差額を精算する方式がある。

8　保険料と税金

【問題1】（2021年5月　問11改題）　　　　チェック欄☐☐☐☐☐

　以下の個人年金保険に加入していたAさんは、年金開始年齢に達した2024年中に60万円の年金を受け取った。Aさんが受け取った年金に係る雑所得の金額として、次のうち最も適切なものはどれか。なお、配当金や他の所得については考慮しないものとする。

年金の種類	： 10年保証期間付終身年金（定額型）
契約者（＝保険料負担者）	： Aさん（加入時30歳）
被保険者	： 妻Bさん（加入時30歳）
年金受取人	： Aさん
年金開始年齢	： 60歳
年金年額	： 60万円
既払込正味保険料総額	： 700万円

〈余命年数表（抜粋、所得税法施行令第82条の3）〉

年金の支給開始日における年齢	余命年数		年金の支給開始日における年齢	余命年数	
	男性	女性		男性	女性
60歳	19年	23年	66歳	14年	18年
61歳	18年	22年	67歳	14年	17年
62歳	17年	21年	68歳	13年	16年
63歳	17年	20年	69歳	12年	15年
64歳	16年	19年	70歳	12年	14年
65歳	15年	18年	71歳	11年	14年

1．22万8,000円
2．27万6,000円
3．29万4,000円
4．30万6,000円

公的年金等以外の雑所得の金額＝①総収入金額－②必要経費

   ①＝基本年金額＋増額年金額＋増加年金額

   ②＝その年に支給される年金の額×$\dfrac{\text{払込保険料等の総額}^{※1}}{\text{年金支給総額（見込額）}^{※2}}$

※1 払込保険料等の総額を算出するにあたり、配当金で保険料等に充当した
　　額を控除する。

※2 保証期間付終身年金における年金支給総額（見込額）は、以下のとおり
　　計算する。
　　年金支給総額（見込額）
　　　＝年金年額×「保証期間の年数」と「年金支払開始日における被保険者
　　　の余命年数」うちの長い方の年数

①総収入金額＝60万円

②必要経費＝60万円×$\dfrac{700\text{万円}}{60\text{万円}×23\text{年}^{※1}}$

        ＝60万円×0.51（小数点第3位切上げ$^{※2}$）

        ＝30万6,000円

雑所得の金額＝①－②＝**29万4,000円**

※1 保証期間の年数＝10年＜年金支払開始日における被保険者の余命年数＝23年
　　∴ 23年

※2 $\dfrac{700\text{万円}}{60\text{万円}×23\text{年}}＝\dfrac{700\text{万円}}{1{,}380\text{万円}}＝0.507\cdots$

                →0.51（必要経費率）

　　必要経費率は、小数点3位以下を切り上げて小数点以下2位まで算出します。

【問題2】（2023年9月 問12改題）

所得税の生命保険料控除に関する次の記述のうち、最も適切なものはどれか。

1．少額短期保険業者と締結した少額短期保険について、契約者（＝保険料負担者）が被保険者、死亡保険金受取人が配偶者である少額短期保険の保険料は、一般の生命保険料控除の対象となる。
2．自動振替貸付により生命保険料控除の対象となる終身保険の保険料の払込みに充当した金額は、充当した年分の一般の生命保険料控除の対象となる。
3．悪性新生物、急性心筋梗塞、脳卒中により所定の状態に該当した場合に、生前に死亡保険金と同額の特定疾病保険金を受け取ることができる特定疾病保障定期保険の保険料は、介護医療保険料控除の対象となる。
4．2024年中に加入した生命保険料控除の対象となる終身保険について、保険料払込期間の全期間の保険料を前納した場合、当該保険料の全額が2024年分の一般の生命保険料控除の対象となる。

1. **不適切** 少額短期保険の保険料は、生命保険料控除の対象とならない。

2. **適 切** 自動振替貸付がその年中に行われた場合、その年の生命保険料控除の対象となる。

3. **不適切** 特定疾病保障保険の保険料は、一般の生命保険料控除の対象となる。

4. **不適切** 前納保険料は、その年中に到来する払込期日が到来している保険料が控除の対象となる。

【問題3】（2021年9月 問11改題）　　　　　　チェック欄□□□□□

　会社員のＡさんが2024年中に払い込んだ生命保険の保険料が下記のとおりである場合、Ａさんの2024年分の所得税における生命保険料控除の最大控除額として、次のうち最も適切なものはどれか。なお、定期保険特約付終身保険の定期保険特約は2021年8月1日に更新している。また、配当はないものとし、記載のない事項については考慮しないものとする。

	定期保険特約付終身保険	医療保険（15年更新型）	個人年金保険（税制適格特約付加）
契約年月日	2011年8月1日	2012年2月1日	2011年8月1日
契約者（＝保険料負担者）	Ａさん	Ａさん	Ａさん
被保険者	Ａさん	Ａさん	Ａさん
死亡保険金受取人	Ａさんの配偶者	―	Ａさんの配偶者
年金受取人	―	―	Ａさん
2024年分の払込保険料	18万円	10万円	24万円
保障内容	定期保険特約以外の特約なし	死亡保障なし	税制適格特約以外の特約なし

1．9万円
2．10万円
3．12万円
4．13万円

【問題3】 **正解 3**

　生命保険料控除は、2011年12月31日以前に契約を締結した保険料等に係る生命保険料控除（以下「旧制度」という）と、2012年1月1日以降に契約を締結した保険料等に係る生命保険料控除（以下「新制度」という）に区分されている。所得税において、旧制度では、年間払込保険料が10万円を超える場合、控除額は一律5万円であり、新制度では、年間払込保険料が8万円を超える場合、控除額は一律4万円である。また、新制度と旧制度の両制度を適用する場合の所得税の控除額は、合計12万円が限度である。なお、2012年以降の更新契約は、更新月までは旧制度、更新月から保険契約全体が新制度の対象となる。

	定期保険特約付 終身保険	医療保険 (15年更新型)	個人年金保険 (税制適格特約付加)
契約年月日	2011年8月1日	2012年2月1日	2011年8月1日
控除額	新制度 (一般の生命保険料控除) 払込保険料18万円＞8万円 ∴　控除額4万円	新制度 (介護医療保険料控除) 払込保険料10万円＞8万円 ∴　控除額4万円	旧制度 (個人年金保険料控除) 払込保険料24万円＞10万円 ∴　控除額5万円

　4万円＋4万円＋5万円＝13万円 ＞ 12万円　　∴　**12万円**

【問題4】 (2019年5月 問12)　　　　　　　　　　　　チェック欄 ☐☐☐☐☐

　個人年金保険の課税関係に関する次の記述のうち、最も適切なものはどれか。な
お、各選択肢において、契約者（＝保険料負担者）・被保険者・年金受取人は同一人
であり、契約者は個人（居住者）であるものとする。また、記載のない事項について
は考慮しないものとする。

1．定額個人年金保険（10年確定年金）において、保険会社が支払う年金額からその
　　年金額に対応する払込保険料を控除した金額が年間25万円以上になる場合、その
　　金額から10.21％の税率による所得税および復興特別所得税が源泉徴収される。
2．定額個人年金保険（10年確定年金）において、保険会社が支払う年金額からその
　　年金額に対応する払込保険料を控除した金額が年間20万円以下である場合、保険
　　会社から税務署長に対し、その年金に係る支払調書は提出されない。
3．定額個人年金保険（保証期間付終身年金）の年金受取人が、年金支払開始日後に
　　保証期間分の年金額を一括して受け取った場合、その一時金は一時所得として所
　　得税の課税対象となる。
4．外貨建変額個人年金保険（10年確定年金）を保険期間の初日から10年経過後に解
　　約し、解約差益が生じた場合、その解約差益のうち為替差益に相当する部分の金
　　額は雑所得として所得税の課税対象となる。

1．**適　切**　年金が支払われる際、下記により計算した所得税および復興特別所得税が源泉徴収される。

> （年金の額 − その年金の額に対応する保険料又は掛金の額）× 10.21 ％

　ただし、保険会社が支払う年金額からその年金額に対応する払込保険料を控除した金額が25万円未満の場合には、源泉徴収されない。

2．**不適切**　保険会社が支払う年金額からその年金額に対応する払込保険料を控除した金額ではなく、**支払年金額**が年額20万円以下である場合、その年金に係る支払調書は提出されない。

3．**不適切**　保証期間付終身年金において、保証期間分の年金額を一括して受け取った場合、その一時金は**雑所得**として所得税の課税対象になる。

4．**不適切**　外貨建保険の解約差益は、保険差益と為替差益の両方が**一時所得**として所得税の課税対象になる。

【問題5】（2022年1月　問12）　　　　　　　　チェック欄 ☐☐☐☐☐

　株式会社Ｘ社では、Ｘ社を契約者（＝保険料負担者）および死亡保険金受取人、代表取締役社長Ａさん（40歳）を被保険者とする保険期間10年以上の定期保険の加入を検討している。Ｘ社が支払う定期保険の保険料の取扱いに関する次の記述のうち、最も不適切なものはどれか。なお、Ｘ社はＡさんを被保険者とする他の生命保険には加入していない。

1．最高解約返戻率が50％以下である場合、支払保険料の全額を期間の経過に応じて、損金の額に算入する。
2．最高解約返戻率が50％超70％以下で、かつ、年換算保険料相当額が30万円以下の保険に係る保険料を支払った場合、支払保険料の全額を期間の経過に応じて、損金の額に算入する。
3．最高解約返戻率が70％超85％以下である場合、保険期間の開始から4割相当期間においては、当期分支払保険料に6割を乗じた金額は資産に計上し、残額は損金の額に算入する。
4．最高解約返戻率が85％超である場合、保険期間の開始から解約返戻金相当額が最も高い金額となる期間の終了の日までは、当期分支払保険料に7割（保険期間の開始から10年目までは9割）を乗じた金額は資産に計上し、残額は損金の額に算入する。

1. **適 切** 最高解約返戻率が50%以下の場合は、全額を損金に算入できる。

2. **適 切** 最高解約返戻率が70%以下、かつ、年換算保険料相当額が30万円以下である場合、支払保険料の全額を期間の経過に応じて損金の額に算入する。

3. **適 切** 本肢の場合、開始4割の期間は、保険料の6割は資産に計上し、残額は損金となる。

4. **不適切** 最高解約返戻率が85%超である場合、保険期間の開始から解約返戻金相当額が最も高い金額となる期間の終了の日までは、当期分支払保険料×最高解約返戻率×7割（保険期間の開始から10年目までは9割）に相当する額を資産に計上し、残額は損金の額に算入する。

改正後（最高解約返戻率50%以下：原則、保険料は全額損金算入）
定期保険および第三分野の保険の取り扱い

最高 解約返戻率	50%超 70%以下	70%超 85%以下	85%超
資産計上期間	保険期間の当初40%		最高解約返戻率となる期間
資産計上	40%を資産計上	60%を資産計上	1年目から10年目 保険料×最高解約返戻率の90% 11年目以降 保険料×最高解約返戻率の70%
損金算入	60%を損金算入	40%を損金算入	上記の残額
資産計上額の 取り崩し	保険期間の当初75%に相当する期間経過後から保険期間終了まで均等に取り崩し損金算入		解約返戻金相当額が最も高い期間経過後から保険期間終了まで均等に取り崩し損金算入

【問題6】 (2019年1月 問12改題) チェック欄 □□□□□

　X株式会社（以下、「X社」という）は、代表取締役社長であるAさんを被保険者とする下記の逓増定期保険を払済終身保険に変更した。払済終身保険への変更時の経理処理として、次のうち最も適切なものはどれか。なお、X社は、変更前に年払保険料を10年分（総額3,600万円）払い込んでいる。

保険の種類	：	無配当逓増定期保険（特約付加なし）
契約年月日	：	2014年10月1日
契約者（＝保険料負担者）	：	X社
被保険者	：	Aさん（加入時における被保険者の年齢50歳）
死亡保険金受取人	：	X社
保険期間・保険料払込期間	：	72歳満了
年払保険料	：	360万円
解約返戻金額	：	3,000万円

1.

借　方		貸　方	
現金・預金	3,000万円	前払保険料	1,800万円
		雑収入	1,200万円

2.

借　方		貸　方	
現金・預金	3,000万円	前払保険料	2,400万円
		雑収入	600万円

3.

借　方		貸　方	
保険料積立金	3,000万円	前払保険料	1,800万円
		雑収入	1,200万円

4.

借　方		貸　方	
保険料積立金	3,000万円	前払保険料	2,400万円
		雑収入	600万円

【問題6】 正解 3

2008年2月28日から2019年7月7日までに契約を締結した設問の逓増定期保険の経理処理は、保険期間の前半の6割に相当する期間は、保険料の2分の1を前払保険料として資産に計上し、残額は損金の額に算入される。したがって、払込保険料総額3,600万円の2分の1である1,800万円が前払保険料として資産に計上されている。

払済終身保険に変更する際の経理処理は、変更時の解約返戻金3,000万円を保険料積立金として資産に計上し、変更前契約の資産計上額1,800万円を取り崩し、解約返戻金との差額1,200万円を雑収入とする。

■2008年2月28日から2019年7月7日までに契約を締結した契約

	対象となる保険契約	前半6割期間	備考
①	保険期間満了時における被保険者の年齢>45	1／2損金算入 1／2資産計上	②、③を除く
②	保険期間満了時における被保険者の年齢>70 かつ、 被保険者の契約時年齢＋保険期間×2>95	1／3損金算入 2／3資産計上	③を除く
③	保険期間満了時における被保険者の年齢>80 かつ、 被保険者の契約時年齢＋保険期間×2>120	1／4損金算入 3／4資産計上	－

【問題7】（2023年1月　問12改題）　　　　　チェック欄 ☐☐☐☐☐

　X株式会社（以下、「X社」という）の社長であるAさんは、2024年12月に65歳となることを機に長男Bさんに社長の座を譲り、勇退する予定である。その際、X社が加入している以下の定期保険を払済終身保険に変更し、退職金の一部として受け取りたいと考えている。以下の定期保険の払済終身保険への変更時の経理処理として、次のうち最も適切なものはどれか。

保険の種類	： 無配当定期保険（特約付加なし）
契約年月日	： 2010年5月1日
契約者（＝保険料負担者）	： X社
被保険者	： Aさん（加入時における被保険者の年齢50歳）
死亡保険金受取人	： X社
保険期間・保険料払込期間	： 95歳満了
基本保険金額	： 1億円
最高解約返戻率	： 81.0%
年払保険料	： 300万円
2023年12月時点の解約返戻金	： 3,600万円
払込保険料累計額	： 4,500万円

1.

借　方	貸　方
保険料積立金　3,600万円	雑収入　　　　3,600万円

2.

借　方	貸　方
保険料積立金　3,600万円	前払保険料　　2,250万円 雑収入　　　　1,350万円

3.

借　方	貸　方
保険料積立金　3,600万円	前払保険料　　2,700万円 雑収入　　　　　900万円

4.

借　方	貸　方
保険料積立金　3,600万円	前払保険料　　3,600万円

　払済保険に変更した時点の解約返戻金相当額から資産計上額を差し引いた金額を、益金または損金に算入させる（洗替処理）。法人に解約返戻金が入金されないのに「雑収入」が計上されると、利益とされて法人税の支払い負担が増加する。2019年7月7日までに加入した定期保険であるため、洗替処理が必要になる。

　なお、2019年7月7日までに加入した定期保険のうち要件を満たす場合は、税法上「長期平準定期保険」として取り扱われる。

　保険期間満了時の被保険者の年齢95歳＞70歳

　かつ、被保険者の年齢50歳＋保険期間45年×2＞105

　∴　従来の長期平準定期保険

　かつての長期平準定期保険では、保険期間45年の前半6割相当期間は、保険料の2分の1を前払保険料として資産計上しているため、それを取り崩す。

・資産計上額＝払込保険料累計額4,500万円×1/2＝2,250万円

・解約返戻金相当額3,600万円－資産計上額2,250万円＝雑収入1,350万円[※]

（※マイナスの場合は、雑損失）

借方		貸方	
保険料積立金	3,600万円	前払保険料 雑収入	2,250万円 1,350万円

　よって、2の仕訳が正しい。

【問題8】 (2022年9月 問12)　　　　　　　　チェック欄 ☐☐☐☐☐

X株式会社（以下、「X社」という）は、Y生命保険会社から提案された以下の養老保険への加入を検討している。当該養老保険に関する次の記述のうち、最も不適切なものはどれか。

保険の種類	： 5年ごと利差配当付養老保険（特約付加なし）
契約者（＝保険料負担者）	： X社
被保険者	： すべての役員・従業員
満期保険金受取人	： X社
死亡保険金受取人	： 被保険者の遺族
保険期間・保険料払込期間	： 60歳満了
死亡保険金額	： 500万円（1人当たり）
年払保険料（合計）	： 900万円

1．役員・従業員を一律の保険金額で加入させなくとも、職種・年齢・勤続年数等に応ずる合理的な基準により、普遍的に設けられた格差であると認められるときは、支払保険料の2分の1相当額を福利厚生費として損金の額に算入することができる。

2．役員・従業員の全部が同族関係者である場合、すべての役員・従業員を被保険者として加入しても、支払保険料の2分の1相当額は、当該被保険者に対する給与等として取り扱われる。

3．当該養老保険の満期保険金受取人をX社ではなく被保険者として加入した場合、支払保険料の全額が当該被保険者に対する給与等として取り扱われる。

4．保険期間中に被保険者である従業員が死亡し、死亡保険金が被保険者の遺族に支払われた場合、X社では、それまで資産に計上していた当該契約に係る保険料積立金および配当金積立金を取り崩し、死亡保険金との差額を雑収入として益金の額に算入する。

1. 適 切　契約者（＝保険料負担者）を法人、被保険者をすべての役員・従業員、満期保険金受取人を法人、死亡保険金受取人を被保険者の遺族として加入する養老保険の保険料は、2分の1相当額を福利厚生費として損金算入し、残りの2分の1相当額を資産計上する。これを**ハーフタックスプラン**という。被保険者である役員・従業員について、加入資格の有無、保険金額等に格差が設けられている場合であっても、それが職種、年齢、勤続年数等による合理的な基準において普遍的に設けられた格差である場合は、ハーフタックスプランを適用することができる。

2. 適 切　役員・従業員の全部または大部分が同族関係者である法人については、その役員・従業員の全部を対象として保険に加入する場合であっても、支払保険料の2分の1相当額は給与等として取り扱われる。

3. 適 切　満期保険金受取人を法人ではなく被保険者として加入した場合、契約形態として、ハーフタックスプランにはならない。したがって、支払保険料の全額が給与等として取り扱われる。

4. 不適切　死亡保険金が被保険者の遺族に支払われた場合、法人は死亡保険金を受け取っていないため、それまでに資産に計上していた保険料積立金および配当金積立金を取り崩し、雑損失として全額を損金算入する。

【問題9】（2023年9月　問15）　　　　チェック欄□□□□□

各種損害保険の保険料等の課税関係に関する次の記述のうち、最も不適切なものはどれか。なお、各選択肢において、いずれも契約者（＝保険料負担者）は個人事業主であるものとする。

1．業務の用に供する自動車を対象とする自動車保険について、個人事業主であるAさんが支払った保険料は、事業所得の金額の計算上、必要経費に算入される。
2．店舗併用住宅である建物を対象とする火災保険について、個人事業主であるBさんが支払った保険料のうち、店舗部分に対応する部分の保険料は、事業所得の金額の計算上、必要経費に算入される。
3．個人事業主であるCさんを被保険者とする傷害保険について、Cさんが支払った保険料は、事業所得の金額の計算上、必要経費に算入される。
4．従業員を被保険者とする傷害保険について、被保険者である従業員が死亡したことにより、個人事業主であるDさんが受け取った死亡保険金は、事業所得の金額の計算上、収入金額に算入される。

【問題10】（2017年1月　問15）　　　　チェック欄□□□□□

法人が受け取る損害保険の保険金と圧縮記帳に関する次の記述のうち、最も適切なものはどれか。なお、各選択肢において、ほかに必要とされる要件等はすべて満たしているものとする。

1．法人所有の工場建物が火災により滅失し、受け取った火災保険金でその事業年度中に倉庫建物を新たに取得した場合は、建物の用途が異なるため、圧縮記帳の適用対象とならない。
2．法人所有の工場建物が火災により滅失し、受け取った火災保険金を当該建物が滅失した時点において既に建設中であった工場建物の建設費用に充当した場合は、圧縮記帳の適用対象とならない。
3．法人所有の工場建物内の機械設備が火災により滅失し、火災保険金の額が確定する前に滅失した機械設備に係る代替資産を取得した場合は、圧縮記帳の適用対象とならない。
4．法人所有の倉庫建物内の商品が火災により全焼し、受け取った火災保険金でその事業年度中に焼失前と同一の商品を購入した場合は、圧縮記帳の適用対象となる。

1. **適　切**　事業用自動車に対する自動車保険の保険料は、全額必要経費となる。
2. **適　切**　店舗併用住宅を対象とする火災保険の保険料は、店舗部分の割合に応じた額が必要経費の対象となる。
3. **不適切**　個人事業主自身または生計を一にする親族を被保険者として加入する傷害保険の保険料は、従業員と同時に加入していても個人の契約として取り扱うことになるため、必要経費にならない。
4. **適　切**　傷害保険の死亡保険金を個人事業主が受け取った場合、受け取った保険金は事業収入となる。

1. **不適切**　圧縮記帳の適用対象となる。法人が取得等をした固定資産が、その滅失等をした所有固定資産と同一種類の固定資産であるかどうかは、耐用年数省令別表第一に掲げる減価償却資産にあっては同表に掲げる種類の区分が同じであるかどうかによる。
2. **適　切**　代替資産は、所有固定資産が滅失等をしたことにより、これに代替するものとして取得等をする固定資産に限られるため、滅失した時点において既に自己が建設、製作、製造又は改造中であった資産は代替資産に該当せず、圧縮記帳の適用対象とならない。
3. **不適切**　当該代替資産が火災保険金の額が確定した日の属する事業年度において取得した場合、圧縮記帳の適用対象となる。
4. **不適切**　商品（棚卸資産）は、圧縮記帳の適用対象とならない。

【問題11】 (2023年1月 問15)　　　　チェック欄☐☐☐☐☐

　X株式会社（以下、「X社」という）の工場建物が火災により全焼し、後日、X社は、契約している損害保険会社から保険金を受け取り、その事業年度中に受け取った保険金によって工場建物を新築した。下記の〈資料〉を基に、保険金で取得した固定資産の圧縮記帳をする場合の圧縮限度額として、次のうち最も適切なものはどれか。なお、各損害保険の契約者（＝保険料負担者）・被保険者・保険金受取人は、いずれもX社とする。また、記載のない事項については考慮しないものとする。

〈資料〉
・滅失した工場建物の帳簿価額 ：4,000万円
・工場建物の滅失によりX社が支出した経費
　　焼跡の整理費（片づけ費用） ：　200万円
　　けが人への見舞金 ：　375万円
・損害保険会社から受け取った保険金
　　火災保険（保険の対象：工場建物）の保険金 ：6,200万円
　　企業費用・利益総合保険の保険金 ：1,500万円
・新築した代替建物（工場建物）の取得価額 ：4,500万円

1．　500万円
2．1,300万円
3．1,500万円
4．2,100万円

・保険差益＝保険金[1]－（建物等の損失発生前の帳簿価額のうち被害部分相当額＋支
　　　　　　　出費用[2]）

　　　　　　＝6,200万円－（4,000万円＋200万円）＝2,000万円

　※1　企業費用・利益総合保険の保険金は収益の補償であるため考慮しない。

　※2　支出費用には、固定資産の滅失等に直接関連して支出される経費が該当するため、
　　　　焼跡の整理費（片づけ費用）は該当するが、けが人への見舞金は該当しない。

・圧縮限度額＝保険差益 × $\dfrac{\text{代替資産の取得に充てた保険金（分母の金額が限度）}}{\text{保険金－支出費用}}$

　　　　　　＝2,000万円 × $\dfrac{4500万円}{6200万円－200万円}$ ＝ **1,500万円**

第2章

年金・社会保険

基 礎 編

1 健康保険

【問題1】 (2023年1月 問4)　チェック欄 □□□□□

　厚生年金保険および健康保険の被保険者に関する次の記述のうち、最も適切なものはどれか。なお、いずれも特定適用事業所に勤務し、学生ではなく、1週間の所定労働時間および1カ月間の所定労働日数が同一の事業所に勤務する通常の労働者の4分の3未満であるものとする。また、賃金の月額には賞与、残業代、通勤手当等は含まれないものとし、雇用期間の更新はないものとする。

	1週間の 所定労働時間	賃金の月額	雇用期間
Aさん（25歳）	25時間	15万円	1カ月
Bさん（33歳）	20時間	12万円	6カ月
Cさん（42歳）	18時間	10万円	1年

1. Aさんは、厚生年金保険および健康保険の被保険者となる。
2. Bさんは、厚生年金保険および健康保険の被保険者となる。
3. Cさんは、厚生年金保険および健康保険の被保険者となる。
4. Aさん、Bさん、Cさんは、いずれも厚生年金保険および健康保険の被保険者とならない。

【問題2】 (2021年5月 問2)　チェック欄 □□□□□

　全国健康保険協会管掌健康保険の被扶養者に関する次の記述のうち、最も適切なものはどれか。

1. 被扶養者とすることができる被保険者の配偶者には、婚姻の届出をしていないが事実上婚姻関係と同様の事情にある内縁関係の者も含まれる。
2. 被保険者の配偶者の父母は、被保険者と同一の世帯に属していなくても、主としてその被保険者により生計を維持されていれば、被扶養者として認定される。
3. 被保険者の兄弟姉妹は、主としてその被保険者により生計を維持されていても、その被保険者と同一の世帯に属していなければ、被扶養者として認定されない。
4. 収入がある者を被扶養者とする場合に、被保険者との生計維持関係の判定における認定対象者の年間収入には、公的年金制度の障害給付や遺族給付による年金収入は含まれない。

被保険者が常時51人以上（2024年9月以前は101人以上）の特定適用事業所で、次の要件を満たす短時間労働者は、厚生年金保険および健康保険の被保険者となる。

① 1週間の所定労働時間が20時間以上
② 賃金月額88,000円以上
③ 雇用期間の見込みが2カ月超
④ 学生でない者

上記要件を満たすBさんは、厚生年金保険および健康保険の被保険者となる。

1. 適 切 被扶養者にできる被保険者の配偶者は、婚姻届を出している者のほか、内縁関係にある者でもよい。

2. 不適切 被扶養者とは主として被保険者の収入で生活をしている者をいい、別居していてもよい者や同居が条件となる者がいる。配偶者の父母は、下記「左記以外の3親等内の親族」に該当するため、同一世帯に属していなければならない。

被保険者と別居していてもよい者	被保険者と同居が条件となる者
・配偶者（内縁も含む） ・子、孫、兄弟姉妹 ・直系尊属	・左記以外の3親等内の親族 ・被保険者の内縁の配偶者の父母および子 ・内縁の配偶者死亡後の父母、連れ子

3. 不適切 兄弟姉妹は、主としてその被保険者により生計を維持されていれば、同一世帯に属していなくてもよい（上記表参照）。

4. 不適切 認定対象者の年間収入は、すべての収入を対象とするため、公的年金制度の給付や雇用保険の失業等給付なども含まれる。

【問題3】 (2016年9月 問1改題)　　　チェック欄 ⬚⬚⬚⬚⬚

　全国健康保険協会管掌健康保険における標準報酬月額および標準賞与額に関する次の記述のうち、最も適切なものはどれか。

1．標準報酬月額とは、保険料や給付額を計算するために定められた報酬区分であり、最低5万8,000円から最高121万円までの47等級に区分されている。
2．標準報酬月額は、原則として毎年4月、5月、6月に支払われた報酬月額に基づき決定され、著しい変動がない限り、その決定された額がその年の8月から翌年7月までの各月の標準報酬月額となる。
3．任意継続被保険者の標準報酬月額は、当該任意継続被保険者が被保険者の資格を喪失したときの標準報酬月額と、全国健康保険協会の全被保険者の標準報酬月額を平均した額を報酬月額とみなしたときの標準報酬月額とのうち、いずれか多い額となる。
4．2024年度中における賞与が、7月に支払われる300万円と12月に支払われる300万円である場合、12月の標準賞与額は273万円となる。

【問題4】 (2019年9月 問2)　　　チェック欄 ⬚⬚⬚⬚⬚

　全国健康保険協会管掌健康保険の保険給付に関する次の記述のうち、最も適切なものはどれか。

1．健康保険の被保険者が業務外の事由による負傷または疾病の療養のために労務に服することができず、その期間が4日以上継続したとしても、当該期間において事業主から報酬を受けている場合は、傷病手当金が支給されることはない。
2．健康保険の被保険者が傷病手当金と出産手当金の支給要件をいずれも満たした場合、傷病手当金が優先して支給され、傷病手当金の額が出産手当金の額よりも少ないときは、その差額が出産手当金として支給される。
3．出産育児一時金について、保険者が医療機関等に直接支払う直接支払制度を利用する場合、被保険者は、出産予定日の2カ月前以降に保険者に対して事前申請を行う必要がある。
4．出産手当金の支給を受けている者が退職し、国民健康保険の被保険者となった場合、退職日までに継続して1年以上の被保険者期間があるときは、被保険者として受けることができるはずであった期間、退職後も出産手当金の支給を受けることができる。

1．**不適切**　全国健康保険協会管掌健康保険における標準報酬月額の等級は、第1級5万8,000円から第50級139万円までの**50等級**に区分されている。
2．**不適切**　標準報酬月額は、原則として、毎年4・5・6月に支払われた報酬月額に基づき決定され（定時決定という）、著しい変動がない限り、決定された額が**その年の9月から翌年8月まで**の標準報酬月額となる。
3．**不適切**　任意継続被保険者の標準報酬月額は、本人が資格を喪失したとき（退職時）の標準報酬月額と、全国健康保険協会の全被保険者の標準報酬月額を平均した額を報酬月額とみなしたときの標準報酬月額を比べて、いずれか**少ない額**である。
4．**適　切**　標準賞与額の上限額は年度の累計で573万円である。したがって、12月の標準賞与額は273万円（＝573万円－300万円）である。

1．**不適切**　事業主から報酬を受けている場合、その額が傷病手当金の金額より少なければ、差額が支給される。
2．**不適切**　傷病手当金と出産手当金の支給要件をいずれも満たしている場合、出産手当金が優先して支給される。ただし、出産手当金の額が傷病手当金の額よりも少ない場合、その差額が傷病手当金として支給される。
3．**不適切**　出産育児一時金の直接支払制度を利用するためには、出産前に被保険者等と医療機関等が出産育児一時金の支給申請および受取りに係る契約を結んでおく必要がある。これにより、医療機関等が被保険者等の代わりに出産育児一時金の申請を行い、医療機関等が直接、出産育児一時金の支給を受けることになる。被保険者が保険者（協会けんぽ）に対して事前申請する必要はない。
4．**適　切**　被保険者の資格を喪失した日（任意継続被保険者の資格を喪失した者は、その資格を取得した日）の前日まで引き続き1年以上被保険者（任意継続被保険者または共済組合の組合員である被保険者を除く）であった者で、その資格を喪失した際に傷病手当金または出産手当金の支給を受けている者は、被保険者として受けることができるはずであった期間、継続して同一の保険者からその給付を受けることができる。

【問題5】（2023年9月 問2）　　　　　チェック欄☐☐☐☐☐

全国健康保険協会管掌健康保険の被保険者の資格喪失後の保険給付に関する次の記述のうち、**最も不適切な**ものはどれか。なお、**各選択肢において、ほかに必要とされる要件等はすべて満たしているものとする。**

1．資格を喪失した際に傷病手当金を受給している者は、傷病手当金の支給期間が資格喪失前の期間と通算して1年6カ月になるまで、傷病手当金を受給することができる。
2．資格を喪失した際に出産手当金を受給している者が、資格喪失後に配偶者が加入する健康保険の被扶養者となった場合、出産手当金を受給することができる期間内であっても、出産手当金は支給されない。
3．被保険者であった者が資格喪失の日から6カ月以内に出産をした場合、被保険者として受けることができるはずであった出産育児一時金を受給することができる。
4．資格喪失後に傷病手当金を受給していた者が、当該傷病手当金を受給しなくなった日から3カ月以内に死亡し、その者により生計を維持されていた者が埋葬を行った場合、埋葬料が支給される。

【問題6】（2021年1月 問1）　　　　　チェック欄☐☐☐☐☐

全国健康保険協会管掌健康保険の任意継続被保険者に関する次の記述のうち、**最も適切な**ものはどれか。

1．任意継続被保険者となるためには、その者の住所地を管轄する全国健康保険協会の都道府県支部に対し、正当な理由がある場合を除き、被保険者資格を喪失した日から14日以内に申出をしなければならない。
2．任意継続被保険者が、保険料を納付期日までに納付しなかったことによりその資格を喪失した場合、任意継続被保険者となった日から2年以内であっても、再度、資格取得の要件を満たさない限り、任意継続被保険者となることはできない。
3．任意継続被保険者の標準報酬月額は、当該任意継続被保険者が被保険者資格を喪失したときの標準報酬月額となり、任意継続被保険者である期間中に変更されることはない。
4．任意継続被保険者は、当該被保険者および被扶養者に係る保険料を全額負担しなければならないが、被扶養者に係る保険料については、被保険者が属する世帯の所得に応じた軽減措置が設けられている。

1.適 切 被保険者の資格を喪失した日の前日まで引き続き1年以上被保険者（任意継続被保険者を除く）であった者で、その資格を喪失した際に傷病手当金または出産手当金の支給を受けているものは、被保険者として受けることができるはずであった期間、継続して同一の保険者からその給付を受けることができる。

2.不適切 肢1同様、被保険者として受けることができるはずであった期間、出産手当金の支給を受けることができる。

3.適 切 1年以上被保険者であった者が被保険者の資格を喪失した日後6カ月以内に出産したときは、被保険者として受けることができるはずであった出産育児一時金の支給を最後の保険者から受けることができる。

4.適 切 被保険者であった者により生計を維持していた者が埋葬を行った場合において、次のいずれかに該当するときは、その被保険者の最後の保険者から埋葬料の支給を受けることができる。

　① 資格喪失後に傷病手当金または出産手当金の支給を受けている者が死亡したとき

　② 資格喪失後に傷病手当金または出産手当金の支給を受けていた者が、その給付を受けなくなった日後3カ月以内に死亡したとき

　③ ①・②以外の被保険者で被保険者の資格を喪失した日後3カ月以内に死亡したとき

【問題6】 正解 **2**

1.不適切 任意継続被保険者となるための申出は、被保険者資格を喪失した日から**20日以内**に行う必要がある。

2.適 切 任意継続被保険者となった日から2年以内であっても、次の場合には、資格を喪失する。

　・保険料が納付されなかった場合

　・適用事業所の被保険者となった場合

　・75歳になった場合、または後期高齢者医療制度の被保険者となった場合

　・希望により任意継続被保険者でなくなることを申し出た場合

　・死亡した場合

3.不適切 任意継続被保険者の標準報酬月額は、被保険者資格を喪失したときの標準報酬月額と全被保険者の標準報酬月額を平均した額を報酬月額とみなしたときの標準報酬月額を比較して、いずれか低い額となる。また、全被保険者の標準報酬月額の平均は改定されることがあるため、任意継続被保険者である期間中も、標準報酬月額が変更されることはある。

4.不適切 健康保険において、一般被保険者でも任意継続被保険者でも、被扶養者に係る保険料の負担はない。

【問題7】（2012年9月 問4改題）　　　　　　チェック欄□□□□□

　Aさん（35歳）は、2024年8月21日に全国健康保険協会管掌健康保険の任意継続被保険者の資格を取得した。Aさんには2024年10月10日出産予定の妻がおり、妻はAさんが加入する健康保険の被扶養者である。Aさんが今後受けられる保険給付ならびに負担する保険料等に関する次の記述のうち、最も適切なものはどれか。

1．Aさんが急性胃腸炎で2週間入院した場合、Aさんは傷病手当金の支給を請求することができ、その額は入院4日目から、1日につき、支給開始日以前の継続した12カ月間の各月の標準報酬月額を平均した額を30で除した額の3分の2に相当する金額である。
2．Aさんの妻が産科医療補償制度に加入している医療機関で予定どおりに出産した場合、Aさんは、所定の手続により、家族出産育児一時金として一児につき35万円を受け取ることができる。
3．Aさんの健康保険の保険料は、全国健康保険協会が管掌する全被保険者の標準報酬月額の平均額による標準報酬月額に一般保険料率を乗じて算出される。
4．Aさんは資格取得日から起算して2年を経過した日の翌日に任意継続被保険者の資格を喪失するが、その間に保険料を納付期日までに納付しなかった場合は、原則として、納付期日の翌日に資格を喪失する。

1．**不適切**　任意継続被保険者は、新たに傷病手当金の支給を受けることはできない。

2．**不適切**　2023年4月以降、産科医療補償制度に加入している医療機関で出産した場合の家族出産育児一時金の額は、一児につき**50万円**である。

3．**不適切**　全国健康保険協会管掌健康保険の任意継続被保険者の保険料は、「退職時の標準報酬月額」「全国健康保険協会が管掌する全被保険者の標準報酬月額の平均額による標準報酬月額」のうちいずれか低い額に一般保険料率を乗じて算出される。

4．**適 切**

2　後期高齢者医療制度

【問題1】（2017年9月 問2改題）　　　　　　　　　チェック欄 ☐☐☐☐☐

後期高齢者医療制度に関する次の記述のうち、最も適切なものはどれか。

1．後期高齢者医療制度の被保険者は、後期高齢者医療広域連合の区域内に住所を有する70歳以上の者、または後期高齢者医療広域連合の区域内に住所を有する65歳以上70歳未満の者であって一定の障害の状態にある旨の認定を受けた者であるが、生活保護受給者は被保険者とされない。

2．後期高齢者医療制度の保険料は、原則として、被保険者につき算定した所得割額および均等割額の合計額となるが、被保険者の収入が公的年金の老齢給付のみでその年金収入額が153万円以下の場合、所得割額は賦課されない。

3．後期高齢者医療制度の保険料には被保険者の世帯の所得に応じた軽減措置が設けられており、2024年度分の保険料については、所得割額が最大で2割軽減され、均等割額が最大で7割軽減される。

4．後期高齢者医療制度の被保険者が保険医療機関等の窓口で支払う一部負担金の割合は、原則として、当該被保険者が現役並み所得者である場合は3割であり、それ以外の者である場合は1割である。

1．不適切 後期高齢者医療制度の被保険者は、後期高齢者医療広域連合の区域内に住所を有する**75歳**以上の者、または後期高齢者医療広域連合の区域内に住所を有する65歳以上**75歳**未満の者であって、一定の障害の状態にある旨の認定を受けた者（生活保護受給者を除く）である。

2．適　切

3．不適切 2024年度分の保険料については、均等割額で最大で7割軽減されるが、所得割額における軽減制度はない。

4．不適切 2022年10月以降の一部負担金の割合は、**1割、2割または3割**である。

3 公的介護保険

【問題1】（2016年1月 問1改題）　　　　　　　　　チェック欄☐☐☐☐☐

公的介護保険（以下、「介護保険」という）に関する次の記述のうち、最も適切なものはどれか。

1. 介護給付を受けようとする被保険者は、要介護者に該当することおよびその該当する要介護状態区分について厚生労働大臣の認定を受けなければならない。
2. 要介護認定は、申請のあった日から原則として30日以内に認定結果が通知され、通知があった日にその効力を生ずる。
3. 合計所得金額が220万円以上、かつ、公的年金等の収入金額とその他の合計所得金額の合計額が340万円以上の単身の第1号被保険者が介護サービスを利用した場合の自己負担割合は3割である。
4. 課税所得金額が145万円以上、かつ、収入の合計額が383万円以上の単身の第1号被保険者が介護サービスを利用した場合の自己負担限度額は、月額4万8,000円である。

【問題2】（2017年1月 問2）　　　　　　　　　　　チェック欄☐☐☐☐☐

公的介護保険（以下、「介護保険」という）に関する次の記述のうち、最も適切なものはどれか。

1. 全国健康保険協会管掌健康保険の介護保険料率は、都道府県ごとに定められており、都道府県によって保険料率が異なっている。
2. 介護保険の被保険者が初めて要介護認定を受けた場合、その申請のあった日に遡ってその効力を生じ、原則として、その有効期間は1年間である。
3. 要介護認定を受けた被保険者が、その有効期間の満了後においても要介護状態に該当すると見込まれるときは、原則として、有効期間満了日の60日前から満了日までの間に要介護更新認定の申請をすることができる。
4. 介護保険の指定事業者に対する介護報酬は、介護サービスを提供した指定事業者が審査支払機関に対して請求を行い、原則として、介護サービスを提供した月の6カ月後に支払われる。

第2章　年金・社会保険　基礎編

1. **不適切** 保険者である**市区町村**に申請をして要介護認定を受けなければならない。

2. **不適切** 要介護認定の効力は、認定結果が出た後、**申請日に遡って**効力が生じる。

3. **適 切** なお、合計所得金額が160万円未満の第1号被保険者の自己負担割合は1割である。

4. **不適切** 課税所得金額が145万円以上、かつ、収入の合計額が383万円以上の単身の第1号被保険者（いわゆる現役並み所得者）が介護サービスを利用した場合の自己負担限度額は、課税所得金額および収入の合計額に応じて、44,400円、93,000円または140,100円となっている。

1. **不適切** 全国健康保険協会管掌健康保険の保険料率は、都道府県単位で定められているが、介護保険料率は、**全国一律**である。

2. **不適切** 初めて要介護認定を受けた場合の有効期間は、原則**6カ月間**である。

3. **適 切**

4. **不適切** 介護報酬の請求は、原則として1カ月ごとに行うことになっており、毎月10日が締日となっている。介護サービスを提供した指定事業者の報告に誤りがなければ、介護サービスを提供した月の翌々月末までに介護報酬は支払われる。

【問題3】 (2019年1月 問1改題)　　　　　　　　　チェック欄 ☐☐☐☐☐

公的介護保険（以下、「介護保険」という）に関する次の記述のうち、最も不適切なものはどれか。

1．第1号被保険者および第2号被保険者のうち、前年の合計所得金額が220万円以上の者が介護サービスを利用した場合の自己負担割合は、原則として、3割である。

2．介護保険の被保険者が有料老人ホーム（地域密着型特定施設等を除く）に入所し、その施設の所在地に住所を変更した場合、原則として、引き続き施設入所前の住所地の市町村（特別区を含む）が実施する介護保険の被保険者となる。

3．要介護認定を受けた被保険者は、その介護の必要の程度が現に認定を受けている要介護状態区分以外の要介護状態区分に該当するときは、要介護認定有効期間の満了前であっても、市町村（特別区を含む）に対し、区分変更の認定の申請をすることができる。

4．介護医療院は、主として長期療養を必要とする一定の要介護者に対し、施設サービス計画に基づいて、療養上の管理、看護、医学的管理の下における介護および機能訓練その他必要な医療ならびに日常生活上の世話を行うことを目的とする施設である。

【問題3】 正解 1

1. 不適切 自己負担割合は、原則として1割であるが、**第1号被保険者**は前年の合計所得金額等により2割または3割の自己負担割合となる。前年の合計所得金額が220万円以上の第1号被保険者の自己負担割合は、原則として3割である。

2. 適 切 有料老人ホーム（地域密着型特定施設等を除く）は住所地特例対象施設に該当するため、その施設に住所変更しても、当該施設に入所前の住所地における介護保険の被保険者である。

3. 適 切 要介護状態区分の変更の認定申請は、認定の有効期間内であれば可能である。

4. 適 切 今後、増加が見込まれる慢性期の医療・介護ニーズに対応するため、「日常的な医学管理が必要な重度の介護者の受け入れ」や「看取り・ターミナル」等の機能と、「生活施設」としての機能を兼ね備えた施設が介護医療院である。

4 労働者災害補償保険

【問題1】 (2023年1月 問2)　　　　チェック欄 ☐☐☐☐☐

労働者災害補償保険に関する次の記述のうち、最も適切なものはどれか。

1. 労働者が勤務先から帰宅途中に通勤経路から逸脱し、スーパーで日用品を購入後、通勤経路に戻ってから負傷した場合、その逸脱・中断が日常生活上必要な行為をやむを得ない事由により行うための最小限度のものである場合、その負傷は通勤災害に該当する。

2. 労働者が出張先から帰宅途中に負傷した場合、出張の過程全般について事業主の支配下にあり、積極的に私的行為を行うなど特段の事情がない限り、その負傷は通勤災害に該当する。

3. 派遣労働者が、派遣先で生じた業務災害により療養補償給付を受けようとする場合、派遣先の事業を労働者災害補償保険の適用事業として、療養補償給付に係る請求書に派遣先事業主の証明を受ける必要がある。

4. 複数の会社に勤務する複数事業労働者の休業補償給付の額は、原則として、業務災害が発生した勤務先の賃金に基づいて計算した給付基礎日額の100分の60に相当する額となる。

【問題2】 (2020年9月 問3)　　　　チェック欄 ☐☐☐☐☐

労働者災害補償保険に関する次の記述のうち、最も適切なものはどれか。

1. 遠方の取引先を訪問するため、前日から出張して取引先の近くにあるホテルに宿泊した労働者が、翌朝、ホテルから取引先へ合理的な経路で向かう途中、歩道橋の階段で転倒して足を骨折した場合、一般に、通勤災害に該当する。

2. 労働者が、就業場所から住居までの帰路の途中、合理的な経路を逸脱して理髪店に立ち寄り、散髪を終えて合理的な経路に復した後に交通事故に遭って負傷した場合、一般に、通勤災害に該当する。

3. 派遣労働者が、派遣元事業主と労働者派遣契約を締結している派遣先で業務に従事している間に、業務上の負傷をした場合、派遣先を適用事業とする労働者災害補償保険が適用される。

4. 業務上の疾病により療養していた労働者が、疾病が治って業務に復帰後、その疾病が再発した場合、再発した疾病については、新たな業務上の事由によって発病したものでない限り、業務上の疾病とは認められない。

1. 適　切　逸脱・中断の間およびその後は通勤とは認められない。ただし、通勤途中に逸脱・中断があっても、それが日常生活上必要な行為をやむを得ない理由で行う最小限度のものであるときは、逸脱・中断の間を除き、通勤と認められる。

2. 不適切　出張は、事業主の支配下にあるため、その負傷は**業務災害**となる。

3. 不適切　派遣労働者は、**派遣元**の事業を労働者災害補償保険の適用事業とする。

4. 不適切　複数事業労働者の給付基礎日額は、当該複数事業労働者を使用する事業ごとに算定した給付基礎日額に相当する額を**合算した額**を基礎とする。

1. 不適切　出張は、特別な事情を除き、その全過程が事業主の支配下にあるといえる。したがって、出張中における災害は**業務災害**の対象となる。

2. 適　切　通勤とは、合理的な経路および方法でなければならず、逸脱・中断の間およびその後は通勤とは認められない。ただし、通勤途中に逸脱・中断があっても、それが日常生活上必要な行為であり、やむを得ない理由で行う最小限度のものである場合、逸脱・中断の間を除き、通勤と認められる。この具体例としては、帰途で惣菜等を購入する行為、独身労働者が食堂に食事に立ち寄る行為、クリーニング店に立ち寄る行為、理美容院に立ち寄る行為などが挙げられる。

3. 不適切　労働者派遣法においては、派遣元事業主が災害補償責任を負うこととされているため、労災保険においても同様に取扱い、**派遣元**を適用事業として労災保険が適用される。

4. 不適切　業務上の疾病が再発した場合、独立した別個の疾病ではなく、疾病の連続であるため、業務上の疾病と認められる。

【問題3】（2018年1月 問2）　チェック欄☐☐☐☐☐

労働者災害補償保険の保険給付に関する次の記述のうち、**最も不適切なもの**はどれか。

1. 業務災害によって負傷した労働者が、やむを得ず労災指定病院以外の病院等で受診し、その療養にかかった費用を支払った場合、当該労働者は、療養の費用の請求により、支払った療養費の全額を受け取ることができる。
2. 労働者が通勤災害による負傷の療養のために欠勤し、賃金を受けられない場合は、休業4日目から休業給付が支給されるが、休業の初日から3日目までの期間については、事業主が労働基準法に基づく休業補償を行わなければならない。
3. 休業補償給付の支給を受けている労働者が、療養開始後1年6カ月を経過した日において傷病が治っておらず、当該傷病による障害の程度が一定の傷病等級に該当して傷病補償年金が支給される場合は、休業補償給付の支給が打ち切られる。
4. 遺族補償年金は、受給権者が失権した場合に次順位者が遺族補償年金の受給権者となることができる転給制度により、すべての受給資格者が資格を喪失するまで支給される。

【問題4】（2019年5月 問2）　チェック欄☐☐☐☐☐

労働者災害補償保険の保険給付および特別支給金に関する次の記述のうち、**最も適切なもの**はどれか。

1. 労働者が業務上の負傷または疾病による療養のために休業し、賃金を受けられない場合は、休業4日目から1年6カ月を限度として、休業補償給付および休業特別支給金が支給される。
2. 業務上の負傷または疾病によって療養している労働者について、当該傷病が療養の開始後1年を経過した日において治っておらず、当該傷病による障害の程度が所定の傷病等級に該当する場合は、傷病等級に応じた傷病補償年金が支給される。
3. 遺族補償年金を受けることができる受給資格者は、所定の要件を満たす配偶者、子、父母、孫、祖父母および兄弟姉妹であり、すべての受給資格者が資格を喪失するまで遺族補償年金は転給が行われる。
4. 遺族特別支給金は、業務上の事由または通勤により労働者が死亡した場合に、所定の要件を満たす労働者の遺族に対して支給され、その額は、遺族1人当たり100万円である。

1．**適 切**

2．**不適切** 通勤災害については、事業主の責任が問われないため、休業初日から3日目までの期間について、労働基準法に基づく休業補償を行う必要がない。

3．**適 切** 傷病補償年金は、病気やケガが1年6カ月たっても治らず、一定の条件に該当するときに休業補償給付に**代わって**支給される。

4．**適 切**

1．**不適切** 休業補償給付および休業特別支給金は、療養のために賃金を受けることができなくなった日の4日目から休業している場合に支給されるが、1年6カ月が限度ではない。療養開始日から1年6カ月を経過した日または同日後に、一定の傷病等級に該当するときには、傷病（補償）年金に切り替わるが、傷病等級に該当しない場合には、引き続き休業補償給付および休業特別支給金が支給される。

2．**不適切** 傷病補償年金が支給されるのは、当該傷病が療養の開始後**1年6カ月**を経過した日において治っておらず、当該傷病による障害の程度が所定の傷病等級に該当する場合である。

3．**適 切** 遺族厚生年金と異なり、遺族補償年金を受けることができる受給資格者は、すべての受給資格者が資格を喪失するまで遺族補償年金の転給が行われる。

4．**不適切** 遺族特別支給金は、遺族の人数にかかわらず、300万円が一時金として支給される。

【問題5】（2010年9月 問6）　　　　　　　　チェック欄 ☐☐☐☐☐

　労働者災害補償保険の特別加入制度に関する次の記述のうち、最も不適切なものは
どれか。

1．花屋を営むAさんは、自ら花を仕入れ、店頭での販売と配達を行っている。従業
　員は5人で、妻であるBさんも従業員と同様に働いている。労働保険の事務処理を
　労働保険事務組合に委託する等の要件を満たせば、AさんとBさんは労働者災害補
　償保険に特別加入することができる。
2．個人タクシー業者であるCさんは、同業者が組織する団体を通じて労働者災害補
　償保険に特別加入することができる。ただし、通勤災害に関する保険給付は受ける
　ことができない。
3．蕎麦屋を営むDさんは、常連客に支えられ、店は繁盛しているが、いまのところ
　従業員を雇う予定はない。Dさんは、同業者が組織する団体を通じて、労働者災害
　補償保険に特別加入することができ、通勤災害に関する保険給付も受けることがで
　きる。
4．食品製造会社に勤務するEさんは、マレーシアにある現地法人に派遣されること
　となり、赴任する予定である。Eさんが現地の業務活動中に被った災害に対して労
　働者災害補償保険を適用するためには、派遣元の事業主がEさんを海外派遣者とし
　て労働者災害補償保険に特別加入させる必要がある。

第2章　年金・社会保険　基礎編

1. 適切 中小事業主のうち一定人数以下の労働者を使用する事業の事業主は、特別加入を認められるが、労働保険事務の処理を労働保険事務組合に委託しなければならない。事業に従事する家族従業員、役員がいるときはそれらの者も包括して特別加入しなければならない。したがって、本肢の場合、要件を満たせば、AさんとBさんは特別加入することができる。

2. 適切 一人親方は、特別加入制度の対象となるが、個人タクシー業者等のように、住居と就業の場所との通勤の実態がはっきりしない者については、通勤災害の適用はない。

3. 不適切 中小事業主のうち一定人数以下の**労働者を使用する**事業の事業主は、特別加入を認められる。したがって、労働者を今後も雇用する予定のないDさん自身のみが特別加入制度に加入することはできない。

4. 適切 事業場が海外にあるために適用を除外されている海外派遣者は、労働者として海外に派遣されている場合、特別加入することができる。

5 雇用保険

【問題1】（2022年9月 問3）　　　　　　　　　　　　チェック欄☐☐☐☐☐

　事業主が同一でない複数の事業所において雇用される労働者に係る労働保険に関する次の記述のうち、最も不適切なものはどれか。

1．1つの事業所の業務上の負荷（労働時間やストレス等）で労災認定できない場合であっても、複数の事業所の業務上の負荷を総合的に評価して労災認定できる場合、労働者災害補償保険から保険給付が行われる。
2．複数の事業所で雇用される労働者が、そのうち1つの事業所において業務上の事由により負傷した場合、労働者災害補償保険の給付基礎日額は、当該労働者を雇用する事業所ごとに算定した給付基礎日額に相当する額を合算した額を基礎として算定される。
3．2つの事業所で雇用される65歳以上の労働者において、各事業所では1週間の所定労働時間は5時間以上20時間未満であるが、2つの事業所の1週間の所定労働時間を合計すると20時間以上となる場合、所定の要件を満たせば、雇用保険の高年齢被保険者となることができる。
4．2つの事業所に雇用されることで雇用保険の加入要件を満たし、雇用保険の高年齢被保険者となった65歳以上の労働者は、そのうち1つの事業所を離職しても、他方の事業所を離職するまでは、高年齢被保険者の資格を喪失しない。

【問題１】 正解 **4**

1．適　切　１つの事業所のみの業務上の負荷（労働時間やストレス等）を評価して業務災害に該当しない場合、複数事業所等の業務上の負荷を総合的に評価して労災認定を判断する。

2．適　切　複数事業労働者に保険給付を行う際の給付基礎日額は、当該複数事業労働者を使用する事業ごとに算定した給付基礎日額に相当する額を合算した額を基礎とする。

3．適　切　次の要件を満たす者自身が申出をすることにより、特例高年齢被保険者（マルチ高年齢被保険者）になることができる。

① 　複数の事業主に雇用される65歳以上の労働者であること

② 　２つの事業所の１週間の所定労働時間がそれぞれ５時間以上20時間未満であり、その労働時間を合計すると１週間の所定労働時間が20時間以上となること

③ 　２つの事業所のそれぞれの雇用見込みが31日以上であること

4．不適切　２つの事業所に雇用される特例高年齢被保険者が、そのうちの１つの事業所を離職した場合、特例高年齢被保険者資格を喪失する。なお、所定の要件を満たした場合、高年齢求職者給付金を受給することができる。

【問題2】（2021年5月 問3）　　　　　　チェック欄☐☐☐☐☐

雇用保険の基本手当に関する次の記述のうち、最も不適切なものはどれか。

1．一般被保険者が会社の倒産により離職を余儀なくされて失業した場合、原則として、離職の日以前2年間に被保険者期間が通算して6カ月以上あれば、所定の手続により、基本手当の支給を受けることができる。
2．基本手当は、原則として、4週間に1回、公共職業安定所において失業の認定を受けた日分が支給される。
3．特定受給資格者・特定理由離職者以外の受給資格者（就職困難者を除く）の所定給付日数は、受給資格者の離職の日における年齢にかかわらず、原則として、算定基礎期間が10年未満の場合は90日、10年以上20年未満の場合は120日、20年以上の場合は150日である。
4．基本手当の日額の算定の基礎となる賃金日額は、原則として、被保険者期間として計算された最後の6カ月間に支払われた賃金（賞与等を除く）の総額を基に算出されるが、下限額および受給資格者の年齢区分に応じた上限額が設けられている。

【問題3】（2020年1月 問3）　　　　　　チェック欄☐☐☐☐☐

雇用保険の基本手当に関する次の記述のうち、最も適切なものはどれか。

1．基本手当を受給するためには、特定理由離職者等に該当する場合を除き、離職の日以前2年間に被保険者期間が継続して12カ月以上なければならない。
2．基本手当は失業の認定を受けている日について支給され、その認定は、求職の申込みを受けた公共職業安定所において、原則として、受給資格者が離職後最初に出頭した日から2週間に1回ずつ行われる。
3．基本手当の受給期間は、原則として離職の日の翌日から1年間であるが、離職が60歳以上の定年退職によるものである場合、離職の日の翌日から2カ月以内に申し出ることにより、最長3年間まで延長される。
4．特定受給資格者・特定理由離職者以外の受給資格者（就職困難者を除く）の所定給付日数は、受給資格者の離職の日における年齢にかかわらず、算定基礎期間が10年未満の場合は90日、10年以上20年未満の場合は120日、20年以上の場合は150日である。

【問題2】 正解 1

1. 不適切 倒産や解雇など会社都合により離職した者は特定受給資格者となる。特定受給資格者については、離職の日以前**1年間**に、被保険者期間が通算して6カ月以上あれば、所定の手続きにより、基本手当の支給を受けることができる。

2. 適 切 基本手当は失業の認定を受けた日に支給されるが、この失業の認定は、原則として、受給資格者が離職後最初に出頭した日から4週間に1回ずつ行われる。

3. 適 切 自己都合により退職した者や定年退職した者など、特定受給資格者・特定理由離職者以外の受給資格者（就職困難者を除く）の所定給付日数は、次のとおりである。

離職時の年齢	算定基礎期間		
全年齢共通	10年未満	10年以上20年未満	20年以上
	90日	120日	150日

4. 適 切 賃金日額は、被保険者期間として計算された最後の6カ月間に支払われた賃金総額（ボーナス等は含まない）を180で除した金額であり、下限額および離職日の年齢に応じた上限額がある。

【問題3】 正解 4

1. 不適切 基本手当は、原則として、離職の日以前2年間に、被保険者期間が**通算して12カ月以上**あることが要件となる。「継続して12カ月以上」ではない。

2. 不適切 失業の認定は、原則として**4週間**に1回ずつ行われる。

3. 不適切 基本手当の受給期間は、原則として離職した日の翌日から1年間であるが、60歳以上の定年退職により離職した場合は、最長**1年間**受給期間を延長できる。

4. 適 切 自己都合により退職した者や定年退職した者など、特定受給資格者・特定理由離職者以外の受給資格者（就職困難者を除く）の所定給付日数は、次のとおりである。

離職時の年齢	算定基礎期間		
全年齢共通	10年未満	10年以上20年未満	20年以上
	90日	120日	150日

【問題４】（2023年１月 問３改題）　　　　　　　　　チェック欄 □□□□□

雇用保険の基本手当および高年齢求職者給付金に関する次の記述のうち、最も適切なものはどれか。なお、**各選択肢において、受給資格者は就職困難者に該当せず、所定の手続はなされているものとする。**

1．Aさん（32歳）は、９年間勤務した会社を2024年４月30日に自己都合退職した。Aさんの基本手当の所定給付日数は120日である。
2．Bさん（48歳）は、従来から恒常的に実施されている会社の早期退職優遇制度に応募して、25年間勤務した会社を2024年６月30日に退職した。Bさんの基本手当の所定給付日数は330日である。
3．Cさん（55歳）は、人員整理等に伴い事業主から退職勧奨を受けたことにより、18年間勤務した会社を2024年11月30日に退職した。Cさんの基本手当の所定給付日数は270日である。
4．Dさん（65歳）は、2024年10月20日に65歳となり、42年間勤務した会社を同年10月31日付で定年退職した。Dさんの高年齢求職者給付金の支給額は、原則として基本手当の日額に相当する額の30日分である。

【問題５】（2019年５月 問３）　　　　　　　　　　　チェック欄 □□□□□

雇用保険の教育訓練給付に関する次の記述のうち、最も適切なものはどれか。

1．教育訓練給付金は、所定の教育訓練を開始した日において、一般被保険者または高年齢被保険者である者、あるいは被保険者資格を喪失した日から３年以内の者が、当該教育訓練を修了した場合に支給される。
2．一般教育訓練に係る教育訓練給付金の額は、教育訓練の受講のために支払った所定の費用の額の20％相当額であり、20万円が上限とされる。
3．訓練期間が３年間の専門実践教育訓練の受講の修了後、あらかじめ定められた資格等を取得し、受講修了日の翌日から１年以内に一般被保険者として雇用された場合、専門実践教育訓練に係る教育訓練給付金の額は、最大168万円となる。
4．専門実践教育訓練の受講開始時に45歳未満で、かつ、訓練期間中に失業している者は、１日につき、その者の離職前賃金に基づき算出された基本手当の日額と同額の教育訓練支援給付金の支給を受けることができる。

第2章　年金・社会保険　基礎編

【問題4】 正解 **3**

1. **不適切** 算定基礎期間が**10年未満**である場合、所定給付日数は**90日**である。

2. **不適切** 早期退職優遇制度による退職は、**自己都合退職**に該当する。算定基礎期間が**20年以上**である場合、所定給付日数は**150日**である。

3. **適　切** 人員整理等に伴い事業主から退職勧奨を受けた者は、特定受給資格者に該当する。45歳以上60歳未満の者の算定基礎期間が10年以上20年未満である場合、所定給付日数は270日である。

4. **不適切** 算定基礎期間が**1年以上**である場合、高年齢求職者給付金の支給額は、原則として基本手当の日額に相当する額の**50日分**である。

【問題5】 正解 **3**

1. **不適切** 教育訓練給付金は、被保険者である者が教育訓練給付金の支給を受ける場合は、受講開始日時点で雇用保険の被保険者期間が3年以上必要であるが、初めて支給を受ける場合は1年以上でよい。一方、受講開始日時点で被保険者でない場合には、被保険者資格を喪失した日（離職日の翌日）以降、受講開始日までが1年以内（適用対象期間の延長が行われた場合は最大20年以内）となっている。

2. **不適切** 一般教育訓練に係る教育訓練給付金の額は、教育訓練の受講のために支払った所定の費用の額の20％相当額であり、上限は**10万円**である。

3. **適　切** 専門実践教育訓練に係る教育訓練給付金の額は、教育訓練施設に支払った教育訓練経費の50％に加えて、専門実践教育訓練の受講を修了した後、あらかじめ定められた資格等を取得し、受講修了日の翌日から1年以内に被保険者として雇用された場合、またはすでに雇用されている場合には、教育訓練経費の20％に相当する額が支給される。この場合、すでに給付された訓練経費の50％と追加給付20％を合わせた70％に相当する額が支給されることとなるが、支給額の上限は168万円となる。

4. **不適切** 教育訓練支援給付金の日額は、原則として離職する直前の6カ月間に支払われた賃金額から算出された基本手当（失業給付）の日額に相当する額の80％である。

【問題6】（2017年9月 問3）　　　　　　　　　チェック欄 ☐☐☐☐☐

雇用保険に関する次の記述のうち、最も適切なものはどれか。

1．基本手当の受給者が再就職し、再就職手当の支給を受ける場合、再就職した日の前日における基本手当の支給残日数が所定給付日数の3分の2以上であるときの再就職手当の額は、「基本手当日額（上限あり）×所定給付日数の支給残日数×70％」の算式により算出される。

2．介護休業給付金の支給対象となる介護休業の対象家族の範囲は、介護休業を取得しようとする者の配偶者、父母、子、配偶者の父母、祖父母、兄弟姉妹および孫であり、祖父母、兄弟姉妹および孫については同居かつ扶養している者に限られる。

3．介護休業給付金の支給対象となる介護休業は、同一の対象家族について、介護休業を開始した日から通算93日を限度として、5回まで分割して取得することができる。

4．高年齢求職者給付金の支給を受けることができる者は、同一の事業主の適用事業に65歳以前から引き続いて雇用されていた被保険者であり、かつ、失業した者に限られる。

【問題7】（2022年5月 問4改題）　　　　　　　チェック欄 ☐☐☐☐☐

雇用保険に関する次の記述のうち、最も適切なものはどれか。

1．60歳以後も継続して雇用されている被保険者に対して支給対象月に支払われた賃金額が60歳到達時の賃金月額の61％相当額を下回る場合、高年齢雇用継続基本給付金の額は、原則として、60歳到達時の賃金月額に一定率を乗じて得た額となる。

2．60歳以後に再就職し、高年齢再就職給付金を受給するためには、受給資格に係る離職日における算定基礎期間が5年以上あり、かつ、当該受給資格に基づく基本手当の支給を受けたこと、就職日の前日における当該基本手当の支給残日数が100日以上であること等の要件を満たす必要がある。

3．介護休業期間中に事業主から休業開始時賃金日額に支給日数を乗じて得た額の67％相当額以上の賃金が支払われた場合、当該支給単位期間について、介護休業給付金は支給されない。

4．育児休業給付金は、原則として、1歳に達する日前までの子を養育するための育児休業を取得した場合に支給されるが、パパ・ママ育休プラス制度を利用する場合は、対象となる子の年齢が1歳6カ月まで延長される。

【問題6】 正解 1

1．適 切

2．不適切 祖父母、兄弟姉妹および孫について介護休業を取得する場合、「同居かつ扶養」という要件は不要である。

3．不適切 介護休業給付金を分割取得できる回数は**3回**までである。

4．不適切 高年齢求職者給付金の支給を受けることができる者は、短期雇用特例被保険者および日雇労働被保険者を除く**65歳以上の被保険者（高年齢被保険者）**である。65歳以前から引き続いて雇用されている必要はない。

【問題7】 正解 2

1．不適切 支給対象月に支払われた賃金額が60歳到達時の賃金月額の61％相当額を下回る場合、高年齢雇用継続基本給付金の額は、原則として、**支給対象月に支払われた賃金月額**に15％（2025年4月から10％に引下げ予定）を乗じて得た額となる。

2．適 切 なお、高年齢雇用継続基本給付金は、基本手当を受給しないで雇用を継続する者に60歳から65歳になるまで支給される。

3．不適切 介護休業期間中に事業主から休業開始時賃金日額に支給日数を乗じて得た額の**80%**相当額以上の賃金が支払われた場合、当該支給単位期間について、介護休業給付金は支給されない。

4．不適切 パパ・ママ育休プラス制度を利用する場合、育児休業給付金は、対象となる子の年齢が**1歳2カ月**まで延長される。

【問題8】（2019年9月 問3改題）　　　　　　チェック欄□□□□□

雇用保険の雇用継続給付等に関する次の記述のうち、最も適切なものはどれか。

1．60歳以後も継続して雇用されている被保険者に対して支給対象月に支払われた賃金の額が、60歳到達時の賃金月額の50％相当額である場合、高年齢雇用継続基本給付金の額は、原則として、60歳到達時の賃金月額に一定率を乗じて得た額となる。
2．高年齢再就職給付金は、60歳以後に安定した職業に就くことにより被保険者となった者のうち、その受給資格に係る離職日における算定基礎期間が5年以上あり、かつ、当該受給資格に基づく基本手当の支給を受けたことがない者が支給対象となる。
3．育児休業給付金の額は、育児休業期間中に事業主から賃金が支払われた場合、1支給単位期間について、事業主から実際に支払われた賃金の額を休業開始時賃金日額に支給日数を乗じて得た額から差し引いた額が限度となる。
4．介護休業給付金の支給額の算定上、休業開始時賃金日額に支給日数を乗じて得た額に乗じる給付率は、介護休業期間中に事業主から賃金が支払われなかった場合、100分の67である。

1．不適切 60歳到達時の賃金月額の50％相当額（61％未満）であるため、原則として、**支給対象月に支払われた賃金月額**に100分の15（2025年4月から100分の10に引下げ予定）を乗じて得た額が、高年齢雇用継続基本給付金の額となる。60歳到達時の賃金月額に100分の15を乗じるわけではない。

2．不適切 高年齢再就職給付金は、基本手当を受給後に再就職した者に支給される。なお、基本手当の支給残日数によって、高年齢再就職給付金の支給期間が異なる。

3．不適切 休業開始からの日数および事業主からの支払賃金額に応じて、支給額の限度は異なる。「休業開始時賃金日額」をA、「支給日数」をBとすると次のとおりとなる。

■休業開始から180日目まで

「A×B」に対する事業主の支払賃金額の割合	13％以下	13％超80％未満	80％以上
支給額	A×B×67％	A×B×80％－支払賃金額	不支給

■休業開始から181日目以降

「A×B」に対する事業主の支払賃金額の割合	30％以下	30％超80％未満	80％以上
支給額	A×B×50％	A×B×80％－支払賃金額	不支給

4．適 切 なお、介護休業期間中に事業主から賃金が支払われた場合、**肢3**の「休業開始から180日目まで」と同様の取扱いとなる。

【問題9】（2021年9月 問3改題）　チェック欄☐☐☐☐☐

　雇用保険の介護休業給付金および育児休業給付金に関する次の記述のうち、最も不適切なものはどれか。

1．介護休業を開始した被保険者に支給される介護休業給付金の額は、介護休業期間中に事業主から賃金が支払われなかった場合、1支給単位期間について、休業開始時賃金日額に支給日数を乗じて得た額の67％相当額である。
2．介護休業給付金は、同一の対象家族について介護休業を分割して取得する場合、介護休業を開始した日から通算して93日を限度に3回までに限り支給される。
3．育児休業期間中に事業主から休業開始時賃金日額に支給日数を乗じて得た額の80％相当額以上の賃金が支払われた場合、当該支給単位期間について、育児休業給付金は支給されない。
4．育児休業給付金は、保育所等に入所を希望しているが、空きがなく入所できない等の一定の要件を満たしている場合、所定の手続により、最長で子が3歳に達するまでの間、その支給期間を延長することができる。

第2章 年金・社会保険 基礎編

1. 適 切 「休業開始時賃金日額」をA、「支給日数」をBとした場合、支給額は次のとおりである。

「A×B」に対する 事業主の支払賃金額の割合	支給額
13％以下	A×B×67％
13％超80％未満	A×B×80％－支払賃金額
80％以上	不支給

2. 適 切 支給対象となる同じ家族について、通算93日を限度に3回を上限として分割取得できる。

3. 適 切 育児休業開始から180日目までの期間および181日目以降の期間とも、休業開始時賃金日額に支給日数を乗じて得た額の80％相当額以上の賃金が支払われた場合、育児休業給付金は支給されない。

4. 不適切 育児休業給付金は、保育所等に入所を希望しているが、空きがなく入所できない等の一定の要件を満たしている場合、所定の手続きにより、最長で子が**2歳**に達するまでの間、その支給期間を延長することができる。

6　公的年金

【問題1】(2019年5月 問4改題)　チェック欄□□□□□

国民年金保険料に関する次の記述のうち、最も適切なものはどれか。

1．国民年金の第1号被保険者が障害基礎年金または遺族基礎年金の支給を受けている場合や、生活保護法による生活扶助を受けている場合は、所定の届出をすることにより、国民年金保険料の納付が当然に免除される。

2．国民年金の第1号被保険者が保険料納付猶予制度（国民年金の保険料の免除の特例）の適用を受けるためには、当該被保険者が30歳未満であり、かつ、被保険者本人および配偶者の所得金額が一定額以下である必要がある。

3．免除を受けた2020年度の国民年金保険料を2024年度中に追納する場合、その金額は、2020年度当時の保険料額に、追納までの経過期間に応じた加算額が上乗せされた額となる。

4．国民年金の第1号被保険者が、時効により国民年金保険料を納付することができない保険料未納期間を有する場合、厚生労働大臣の承認を受けることにより、当該承認の日の属する月前5年以内の期間に係る保険料に限り、後納することができる。

【問題2】(2022年5月 問5)　チェック欄□□□□□

国民年金の学生納付特例制度（以下、「本制度」という）に関する次の記述のうち、最も適切なものはどれか。

1．本制度は、国民年金の第1号被保険者で大学等の所定の学校に在籍する学生について、学生本人および扶養義務者の前年所得が一定額以下であれば、被保険者等からの申請に基づき、国民年金保険料の納付を猶予する制度である。

2．学生が在籍する大学が学生納付特例事務法人の指定を受けている場合に、学生が本制度に係る申請を当該大学に委託したときは、学生本人が住所地の市（区）町村の窓口または年金事務所に申請書を提出する必要はない。

3．本制度の承認を受けた期間の保険料は、10年以内であれば追納することができ、大学等を卒業等した翌年度から5年度目以内に保険料を追納すれば、承認を受けた当時の保険料額に経過期間に応じた加算額は上乗せされない。

4．会社員が勤務先を退職して大学院に入学した場合など、学生等の年齢が30歳以上であるときは、本制度を利用することができない。

【問題1】 正解 3

1．不適切 所定の届出をすることにより、国民年金保険料の納付が当然に免除されるのは、国民年金の第1号被保険者が障害基礎年金または生活保護法による生活扶助を受けている場合などである。遺族基礎年金の支給を受けている場合には、国民年金保険料の納付は当然に免除されるわけではない。

2．不適切 国民年金の第1号被保険者が保険料納付猶予制度の適用を受けるための年齢要件は、当該被保険者が**50歳未満**であることである。

3．適 切 免除などを受けた期間の翌年度から数えて3年度目以降に追納する場合は、当時の保険料額に一定の加算額が上乗せされる。

4．不適切 年金の未納期間分の保険料は、過去2年分までしか支払うことができない。

【問題2】 正解 2

1．不適切 学生納付特例制度は、**扶養義務者の前年の所得金額にかかわらず**、学生本人のみの前年の所得が一定金額以下であり、所定の要件を満たした場合、利用することができる。

2．適 切 学生納付特例制度は、毎年申請をする必要があるが、学生が学生納付特例事務法人の指定を受けている大学に在学している場合、その大学で申請手続きを行うことが可能である。

3．不適切 保険料の免除もしくは納付猶予を受けた期間の翌年度から起算して**3年度目**以降に保険料を追納する場合の納付額は、保険料の免除を受けた当時の保険料の額に政令で定める加算額が上乗せされる。また、在学中に加算額が免除される等の特例はない。

4．不適切 昼間部、夜間部、定時制課程、通信課程を問わず、大学（大学院）、短期大学、高等学校、高等専門学校、特別支援学校、専修学校および各種学校、一部の海外大学の日本分校に在学する**20歳以上60歳未満の第1号被保険者**であれば、学生納付特例制度を利用することができる。

【問題3】（2023年5月 問4）　　　　　　　　　　チェック欄 ☐☐☐☐☐

厚生年金保険の被保険者に関する次の記述のうち、最も適切なものはどれか。

1．常時従業員を使用する法人事業所は、業種にかかわらず、厚生年金保険の適用事業所となり、原則として、その法人の70歳未満の代表者は被保険者となる。
2．常時5人以上の従業員を使用する法定業種の個人事業所は、厚生年金保険の適用事業所となり、原則として、その個人事業所の70歳未満の事業主は被保険者となる。
3．2カ月以内の期間を定めて適用事業所に使用される者であって、その定めた期間を超えて使用されることが見込まれないものは被保険者とならないが、定めた期間を超えて引き続き使用されることが見込まれるようになった場合、当初使用された日に遡って被保険者となる。
4．特定適用事業所以外の適用事業所において、1週間の所定労働時間が同一の適用事業所に使用される通常の労働者の4分の3未満であっても1カ月の所定労働日数が4分の3以上ある労働者は被保険者となる。

【問題4】（2020年1月 問4）　　　　　　　　　　チェック欄 ☐☐☐☐☐

国民年金に関する次の記述のうち、最も不適切なものはどれか。なお、記載のない事項については考慮しないものとする。

1．第1号被保険者が出産する場合、所定の届出により、出産予定月の前月から6カ月間、国民年金保険料の納付が免除される。
2．第2号被保険者としての被保険者期間のうち、20歳未満および60歳以後の期間は、合算対象期間として老齢基礎年金の受給資格期間に算入される。
3．振替加算が加算された老齢基礎年金は、その受給権者が障害基礎年金や障害厚生年金の支給を受けることができるときは、その間、振替加算に相当する部分の支給が停止される。
4．65歳到達時に老齢基礎年金の受給権を取得し、70歳に達する前に当該老齢基礎年金を請求していなかった者は、70歳到達時、5年分の年金を一括して受給するか繰下げ支給の申出をするかを選択することができる。

1．**適　切**　常時1人以上の従業員を使用する法人の事業所（代表者のみの法人の事業所も含む）は強制適用事業所となる。また、その法人の代表者であっても70歳未満の場合は、厚生年金保険の被保険者となる。

2．**不適切**　個人事業所の事業主は、70歳未満であっても厚生年金保険の被保険者とならない。

3．**不適切**　定めた期間を超えて引き続き使用されることが見込まれるようになった場合、**その超えた日から**被保険者となる。

4．**不適切**　被保険者となるためには、通常の労働者の1週間の所定労働時間**および**1カ月の所定労働日数の**いずれも4分の3以上**必要である。

1．**不適切**　第1号被保険者の保険料が免除される産前産後期間は、出産予定日の前月から**4カ月間**（多胎妊娠の場合は6カ月間）である。

2．**適　切**　合算対象期間は受給資格期間の対象であるが、年金額に反映されない期間である。代表的なものは、会社員世帯の専業主婦で1961年4月から1986年3月までの任意加入期間のうち、国民年金に任意加入しなかった20歳以上60歳未満の期間や、第2号被保険者としての被保険者期間のうち、20歳未満および60歳以後の期間である。

3．**適　切**　老齢基礎年金の受給権者が、障害基礎年金や障害厚生年金の支給を受けることができるときは、その間、振替加算は支給停止となる。ただし、障害基礎年金などが全額支給停止される場合は、振替加算は支給される。

4．**適　切**　なお、繰下げ支給の申出をする場合、70歳に達する月の翌月から増額された年金の支給を受けることになる。

【問題5】（2021年5月 問4）　　　　　　　　　　　チェック欄☐☐☐☐☐

老齢厚生年金の繰下げ支給に関する次の記述のうち、最も適切なものはどれか。

1．障害基礎年金の受給権者が65歳に達して老齢厚生年金の受給権を取得した場合、当該受給権者は、老齢厚生年金の繰下げ支給の申出をすることができず、65歳から障害基礎年金と老齢厚生年金を受給することになる。

2．65歳到達時に老齢厚生年金の受給権を取得した者が繰下げ支給を希望する場合、65歳到達月の末日までに「老齢厚生年金支給繰下げ申出書」を提出し、繰り下げる月数を届け出る必要がある。

3．加給年金額が加算される老齢厚生年金の繰下げ支給の申出をした場合、老齢厚生年金の額は繰下げ加算額を加算した額とされるが、加給年金額については支給を繰り下げたことによる増額の対象とならない。

4．第1号厚生年金被保険者期間に係る老齢厚生年金と第2号厚生年金被保険者期間に係る老齢厚生年金の受給権を取得した者は、それぞれについて異なる時期から繰り下げて増額された年金の支給を受けることができる。

【問題6】（2019年9月 問4）　　　　　　　　　　　チェック欄☐☐☐☐☐

老齢基礎年金および老齢厚生年金の繰下げ支給に関する次の記述のうち、最も不適切なものはどれか。

1．付加保険料納付済期間を有する者が老齢基礎年金の繰下げ支給の申出をした場合、付加年金は、老齢基礎年金と同様に、繰り下げた月数に応じて増額される。

2．66歳到達時に老齢基礎年金の受給資格期間を満たし、その受給権を取得した者が、70歳到達日に老齢基礎年金の繰下げ支給の申出をした場合、老齢基礎年金の増額率は33.6％である。

3．障害基礎年金を受給している者が65歳到達時に老齢厚生年金の受給権を取得した場合、老齢厚生年金の支給を繰り上げることはできない。

4．65歳以後も引き続き厚生年金保険の被保険者である者が老齢厚生年金の繰下げ支給の申出をした場合、老齢厚生年金の年金額のうち、在職支給停止の仕組みにより支給停止とされる部分の金額は、支給を繰り下げたことによる増額の対象とならない。

【問題5】 正解 3

1．不適切 障害基礎年金の受給権者は、老齢厚生年金の繰下げの申出をすることができる。なお、**障害厚生年金、遺族厚生年金、遺族基礎年金**の受給権者は、老齢厚生年金の繰下げの申出をすることはできない。

2．不適切 66歳に到達する前に老齢厚生年金の請求をしていなかった受給権者は、65歳以後の希望するときに老齢厚生年金の繰下げの申出をする。65歳到達月の末日までに繰り下げる月数の届出は必要ない。なお、「老齢基礎年金・老齢厚生年金支給繰下げ申出書」は、65歳以後に老齢基礎年金および老齢厚生年金の裁定の請求を行い、いずれかの年金について支給の繰下げを希望する（受給を開始する）ときに必要な届書である。

3．適 切 老齢厚生年金を繰り下げる場合、老齢基礎年金と同様、1カ月繰り下げるごとに0.7％増額される（繰下げ加算額が加算される）。ただし、加給年金額は、老齢厚生年金を繰り下げたとしても増額されない。

4．不適切 複数の種別の被保険者であった期間を有する者が、老齢厚生年金の繰下げをする場合、それぞれの種別の被保険者期間に基づく老齢厚生年金の繰下げの申出を**同時**に行わなければならない。

【問題6】 正解 3

1．適 切 なお、付加年金額も繰下げ1カ月当たり0.7％増額される。

2．適 切 70歳到達日まで繰り下げた場合、繰り下げた月数は48カ月（4年×12カ月）である。したがって、増額割合は33.6％（0.7％×48カ月）となる。

3．不適切 障害基礎年金を受給している者が65歳到達時に老齢厚生年金の受給権を取得した場合、老齢厚生年金の支給を繰り下げることができる。なお、**障害厚生年金、遺族厚生年金、遺族基礎年金**の受給権者は、老齢厚生年金の繰下げの申出をすることはできない。

4．適 切 繰下げ支給の増額対象は、在職老齢年金の支給調整後の年金額である。つまり、支給停止された年金額は繰下げ支給の対象にならない。

【問題7】 (2020年9月 問4改題)　　　　　　　　チェック欄 ☐☐☐☐☐

　Aさん（女性。1961年9月5日生まれ）が63歳到達月に老齢基礎年金の繰上げ支給の請求を行った場合、その年金額の合計額として、次のうち最も適切なものはどれか。なお、Aさんは、厚生年金保険に加入したことはなく、繰上げ支給を受けなかった場合、下記の〈Aさんに対する老齢給付の額〉の年金額を受給できるものとする。また、記載のない事項については考慮しないものとする。

第2章

年金・社会保険 基礎編

〈Aさんに対する老齢給付の額〉
・65歳時の老齢基礎年金の額（新規裁定者）
　81万6,000円
・65歳時の振替加算の額
　1万5,732円
・65歳時の付加年金の額
　2万4,000円

1．73万9,200円
2．75万1,886円
3．75万9,360円
4．77万3,582円

　63歳から受給できるのは老齢基礎年金および付加年金である。Aさんの生年月日は1962年4月2日以後ではないため、老齢基礎年金を繰り上げることによる減額率は、繰上げ1カ月当たり**0.5%**であり、付加年金も同率で減額される。なお、老齢基礎年金を繰り上げた場合でも、**振替加算は65歳から減額されずに加算される。**

　減額率：0.5%×12カ月×(65歳－63歳)＝12%

　繰上げ支給される老齢基礎年金：816,000円×(1－12%)＝718,080円…①

　繰上げ支給される付加年金：24,000円×(1－12%)＝21,120円…②

　繰上げ支給される年金の合計額：①＋②＝**739,200円**

【問題8】 (2019年5月 問5改題) チェック欄 ☐☐☐☐☐

Ａさん（女性。1964年6月3日生まれ）が60歳到達月に老齢基礎年金および老齢厚生年金の繰上げ支給の請求を行った場合、その年金額の合計額として、次のうち最も適切なものはどれか。なお、Ａさんは、繰上げ支給を受けなかった場合、下記の〈Ａさんに対する老齢給付の額〉の年金額を受給できるものとする。また、記載のない事項については考慮しないものとし、年金額の端数処理は、円未満を四捨五入すること。

〈Ａさんに対する老齢給付の額〉
・64歳時の特別支給の老齢厚生年金の額
　1,120,000円（報酬比例部分の額）
・65歳時の老齢基礎年金の額（新規裁定者）
　816,000円
・65歳時の老齢厚生年金の額
　1,528,580円 　　報酬比例部分の額：1,120,000円
　　　　　　　　　経過的加算額　　　：480円
　　　　　　　　　配偶者加給年金額：408,100円

1．1,344,141円
2．1,525,485円
3．1,617,491円
4．1,936,241円

　Aさんが60歳到達月に繰上げ支給の請求を行った場合、特別支給の老齢厚生年金、老齢基礎年金および経過的加算の支給を受けることができるが、**配偶者加給年金は65歳から加算される**ため、繰上げ支給の対象ではない。また、経過的加算の減額分は報酬比例部分から減額され、経過的加算そのものは減額されずに加算される。

　Aさんは64歳から特別支給の老齢厚生年金を受け取ることができるため、特別支給の老齢厚生年金の繰上げ月数は48月（4年）である。また、老齢基礎年金および経過的加算は65歳から受け取ることができるため、繰上げ月数は60月（5年）である。Aさんの生年月日は1962年4月2日以後であるため、繰上げによる減額率は、1月あたり**0.4%**である。

①　繰上げによる特別支給の老齢厚生年金の減額分
$$1,120,000円 \times 0.4\% \times 48月 = 215,040円$$

②　繰上げによる経過的加算の減額分　　480円 × 0.4% × 60月 ≒ 115円

③　繰上げによる老齢基礎年金の減額分　816,000円 × 0.4% × 60月 = 195,840円

∴　支給額 = {1,120,000円 − (① + ②)} + 480円 + (816,000円 − ③) = **1,525,485円**

※　次のように計算しても求めることができる。

　　1,120,000円 + 480円 + 816,000円 − ① − ② − ③ = **1,525,485円**

【問題9】 (2019年1月 問3改題)　　チェック欄□□□□□

厚生年金保険の被保険者に支給される老齢厚生年金に関する次の記述のうち、最も適切なものはどれか。なお、記載のない事項については考慮しないものとする。

1. Aさん（63歳）の基本月額が10万円、2025年2月の標準報酬月額が36万円、60歳以後は賞与が支給されていない場合、2025年2月分の特別支給の老齢厚生年金は、その一部が支給停止される。
2. Bさん（66歳）の基本月額が20万円、2025年2月の標準報酬月額が22万円、2025年2月以前1年間の標準賞与額の総額が48万円の場合、2025年2月分の老齢厚生年金は全額が支給される。
3. 加給年金対象者である配偶者を有するCさん（67歳）に対する老齢厚生年金について、在職支給停止の仕組みにより、その一部が支給停止となる場合、老齢厚生年金に加算される加給年金額についても、その一部が支給停止となる。
4. Dさん（68歳）に対する老齢厚生年金について、在職支給停止の仕組みにより、その全部が支給停止となる場合、老齢厚生年金に加算される経過的加算額についても、その全部が支給停止となる。

【問題10】 (2020年1月 問5)　　チェック欄□□□□□

公的年金制度の障害給付に関する次の記述のうち、最も不適切なものはどれか。なお、各選択肢において、ほかに必要とされる要件等はすべて満たしているものとする。

1. 傷病の初診日およびその障害認定日において20歳未満であり、国民年金の被保険者でなかった者が、20歳に達した日において障害等級1級または2級に該当する程度の障害の状態にあるときは、その者は障害基礎年金を受給することができる。
2. 傷病の初診日において厚生年金保険の被保険者であった者が、その障害認定日において障害等級1級、2級または3級に該当する程度の障害の状態にあるときは、障害認定日において厚生年金保険の被保険者でなかったとしても、その者は障害厚生年金を受給することができる。
3. 障害厚生年金の額については、当該障害厚生年金の支給事由となった障害に係る障害認定日の属する月後における厚生年金保険の被保険者であった期間は、その計算の基礎とされない。
4. 障害厚生年金の加給年金額は、障害等級1級または2級に該当して障害厚生年金の受給権を取得した当時、受給権者が所定の要件を満たす配偶者を有するときに加算されるため、障害厚生年金を既に受給している者が婚姻した場合、その配偶者は加給年金対象者とならない。

1．不適切 在職老齢年金では、総報酬月額相当額と基本月額との合計額が50万円（2024年度価額）以下である場合、老齢厚生年金は全額支給される。

2．適　切 在職老齢年金では、総報酬月額相当額と基本月額との合計額が50万円（2024年度価額）以下である場合、老齢厚生年金は全額支給される。

総報酬月額相当額：22万円＋48万円÷12月＝26万円

総報酬月額相当額と基本月額の合計額：26万円＋20万円＝46万円≦50万円

3．不適切 老齢厚生年金について、在職支給停止の仕組みにより、その一部が支給停止となる場合でも、加給年金額は全額支給される。

4．不適切 老齢厚生年金について、在職支給停止の仕組みにより、その全部が支給停止となる場合でも、経過的加算額は全額支給される。

1．適　切 20歳前に初診日があり、障害認定日以後に20歳に達した場合は、20歳に達した日に障害等級1級または2級に該当する障害の状態にあれば、障害基礎年金が支給される。なお、20歳前に初診日があり、20歳に達した日後に障害認定日がある場合は、障害認定日に障害等級1級または2級に該当する障害の状態であることが必要である。

2．適　切 初診日に厚生年金保険の被保険者でなければならないが、障害認定日に厚生年金保険の被保険者である必要はない。

3．適　切 障害厚生年金の年金額の計算において、当該障害厚生年金の支給事由となった障害に係る障害認定日の属する月後における被保険者であった期間は、対象外である。

4．不適切 障害厚生年金の受給権が発生した後に婚姻により要件を満たした場合でも、配偶者加給年金額は加算される。

【問題11】（2021年5月 問5）　　　　　　　　チェック欄 □□□□

公的年金制度の障害給付に関する次の記述のうち、最も不適切なものはどれか。

1．障害厚生年金の支給を受けるためには、傷病に係る初診日および障害認定日において厚生年金保険の被保険者であり、かつ、その障害認定日において障害等級1級、2級または3級に該当する程度の障害の状態でなければならない。
2．障害認定日とは、原則として傷病に係る初診日から1年6カ月を経過した日とされるが、その期間内に症状が固定して治療の効果が期待できない状態に至った場合は、その状態に至った日とされる。
3．障害等級2級に該当して障害厚生年金の支給を受けている者が婚姻し、所定の要件を満たす配偶者を有するに至った場合は、所定の手続により、その至った日の属する月の翌月分から当該受給権者の障害厚生年金に加給年金額が加算される。
4．障害等級3級に該当する者に支給される障害厚生年金の額は、障害等級2級に該当する者に支給される障害基礎年金の額（子に係る加算額を除く）の4分の3相当額が最低保障される。

【問題12】（2023年9月 問4）　　　　　　　　チェック欄 □□□□

自営業者（国民年金の第1号被保険者）の公的年金に関する次の記述のうち、最も適切なものはどれか。なお、記載のない事項については考慮しないものとする。

1．寡婦年金を受給している者が婚姻した場合、当該寡婦年金の支給は停止されるが、婚姻後、65歳に達するまでの間に離婚した場合は、支給が再開される。
2．寡婦年金の額は、夫の死亡日の属する月の前月までの第1号被保険者としての被保険者期間に係る死亡日の前日における保険料納付済期間および保険料免除期間を基に計算した老齢基礎年金の額の4分の3相当額であり、夫に第2号被保険者としての被保険者期間があっても、その期間は年金額に反映されない。
3．死亡一時金は、死亡日の前日において、第1号被保険者としての被保険者期間に係る保険料納付済期間の月数、保険料4分の1免除期間の月数、保険料半額免除期間の月数および保険料4分の3免除期間の月数を合算した月数が36月以上ある者が死亡した場合に支給される。
4．死亡一時金の支給を受けることができる遺族の範囲は、死亡した者の配偶者、子、父母、孫、祖父母であって、その者の死亡の当時その者と生計を同じくしていた者である。

1．**不適切** 初診日において厚生年金保険の被保険者であればよく、障害認定日において厚生年金保険の被保険者でなくてもよい。

2．**適 切** 障害認定日は障害の程度を認定する日のことである。初診日から起算して1年6カ月を経過した日、または1年6カ月以内に治った場合（治療の効果が期待できない状態を含む）にはその治った日である。

3．**適 切** 障害厚生年金の受給権が発生した後に婚姻等により要件を満たした場合、配偶者加給年金額が加算される。なお、障害基礎年金においては、受給権が発生した後に子と生計維持関係ができた場合、子の加算額が加算される。

4．**適 切** 障害等級3級の障害厚生年金には最低保障額があり、障害等級2級の障害基礎年金の額（子の加算額を除く）の4分の3相当額である。

1．**不適切** 寡婦年金の受給権は、寡婦年金の受給権者が婚姻することによって失権する。失権した受給権は、離婚によっても復活しない。よって、65歳に達するまでの間に離婚した場合でも、支給は再開されない。

2．**適 切** 寡婦年金の年金額は、死亡した夫の第1号被保険者（任意加入被保険者を含む）としての被保険者期間に基づいて計算した老齢基礎年金の額の4分の3相当額である。

3．**不適切** 死亡一時金の支給を受けるためには、死亡日の前日において、死亡日の属する月の前月までの第1号被保険者期間について、次の期間の月数を合算した月数が36月以上必要である。

・保険料納付済期間の月数
・保険料4分の1免除期間の月数の**4分の3**
・保険料半額免除期間の月数の**2分の1**
・保険料4分の3免除期間の月数の**4分の1**

4．**不適切** 死亡一時金の支給を受けることができる遺族の範囲は、死亡した者の配偶者、子、父母、孫、祖父母、**兄弟姉妹**であって、その者の死亡の当時その者と生計を同じくしていた者である。

【問題13】（2021年9月 問5）　　　　　　　　チェック欄 ☐☐☐☐☐

　公的年金の遺族給付に関する次の記述のうち、最も不適切なものはどれか。なお、記載のない事項については考慮しないものとする。

1．厚生年金保険の被保険者で、その被保険者期間が19年6カ月である夫（43歳）が被保険者期間中に死亡し、その夫に生計を維持されていた遺族が妻（43歳）のみである場合、その妻が受給する遺族厚生年金には中高齢寡婦加算額が加算される。

2．国民年金の第1号被保険者期間に係る保険料納付済期間と保険料免除期間とを合算した期間が24年6カ月の夫（55歳）が死亡した場合、夫との婚姻期間が19年6カ月あり、生計を維持されていた妻（61歳）は、寡婦年金を受給することができる。

3．厚生年金保険の被保険者で、その被保険者期間が30年6カ月である妻（52歳）が被保険者期間中に死亡し、その妻に生計を維持されていた遺族が夫（52歳）と子（16歳）の2人である場合、遺族基礎年金は夫に支給され、遺族厚生年金は子に支給される。

4．障害基礎年金を受給している妻（67歳）が、夫（68歳）の死亡により遺族厚生年金の受給権を取得した場合、障害基礎年金と遺族厚生年金のいずれか一方を選択して受給することになる。

第2章　年金・社会保険　基礎編

1. 適 切　厚生年金保険の被保険者が死亡した場合、遺族厚生年金の短期要件に該当するため、中高齢寡婦加算については被保険者期間を問わない。したがって、夫の死亡当時、40歳以上65歳未満の妻であり、遺族基礎年金を受給できない場合、その妻が受給する遺族厚生年金に中高齢寡婦加算額が加算される。

2. 適 切　死亡した夫は、第1号被保険者としての被保険者期間について、保険料納付済期間と保険料免除期間を合算した期間が10年以上ある。また、婚姻期間が10年以上である夫により生計を維持されていた妻が60歳以上65歳未満であるため、その妻は寡婦年金を受給することができる。

3. 適 切　遺族基礎年金については、子のある配偶者である夫に受給資格がある。遺族厚生年金については、妻の死亡当時55歳未満である夫に受給資格はないが、18歳到達年度末日までにある子に受給資格がある。

4. 不適切　障害基礎年金を受給している妻が、65歳以後に遺族厚生年金の受給権を取得した場合、障害基礎年金と遺族厚生年金を併給することができる。

【問題14】（2022年5月　問6）　　　　　　　　　　チェック欄 ☐☐☐☐☐

　公的年金の遺族給付に関する次の記述のうち、最も適切なものはどれか。なお、記載のない事項については考慮しないものとする。

1．厚生年金保険の被保険者で、その被保険者期間が25年6カ月である妻（49歳）が被保険者期間中に死亡し、その妻に生計を維持されていた遺族が夫（50歳）と子（14歳）の2人である場合、遺族基礎年金および遺族厚生年金は夫に支給される。

2．厚生年金保険の被保険者で、その被保険者期間が26年6カ月である夫（47歳）が被保険者期間中に死亡し、その夫に生計を維持されていた遺族が妻（45歳）のみである場合、その妻が受給する遺族厚生年金には、妻が65歳になるまでは中高齢寡婦加算額が加算され、65歳以後は経過的寡婦加算額が加算される。

3．国民年金の第1号被保険者期間に係る保険料納付済期間が10年以上ある夫（62歳）が、老齢基礎年金または障害基礎年金の支給を受けることなく死亡した場合、夫との婚姻期間が10年以上あり、生計を維持されていた妻（58歳）は、夫が死亡した日の属する月の翌月から5年間、寡婦年金を受給することができる。

4．国民年金の第1号被保険者として8年間保険料を納付してきた子（28歳）が、障害基礎年金の支給を受けることなく死亡した場合、生計を同じくしていた母親（55歳）は、死亡一時金を受給することができる。

1．不適切 夫が遺族厚生年金の支給を受けるためには、妻が死亡した当時、夫の年齢が55歳以上であればよい。本肢の夫の年齢は、妻が死亡した当時50歳であるため、遺族厚生年金の支給を受けることはできない。なお、18歳到達年度末日までにある子がいるため、遺族基礎年金の支給を受けることはできる。

2．不適切 経過的寡婦加算額は、1956年4月1日以前に生まれた妻に加算される。本肢の妻は45歳であり、1956年4月1日以前に生まれていないため、経過的寡婦加算額は加算されない。

3．不適切 夫が死亡した当時、妻の年齢は58歳であるため、寡婦年金の支給期間は、妻が60歳に達した日の属する月の翌月から、65歳に達する日の属する月までである。

4．適　切 死亡一時金は、第1号被保険者として保険料を納付した者が年金を受け取らずに死亡した場合、一定の遺族に対して支給される。

① 死亡した者の要件
・死亡日の前日において、死亡日の属する月の前月までの第1号被保険者期間について、保険料納付済期間等の月数が36月以上あること
・老齢基礎年金または障害基礎年金の支給を受けたことがないこと

② 遺族の要件
・次の順序において先順位の者
配偶者、子、父母、孫、祖父母、兄弟姉妹
・死亡した者の死亡当時、その者と生計を同じくしていたこと

【問題15】（2019年9月 問5） チェック欄

公的年金制度の遺族給付に関する次の記述のうち、最も適切なものはどれか。なお、各選択肢において、ほかに必要とされる要件等はすべて満たしているものとする。

1．厚生年金保険の被保険者が死亡し、その者に国民年金の第1号被保険者期間に係る保険料納付済期間が36月以上あった場合、所定の要件を満たす遺族は、遺族厚生年金および死亡一時金の支給を受けることができる。
2．遺族厚生年金の支給を受けている者の収入が年額850万円以上または所得が年額655万5,000円以上となった場合、翌年の遺族厚生年金の支給が停止される。
3．夫が厚生年金保険の被保険者期間中に死亡し、妻が遺族厚生年金の受給権のみを取得し、かつ、夫の死亡当時における妻の年齢が30歳未満である場合、当該妻に対する遺族厚生年金の支給期間は、当該受給権を取得した日から最長10年間となる。
4．寡婦年金は、夫の死亡当時、夫によって生計を維持し、かつ、夫との婚姻関係が5年以上継続した65歳未満である妻に対して支給され、その支給期間は妻が60歳から65歳になるまでの間の最長5年間となる。

【問題16】（2018年9月 問4改題） チェック欄

公的年金の各種加算に関する次の記述のうち、最も適切なものはどれか。

1．夫が受給している老齢厚生年金の加給年金対象者である妻が老齢基礎年金の支給を繰り上げた場合、夫の老齢厚生年金に加算されていた加給年金額は打ち切られ、妻が受給する繰上げ支給の老齢基礎年金に振替加算が加算される。
2．振替加算が加算された老齢基礎年金を受給している妻が夫と離婚した場合、離婚した日の属する月の翌月分の年金額から振替加算の支給は打ち切られる。
3．障害等級2級に該当して障害厚生年金を受給している者が婚姻し、所定の要件を満たす配偶者を有することとなった場合は、所定の手続により、婚姻した日の属する月の翌月分から当該受給権者の障害厚生年金に加給年金額が加算される。
4．中高齢寡婦加算が加算された遺族厚生年金の受給権者が60歳に達した場合、中高齢寡婦加算の支給は打ち切られるが、その者が1966年4月1日以前に生まれた者であるときは、遺族厚生年金に経過的寡婦加算が加算される。

1．適　切　遺族厚生年金と死亡一時金は併給できる。なお、遺族厚生年金と寡婦年金は併給されないため、いずれかを選択する。

2．不適切　遺族厚生年金における生計維持要件（収入の年額850万円未満かつ所得の年額655万5,000円）の判定時期は、被保険者または被保険者であった者の死亡の当時である。したがって、遺族厚生年金受給中に収入または所得が増加しても、支給は停止されない。

3．不適切　遺族厚生年金の受給権を取得した当時30歳未満である妻が、遺族基礎年金の受給権を取得していない場合、遺族厚生年金の支給期間は**5年間**である。

4．不適切　寡婦年金を受給するためには、夫との婚姻関係が**10年以上**継続していなければならない。

1．不適切　妻が老齢基礎年金の支給を繰り上げても、夫に加算されている加給年金額は打ち切られず、妻が65歳に達するまで加算される。また、妻が老齢基礎年金の支給を繰り上げても、妻の振替加算は65歳に達するまでは加算されない。

2．不適切　振替加算は妻自身の年金であるため、離婚しても振替加算の支給は打ち切られない。

3．適　切　なお、障害基礎年金の受給権を得た後に、生計維持関係のある子を有するに至った場合は、子を有するに至った日の属する月の翌月分から子の加算額が加算される。

4．不適切　中高齢寡婦加算は、妻が**65歳**に達した場合に打ち切られる。また、経過的寡婦加算が加算される妻は**1956年4月1日以前**に生まれた者である。

【問題17】（2022年9月 問5）　　　　　　　　チェック欄　□□□□□

社会保険の給付に係る併給調整や支給停止に関する次の記述のうち、最も不適切なものはどれか。なお、記載のない事項については考慮しないものとする。

1．健康保険の傷病手当金の支給を受けるべき者が、同一の傷病により障害等級3級の障害厚生年金の支給を受けることができるときは、当該障害厚生年金の額を360で除して得た額が傷病手当金の1日分の額よりも少ない場合、その差額が傷病手当金として支給される。

2．業務災害により死亡した労働者の遺族が、労働者災害補償保険の遺族補償年金と遺族厚生年金の支給を受けることができるときは、遺族厚生年金の支給を受けている間、遺族補償年金は減額されて支給される。

3．業務災害により障害の状態となった労働者が、労働者災害補償保険の障害補償一時金と厚生年金保険の障害手当金の支給を受けることができるときは、障害手当金が全額支給され、障害補償一時金は支給されない。

4．障害基礎年金および障害厚生年金の受給権者が、65歳到達日に老齢基礎年金および老齢厚生年金の受給権を取得した場合、当該受給権者は、「障害基礎年金と障害厚生年金」「老齢基礎年金と老齢厚生年金」「障害基礎年金と老齢厚生年金」のいずれかの組合せによる年金の受給を選択することができる。

【問題17】 正解 3

1. **適 切** 傷病手当金を受けている者が、同一の疾病または負傷で障害厚生年金を
受給できる場合、傷病手当金は全額支給停止となる。ただし、障害厚生年金の額
（障害基礎年金を同時に受給できるときは合計額）を360で割った額が傷病手当金の
日額より低い場合、その差額が支給される。

2. **適 切** 業務災害の死亡により労災保険の遺族補償等給付を受けられる遺族が、
遺族基礎年金、遺族厚生年金、寡婦年金も受けることができる場合、労災保険のほ
うが減額される。

3. **不適切** 業務災害の障害により労災保険の障害補償一時金を受けられる労働者
が、障害手当金も受けることができる場合、障害手当金のほうが支給されない。

4. **適 切** なお、老齢基礎年金と障害厚生年金は併給されないため、いずれかを選
択して受給する。

【問題18】（2023年9月　問5）　　　　　　　　　チェック欄 ☐☐☐☐☐

厚生年金保険法における離婚時の年金分割に関する次の記述のうち、最も不適切なものはどれか。なお、本問においては、「離婚等をした場合における特例」による標準報酬の改定を合意分割といい、「被扶養配偶者である期間についての特例」による標準報酬の改定を3号分割という。

1．老齢厚生年金を受給している者について合意分割の請求が行われたときは、合意分割による改定または決定後の標準報酬を当該年金額の計算の基礎として再計算し、当該合意分割の請求のあった日の属する月の翌月分から年金額が改定される。

2．3号分割の対象期間は、2008年4月1日以後の国民年金の第3号被保険者であった期間であり、原則として、その間の相手方の厚生年金保険の保険料納付記録（標準報酬月額・標準賞与額）は2分の1の割合で分割される。

3．離婚の相手方から分割を受けた厚生年金保険の保険料納付記録（標準報酬月額・標準賞与額）に係る期間は、分割を受けた者が老齢厚生年金の支給を受けるために必要となる受給資格期間に算入される。

4．合意分割の請求が行われた場合、婚姻期間に3号分割の対象となる期間が含まれるときは、原則として、合意分割と同時に3号分割の請求があったものとみなされる。

【問題19】（2022年1月　問7）　　　　　　　　　チェック欄 ☐☐☐☐☐

公的年金等に係る所得税の取扱いに関する次の記述のうち、最も不適切なものはどれか。

1．会社員が学生納付特例制度の承認を受けた期間の保険料を追納した場合、社会保険料（国民年金保険料）控除証明書を年末調整の際に勤務先に提出することで、当該保険料に係る社会保険料控除の適用を受けることができる。

2．小規模企業共済契約に基づいて60歳の共済契約者本人に支給される解約手当金は、退職所得として課税の対象となる。

3．国民年金の第3号被保険者期間のみを有していた65歳以上の者がその年中に合計で70万円の老齢基礎年金の支払を受ける見込みのときは、その支払の際、所得税および復興特別所得税は源泉徴収されない。

4．老齢基礎年金の受給権者が死亡し、その者に支給すべき年金給付で死亡後に支給期の到来する年金を、生計を同じくしていた受給権者の子が受け取った場合、子が受け取った当該未支給年金は、一時所得として課税の対象となる。

【問題18】　正解　3

1．適　切　老齢厚生年金の受給権者について、合意分割の請求により標準報酬の改定または決定が行われたときは、当該標準報酬改定請求のあった日の属する月の翌月から、年金額が改定される。

2．適　切　3号分割の対象は、2008年4月1日以後の国民年金の第3号被保険者期間中の相手方の厚生年金保険の標準報酬に限られ、分割割合は2分の1に固定されている。

3．不適切　離婚の相手方から分割を受けた標準報酬に係る期間は、分割を受けた者の老齢厚生年金の受給資格期間に算入されない。したがって、自ら受給資格期間を満たさない限り、分割後の年金額による老齢厚生年金の支給を受けることはできない。

4．適　切　3号分割による標準報酬の改定および決定が行われていない期間の全部または一部を対象期間として合意分割による標準報酬の改定または決定の請求をした場合、原則として、当該請求をしたときに3号分割の請求があったものとみなされる。

【問題19】　正解　2

1．適　切　保険料を追納した場合に発行される社会保険料（国民年金保険料）控除証明書は、年末調整や確定申告の際に利用することで、社会保険料控除の適用を受けることができる。

2．不適切　**65歳未満**の者が小規模企業共済の解約手当金を受け取ったときは、**一時所得**として所得税の課税対象となる。なお、65歳以上の者が受け取ったときは退職所得となる。

3．適　切　65歳以上の者は、158万円以上の年金の支給を受ける場合に源泉徴収される。なお、65歳未満の者は、108万円以上の年金の支給を受ける場合に源泉徴収される。

4．適　切　未支給年金は相続人固有の権利として請求するものであるため、相続人の一時所得として所得税の課税対象となる。

【問題20】（2021年9月 問7）　　　　　　チェック欄 ☐☐☐☐☐

　公的年金等に係る所得税等の取扱いに関する次の記述のうち、最も不適切なものはどれか。なお、各選択肢において、納税者は居住者であるものとし、記載のない事項については考慮しないものとする。

1．2年分の国民年金の保険料を前納した納税者は、確定申告等により、納めた全額をその支払った年分の社会保険料控除の対象とすることができる。
2．小規模企業共済契約に基づいて共済契約者本人に支給される分割共済金は、公的年金等控除の適用対象となる公的年金等の範囲に含まれる。
3．公的年金等に係る雑所得を有する納税者で、その年中の公的年金等の収入金額が400万円以下である者が、その年分の公的年金等に係る雑所得以外の所得金額が20万円以下である場合には、原則として、所得税の確定申告書を提出する必要はない。
4．老齢基礎年金の受給権者が死亡し、その者に支給すべき年金給付で死亡後に支給期の到来する年金を受給権者の子が受け取った場合、その者が受け取った当該未支給年金は、みなし相続財産として相続税の課税対象となる。

【問題21】（2021年5月 問7）　　　　　　チェック欄 ☐☐☐☐☐

　居住者が受け取る公的年金等に係る課税関係に関する次の記述のうち、最も適切なものはどれか。なお、各選択肢において、公的年金等には非課税となるものは含まれないものとし、記載のない事項については考慮しないものとする。

1．その年の12月31日において65歳以上の者がその年中に支払を受けるべき公的年金等の金額が180万円未満であるときは、その支払の際、所得税および復興特別所得税は源泉徴収されない。
2．公的年金等の支払者に対して「公的年金等の受給者の扶養親族等申告書」を提出した場合、公的年金等に係る源泉徴収税率（所得税および復興特別所得税の合計税率）は5.105％である。
3．65歳到達時に老齢基礎年金の受給権を取得し、70歳に達する前に当該老齢基礎年金を請求していなかった者が、70歳時に5年分の年金を一括して受給した場合、その一括して受給した年金は、一時所得として総合課税の対象となる。
4．老齢基礎年金および老齢厚生年金の受給権者が死亡し、その死亡した者に支給すべき年金給付で死亡後に支給期の到来する年金を相続人が受け取った場合、相続人が受け取った当該未支給年金は、相続税の課税対象となる。

1. **適 切** ２年分の国民年金の保険料を前納した納税者は、納めた全額をその支払った年分の社会保険料控除の対象とするか、各年分の保険料に相当する額を各年分の社会保険料控除の対象とするかのいずれかを選択することができる。

2. **適 切** 共済金の分割受取りは雑所得（公的年金等控除が適用）として、一括受取りは退職所得として、それぞれ所得税の課税対象となる。

3. **適 切** 公的年金等の収入金額の合計額が400万円以下であり、その全部が源泉徴収となる場合において、公的年金等に係る雑所得以外の所得金額が20万円以下であるときは、確定申告は不要である。

4. **不適切** 未支給年金は相続人固有の権利として請求するものであるため、相続人の**一時所得**として所得税の課税対象となる。

1. **不適切** その年の12月31日において65歳以上の者がその年中に支払を受けるべき公的年金等の金額が**158万円**未満であるときは、その支払の際、所得税および復興特別所得税は源泉徴収されない。

2. **適 切** なお、「公的年金等の受給者の扶養親族等申告書」を提出していない場合でも、源泉徴収税率は5.105％であるが、当該申告書を提出した場合は、基礎控除以外の配偶者控除などを考慮して、源泉徴収税額を計算する。

3. **不適切** 過去５年分を一括して受給した場合でも、**各年分の雑所得**として総合課税の対象となる。

4. **不適切** 未支給年金は相続人固有の権利として請求するものであるため、相続人の**一時所得**として所得税の課税対象となる。

【問題22】（2020年9月　問5改題）　　　　　　　チェック欄□□□□□

年金生活者支援給付金に関する次の記述のうち、最も適切なものはどれか。

1．年金生活者支援給付金には、老齢年金生活者支援給付金、障害年金生活者支援給付金および遺族年金生活者支援給付金があり、その支払は、いずれも毎年1月、4月、7月および10月の4回、それぞれの前月までの分が支払われる。

2．老齢年金生活者支援給付金は、老齢基礎年金の受給権者で所定の所得要件を満たす者が支給対象となり、その額は、受給資格者の保険料納付済期間の長短にかかわらず、月額5,310円（2024年度価額）である。

3．障害年金生活者支援給付金は、障害基礎年金の受給権者で所定の所得要件を満たす者が支給対象となり、その額は、受給資格者の障害の程度にかかわらず、月額5,310円（2024年度価額）である。

4．遺族年金生活者支援給付金は、遺族基礎年金の受給権者で所定の所得要件を満たす者が支給対象となり、その額は、受給資格者が1人である場合、遺族基礎年金の額の多寡にかかわらず、月額5,310円（2024年度価額）である。

第2章　年金・社会保険　基礎編

【問題22】 正解 **4**

1．不適切 年金生活者支援給付金には、老齢年金生活者支援給付金、障害年金生活者支援給付金および遺族年金生活者支援給付金があり、いずれも毎年2月、4月、6月、8月、10月、12月の偶数月に前2カ月分が支払われる。

2．不適切 老齢年金生活者支援給付金の額は、受給資格者の保険料納付済期間および保険料免除期間の長短、前年の年金収入額とその他の所得額の合計によって異なる。

3．不適切 障害年金生活者支援給付金の額は、受給資格者の障害の程度によって異なり、障害等級2級の場合は月額5,310円（2024年度価額）、障害等級1級の場合は月額6,638円（2024年度価額）である。

4．適　切 なお、2人以上の子が遺族基礎年金を受給している場合は、月額5,310円（2024年度価額）を子の数で割った金額がそれぞれに支払われる。

7　企業年金等

【問題1】（2021年5月 問6）　　　　　　　　　　チェック欄□□□□□

確定給付企業年金に関する次の記述のうち、最も適切なものはどれか。

1．確定給付企業年金では、規約において、20年を超える加入者期間を老齢給付金の給付を受けるための要件として定めることはできない。

2．確定給付企業年金の老齢給付金は、60歳以上70歳以下の規約で定める年齢に達したとき、または40歳以上70歳未満の規約で定める年齢に達した日以後に退職したときに支給が開始される。

3．確定給付企業年金による年金給付は、2カ月に1回、終身または5年以上にわたって定期的に支給するものでなければならない。

4．リスク分担型企業年金は、事業主が拠出する掛金に加えて、加入者が所定の方法により測定された将来のリスクに応じた掛金を拠出し、運用の結果、給付額に満たない積立金の不足が生じた場合は、事業主がその不足分を補填する仕組みである。

【問題1】 正解 **1**

1．適　切　規約において、20年を超える加入者期間を老齢給付金の支給要件とすることはできない。

2．不適切　老齢給付金の支給要件を規約で定める場合、次の条件を満たさなければならない。

　　① 60歳以上70歳以下の年齢に達したときに支給するもの

　　② **50歳以上**①の規約で定める年齢未満の年齢に達した日以後に退職したときに支給するもの

　　例えば、①の年齢を「70歳」と定めた場合、②では「50歳以上70歳未満で退職した場合」も支給対象にできるということである。

3．不適切　年金給付は5年以上の有期年金または終身年金で、**毎年1回以上**定期的に支給するものでなければならない。

4．不適切　2017年1月1日以降に導入されたリスク分担型企業年金は、所定の方法により測定された将来のリスクに応じた掛金を**事業主が拠出**し、運用の結果、給付額に満たない積立金の不足が生じた場合は、事業主がその不足分を補填し、それでも賄いきれない場合は年金給付額を減額する仕組みである。事業主と加入者が、それぞれリスクを負担している企業年金である。

【問題2】（2022年9月 問6）　　　　　　チェック欄 ☐☐☐☐☐

確定給付企業年金に関する次の記述のうち、**最も適切なもの**はどれか。

1．私立学校教職員共済制度の加入者（第4号厚生年金被保険者）は、確定給付企業年金の加入者となることができない。

2．確定給付企業年金の加入者は、実施事業所に使用されるすべての厚生年金保険の被保険者であり、一部の従業員を加入者から除外することはできない。

3．確定給付企業年金は、規約の定めと加入者の同意があれば、掛金総額の2分の1を超えない範囲内で加入者が掛金を負担することができる。

4．確定給付企業年金の老齢給付金は、60歳以上70歳以下の規約で定める年齢に達したとき、または40歳以上70歳未満の規約で定める年齢に達した日以後に退職したときに支給が開始される。

第2章　年金・社会保険　基礎編

【問題2】　正解 **3**

1. **不適切**　一般の会社員など（第1号厚生年金被保険者）および私立学校教職員共済制度の加入者（第4号厚生年金被保険者）は、確定給付企業年金の加入者となることができる。

2. **不適切**　厚生年金保険の第1号および第4号被保険者は、原則として全員加入者とする必要があるが、①特定の者について不当な差別がなく、②加入者が資格喪失を任意に選択できるものではない、という要件を満たせば、規約において一定の資格（職種、勤続期間や年齢など）を定め、当該資格のない者を加入者としないことができる。

3. **適　切**　掛金は年1回以上、定期的に事業主が拠出しなければならないが、規約の定めと加入者本人の同意があれば、加入者本人がその一部（掛金の額の2分の1を超えない範囲内）を負担することができる。

4. **不適切**　老齢給付金の支給要件を規約で定める場合、次の条件を満たさなければならない。

  ①　60歳以上70歳以下の年齢に達したときに支給するもの

  ②　**50歳以上**①の規約で定める年齢未満の年齢に達した日以後に退職したときに支給するもの

  例えば、①の年齢を「70歳」と定めた場合、②では「50歳以上70歳未満で退職した場合」も支給対象にできるということである。

【問題3】（2019年9月 問6改題）　　　　　　チェック欄 □□□□□

　確定拠出年金の個人型年金に関する次の記述のうち、最も適切なものはどれか。なお、記載のない事項については考慮しないものとする。

1．障害基礎年金の受給権者であるため、所定の届出をすることにより国民年金保険料の納付が免除されている国民年金の第1号被保険者は、個人型年金に加入することはできない。
2．運用関連運営管理機関は、個人型年金加入者に対し、少なくとも3つ以上の運用商品を選定して提示しなければならず、かつ、元本が確保された運用商品が1つ以上含まれていなければならない。
3．2024年12月1日以降、確定拠出年金の企業型年金のみを実施している企業の企業型年金加入者が個人型年金に加入する場合、個人型年金の掛金の拠出限度額は月額2万3,000円である。
4．個人型年金加入者が確定給付企業年金を実施している企業に就職し、確定給付企業年金の加入者となる場合、所定の要件を満たせば、その者の申出により個人別管理資産を確定給付企業年金に移換することができる。

第2章　年金・社会保険　基礎編

【問題3】 正解 **4**

1. **不適切** 国民年金保険料の全額免除または一部免除を受けている国民年金の第1号被保険者でも、障害基礎年金の支給を受けているときは、個人型年金に加入することができる。

2. **不適切** 運営管理機関は、加入者に対し、リスク・リターン特性の異なる3つ以上の運用商品を提示すればよく、元本確保型商品の提示義務はない。

3. **不適切** 確定拠出年金の企業型年金のみを実施している企業の企業型年金加入者が個人型年金に加入する場合、個人型年金の掛金の拠出限度額は**月額2万円**である。

4. **適　切** なお、各制度間のポータビリティは次表のとおりである。

		移換先				
		確定給付企業年金	確定拠出年金（企業型）	確定拠出年金（個人型）	通算企業年金（企業年金連合会）	中小企業退職金共済
移換元	確定給付企業年金	○	○（※1）	○（※1・2）	○	○（※3）
	確定拠出年金（企業型）	○（※4）	○	○	○（※5）	○（※3）
	確定拠出年金（個人型）	○	○		×	×
	通算企業年金（企業年金連合会）	○	○			×
	中小企業退職金共済	○（※3・6）	○（※3・6）	×	×	○

※1　本人からの申出により、脱退一時金相当額を移換可能
※2　制度が終了した確定給付企業年金の年金資産も移換可能
※3　企業合併等の場合に限って可能。被共済者の同意に基づき、合併等を行った日から1年以内、かつ、退職金共済契約の解除日の翌日から3カ月以内に、当該資産移換の申出をする必要がある、なお、新規加入者の掛金について、国の助成を受けることはできない。
※4　年金規約で定められている場合、移換可能
※5　退職等に伴う移換が可能
※6　中小企業でなくなった場合に移換可能

【問題4】（2022年9月 問7）　　　　　　　　　チェック欄 ☐☐☐☐☐

　確定拠出年金の老齢給付金に関する次の記述のうち、最も不適切なものはどれか。なお、各選択肢において、いずれも個人別管理資産があるものとし、記載のない事項については考慮しないものとする。

1．56歳に達した日に企業型年金加入者の資格を取得し、初めて確定拠出年金の加入者となった者（他制度からの資産の移換はない）が、62歳に達した日に当該企業型年金加入者の資格を喪失したときは、その時点で老齢給付金の支給を請求することができる。

2．61歳の運用指図者は、8年以上の通算加入者等期間があれば、老齢給付金の支給を請求することができる。

3．老齢給付金を受給している者が、不慮の事故により障害の状態となり障害給付金の支給を請求した場合、老齢給付金の受給権は消滅する。

4．企業型年金加入者であった者が老齢給付金の支給を請求することなく75歳に達したときは、資産管理機関は、その者に、企業型記録関連運営管理機関等の裁定に基づいて、老齢給付金を支給する。

第2章　年金・社会保険　基礎編

147

1. 不適切 受給可能となる年齢は、通算加入者等期間によって異なる。通算加入者等期間とは、加入者期間および運用指図者期間を合算した期間であり、60歳到達月の翌月以降の期間は含まない。

通算加入者等期間	受給可能となる年齢
10年以上	60歳から
8年以上	61歳から
6年以上	62歳から
4年以上	63歳から
2年以上	64歳から
1月以上	65歳から

56歳から62歳に達するまで企業型年金加入者の資格を有していても、通算加入者等期間は60歳に達するまでの4年間となるため、本肢の加入者は63歳からでなければ老齢給付金の支給を請求することができない。

2. 適 切 61歳から老齢給付金の支給を請求するためには、通算加入者等期間が8年以上あればよい。

3. 適 切 老齢給付金の受給権を有する者が、確定拠出年金の障害給付金の受給権者となった場合、当該老齢給付金の受給権は消滅する。

4. 適 切 個人別管理資産を有する企業型年金加入者であった者が、老齢給付金の支給を請求することなく75歳に達した場合、資産管理機関は、企業型記録関連運営管理機関等の裁定に基づいて、その者に老齢給付金を支給する。

【問題5】（2019年5月 問6改題）　　　　　チェック欄□□□□□

　確定拠出年金の個人型年金における中小事業主掛金納付制度（以下、「本制度」という）に関する次の記述のうち、最も適切なものはどれか。

1．本制度を実施することができる事業主は、使用する従業員の数が500人以下であり、かつ、確定拠出年金の企業型年金、確定給付企業年金および厚生年金基金のいずれも実施していないことが要件とされる。
2．中小事業主掛金を拠出する対象者について、職種または勤続期間に応じた資格を定めた場合、同一職種内または同一範囲の勤続期間内では、対象者全員の中小事業主掛金が同額でなければならない。
3．個人型年金の加入者掛金に上乗せして拠出する中小事業主掛金の額は、加入者掛金との合計額が拠出限度額以下であり、かつ、加入者掛金の額を超えてはならない。
4．個人型年金の加入者掛金に上乗せして拠出する中小事業主掛金は、税法上、加入者側では給与所得の収入金額となり、会社側では損金の額に算入することができる。

【問題6】（2015年9月 問6）　　　　　チェック欄□□□□□

　小規模企業共済制度および国民年金基金に関する次の記述のうち、最も適切なものはどれか。

1．小規模企業共済制度の掛金月額は、1,000円から8万8,000円までの範囲内で、1,000円単位で選択することができ、掛金の払込方法は、月払い、半年払い、年払いから選択することができる。
2．小規模企業共済制度の解約手当金の額は、掛金納付月数に応じて、掛金合計額の80％から120％に相当する額であり、掛金納付月数が120カ月以上の場合は、解約手当金の額が掛金合計額を上回る。
3．国民年金の第1号被保険者は、国民年金の定額保険料に加えて付加保険料を納付し、さらに国民年金基金に加入することができるが、国民年金基金に拠出することができる掛金月額は、6万8,000円から付加保険料を控除した金額が限度となる。
4．国民年金基金の加入員が国民年金の保険料を納付しなかった場合、その未納期間に係る国民年金基金の加入員期間は、国民年金基金の年金給付の対象とされない。

【問題5】 正解 2

1. 不適切 使用する従業員の数は**300人以下**であることが要件となっている。

2. 適 切 中小事業主掛金の額は、一定の資格（職種、勤続期間）ごとに定めることが可能である。その場合、その定めた資格内（同一職種内、同一勤続期間内）においては、同一の中小事業主掛金額としなければならず、特定の従業員に不当に差別的な取扱にならないようにする必要がある。

3. 不適切 加入者掛金と中小事業主掛金の合計額は、月額5,000円以上23,000円以下とされ、加入者掛金と中小事業主掛金はそれぞれ1,000円単位で定める。中小事業主掛金の額が加入者掛金の額を超えてはならないという規定はない。

4. 不適切 掛金の税制上の取扱いは、それぞれ次のとおりである。
- 加入者掛金：**小規模企業共済等掛金控除**として、本人の所得から控除できる。
- 中小事業主掛金：企業が負担する支出として、損金に算入できる。

【問題6】 正解 4

1. 不適切 小規模企業共済制度の掛金月額は、1,000円から**70,000円**までの範囲内で、**500円**単位で選択することができる。掛金の払込方法は、月払い、半年払い、年払いがある。

2. 不適切 解約手当金は、掛金の納付月数に応じて、掛金合計額の80％〜120％に相当する額となる。納付月数が**240月**未満の場合、解約手当金の額は掛金合計額を下回る。

3. 不適切 国民年金基金に加入すると付加保険料を納付することができない。

4. 適 切

【問題7】（2018年1月 問5改題）　　　　　　　チェック欄 □□□□□

国民年金基金に関する次の記述のうち、最も適切なものはどれか。

1．国民年金の第1号被保険者は、その者の住所地に係る地域型国民年金基金とその者が従事する事業または業務に係る職能型国民年金基金のいずれかに加入することができる。
2．国民年金基金の加入員が国民年金の保険料の一部の納付を免除された場合は、保険料の一部を納付することを要しないものとされた月の初日に加入員資格を喪失する。
3．国民年金基金の加入員が国民年金法に規定する障害等級に該当する程度の障害の状態になった場合は、国民年金基金から障害一時金を受給することができる。
4．国民年金基金の加入員が老齢基礎年金の繰上げ支給の請求をした場合、国民年金基金から支給される終身年金の全額が繰上げ請求時から減額されて支給される。

【問題8】（2022年5月 問7）　　　　　　　チェック欄 □□□□□

国民年金基金に関する次の記述のうち、最も不適切なものはどれか。

1．国民年金基金の加入員が、国民年金保険料について4分の1免除の適用を受けることになった場合、国民年金基金の加入員資格を喪失する。
2．国民年金基金の加入員が、4月から翌年3月までの1年分の掛金を前納した場合、0.1カ月分の掛金が割引される。
3．国民年金基金の加入員が国民年金法に規定する障害等級に該当する程度の障害の状態になった場合、国民年金基金から所定の障害給付を受給することができる。
4．国民年金基金の加入員であった者が老齢基礎年金の繰上げ支給の請求をした場合、国民年金基金から国民年金の付加年金に相当する部分の年金が減額されて支給される。

1．**不適切**　2019年4月以降、47の地域型基金と22の職能型基金が合併し、**全国国民年金基金**となった。地域型国民年金基金は存在しない。

2．**適　切**

3．**不適切**　給付の種類は、老齢年金と遺族一時金があり、**障害給付はない**。

4．**不適切**　老齢基礎年金の繰上げ支給の請求をした場合には、**付加年金相当分**を繰上げ請求したものとみなされ、繰上げ請求時から減額されて支給される。

1．**適　切**　国民年金基金の加入員が、国民年金保険料の納付を免除された場合、加入員資格を喪失する。ただし、法定免除または産前産後期間の免除の場合は除かれる。したがって、申請免除（全額免除、4分の3免除、半額免除、4分の1免除）の適用を受けることとなった場合、国民年金基金の加入員資格を喪失する。

2．**適　切**　なお、掛金は月額68,000円が上限であり、確定拠出年金の個人型年金（iDeCo）にも加入している場合は、その掛金と合わせて68,000円以内となる。

3．**不適切**　国民年金基金の給付は、老齢年金と遺族一時金の2種類であり、**障害給付はない**。

4．**適　切**　老齢基礎年金の繰上げ支給の請求をした場合、付加年金相当分を繰上げ請求したものとみなされ、繰上げ請求時から減額されて支給される。

【問題9】（2019年5月 問7）　　　　　　　　チェック欄 □□□□□

中小企業退職金共済制度（以下、「中退共」という）に関する次の記述のうち、最も適切なものはどれか。なお、本問において、事業主には同居の親族のみを使用する事業主等は含まないものとし、従業員には短時間労働者は含まないものとする。

1．事業主が新たに中退共に加入する場合、加入月から1年間、掛金月額の2分の1相当額（従業員ごとに5,000円が上限）について国の助成が受けられる。

2．既に中退共に加入している事業主が、掛金月額が2万円以下である従業員の掛金を増額する場合、増額月から1年間、増額分の3分の1相当額について国の助成が受けられる。

3．退職金の額は、退職者に係る掛金月額、掛金納付月数、退職理由および退職時の年齢に応じて定められている基本退職金に、運用収入の状況等に応じて決定される付加退職金を加えた額となる。

4．退職者が退職金について5年間の全額分割払いを選択するためには、退職した日において60歳以上であり、かつ、退職金の額が80万円以上であることが必要である。

【問題10】（2021年9月 問6）　　　　　　　　チェック欄 □□□□□

中小企業退職金共済制度（以下、「中退共」という）に関する次の記述のうち、最も不適切なものはどれか。なお、本問において、事業主には同居の親族のみを使用する事業主等は含まないものとし、従業員には短時間労働者は含まないものとする。

1．既に中退共に加入している事業主が、掛金月額が2万円未満である被共済者（従業員）の掛金を増額した場合、増額分の3分の1を増額月から1年間、国が助成する。

2．被共済者（従業員）が、加入後1年未満で退職し、掛金納付月数が12月に満たない場合、当該従業員に退職金は支給されず、掛金の全額が事業主に返還される。

3．退職金の額は、被共済者（従業員）に係る掛金月額および掛金納付月数に応じて定められている基本退職金に、運用収入の状況等に応じて決定される付加退職金を加えた額となる。

4．被共済者（従業員）の請求により、退職金の全部または一部を分割して受け取ることができるが、60歳未満で退職した場合は、退職金の額の多寡にかかわらず、分割払を選択することはできない。

【問題9】 正解 4

1. **不適切** 新規加入掛金助成は、中退共制度に新たに加入する事業主に**加入後4カ月目**から掛金月額の2分の1相当額（上限5,000円）について1年間、国の助成が受けられる。

2. **不適切** 掛金月額**18,000円以下**の掛金を増額変更する場合は、増額分の3分の1相当額について1年間、国の助成が受けられる。なお、20,000円以上の掛金月額からの増額は、助成の対象にはならない。

3. **不適切** 中退共から支払われる退職金の額は、事業主都合か自己都合等の**退職理由で変わることはなく**、掛金月額と納付月数に応じて定められている。なお、懲戒解雇等の場合は、厚生労働大臣の認定を受けたうえで、退職金を減額することができる。

4. **適 切**

【問題10】 正解 2

1. **適 切** なお、新規加入する事業主に、掛金月額の2分の1（従業員ごとに上限5,000円）を加入後4カ月目から1年間、国が助成する。

2. **不適切** 退職した従業員に退職金が支給されない場合でも、掛金は事業主に返還されない。

3. **適 切** 退職金は、基本退職金と付加退職金を合計したものである。基本退職金は、掛金月額と納付月数に応じて定められている。付加退職金は、運用収入の状況等に応じて基本退職金に上乗せされる。

4. **適 切** 退職金の分割払いを選択できるのは、退職日において60歳以上の者である。

【問題11】（2016年9月　問7）　　　　　　　　　　チェック欄 ☐☐☐☐☐

小規模企業共済制度に関する次の記述のうち、最も適切なものはどれか。

1．共済契約者は、事業経営の著しい悪化や病気または負傷などの理由により掛金の払込みを継続することが著しく困難であると認められる場合に限り、掛金月額を減額することができる。

2．共済契約者である個人事業主が個人事業の全部を廃止した場合は「A共済事由」、配偶者または子に事業の全部を譲渡した場合は「準共済事由」となり、掛金納付年数に応じて受け取る共済金額は前者のほうが高くなる。

3．共済金の分割受取りを選択した場合、分割された共済金は10年間または15年間にわたって年6回（1月、3月、5月、7月、9月、11月）支給される。

4．所定の要件を満たす共済契約者が払い込んだ掛金合計額の範囲内で事業資金などの貸付けが受けられる契約者貸付制度において、「一般貸付け」の貸付限度額の上限は1,000万円、複数の種類を合わせて借り入れる場合の貸付限度額の上限は1,500万円である。

第2章　年金・社会保険　基礎編

1. 不適切 理由を問わず希望により掛金を減額できる。

2. 不適切 配偶者または子に事業の全部を譲渡した場合も「A共済事由」である。

3. 適 切

4. 不適切 事業の運転資金や設備資金など幅広い用途に利用できる一般貸付けの貸付限度額の上限は2,000万円、複数の種類を合わせて借り入れる場合の貸付限度額の上限も2,000万円である。

【問題12】（2019年9月 問7）　　　　　　　　　　　チェック欄☐☐☐☐☐

　企業年金等に拠出した掛金に係る法人税および所得税の取扱いに関する次の記述のうち、適切なものはいくつあるか。

（a）確定拠出年金の個人型年金において、加入者である妻の掛金を生計を一にする夫が支払った場合、その掛金は夫の小規模企業共済等掛金控除として所得控除の対象となる。

（b）確定拠出年金の企業型年金において、法人の事業主が拠出した掛金は損金の額に算入することができ、加入者が拠出した掛金は小規模企業共済等掛金控除として所得控除の対象となる。

（c）確定給付企業年金において、法人の事業主が拠出した掛金は損金の額に算入することができ、加入者が拠出した掛金は生命保険料控除として所得控除の対象となる。

（d）個人事業主が拠出した掛金のうち、国民年金基金の掛金は社会保険料控除として所得控除の対象となり、小規模企業共済の掛金は、事業所得の金額の計算上、必要経費となる。

1．1つ
2．2つ
3．3つ
4．4つ

(a)　不適切　確定拠出年金の個人型年金における掛金は、加入者自身の所得控除の対象となる。したがって、夫が生計を一にする妻の掛金を支払っても、夫の所得控除の対象とならない。

(b)　適　切

(c)　適　切

(d)　不適切　個人事業主が拠出した小規模企業共済の掛金は、小規模企業共済等掛金控除として所得控除の対象となる。なお、国民年金基金の掛金は、社会保険料控除として所得控除の対象となる。

したがって、適切なものは2つであり、正解は**2**となる。

応用編

老齢年金等の計算

【第1問】（2021年9月 第1問《問51》～《問53》改題）　チェック欄□□□□□

次の設例に基づいて、下記の各問（《問1》～《問3》）に答えなさい。

― 《設例》 ―

　Aさん（49歳）は、高校卒業後に就職した会社を32歳で退職してから現在に至るまで、個人事業主として妻Bさん（48歳）とともに駅前の商店街でパン屋を営んでいる。店では、2名の従業員を雇用しており、店の経営は堅調に推移している。

　Aさんは、最近、老後の生活に漠然とした不安を抱くことが多くなった。Aさんは、妻Bさんとともに国民年金の保険料を納付しているが、それ以外の準備はしていない。

　そこで、Aさんは、ファイナンシャル・プランナーのMさんに相談することにした。Aさんの家族に関する資料は、以下のとおりである。

〈Aさんの家族に関する資料〉
（1）Aさん（本人）
・1975年5月10日生まれ
・公的年金の加入歴
　1994年4月から2007年9月まで厚生年金保険の被保険者である（厚生年金基金の加入期間はない）。
　2007年10月から現在に至るまで国民年金の第1号被保険者として国民年金の保険料を納付している（付加保険料は納付していない）。
（2）Bさん（妻）
・1976年7月11日生まれ
・公的年金の加入歴
　1995年4月から2002年3月まで厚生年金保険の被保険者である。
　2002年4月から2007年9月まで国民年金の第3号被保険者である。
　2007年10月から現在に至るまで国民年金の第1号被保険者として国民年金の保険料を納付している（付加保険料は納付していない）。

※妻Bさんは、Aさんと同居し、現在および将来においても、Aさんと生計維持関係にあるものとする。
※Aさんと妻Bさんは、現在および将来においても、公的年金制度における障害等級に該当する障害の状態にないものとする。

159

※上記以外の条件は考慮せず、各問に従うこと。

《問1》Aさんが、60歳に達するまで国民年金の保険料を納付した場合、Aさんが原則として65歳から受給することができる公的年金の老齢給付について、次の①および②に答えなさい。〔計算過程〕を示し、〈答〉は円単位とすること。また、年金額の端数処理は、円未満を四捨五入すること。

なお、計算にあたっては、下記の〈条件〉に基づき、年金額は、2024年度価額（新規裁定者）に基づいて計算するものとする。

① 老齢基礎年金の年金額はいくらか。
② 老齢厚生年金の年金額（本来水準による価額）はいくらか。

〈条件〉
(1) 厚生年金保険の被保険者期間
　　・総報酬制導入前の被保険者期間：108月
　　・総報酬制導入後の被保険者期間： 54月
(2) 平均標準報酬月額および平均標準報酬額（2024年度再評価率による額）
　　・総報酬制導入前の平均標準報酬月額：28万円
　　・総報酬制導入後の平均標準報酬額　：36万円
(3) 報酬比例部分の給付乗率

総報酬制導入前		総報酬制導入後	
新乗率	旧乗率	新乗率	旧乗率
1,000分の7.125	1,000分の7.5	1,000分の5.481	1,000分の5.769

(4) 経過的加算額

$$1,701円 × 被保険者期間の月数 - □□□円 × \frac{1961年4月以後で20歳以上60歳未満の厚生年金保険の被保険者期間の月数}{480}$$

　　※「□□□」は、問題の性質上、伏せてある。
(5) 加給年金額
　　408,100円（要件を満たしている場合のみ加算すること）

《問2》Mさんは、Aさんに対して、国民年金基金について説明した。Mさんが説明した以下の文章の空欄①〜⑧に入る最も適切な語句または数値を、解答用紙に記入しなさい。

「国民年金基金は、国民年金の第1号被保険者が加入することができ、老齢基礎年金に上乗せする年金を支給する任意加入の年金制度です。国民年金基金には、全国国民年金基金と3つの（　①　）国民年金基金があります。Aさんの場合は、全国国民年金基金に加入することになります。

国民年金基金への加入は口数制です。1口目は、（　②　）年間の保証期間のある終身年金A型と保証期間のない終身年金B型の2種類のなかからの選択となり、2口目以降は、2種類の終身年金と（　③　）種類の確定年金のなかから選択することができます。

毎月の掛金は、加入員が選択した給付（年金）の型、加入口数、加入時の年齢などによって決まり、その拠出限度額は月額（　④　）円となっています。また、4月から翌年3月までの1年分の掛金を前納した場合、（　⑤　）カ月分の掛金が割引されます。支払った掛金は、税法上、社会保険料控除として所得控除の対象となります。

国民年金基金の給付には、老齢年金と（　⑥　）があります。老齢年金は、終身年金（A型、B型）の場合、原則として（　⑦　）歳から支給が開始され、老齢年金の年金額が12万円以上の場合、年（　⑧　）回に分けて受け取ることになります」

《問3》Mさんは、Aさんに対して、老後の年金収入を増やす方法等について説明した。Mさんが説明した以下の文章の空欄①〜⑥に入る最も適切な語句または数値を、解答用紙に記入しなさい。

Ⅰ 「Aさんは、老後の年金収入を増やすために、国民年金の付加保険料を納付することができます。付加保険料は、国民年金の定額保険料に上乗せして納付します。仮に、Aさんが付加保険料を110月納付し、65歳から老齢基礎年金を受け取る場合、当該老齢基礎年金の額に付加年金として（　①　）円が上乗せされます。なお、国民年金基金に加入した場合は、国民年金の付加保険料を納付することはできません」

Ⅱ 「小規模企業共済制度は、Aさんのような個人事業主が廃業等した場合に必要となる資金を準備しておくための共済制度です。毎月の掛金は、1,000円から（　②　）円までの範囲内で、500円単位で選択することができます。妻Bさんは（　③　）の要件を満たせば、加入することができます。仮に、Aさんが加入しない場合であっても、妻Bさんは（　③　）の地位で加入することができます。支払った掛金は、税法上、小規模企業共済等掛金控除として所得控除の対象となります。

共済金は、加入者に廃業等の事由が生じた場合に、掛金納付月数等に応じて支払われます。共済金の受取方法には、『一括受取り』『分割受取り』『一括受取りと分割受取りの併用』があります。『分割受取り』を選択するためには、共済金の額が（　④　）万円以上であること、請求事由が生じた時点で60歳以上であること等の要件を満たす必要があります。

　なお、加入者が任意解約した場合、掛金納付月数が（　⑤　）カ月未満では、解約手当金が掛金合計額を下回り、掛金納付月数が12カ月未満では、解約手当金を受け取ることができません。

　加入者は、事業資金等が必要となった場合、一定の要件のもとに、掛金残高と掛金の納付月数に応じた貸付限度額の範囲内で、10万円以上（　⑥　）万円以内（5万円単位）で借入れをする一般貸付制度を利用することができます」

【第1問】

《問1》 正解 ① **816,000円** ② **344,273円**

① 老齢基礎年金の年金額

$$816,000円 \times \frac{480月}{480月} = \mathbf{816,000円}$$

② 老齢厚生年金の年金額

$$280,000円 \times \frac{7.125}{1,000} \times 108月 + 360,000円 \times \frac{5.481}{1,000} \times 54月 = 322,010.64円$$

→ 322,011円

$$1,701円 \times 162月 - 816,000円 \times \frac{149月}{480月} = 22,262円$$

$$322,011円 + 22,262円 = \mathbf{344,273円}$$

〈解説〉

① 老齢基礎年金の年金額の計算における保険料納付済期間には、第2号被保険者の期間のうち20歳以上60歳未満の期間が含まれるため、1994年4月から1995年4月までの期間（13月）は除く。したがって、20歳から60歳までの40年間（480月）が保険料納付済期間となる。

② 老齢厚生年金の年金額は本来水準による価額を求めるため、報酬比例部分の給付乗率は新乗率を用いる。

経過的加算額における厚生年金保険の被保険者期間は162月（108月＋54月）であり、1961年4月以後で20歳以上60歳未満の期間は149月（162月－13月）である。また、「□□□」には、老齢基礎年金の満額（816,000円、2024年度価額）を当てはめる。

Aさんの厚生年金保険の被保険者期間は240月未満であるため、Aさんに加給年金額は加算されない。

《問2》 正解 ① **職能型** ② **15（年間）** ③ **5（種類）** ④ **68,000（円）** ⑤ **0.1（カ月）** ⑥ **遺族一時金** ⑦ **65（歳）** ⑧ **6（回）**

〈解説〉

国民年金基金の加入タイプは、次のとおりである。

終身年金	A型	65歳受取開始（15年間保証）
	B型	65歳受取開始（保証期間なし）

第2章 年金・社会保険 応用編

163

	Ⅰ型	65歳受取開始（15年間）
確定年金	Ⅱ型	65歳受取開始（10年間）
	Ⅲ型	60歳受取開始（15年間）
	Ⅳ型	60歳受取開始（10年間）
	Ⅴ型	60歳受取開始（5年間）

　給付の種類には、老齢年金と遺族一時金があり、障害給付はない。年金の受取り
は、年金額が12万円以上のときは年6回（偶数月の15日に前2カ月分を支給）、年金
額が12万円未満のときは年1回（毎年、偶数月のうち決まった月の15日に直近1年分
を支給）となる。

《問3》 正解 ① 22,000（円） ② 70,000（円） ③ 共同経営者
④ 300（万円） ⑤ 240（カ月） ⑥ 2,000（万円）

〈解説〉

Ⅰ　付加年金の額は、付加保険料を納付した月数に200円を乗じて得た額となる。

　　200円×110月＝**22,000円**

Ⅱ　小規模企業共済に加入できる主な者は、①建設業、製造業、運輸業、サービス業
　（宿泊業・娯楽業に限る）、不動産業、農業などを営み、常時使用する従業員の数が
　20人以下の個人事業主または会社等の役員、②商業（卸売業・小売業）、サービス
　業（宿泊業・娯楽業を除く）を営み、常時使用する従業員の数が5人以下の個人事
　業主または会社等の役員などであるが、①または②に該当する個人事業主が営む事
　業の経営に携わる共同経営者（個人事業主1人につき2人まで）も加入することが
　できる。

　　共済金を分割受取りにする場合、①請求事由が共済契約者の死亡でない共済金で
　あること、②請求事由発生日に60歳以上であり、共済金の額が300万円以上である
　こと、という要件を満たす必要がある。

　　解約手当金は掛金納付月数が12月以上である場合に受け取ることができ、掛金納
　付月数が240月未満である場合は、解約手当金の額は掛金合計額を下回る。

　　共済契約者が利用できる一般貸付制度は、掛金の範囲内（掛金納付月数により掛
　金の70％～90％）で、10万円以上2,000万円以内の借入れをすることができる制度
　である。

次の設例に基づいて、下記の各問（《問1》～《問3》）に答えなさい。

───── 《設　例》 ─────

　X株式会社（以下、「X社」という）に勤務するAさん（59歳）は、妻Bさん
（55歳）との2人暮らしである。X社は、満60歳の定年制（60歳到達月の末日が
退職日）を採用し、再雇用制度が設けられているが、Aさんは、定年退職して時
間にゆとりを持てる会社に再就職するか、完全に引退することを考えている。

　Aさんは、定年退職後の過ごし方を検討するために、雇用保険からの保険給付
や公的年金制度からの老齢給付について知りたいと思っている。

　そこで、Aさんは、ファイナンシャル・プランナーのMさんに相談することに
した。Aさんの家族に関する資料は、以下のとおりである。

〈Aさんの家族に関する資料〉
（1）Aさん（本人）
　・1964年11月25日生まれ
　・公的年金の加入歴
　　1984年11月から1987年3月までの大学生であった期間（29月）は国民年金に
　　任意加入し、保険料を納付している（付加保険料は納付していない）。
　　1987年4月から現在に至るまで厚生年金保険の被保険者である（厚生年金基
　　金の加入期間はない）。
　・全国健康保険協会管掌健康保険の被保険者である。
　・1987年4月から現在に至るまで雇用保険の一般被保険者である。
（2）Bさん（妻）
　・1968年8月16日生まれ
　・公的年金の加入歴
　　1988年8月から1991年3月までの大学生であった期間（32月）は国民年金に
　　任意加入していない。
　　1991年4月から現在に至るまで厚生年金保険の被保険者である（厚生年金基
　　金の加入期間はない）。
　・全国健康保険協会管掌健康保険の被保険者である。
　・1991年4月から現在に至るまで雇用保険の一般被保険者である。

　※妻Bさんは、Aさんと同居し、現在および将来においても、Aさんと生計維
　　持関係にあるものとする。
　※Aさんと妻Bさんは、現在および将来においても、公的年金制度における障

害等級に該当する障害の状態にないものとする。

※上記以外の条件は考慮せず、各問に従うこと。

《問1》Mさんは、Aさんに対して、雇用保険の基本手当と高年齢再就職給付金について説明した。Mさんが説明した以下の文章の空欄①～③に入る最も適切な数値を、解答用紙に記入しなさい。

「AさんがX社を定年退職して再就職を希望する場合、公共職業安定所で求職の申込みを行って失業の認定を受けると、失業している日について基本手当を受給することができます。Aさんが基本手当を受給することができる日数（所定給付日数）は（　①　）日となり、その支給期間は、原則として離職日の翌日から1年間となります。
　また、Aさんが定年退職後、安定した職業に就いて雇用保険の一般被保険者となり、再就職した日の前日における基本手当の支給残日数が一定以上あり、再就職後の支給対象月に支払われた賃金額が、基本手当日額の算定の基礎となった賃金日額に30を乗じて得た額（以下、「基本手当日額算定時の賃金月額」という）の75％未満であるなどの要件を満たした場合、高年齢再就職給付金を受給することができます。
　高年齢再就職給付金の支給期間は、Aさんの場合、（　②　）年となります。
　高年齢再就職給付金の支給申請は、再就職後の支給対象月の初日から（　③　）カ月以内に行う必要があります」

《問2》Mさんは、Aさんに対して、雇用保険の再就職手当と就業促進定着手当について説明した。Mさんが説明した以下の文章の空欄①～⑥に入る最も適切な数値を、解答用紙に記入しなさい。なお、問題の性質上、明らかにできない部分は「□□□」で示してある。

「Aさんが、定年退職後、（　①　）年を超えて引き続き雇用されることが確実であると認められる安定した職業に就き、再就職した日の前日における基本手当の支給残日数が所定給付日数の3分の1以上あるなどの要件を満たした場合、再就職手当を受給することができます。ただし、同一の就職につき、再就職手当と高年齢再就職給付金の支給を受けることができる場合、どちらか一方を受給すると、もう一方については受給できなくなりますので、慎重に選択する必要があります。
　再就職手当の支給額は、『基本手当日額×支給残日数×給付率』の式で算出されます。給付率は、再就職日前日における基本手当の支給残日数が所定給付日数の3分の

２以上ある場合は（　②　）％となり、３分の１以上３分の２未満である場合は□□□％となります。

　再就職手当の支給申請は、再就職した日の翌日から（　③　）カ月以内に行う必要があります。

　また、再就職手当の支給に係る同一の事業主の事業所において、（　④　）カ月以上雇用され、再就職した日から（　④　）カ月間に支払われた賃金の１日分に相当する金額（以下、「みなし賃金日額」という）が、再就職手当の支給に係る離職前の賃金日額を下回ったときは、就業促進定着手当を受給することができます。

　就業促進定着手当の支給額は、『(離職前の賃金日額－みなし賃金日額）×再就職後（　④　）カ月間における賃金の支払の基礎となった日数』の式で算出されますが、『基本手当日額×再就職日前日における支給残日数×（　⑤　）％（再就職手当の給付率が（　②　）％の場合は□□□％)』の式で算出された金額が限度となります。

　就業促進定着手当の支給申請は、再就職した日から（　④　）カ月目に当たる日の翌日から（　⑥　）カ月以内に行う必要があります」

《問３》Ａさんが、Ｘ社を定年退職し、再就職せずに2024年12月に公的年金の老齢給付の繰上げ支給を請求した場合、繰上げ請求時におけるＡさんの老齢給付について、次の①および②に答えなさい。〔計算過程〕を示し、〈答〉は円単位とすること。また、年金額の端数処理は、円未満を四捨五入すること。

　なお、計算にあたっては、下記の〈条件〉に基づき、年金額は、2024年度価額（新規裁定者）に基づいて計算するものとする。

①　繰上げ支給の老齢基礎年金の年金額はいくらか。
②　繰上げ支給の老齢厚生年金の年金額（本来水準による価額）はいくらか。

〈条件〉
(1) 厚生年金保険の被保険者期間
　・総報酬制導入前の被保険者期間：192月
　・総報酬制導入後の被保険者期間：260月
(2) 平均標準報酬月額および平均標準報酬額
　　（2024年12月時点、2024年度再評価率による額）
　・総報酬制導入前の平均標準報酬月額：36万円
　・総報酬制導入後の平均標準報酬額　：58万円
(3) 報酬比例部分の給付乗率
　・総報酬制導入前の乗率：1,000分の7.125

・総報酬制導入後の乗率：1,000分の5.481

（4）経過的加算額

$$1,701円 × 被保険者期間の月数 - □□□円 × \frac{1961年4月以後で20歳以上60歳未満の厚生年金保険の被保険者期間の月数}{480}$$

　　※「□□□」は、問題の性質上、伏せてある。

（5）加給年金額

　　408,100円（要件を満たしている場合のみ加算すること）

【第2問】

《問1》 正解 ① 150（日） ② 1（年） ③ 4（カ月）

〈解説〉

I 基本手当について

Aさんは、1987年4月から雇用保険の一般被保険者であるため、算定基礎期間が20年以上ある。したがって、所定給付日数は150日である。

II 高年齢再就職給付金について

高年齢再就職給付金は、基本手当を受給後、就職日の前日における基本手当の支給残日数が100日以上ある者が再就職したときに支給される。また、支給期間は、基本手当の支給残日数が100日以上で1年間、200日以上で2年間となる。したがって、Aさんの基本手当の所定給付日数は150日であり、支給残日数は200日以上とならないため、支給期間は1年間となる。

高年齢再就職給付金の支給申請は、再就職後の支給対象月の初日から4カ月以内に、事業主を経由して行う。なお、高年齢雇用継続基本給付金の支給申請は、支給対象月の初日から4カ月以内に、事業主を経由して行う。

《問2》 正解 ① 1（年） ② 70（%） ③ 1（カ月）
④ 6（カ月） ⑤ 40（%） ⑥ 2（カ月）

〈解説〉

I 再就職手当について

再就職手当は、基本手当の支給残日数が所定給付日数の3分の1以上ある受給資格者が、1年を超えて引き続き雇用されることが確実であると認められる職業に就いた場合（離職前の事業主に再雇用された場合を除く）や、一定の条件を備えて独立開業した場合に支給される。

再就職手当の支給額は支給残日数により、次のとおりとなる。

支給残日数	支給額
所定給付日数の3分の2以上	基本手当日額×支給残日数×70%
所定給付日数の3分の1以上3分の2未満	基本手当日額×支給残日数×60%

再就職手当の支給申請は、再就職した日の翌日から1カ月以内に、受給資格者が管轄公共職業安定所長に対して行う。

II 就業促進定着手当について

就業促進定着手当は、再就職手当の支給を受けた者が、引き続きその再就職先に6カ月以上雇用され、かつ再就職で6カ月の間に支払われた賃金の1日分の額（みなし賃金日額）が、雇用保険の給付を受ける離職前の賃金日額に比べて低下してい

る場合に支給される。

　就業促進定着手当の支給額は、次のとおりである。

$$\left(\begin{array}{c}\text{離職前の賃金日額－みなし賃金日額}\end{array}\right) \times \left(\begin{array}{c}\text{再就職の日から6ヵ月間に}\\\text{おける賃金の支払いの基礎}\\\text{となった日数}\end{array}\right)$$

※上限額＝基本手当日額×支給残日数×40％（再就職手当の給付率70％の者は30％）

　就業促進定着手当の支給申請は、再就職した日から6カ月目に当たる日の翌日から2カ月以内に、受給資格者が管轄公共職業安定所長に対して行う。

《問3》　正解　① 623,424円　　② 1,009,372円

①　繰上げ支給の老齢基礎年金の年金額

$816,000円 \times \dfrac{480月}{480月} = 816,000円$

$816,000円 \times 0.004 \times 59月 = 192,576円$

$816,000円 - 192,576円 = \mathbf{623,424円}$

②　繰上げ支給の老齢厚生年金の年金額

$360,000円 \times \dfrac{7.125}{1,000} \times 192月 + 580,000円 \times \dfrac{5.481}{1,000} \times 260月$

$= 1,319,014.8 \rightarrow 1,319,015円$

$1,701円 \times 452月 - 816,000円 \times \dfrac{451月}{480月} = 2,152円$

$\Big\{(360,000円 \times \dfrac{7.125}{1,000} \times 192月 + 580,000円 \times \dfrac{5.481}{1,000} \times 260月)$

$+ (1,701円 \times 452月 - 816,000円 \times \dfrac{451月}{480月})\Big\} \times 0.004 \times 59月$

$= 311,795.3\cdots \rightarrow 311,795円$

$1,319,015円 + 2,152円 - 311,795円 = \mathbf{1,009,372円}$

〈解説〉

①　保険料納付済期間には、第2号被保険者の期間のうち20歳以上60歳未満の期間（最大480月）が含まれる。Aさんは大学生であった期間（29月）は国民年金に任意加入しており、保険料を納付しているため、保険料納付済期間となる。したがって、保険料納付済期間は20歳以上60歳未満の40年（480月）である。

　老齢基礎年金は、原則として65歳から支給を受けることができるが、60歳から65

歳に達するまでの間に繰上げ請求をすることができる。Aさんの場合、2024年11月（誕生月）後に繰上げ支給の請求をすることができるが、2024年12月に繰上げ支給を請求するため、繰上げ月数は4年11カ月（59月）となる。

1962年4月2日以後生まれの者が繰上げ支給の請求をする場合、繰上げ減額率は1カ月あたり0.4％である。

② 経過的加算額の計算式における被保険者期間の月数は、452月（192月＋260月）である。また、退職日は「60歳到達月の末日」（2024年11月30日、誕生月）となっており、被保険者の資格喪失日は「翌日」であるため、2024年12月1日が資格喪失日である。被保険者期間は月で計算し、資格を喪失した月の前月の2024年11月までとなる。したがって、「1961年4月以後で20歳以上60歳未満の厚生年金保険の被保険者期間の月数」は、452月から「2024年11月」の1カ月を除いた451月である。なお、「□□□」には、老齢基礎年金の満額（816,000円、2024年度価額）を当てはめる。

繰上げ月数および繰上げ減額率は老齢基礎年金と同様である。なお、経過的加算の減額分は報酬比例部分から減額され、経過的加算そのものは減額されずに加算される。

加給年金額は65歳から加算されるため、繰上げ支給の請求をする場合、加算されない。

次の設例に基づいて、下記の各問（《問1》〜《問3》）に答えなさい。

《設　例》

　X株式会社（以下、「X社」という）に勤務するAさん（61歳）は、妻Bさん（61歳）との2人暮らしである。X社は65歳定年制を採用しているが、最長で70歳まで同社で勤務することができる再雇用制度を設けている。Aさんは、X社の再雇用制度を利用する予定であるが、再雇用後は賃金が低下するため、65歳から公的年金制度の老齢給付を受給したいと考えている。また、老齢年金の受給開始後に、物価が上昇すると老齢年金の実質的な受取額が減ってしまうのではないかと心配しており、年金額がどのように改定されるのかについて知りたいと考えている。

　そこで、Aさんは、ファイナンシャル・プランナーのMさんに相談することにした。Aさんの家族に関する資料は、以下のとおりである。

〈Aさんとその家族に関する資料〉
（1）Aさん（本人）
　・1962年11月2日生まれ
　・公的年金の加入歴
　　1982年11月から1985年3月までの大学生であった期間（29月）は国民年金に任意加入していない。
　　1985年4月から現在に至るまで厚生年金保険の被保険者である（厚生年金基金の加入期間はない）。
　・全国健康保険協会管掌健康保険の被保険者である。
　・1985年4月から現在に至るまで雇用保険の一般被保険者である。
（2）Bさん（妻）
　・1962年9月29日生まれ
　・公的年金の加入歴
　　1981年4月から1999年3月まで厚生年金保険の被保険者である（厚生年金基金の加入期間はない）。
　　1999年4月から60歳に達するまで国民年金の第3号被保険者である。
　・全国健康保険協会管掌健康保険の被扶養者である。
（3）子（2人）
　・長男（32歳）と長女（30歳）がいるが、いずれも結婚して独立している。

※妻Bさんは、Aさんと同居し、現在および将来においても、Aさんと生計維

持関係にあるものとする。

※Ａさんと妻Ｂさんは、現在および将来においても、公的年金制度における障害等級に該当する障害の状態にないものとする。

※上記以外の条件は考慮せず、各問に従うこと。

《問1》Ｍさんは、Ａさんに対して、在職老齢年金と在職定時改定・退職改定について説明した。Ｍさんが説明した以下の文章の空欄①～⑥に入る最も適切な数値を、解答用紙に記入しなさい。なお、問題の性質上、明らかにできない部分は「□□□」で示してある。

〈在職老齢年金〉

Ⅰ　「65歳以上の厚生年金保険の被保険者に支給される老齢厚生年金は、その受給権者の老齢厚生年金の報酬比例部分の額に基づく基本月額と総報酬月額相当額との合計額が（　①　）万円（支給停止調整額、2024年度価額）を超える場合、報酬比例部分の額の一部または全部が支給停止となります。総報酬月額相当額とは、受給権者である被保険者の標準報酬月額とその月以前の1年間の標準賞与額の総額を12で除して得た額との合計額です。

標準報酬月額は、7月1日において厚生年金保険の被保険者である場合、原則として、定時決定で決まり、毎年□□□月から（　②　）月までの間に受けた報酬月額の平均を、厚生年金保険法の標準報酬月額等級表に当てはめて、その年の9月から翌年8月までの標準報酬月額とします。標準賞与額は、年3回以下で支給される賞与額の1,000円未満を切り捨てた金額です。厚生年金保険の標準賞与額の上限は、1月につき（　③　）万円です。

老齢厚生年金は、その支給を繰り下げることによって年金額を増額することができ、Ａさんが70歳到達月に繰下げ支給の申出をした場合の増額率は（　④　）％になります。ただし、繰下げ待機期間中に在職している場合、在職により支給停止される額は増額の対象となりません」

〈在職定時改定・退職改定〉

Ⅱ　「65歳以上70歳未満の老齢厚生年金の受給権者が、基準日において厚生年金保険の被保険者である場合、毎年の基準日が属する月前の被保険者期間を算入して年金額を再計算し、基準日の属する月の翌月である（　⑤　）月から年金額が改定されます。これを『在職定時改定』といいます。

また、厚生年金保険の被保険者である受給権者が、退職により被保険者の資格を

喪失し、かつ、被保険者とならずに被保険者の資格の喪失日から□□□月が経過した場合、その被保険者の資格を喪失した月前における被保険者であった期間を算入して年金額を再計算し、退職日から起算して（　⑥　）月を経過した日の属する月から年金額が改定されます。これを、『退職改定』といいます」

《問2》Mさんは、Aさんに対して、公的年金の年金額の改定について説明した。Mさんが説明した以下の文章の空欄①〜⑤に入る最も適切な語句または数値を、解答用紙に記入しなさい。なお、問題の性質上、明らかにできない部分は「□□□」で示してある。

「公的年金の年金額は、賃金や物価の変動に応じて毎年度改定が行われます。原則として、年金額の改定にあたっては、新規裁定者である（　①　）歳到達年度前の受給権者の年金額は、名目手取り賃金変動率を基準として改定され、既裁定者である（　①　）歳到達年度以後の受給権者の年金額は、物価変動率を基準として改定されます。ただし、『名目手取り賃金変動率＜物価変動率』となる場合は、新規裁定者、既裁定者ともに（　②　）に基づいて改定されます。

　現在、賃金や物価に基づく改定率を更に調整し、緩やかに年金の給付水準を調整する『マクロ経済スライド』が適用されています。これにより、将来の年金受給者となる現役世代の過重な負担を減らし、年金の給付水準を確保することを目指しています。具体的には、『公的年金被保険者総数の変動率（当該年度の前々年度までの（　③　）年度平均）と平均余命の伸び率を勘案した率』を『スライド調整率』として年金改定に反映させています。

　なお、このマクロ経済スライドを適用することにより、年金額が前年度の年金額よりも低下する場合、年金額の改定は行われず、賃金や物価が下落した場合は、マクロ経済スライドによる調整は行われません。マクロ経済スライドが適用されなかった分は翌年度以降に繰り越され、マクロ経済スライド未調整分となります。

　2024年度の年金額の改定に用いられる名目手取り賃金変動率は3.1％、物価変動率は3.2％でした。加えて、2024年度のマクロ経済スライドによる調整率が▲0.4％であったことから、2024年度の年金額は、新規裁定者が（　④　）％、既裁定者が□□□％で改定されました。

　老齢基礎年金の年金額は、法定額である78万900円に国民年金の改定率を乗ずることで改定されます。老齢厚生年金の年金額は、厚生年金保険加入中の標準報酬月額、標準賞与額に乗じる（　⑤　）を改定することにより、年金額が改定されます」

《問3》Ａさんが、定年後もＸ社の再雇用制度を利用して厚生年金保険の被保険者として同社に勤務する場合、Ａさんが原則として65歳時に受給することができる公的年金の老齢給付について、次の①および②に答えなさい。〔計算過程〕を示し、〈答〉は円単位とすること。また、年金額の端数処理は、円未満を四捨五入すること。

　なお、計算にあたっては、下記の〈条件〉に基づき、年金額は2024年度価額（新規裁定者）、在職老齢年金による支給調整は2024年度価額の支給停止調整額に基づいて計算するものとし、在職定時改定は考慮しないものとする。

① 老齢基礎年金の年金額はいくらか。
② 在職老齢年金による支給調整後の老齢厚生年金の年金額（本来水準による価額）はいくらか。

〈条件〉
(1) 厚生年金保険の被保険者期間（65歳到達時）
　・総報酬制導入前の被保険者期間：216月
　・総報酬制導入後の被保険者期間：295月
(2) 平均標準報酬月額および平均標準報酬額
　（65歳到達時、2024年度再評価率による額）
　・総報酬制導入前の平均標準報酬月額：326,000円
　・総報酬制導入後の平均標準報酬額　：489,000円
(3) 報酬比例部分の給付乗率
　・総報酬制導入前の乗率：1,000分の7.125
　・総報酬制導入後の乗率：1,000分の5.481
(4) 経過的加算額

$$1,701円 \times 被保険者期間の月数 - \square\square\square円 \times \frac{1961年4月以後で20歳以上60歳未満の厚生年金保険の被保険者期間の月数}{480}$$

　　※「□□□」は、問題の性質上、伏せてある。
(5) 加給年金額
　　408,100円（要件を満たしている場合のみ加算すること）
(6) 総報酬月額相当額
　　400,000円

【第3問】

《問1》 正解 ① **50（万円）** ② **6（月）** ③ **150（万円）**
④ **42（%）** ⑤ **10（月）** ⑥ **1（月）**

〈解説〉

① 2024年度における支給停止調整額は50万円である。なお、基本月額と総報酬月額相当額との合計額が50万円を超える場合、50万円を超える額の2分の1が支給停止となる。

② 4・5・6月の給料の平均値をもとに標準報酬月額を決める制度が定時決定である。

③ 厚生年金保険の標準賞与額は、3カ月を超える期間ごとに支払われる賞与から1,000円未満の端数を切り捨てたものである。1カ月につき150万円の上限が設けられており、これを超える部分については保険料が賦課されず、給付にも反映しない。

④ Aさんは65歳から老齢給付の支給を受けることができるため、70歳到達月に繰下げ支給の申出をした場合の繰下げ月数は60月（5年×12月）であり、繰下げ増額率は1月あたり0.7%である。

　したがって、Aさんが70歳到達月に繰下げ支給の申出をした場合の増額率は42%（0.7%×60月）である。

⑤ 2022年4月以降、年金を受給しながら厚生年金保険の被保険者として働いている65歳以上70歳未満の者について、年金受給開始後の被保険者期間（在職中の期間）を反映させ、年金額が再計算されることとなった。これを在職定時改定といい、年金額は毎年10月に改定される。

⑥ 年金を受給しながら厚生年金保険の被保険者として働いていた者が退職して1月経過したときは、年金額に反映されていなかった退職前の被保険者期間（在職中の期間）を反映させ、年金額を再計算する。これを退職改定といい、年金額は退職日から起算して1月を経過した日の属する月から改定される。

《問2》 正解 ① **68（歳）** ② **名目手取り賃金変動率**
③ **3（年度）** ④ **2.7（%）** ⑤ **再評価率**

〈解説〉

年金額は780,900円（2004年度価額）に改定率を乗じて算出する。既裁定者（68歳以上）の年金額の算定では改定率を「物価変動率」等で求めるが、新規裁定者（67歳以下）の改定率は「物価変動率」を「名目手取り賃金変動率」に代えて求める。

マクロ経済スライドは、現役世代の公的年金加入者の減少と平均余命の伸びを年金額の調整に反映させることで、年金額の伸びを抑制して改定する仕組みのことで、「公

的年金被保険者総数の変動率（当該年度の前々年度までの3年度平均）と平均余命の伸び率を勘案した率」を「スライド調整率」としている。

- ・物価変動率　　　　：3.2%
- ・名目手取り賃金変動率：3.1%
- ・マクロ経済スライドによるスライド調整率：▲0.4%
- ※名目手取り賃金変動率＜物価変動率となるため、新規裁定者、既裁定者ともに名目手取り賃金変動率に基づいて改定される。

上記の資料により2024年度の年金額の改定率は、次のようになる。

新規裁定者：3.1% + ▲0.4% = 2.7%
既裁定者　：3.1% + ▲0.4% = 2.7%

老齢厚生年金の年金額は、標準報酬月額、標準賞与額に乗じる再評価率を改定することにより、年金額が改定される。この再評価率は、新規裁定者の場合、名目手取り賃金変動率を基に改定され、既裁定者の場合、物価変動率を基に改定される。

《問3》　正解　①　766,700円　　②　1,295,968円

① 老齢基礎年金の年金額

$$816,000円 \times \frac{451月}{480月} = \textbf{766,700円}$$

② 在職老齢年金による支給調整後の老齢厚生年金の年金額

$$326,000円 \times \frac{7.125}{1,000} \times 216月 + 489,000円 \times \frac{5.481}{1,000} \times 295月$$

$$= 1,292,375.6\cdots \rightarrow 1,292,376円$$

$$1,292,376円 \div 12 = 107,698円$$

$$(400,000円 + 107,698円 - 500,000円) \times \frac{1}{2} \times 12 = 46,188円$$

$$1,292,376円 - 46,188円 = 1,246,188円$$

$$1,701円 \times 480月 - 816,000円 \times \frac{451月}{480月} = 49,780円$$

$$1,246,188円 + 49,780円 = \textbf{1,295,968円}$$

〈解説〉

① 保険料納付済期間には、第2号被保険者の期間のうち20歳以上60歳未満の期間（最大480月）が含まれる。Aさんは大学生であった期間（29月）は国民年金に任意加入していないため、この期間を除く。

480月 - 29月 = 451月

② 支給停止基準額は、次の算式で求める。なお、基本月額は、老齢厚生年金の額
（加給年金額を除く）を12で割った額である。

$$支給停止基準額＝（総報酬月額相当額＋基本月額－50万円）×\frac{1}{2}×12$$

　経過的加算額は全額支給される。経過的加算額の計算式における被保険者期間の
月数は、480月が上限である。また、「□□□」には、老齢基礎年金の満額（816,000
円、2024年度価額）を当てはめる。
　Aさんの厚生年金保険の被保険者期間は240月以上であるが、Aさんが65歳の時
に妻Bさんは65歳に達しているため、Aさんに加給年金額は加算されない。

【第4問】（2019年9月 第1問《問51》～《問53》改題）　　チェック欄 ☐☐☐☐☐

次の設例に基づいて、下記の各問（《問1》～《問3》）に答えなさい。

――――――――――《設　例》――――――――――

X株式会社（以下、「X社」という）に勤務するAさん（39歳）は、妻Bさん（35歳）、長男Cさん（3歳）および二男Dさん（0歳）との4人暮らしである。Aさんは、今月40歳を迎えることもあり、公的介護保険について知りたいと思っている。また、Aさんは、子どもがまだ小さいことから、自分が就業できない状態になった場合や死亡した場合に労働者災害補償保険や公的年金制度からどのような給付が受けられるのかについても知りたいと思っている。

そこで、Aさんは、ファイナンシャル・プランナーのMさんに相談することにした。Aさんの家族に関する資料は、以下のとおりである。

〈Aさんの家族に関する資料〉

（1）Aさん（本人）
・1984年9月15日生まれ
・公的年金の加入歴
　2003年4月から現在に至るまで厚生年金保険の被保険者である。
・全国健康保険協会管掌健康保険の被保険者である。
・2003年4月から現在に至るまで雇用保険の一般被保険者である。
・X社は労働者災害補償保険の適用事業所である。

（2）Bさん（妻）
・1989年6月13日生まれ
・公的年金の加入歴
　2008年4月から2020年3月まで厚生年金保険の被保険者である。
　2020年4月から現在に至るまで国民年金の第3号被保険者である。
・Aさんが加入する健康保険の被扶養者である。

（3）Cさん（長男）
・2021年6月10日生まれ

（4）Dさん（二男）
・2024年2月20日生まれ

※妻Bさん、長男Cさんおよび二男Dさんは、Aさんと同居し、Aさんと生計維持関係にあるものとする。
※家族全員、現在および将来においても、公的年金制度における障害等級に該当する障害の状態にないものとする。

《問1》Mさんは、Aさんに対して、**労働者災害補償保険**について説明した。Mさんが説明した以下の文章の空欄①〜⑥に入る最も適切な語句または数値を、解答用紙に記入しなさい。

「労働者災害補償保険では、業務上の事由または（　①　）による労働者の負傷、疾病、障害、死亡等に対して保険給付を行うほか、社会復帰促進等事業として特別支給金等が支給されます。

仮に、Aさんが業務上の事由による負傷または疾病の療養のために4日以上休業し、かつ、4日目以降の休業した日について事業主から賃金の支払がない場合、所定の手続により、Aさんは、原則として、4日目以降の休業した日について、休業補償給付および休業特別支給金の支給を受けることができます。

その給付額は、原則として、休業1日につき、休業補償給付は休業給付基礎日額の（　②　）％相当額であり、休業特別支給金は休業給付基礎日額の（　③　）％相当額です。休業給付基礎日額とは、原則として、算定事由発生日以前（　④　）カ月間にその労働者に対して支払われた賃金の総額（賞与等を除く）を、その期間の総日数で除した金額となります。

なお、休業の初日から3日目までの休業期間については、事業主が（　⑤　）法の規定に基づく休業補償を行わなければならないこととされています。

また、療養開始後1年6カ月を経過した日以後において、傷病が治癒せず、当該傷病による障害の程度が所定の傷病等級の第1級から第3級に該当する場合には、休業補償給付に代えて、（　⑥　）が支給されます。（　⑥　）の年金額は、その傷病等級に応じて、年金給付基礎日額の313日分、277日分または245日分となります」

《問2》Mさんは、Aさんに対して、**公的介護保険**（以下、「介護保険」という）について説明した。Mさんが説明した以下の文章の空欄①〜⑦に入る最も適切な語句または数値を、解答用紙に記入しなさい。

「介護保険の被保険者は、（　①　）歳以上の第1号被保険者と40歳以上（　①　）歳未満の医療保険加入者である第2号被保険者に分けられます。介護保険料は、第1号被保険者で公的年金制度から年額（　②　）万円以上の年金を受給している者については、原則として公的年金から特別徴収され、第2号被保険者については、各医療保険

者が医療保険料と合算して徴収します。

保険給付は、市町村（特別区を含む）から要介護認定または要支援認定を受けた被保険者に対して行われますが、第2号被保険者に係る保険給付は、脳血管疾患などの（③）が原因で要介護状態または要支援状態となった場合に限られます。

要介護認定または要支援認定の申請に対する処分は、原則として申請のあった日から（④）日以内に行われ、その処分に不服がある場合、被保険者は介護保険審査会に（⑤）請求をすることができます。また、要介護認定または要支援認定を受けた被保険者が、当該認定に係る有効期間満了後も要介護状態または要支援状態にあることが見込まれ、引き続き保険給付を受ける場合は、原則として、有効期間満了日の（⑥）日前から満了日までの間に、認定の更新申請が必要となります。

介護保険の保険給付を受ける被保険者は、原則として、費用（食費、居住費等を除く）の1割を負担することになります。ただし、第（⑦）号被保険者のうち、一定以上の所得を有する者については、負担割合が2割または3割となります。

なお、同一月内の自己負担額（保険給付対象額）が一定の限度額を超えた場合は、高額介護サービス費または高額介護予防サービス費の支給が受けられます」

《問3》仮に、Aさんが現時点（2024年9月8日）で死亡し、妻Bさんが遺族基礎年金および遺族厚生年金の受給権を取得した場合、Aさんの死亡時における妻Bさんに係る遺族給付について、次の①および②に答えなさい。〔計算過程〕を示し、〈答〉は円単位とすること。また、年金額の端数処理は、円未満を四捨五入すること。

なお、計算にあたっては、下記の〈条件〉に基づき、年金額は、2024年度価額に基づいて計算するものとする。

①　遺族基礎年金の年金額はいくらか。
②　遺族厚生年金の年金額（本来水準による価額）はいくらか。

〈条件〉
(1) 厚生年金保険の被保険者期間
・総報酬制導入後の被保険者期間：257月
（注）要件を満たしている場合、300月のみなし計算を適用すること。
(2) 平均標準報酬月額・平均標準報酬額（2024年度再評価率による額）
・総報酬制導入後の平均標準報酬額：322,000円
(3) 乗率
・総報酬制導入後の乗率：1,000分の5.481

（4）中高齢寡婦加算額
　　612,000円（要件を満たしている場合のみ加算すること）

【第4問】

《問1》 正解 ① 通勤 ② 60（%） ③ 20（%） ④ 3（カ月）
⑤ 労働基準（法） ⑥ 傷病補償年金

⑤ 業務災害の場合、休業補償給付の支給がない休業の初日から3日目までは、事業主が労働基準法の規定に基づく休業補償を行わなければならない。なお、通勤災害の場合、事業主の責任が問われないため、休業給付の支給がない休業の初日から3日目までは、事業主は労働基準法の規定に基づく休業補償を行う必要がない。

⑥ なお、傷病補償年金または傷病年金の受給権者である労働者には、申請により傷病特別支給金が支給される。さらに、特別給与（ボーナス）を基に算出される傷病特別年金も、申請することにより支給される。

《問2》 正解 ① 65（歳） ② 18（万円） ③ 特定疾病
④ 30（日） ⑤ 審査（請求） ⑥ 60（日）
⑦ 1（号）

⑤ 処分に不服がある場合、原則として、処分があったことを知った日の翌日から3カ月以内に、被保険者は介護保険審査会に審査請求をすることができる。

⑦ 自己負担割合は、原則として1割であるが、第1号被保険者は前年の合計所得金額等により2割または3割の自己負担割合となる。なお、前年の合計所得金額が220万円以上の第1号被保険者の自己負担割合は、原則として3割である。

《問3》 正解 ① 1,285,600円 ② 397,098円

① 遺族基礎年金の年金額
816,000円 + 234,800円 + 234,800円 = **1,285,600円**

② 遺族厚生年金の年金額

$$322,000円 \times \frac{5.481}{1,000} \times 257月 \times \frac{300月}{257月} \times \frac{3}{4}$$

= 397,098.45 → **397,098円**

〈解説〉

① 長男Cさんおよび二男Dさんが18歳到達年度末日までの子に該当するため、妻Bさんは遺族基礎年金を受給することができる。したがって、新規裁定者に係る基本年金額816,000円（2024年度価額）に2人分の子の加算額（第1子および第2子とも234,800円、2024年度価額）が加算される。

② Aさんは死亡当時、厚生年金保険の被保険者であり、被保険者期間が257月であ

第2章 年金・社会保険 応用編

183

るため短期要件に該当する。したがって、300月のみなし計算が適用される。また、遺族厚生年金の年金額は老齢厚生年金の報酬比例部分の４分の３相当額であり、妻Ｂさんは40歳未満であるため中高齢寡婦加算額は加算されない。

（2021年1月 第1問《問51》～《問53》改題）　チェック欄☐☐☐☐☐

次の設例に基づいて、下記の各問（《問1》～《問3》）に答えなさい。

──────────── 《設　例》 ────────────

　X株式会社に勤務するAさん（42歳）は、妻Bさん（38歳）、長男Cさん（13歳）および二男Dさん（10歳）との4人暮らしである。Aさんは、大学時代から親交のあった友人が大病を患って入院したこともあり、健康保険の傷病手当金について知りたいと思っている。また、公的年金制度からの障害給付や遺族給付についても理解したいと考えている。

　そこで、Aさんは、ファイナンシャル・プランナーのMさんに相談することにした。Aさんの家族に関する資料は、以下のとおりである。

〈Aさんの家族に関する資料〉
（1）Aさん（本人）
　・1982年7月20日生まれ
　・公的年金の加入歴
　　2002年7月から2005年3月までの大学生であった期間（33月）は、国民年金の第1号被保険者として保険料を納付している。
　・2005年4月から現在に至るまで厚生年金保険の被保険者である（過去に厚生年金基金の加入期間はない）。
　・全国健康保険協会管掌健康保険の被保険者である。
　・2005年4月から現在に至るまで雇用保険の一般被保険者である。
（2）Bさん（妻）
　・1986年10月15日生まれ
　・公的年金の加入歴
　　2005年4月から2010年3月まで厚生年金保険の被保険者である。
　　2010年4月から現在に至るまで国民年金の第3号被保険者である。
　・Aさんが加入する健康保険の被扶養者である。
（3）Cさん（長男）
　・2011年9月5日生まれ
（4）Dさん（二男）
　・2014年3月17日生まれ

　※妻Bさん、長男Cさんおよび二男Dさんは、Aさんと同居し、Aさんと生計維持関係にあるものとする。
　※家族全員、現在および将来においても、公的年金制度における障害等級に該

当する障害の状態にないものとする。

※上記以外の条件は考慮せず、各問に従うこと。

《問1》 Mさんは、Aさんに対して、健康保険の傷病手当金について説明した。Mさんが説明した以下の文章の空欄①～④に入る最も適切な語句または数値を、解答用紙に記入しなさい。

「Aさんが私傷病による療養のために連続して長期間労務に服することができず、その期間について事業主から給与が支払われない場合、Aさんは、（ ① ）日目以降の労務に服することができない日について、全国健康保険協会の都道府県支部に対し、傷病手当金を請求することができます。

仮に、傷病手当金の支給開始日の属する月以前の直近の継続した12カ月間のAさんの各月の標準報酬月額の平均額が36万円であり、傷病手当金の支給対象となる日について事業主から給与が支払われないとした場合、Aさんが受給することができる傷病手当金の額は、1日につき（ ② ）円となります。傷病手当金の支給期間は、同一の疾病または負傷およびこれにより発した疾病に関しては、その支給開始日から通算して（ ③ ）です。

なお、傷病手当金の支給対象となる日について事業主から給与が支払われる場合であっても、その支払われる給与の額が傷病手当金の額よりも少ないときには、その差額が傷病手当金として支給されます。また、同一の疾病または負傷およびこれにより発した疾病によって傷病手当金と障害厚生年金のいずれの支給要件も満たすときには、そのうち（ ④ ）は支給されません。ただし、受けることができる金額が（ ④ ）の額よりも少ないときには、その差額が（ ④ ）として支給されます」

《問2》 Mさんは、Aさんに対して、障害厚生年金および障害手当金について説明した。Mさんが説明した以下の文章の空欄①～⑧に入る最も適切な語句または数値を、解答用紙に記入しなさい。

「厚生年金保険の被保険者期間中に初診日のある傷病によって、（ ① ）において厚生年金保険法に規定される障害等級1級から3級までのいずれかに該当する程度の障害の状態にあり、保険料納付要件を満たしている者は、障害厚生年金を請求することができます。保険料納付要件とは、『初診日の前日において初診日の属する月の前々月までに国民年金の被保険者期間があり、かつ、当該被保険者期間に係る保険料納付

済期間と保険料免除期間とを合算した期間が当該被保険者期間の（　②　）以上あること』または『初診日に65歳未満の者で、初診日の前日において初診日の属する月の前々月までの（　③　）年間が保険料納付済期間または保険料免除期間であり、保険料を滞納した期間がないこと』です。

　障害厚生年金の額は、原則として、受給権者の厚生年金保険の被保険者記録を基に計算された報酬比例の額となります。ただし、障害等級1級に該当する者に支給される障害厚生年金の額は、報酬比例の額の（　④　）倍相当額となります。また、障害等級1級または2級に該当する者によって生計を維持している所定の要件を満たす（　⑤　）がいるときは、加給年金額が加算されます。

　障害等級3級に該当する者に支給される障害厚生年金の額には最低保障額が設けられています。その額は、国民年金法に規定される障害等級2級に該当する者に支給される障害基礎年金の額の（　⑥　）相当額となっています。

　なお、厚生年金保険の被保険者期間中に初診日のある傷病が初診日から（　⑦　）年以内に治り、治った日に障害厚生年金を受け取ることができる障害の程度より軽度の障害の状態にあり、保険料納付要件を満たしている者は、障害手当金を請求することができます。障害手当金は一時金として支給され、その額は、障害厚生年金の報酬比例の額の（　⑧　）倍相当額で、所定の最低保障額が設けられています」

《問3》　仮に、Aさんが現時点（2025年1月24日）で死亡し、妻Bさんが遺族基礎年金、遺族厚生年金および遺族年金生活者支援給付金の受給権を取得した場合、Aさんの死亡時における妻Bさんに係る遺族給付について、下記の〈条件〉に基づき、次の①～③に答えなさい。〔計算過程〕を示し、〈答〉は円単位とすること。また、年金額の端数処理は、円未満を四捨五入すること。

　なお、年金額および給付金の額は年額とし、2024年度価額に基づいて計算するものとする。

①　遺族基礎年金の年金額はいくらか。
②　遺族厚生年金の年金額（本来水準による価額）はいくらか。
③　遺族年金生活者支援給付金の額（年額）はいくらか。

〈条件〉
(1) 厚生年金保険の被保険者期間
　　・総報酬制導入後の被保険者期間：237月
　　（注）要件を満たしている場合、300月のみなし計算を適用すること。

(2) 平均標準報酬月額・平均標準報酬額（2024年度再評価率による額）
   ・総報酬制導入後の平均標準報酬額：32万3,000円
(3) 報酬比例部分の給付乗率
   ・総報酬制導入後の乗率：1,000分の5.481
(4) 中高齢寡婦加算額
   61万2,000円（要件を満たしている場合のみ加算すること）

【第5問】

《問1》 正解 ① **4（日目）** ② **8,000（円）** ③ **1年6カ月**
④ **傷病手当金**

〈解説〉

② 傷病手当金の額は、休業1日につき「支給開始日以前の継続した12カ月間の各月
の標準報酬月額を平均した額を30で除した額」の3分の2相当額である。

$$36万円 \div 30 \times \frac{2}{3} = \textbf{8,000円}$$

④ 傷病手当金の支給を受けている者が、同一の疾病または負傷で障害厚生年金の支
給を受けることができる場合、傷病手当金は全額支給停止となる。ただし、障害厚
生年金の額（障害基礎年金の支給を同時に受けることができるときは合計額）を
360で割った額が傷病手当金の日額より低い場合、その差額が支給される。

《問2》 正解 ① **障害認定日** ② **3分の2** ③ **1（年間）**
④ **1.25（倍）** ⑤ **配偶者** ⑥ **4分の3**
⑦ **5（年）** ⑧ **2（倍）**

〈解説〉

障害厚生年金の支給を受けるための要件は、次のとおりである。

> ① 厚生年金保険の被保険者期間中に初診日があること。
> ② 障害認定日において、障害等級1級、2級または3級に該当する障害の状
> 態にあること。なお、障害認定日においては厚生年金保険の被保険者でなく
> てもよい。
> ③ 保険料納付要件を満たしていること。

障害手当金の支給を受けるための要件は、上記②が「初診日から起算して5年を経
過する日までの間に傷病が治り、かつ、一定の障害の状態にあること」に代わる。

1級と2級の障害厚生年金には配偶者の加給年金額が加算され、3級には最低保障
額（障害等級2級の障害基礎年金の4分の3相当額）がある。また、障害手当金の最
低保障額は障害厚生年金の最低保障額の2倍相当額である。

《問3》 正解 ① **1,285,600円** ② **398,332円**
③ **63,720円**

① 遺族基礎年金の年金額
816,000円 ｜ 234,800円 ＋ 234,800円 ＝ **1,285,600円**

② 遺族厚生年金の年金額

$$323,000円 \times \frac{5.481}{1,000} \times 237月 \times \frac{300月}{237月} \times \frac{3}{4} = 398,331.6\cdots$$

→ **398,332円**

③ 遺族年金生活者支援給付金の額

$5,310円 \times 12月 =$ **63,720円**

〈解説〉

① Cさん（長男）およびDさん（二男）が18歳到達年度末日までの子に該当するため、Bさん（妻）は遺族基礎年金を受給することができる。したがって、基本年金額816,000円（2024年度価額）に2人分の子の加算額（第1子および第2子とも234,800円）が加算される。

② Aさんは死亡当時、厚生年金保険の被保険者であり、被保険者期間が237月であるため、短期要件に該当する。したがって、300月のみなし計算が適用される。また、遺族厚生年金の年金額は老齢厚生年金の報酬比例部分の4分の3相当額であり、遺族基礎年金を受給できるため中高齢寡婦加算額は加算されない。

③ 一定の所得要件を満たし、遺族基礎年金を受給している者は、月額5,310円（2024年度価額）の遺族年金生活者支援給付金を受給することができる。

【第6問】（2022年5月 第1問《問51》～《問53》改題）　チェック欄□□□□□

次の設例に基づいて、下記の各問（《問1》～《問3》）に答えなさい。

――――――《設　例》――――――

　個人事業主のAさん（51歳）は、高校卒業後に入社した会社を11年前に退職して家業を引き継ぎ、現在に至っている。Aさんは、加入している生命保険の見直しをするにあたり、公的年金制度の障害給付および遺族給付について知りたいと思っている。また、老後の生活資金を準備するために、小規模企業共済制度への加入を検討している。さらに、友人から公的年金の受給開始年齢を繰り下げることで年金額を増やすことができると聞き、その仕組みについて知りたいと思っている。

　Aさんは、今後の生活設計について、ファイナンシャル・プランナーのMさんに相談することにした。Aさんの家族に関する資料は、以下のとおりである。

〈Aさんの家族に関する資料〉

（1）Aさん（本人）
　・1972年10月12日生まれ
　・公的年金の加入歴
　　1991年4月から2012年12月まで厚生年金保険の被保険者である（厚生年金基金の加入期間はない）。
　　2013年1月から現在に至るまで国民年金の第1号被保険者として国民年金保険料を納付している（付加保険料は納付していない）。
　・2013年1月から現在に至るまで国民健康保険の被保険者である。

（2）Bさん（妻）
　・1976年12月17日生まれ
　・公的年金の加入歴
　　1995年4月から2002年3月まで厚生年金保険の被保険者である。
　　2002年4月から2012年12月まで国民年金の第3号被保険者である。
　　2013年1月から現在に至るまで国民年金の第1号被保険者として国民年金保険料を納付している（付加保険料は納付していない）。
　・2013年1月から現在に至るまで国民健康保険の被保険者である。

（3）Cさん（長女、高校3年生、2006年8月8日生まれ）
（4）Dさん（長男、高校1年生、2008年10月19日生まれ）
（5）Eさん（二男、中学2年生、2010年7月15日生まれ）

※妻Bさん、長女Cさん、長男Dさん、二男Eさんは、Aさんと同居し、現在

および将来においても、Ａさんと生計維持関係にあるものとする。

※家族全員、現在および将来においても、公的年金制度における障害等級に該当する障害の状態にないものとする。

※上記以外の条件は考慮せず、各問に従うこと。

《問１》Ｍさんは、Ａさんに対して、公的年金制度の障害給付について説明した。Ｍさんが説明した以下の文章の空欄①〜⑥に入る最も適切な語句または数値を、解答用紙に記入しなさい。

〈障害基礎年金の受給要件〉

Ⅰ　「国民年金の被保険者期間中に初診日のある傷病によって、その初診日から起算して（　①　）を経過した日、または（　①　）以内に傷病が治ったときはその治った日において、国民年金法に規定される障害等級１級または２級に該当する程度の障害の状態にあり、かつ、一定の保険料納付要件を満たしている方には、障害基礎年金が支給されます。障害基礎年金の保険料納付要件は、初診日の前日において、初診日の属する月の前々月までに被保険者期間があるときは、当該被保険者期間に係る保険料納付済期間と保険料免除期間とを合算した期間が当該被保険者期間の（　②　）以上あることです。なお、初診日が2026年４月１日前にある傷病による障害については、初診日の前日において、初診日の属する月の前々月までの（　③　）年間のうちに保険料納付済期間および保険料免除期間以外の被保険者期間がないときは、保険料納付要件を満たしていることとされます」

〈障害基礎年金の額〉

Ⅱ　「現時点において、仮にＡさんが国民年金法に規定される障害等級２級に該当する程度の障害の状態にあると認定され、障害基礎年金を受給することとなった場合、障害基礎年金の額（2024年度価額）は、（　④　）円に子の加算額を加えた額となります。子の加算額は、２人目までは１人につき234,800円、３人目以降は１人につき（　⑤　）円です。また、障害等級１級に該当する程度の障害の状態にあると認定された場合の障害基礎年金の額は、（　④　）円の（　⑥　）倍相当額に子の加算額を加えた額となります」

《問２》Ａさんが現時点（2024年５月22日）で死亡し、妻Ｂさんが遺族基礎年金、遺族厚生年金および遺族年金生活者支援給付金の受給権を取得した場合、Ａさんの死亡時における妻Ｂさんに係る遺族給付について、下記の〈条件〉に基づき、次の①・②に答えなさい。〔計算過程〕を示し、〈答〉は円単位とすること。また、年金額の端数処理は、円未満を四捨五入すること。

　なお、年金額および給付金の額は年額とし、2024年度価額に基づいて計算するものとする。

①　遺族厚生年金の年金額（本来水準による価額）はいくらか。
②　遺族年金生活者支援給付金の額（年額）はいくらか。

〈条件〉
(1) 厚生年金保険の被保険者期間
　・総報酬制導入前の被保険者期間：144月
　・総報酬制導入後の被保険者期間：117月
　　（注）要件を満たしている場合、300月のみなし計算を適用すること。
(2) 平均標準報酬月額・平均標準報酬額（2024年度再評価率による額）
　・総報酬制導入前の平均標準報酬月額：240,000円
　・総報酬制導入後の平均標準報酬額　：300,000円
(3) 乗率
　・総報酬制導入前の乗率：1,000分の7.125
　・総報酬制導入後の乗率：1,000分の5.481
(4) 中高齢寡婦加算額
　　612,000円（要件を満たしている場合のみ加算すること）

《問３》Ｍさんは、Ａさんに対して、公的年金の老齢給付の繰下げ支給および小規模企業共済制度について説明した。Ｍさんが説明した以下の文章の空欄①～⑥に入る最も適切な語句または数値を、解答用紙に記入しなさい。

〈繰下げによる増額率〉
Ⅰ　「Ａさんが希望すれば、66歳以後、老齢基礎年金および老齢厚生年金の繰下げ支給の申出をすることができます。繰下げの上限年齢の改正が2022年４月１日に施行されており、施行日以降に（　①　）歳に到達する方は、繰下げの上限年齢が75歳となります。Ａさんが75歳０ヵ月で老齢基礎年金の繰下げ支給の申出をした場合の改正を前提とした増額率は（　②　）％となります」

〈老齢厚生年金を繰り下げて受け取る場合の留意点〉

Ⅱ 「Aさんが66歳0カ月で老齢厚生年金の繰下げ支給の申出をした場合、老齢厚生年金を受給していなかった待機期間中は、当該年金に加算される（ ③ ）額も受け取れないことになります。配偶者に係る（ ③ ）額の支給要件は、受給権者の厚生年金保険の被保険者期間が（ ④ ）年以上あること、受給権者と生計維持関係にある配偶者の年齢が65歳未満であることなどです。また、繰下げ支給の申出をすることで、毎年の受給額は多くなりますが、受給総額が多くなるとは限りません。受給開始年齢によって受給総額がどのように推移するのか、シミュレーションをしてみましょう」

〈小規模企業共済制度〉

Ⅲ 「小規模企業共済制度は、Aさんのような個人事業主が廃業等した場合に必要となる資金を準備しておくための共済制度です。毎月の掛金は、1,000円から70,000円までの範囲内で、500円単位で選択することができます。共済契約者が掛金を前納したときは、前納月数に応じた前納減額金を受け取ることができます。

　また、加入後に任意解約した場合、掛金合計額の（ ⑤ ）％から120％に相当する額の解約手当金の額が受け取れますが、掛金納付月数が240月未満の場合は解約手当金の額が掛金合計額を下回り、掛金納付月数が（ ⑥ ）月未満の場合は、解約手当金を受け取ることができませんので、早期の解約はお勧めできません」

【第6問】

《問1》 正解 ① 1年6カ月　② 3分の2　③ 1（年間）　④ 816,000（円）　⑤ 78,300（円）　⑥ 1.25（倍）

〈解説〉

Ⅰ　障害の程度を認定する日を障害認定日という。障害認定日は、初診日から起算して1年6カ月を経過した日、または1年6カ月以内に治った場合にはその治った日とされている。

　障害基礎年金を受給するためには、初診日の前日において、次のいずれかの保険料納付要件を満たす必要がある。

原則	国民年金の保険料納付済期間と保険料免除期間の合計が、初診日のある月の前々月までの保険料を納付しなければならない期間の3分の2以上あること
特例	初診日が2026年4月1日前の場合は、初診日に65歳未満であれば、初診日のある月の前々月までの1年間に保険料の滞納がないこと

Ⅱ　Aさんは1956年4月2日以後生まれであるため、新規裁定者である。また、新規裁定者に係る障害基礎年金の額（2024年度）は次のとおりである。1級は2級の1.25倍である。

1級	1,020,000円＋子の加算
2級	816,000円＋子の加算

　障害基礎年金の受給権を得たときに、生計維持関係にある子がいる場合には、子の加算額が加算される。なお、受給権を得た後に生計維持関係ができた場合でも加算される。

1人目の子・2人目の子（1人につき）	234,800円
3人目以降（1人につき）	78,300円

《問2》 正解 ① 328,967円　② 63,720円

① 遺族厚生年金の年金額

$$\left(240,000円 \times \frac{7.125}{1,000} \times 144月 + 300,000円 \times \frac{5.481}{1,000} \times 117月\right) \times \frac{3}{4}$$

$= 328,967.3\cdots \rightarrow$ **328,967円**

② 遺族年金生活者支援給付金の額（年額）

$5,310円 \times 12月 =$ **63,720円**

〈解説〉

① Aさんは死亡当時、国民年金の第1号被保険者であり、保険料納付済期間が25年以上あるため長期要件に該当する。したがって、300月のみなし計算の適用はない。また、遺族厚生年金の年金額は老齢厚生年金の報酬比例部分の4分の3相当額であり、遺族基礎年金を受給できるため中高齢寡婦加算額は加算されない。

② 一定の所得要件を満たし、遺族基礎年金を受給している者は、月額5,310円（2024年度価額）の遺族年金生活者支援給付金を受給することができる。

《問3》 正解	① 70（歳）	② 84（%）	③ 加給年金
	④ 20（年）	⑤ 80（%）	⑥ 12（月）

〈解説〉

Ⅰ　繰下げの上限年齢が改正され、2022年4月1日以後に70歳になる者（1952年4月2日以後生まれの者）は、75歳まで繰り下げることができる。繰下げによる増額率は、1カ月当たり0.7%である。75歳0カ月で繰下げ支給の申出をした場合の増額率は、次のとおりである。

0.7％×（75歳 − 65歳）×12月 ＝ **84%**

Ⅱ　加給年金額の支給要件は、受給権者の厚生年金保険の被保険者期間が20年以上あること、受給権者と加給年金額の対象者との間に生計維持関係があることである。さらに、対象者が配偶者の場合、その配偶者は65歳未満でなければならず、配偶者自身が被保険者期間20年以上の老齢厚生年金、障害を支給事由とする公的年金給付等の支給を受けている場合、加給年金額は支給停止となる。また、加給年金額は、老齢厚生年金を繰下げしたとしても増額されず、繰下げ待機期間中は支給されない。

Ⅲ　解約手当金は掛金納付月数が12月以上である場合に受け取ることができ、その額は、掛金納付月数に応じて、掛金合計額の80％〜120%相当額となる。掛金納付月数が240月未満である場合は、解約手当金額は掛金合計額を下回る。

【第7問】 (2018年1月 第1問《問51》～《問53》改題)　　チェック欄 □□□□□

次の設例に基づいて、下記の各問（《問1》～《問3》）に答えなさい。

────────── 《設 例》 ──────────

　X株式会社（以下、「X社」という）に勤務するAさん（59歳）は、妻Bさん（64歳）との2人暮らしである。Aさんは、先日、親の介護のために休業を予定している同僚から、介護休業に係る雇用保険からの給付があることを聞き、それについて詳しく知りたいと思っている。

　また、X社は65歳定年制を採用しており、Aさんは65歳になるまでX社に勤務する予定であるが、今後、自分に介護が必要となった場合における公的介護保険からの給付や、自分が死亡した場合に妻Bさんに支給される公的年金制度の遺族給付についても知りたいと思っている。

　そこで、Aさんは、ファイナンシャル・プランナーのMさんに相談することにした。Aさんの家族に関する資料は、以下のとおりである。

〈Aさんの家族に関する資料〉
(1)　Aさん（本人）
　・1965年5月10日生まれ
　・公的年金の加入歴
　　1985年5月から1988年3月までの大学生であった期間（35月）は、国民年金に任意加入していない。
　　1988年4月から現在に至るまで厚生年金保険の被保険者である。
　・全国健康保険協会管掌健康保険の被保険者である。
　・1988年4月から現在に至るまで雇用保険の一般被保険者である。
(2)　Bさん（妻）
　・1960年1月30日生まれ
　・公的年金の加入歴
　　1978年4月から1990年3月まで厚生年金保険の被保険者である（基金の加入歴なし）。
　　1990年4月から1993年3月までの間、国民年金保険料を納付していない。
　　1993年4月から2019年12月まで国民年金の第3号被保険者である。
　・現在、特別支給の老齢厚生年金を受給している。
　・Aさんが加入する健康保険の被扶養者である。
(3)　子ども（2人）
　・長男と長女がおり、いずれも結婚して独立している。

※妻Bさんは、Aさんと同居し、現在および将来においても、Aさんと生計維持関係にあるものとする。

※Aさんと妻Bさんは、現在および将来においても、公的年金制度における障害等級に該当する障害の状態にないものとする。

※上記以外の条件は考慮せず、各問に従うこと。

《問1》Mさんは、Aさんに対して、雇用保険の介護休業給付金について説明した。Mさんが説明した以下の文章の空欄①〜⑤に入る最も適切な数値を、解答用紙に記入しなさい。

「雇用保険の一般被保険者および高年齢被保険者（以下、『被保険者』という）が、『育児休業、介護休業等育児又は家族介護を行う労働者の福祉に関する法律』に基づいて、配偶者、父母、子等の対象家族に係る介護休業を取得し、かつ、原則として、介護休業開始日前2年間にみなし被保険者期間が通算して12カ月以上ある被保険者は、雇用保険の介護休業給付金の支給対象となります。

介護休業給付金は、同一の対象家族について介護休業を分割して取得する場合、介護休業を開始した日から通算して（　①　）日を限度に3回までに限り支給されます。なお、介護休業給付金は、一支給単位期間中に、公共職業安定所長が就業をしていると認める日数が（　②　）日以下でなければ、その支給単位期間については支給対象となりません。

介護休業給付金の額は、介護休業期間中に事業主から賃金の支払がない場合、一支給単位期間当たり『休業開始時賃金日額×支給日数×（　③　）%』の算式で算出されます。休業開始時賃金日額には、上限額および下限額が設けられており、この額は毎年（　④　）月1日に改定されます。

介護休業給付金の支給申請は、原則として、介護休業終了日（介護休業期間が3カ月以上にわたるときは介護休業開始日から3カ月を経過する日）の翌日から起算して（　⑤　）カ月を経過する日の属する月の末日までに行う必要があります」

《問2》Mさんは、Aさんに対して、公的介護保険（以下、「介護保険」という）について説明した。Mさんが説明した以下の文章の空欄①〜⑦に入る最も適切な語句または数値を、解答用紙に記入しなさい。

「介護保険の被保険者は、65歳以上の第1号被保険者と40歳以上65歳未満の医療保

険加入者である第2号被保険者に分けられます。介護保険料は、第1号被保険者で公的年金制度から年額（　①　）万円以上の年金を受給している者については、原則として公的年金から特別徴収され、第2号被保険者については、各医療保険者が医療保険料と合算して徴収します。

　保険給付は、市町村（特別区を含む）から要介護認定または要支援認定を受けた被保険者に対して行われますが、第2号被保険者に係る保険給付は、脳血管疾患などの（　②　）が原因で要介護状態または要支援状態となった場合に限られます。また、介護給付の施設サービスのうち、介護老人福祉施設（特別養護老人ホーム）を利用できる要介護被保険者は、原則として、要介護状態区分が（　③　）以上の者に限られます。

　要介護認定または要支援認定の申請に対する処分は、原則として申請のあった日から（　④　）日以内に行われ、その処分に不服がある場合、被保険者は（　⑤　）に審査請求をすることができます。ただし、審査請求は、原則として、処分があったことを知った日の翌日から（　⑥　）カ月以内に行う必要があります。

　介護保険の保険給付を受ける被保険者は、介護サービス（または介護予防サービス）を提供する事業者との間で契約を結び、当該事業者からサービスの提供を受け、原則として、費用（食費、居住費等を除く）の1割を事業者に支払うことになります。ただし、本人の合計所得金額が220万円以上であり、かつ、公的年金等の収入とその他の合計所得金額の合計額が340万円以上の単身世帯の第1号被保険者の場合は（　⑦　）割負担となります」

《問3》仮に、Aさんが2025年1月31日で死亡し、妻Bさん（65歳）が遺族厚生年金の受給権を取得した場合、妻Bさんが受給することができる遺族厚生年金について、次の①および②に答えなさい。

　計算にあたっては、以下の〈条件〉と〈資料〉の計算式を利用し、年金額は、2024年度価額（本来水準による価額）に基づいて計算するものとする。また、解答用紙には、〔計算過程〕を示し、〈答〉は円単位とし、年金額の端数処理は円未満を四捨五入すること（①については、解答用紙の〔計算過程〕欄に〈資料〉の（ⅰ）の額および（ⅱ）の額をいずれも記入すること）。

　なお、〈資料〉の「○○○」「□□□」「a～f」は、問題の性質上、伏せてある。

① 遺族厚生年金の基本年金額（支給停止分が控除される前の額）はいくらか。
② 遺族厚生年金として実際に支給される額（支給停止分が控除された後の額）はいくらか。

〈条件〉
(1)　Aさんに関する条件
　　・総報酬制導入前の厚生年金保険の被保険者期間　　：180月
　　・総報酬制導入前の平均標準報酬月額　　　　　　　：328,000円
　　・総報酬制導入後の厚生年金保険の被保険者期間　　：262月
　　・総報酬制導入後の平均標準報酬額　　　　　　　　：492,000円
　　※平均標準報酬月額、平均標準報酬額は2024年度再評価率による額
(2)　妻Bさんに関する条件
　　（65歳到達時点、本来水準の額による2024年度価額）
　　・老齢厚生年金
　　　基本年金額（報酬比例部分の額＋経過的加算額）：163,580円
　　・老齢基礎年金の額　　　　　　　　　　　　　　　：754,800円

〈資料〉

遺族厚生年金の年金額（2024年度価額、本来水準による価額）

下記（ⅰ）の額または（ⅱ）の額のうちいずれか○○○額

（ⅰ）の額＝基本額＋経過的寡婦加算額

　・基本額＝（①＋②）×$\dfrac{a}{b}$

　　① 総報酬制導入前の期間分
　　　平均標準報酬月額×乗率×総報酬制導入前の被保険者期間の月数

　　② 総報酬制導入後の期間分
　　　平均標準報酬額×乗率×総報酬制導入後の被保険者期間の月数

報酬比例部分の給付乗率（1,000分の）			
総報酬制導入前		総報酬制導入後	
新乗率	旧乗率	新乗率	旧乗率
7.125	7.5	5.481	5.769

　・経過的寡婦加算額＝20,367円（要件を満たしている場合のみ加算すること）

（ⅱ）の額＝上記（ⅰ）の額×$\dfrac{c}{d}$＋□□□円×$\dfrac{e}{f}$

【第7問】

《問1》 正解 ① 93（日） ② 10（日） ③ 67（%）
④ 8（月） ⑤ 2（カ月）

《問2》 正解 ① 18（万円） ② 特定疾病 ③ 3 ④ 30（日）
⑤ 介護保険審査会 ⑥ 3（カ月） ⑦ 3（割）

《問3》 正解 ① 845,387円 ② 681,807円

① 遺族厚生年金の基本年金額

$$\left(328{,}000円 \times \frac{7.125}{1{,}000} \times 180月 + 492{,}000円 \times \frac{5.481}{1{,}000} \times 262月\right) \times \frac{3}{4}$$

$$= 845{,}387.118 \rightarrow 845{,}387円$$

$$845{,}387円 \times \frac{2}{3} + 163{,}580円 \times \frac{1}{2} = 645{,}381.3\cdots \rightarrow 645{,}381円$$

845,387円＞645,381円 ∴ **845,387円**

② 遺族厚生年金として実際に支給される額
845,387円 − 163,580円 = **681,807円**

〈解説〉

① 経過的寡婦加算は、1956年4月1日以前生まれの妻が65歳以降に受給できるものであるため、妻Bさんは受給できない。なお、65歳以降に初めて遺族厚生年金（死亡した夫が長期要件に該当する場合、原則として、夫の被保険者期間が20年以上）を受け始めた妻にも加算され、その額は妻の生年月日によって異なる。

② 下図Ⓐが優先され自分自身の老齢厚生年金が全額支給されるが、その額がⒷⒸの額より低い場合には、差額が遺族厚生年金として支給される。

Ⓐ	Ⓑ	Ⓒ
		遺族厚生年金 ×2/3
老齢厚生年金	遺族厚生年金	老齢厚生年金 ×1/2
老齢基礎年金	老齢基礎年金	老齢基礎年金

第3章

金融資産運用

基 礎 編

1 マーケット環境の理解

【問題1】 (2021年1月 問16)　　　　　チェック欄 ☐☐☐☐☐

わが国の経済指標に関する次の記述のうち、最も適切なものはどれか。

1. 国内で一定期間内に生産された財やサービスの付加価値の合計額であるGDPには、参照年からの物価の上昇・下落分を取り除いた値である名目値と、実際に市場で取引されている価格に基づいて推計された値である実質値がある。
2. 景気動向指数のCI（コンポジット・インデックス）は、採用系列の各月の値を3カ月前と比べた変化方向を合成して作成した指数であり、景気拡張の動きの各経済部門への波及度合いの測定を主な目的としている。
3. 全国企業短期経済観測調査（短観）は、資本金1億円以上の民間企業を調査対象とし、業況や資金繰り等の判断項目や売上高や設備投資額等の定量的な計数項目、企業の物価見通しが四半期ごとに調査されている。
4. 消費者物価指数（CPI）は、全国の世帯が購入する家計に係る財やサービスの価格等を総合した物価の変動を時系列的に測定したものであり、いわゆるコアCPIとは、「生鮮食品」を除いて算出された物価指数である。

1. 不適切 名目値と実質値が、逆の説明になっている。GDPには、実際に市場で取引されている価格に基づいて推計された値である名目値と、参照年からの物価の上昇・下落分を取り除いた値である実質値がある。

2. 不適切 本文は、DI(ディフュージョン・インデックス)の内容である。景気動向指数のCI(コンポジット・インデックス)は、採用系列の前月と比べた変化の大きさを合成して作成され、**景気変動の大きさやテンポ(量感)**の測定を主な目的としている。

3. 不適切 全国企業短期経済観測調査(短観)は、資本金**2,000万円**以上の民間企業を調査対象としている。

4. 適 切 なお、コアコアCPIは、コアCPIからエネルギーを除いて算出する。

【問題2】（2023年5月 問16）　　　　　　　　チェック欄 ☐☐☐☐☐

わが国の物価指標に関する次の記述のうち、**最も不適切なもの**はどれか。

1．消費者物価指数（CPI）が算出の対象としている財には、原油などの原材料、電気部品などの中間財、建設機械などの設備機械は含まれない。

2．消費者物価指数（CPI）では、季節変動を除去した季節調整値を、「総合」「生鮮食品を除く総合」「生鮮食品及びエネルギーを除く総合」などの8系列について公表している。

3．企業物価指数（CGPI）は、企業間で取引される財の価格について基準時点の年平均価格を100とした指数であり、公表対象月が2022年5月以後のものは2020年が基準時点となっている。

4．原油価格などの輸入品価格の上昇は、その上昇分が国内の製品価格にすべて転嫁されなかった場合、すべて転嫁された場合と比べ、転嫁されなかった相当分だけGDPデフレーターは高くなる。

【問題3】（2022年5月 問16改題）　　　　　　チェック欄 ☐☐☐☐☐

景気動向指数に関する次の記述のうち、**最も適切なもの**はどれか。

1．景気動向指数のDI（ディフュージョン・インデックス）は、主として景気拡張の動きの各経済部門への波及度合いを測定することを目的としており、基準年を100として、3カ月以上連続して、3カ月後方移動平均が下降していれば、景気後退の可能性が高いと判断される。

2．日本銀行が公表するマネーストック統計は、金融機関および中央政府以外の経済主体が保有する通貨量の残高を集計した統計であり、最も容易に決済手段として用いることができる現金通貨と預金通貨から構成される「M1」が景気動向指数の先行系列に採用されている。

3．先行系列には、東証株価指数、実質機械受注（製造業）、新設住宅着工床面積など、11系列が採用されている。

4．厚生労働省が公表する有効求人倍率（除学卒）は先行系列に採用され、総務省が公表する完全失業率は遅行系列に採用されている。

第3章　金融資産運用　基礎編

1．適　切　消費者物価指数が対象としている財は世帯が購入するものであり、原油などの原材料、電気部品などの中間財、建設機械などの設備機械は含まれていない。原材料や中間財が値上がりしても、消費者物価指数には、間接的にしか影響を与えない。

2．適　切　衣料品の価格は季節の初めに高値で、季節の終わりが近づくとセールなどで値下がりするなど、季節的な要因で毎年同じような動きをするものがあり、これを季節変動と呼ぶ。消費者物価指数では、このような季節変動を除去した季節調整値を、「総合」、「生鮮食品を除く総合（コアCPI）」、「生鮮食品及びエネルギーを除く総合（コアコアCPI）」などの8系列について公表している。

3．適　切　企業物価指数は企業間で取引される財のみを対象とし、サービスは含まれない。

4．不適切　GDPは輸出額を加え、輸入額を控除して算出する。そのため、輸入品の価格が上昇すると名目輸入額が増えるため、名目GDPは下落する。一方、実質GDPは物価の変動の影響を取り除いているので変化しない。GDPデフレーターは、$\dfrac{名目GDP}{実質GDP} \times 100$の式で算出される。そのため、原油価格などの輸入品価格の上昇分が国内の製品価格にすべて転嫁されなかった場合、転嫁されなかった相当分だけGDPデフレーターは低くなる。割算であるため、名目GDPが低い場合、答えのGDPデフレーターは低くなる。

1．不適切　**CI**（コンポジット・インデックス）の説明である。CIは、基準年（2024年4月現在は2020年）を100として、3カ月以上連続して、3カ月後方移動平均が下降していれば、景気後退の可能性が高いと判断する。

2．不適切　景気動向指数の先行系列に採用されているのは、**M2**である。M2は、現金通貨および国内銀行（ゆうちょ銀行等除く）等に預けられた預金通貨で構成される。

3．適　切　東証株価指数、実質機械受注（製造業）、新設住宅着工床面積のほか、消費者態度指数、新規求人数（除学卒）なども先行系列に採用されている。

4．不適切　有効求人倍率（除学卒）は、**一致系列**に採用されている。なお、完全失業率（逆サイクル）は、遅行系列に採用されている。

【問題４】（2024年1月 問16）　　　　　　　チェック欄 ☐☐☐☐☐

わが国の雇用関連指標に関する次の記述のうち、最も適切なものはどれか。

1．有効求人倍率は、月間有効求人数を月間有効求職者数で除して求められる指標である。
2．労働力調査において、労働力人口や完全失業率などの基礎調査票から集計される基本集計は毎月公表され、転職者数や失業期間などの特定調査票から集計される詳細集計は半年ごとに公表される。
3．労働力調査において労働力人口とは、15歳以上の人口のうち、就業者と就業可能でありながら就業の意思のない者を合わせた人口である。
4．内閣府が公表する景気動向指数において、有効求人倍率（除学卒）および完全失業率は遅行系列に採用されている。

1. 適 切　有効求人倍率は求職者に対する有効求人の割合のことで、厚生労働省は、公共職業安定所（ハローワーク）における求人、求職、就職の状況をとりまとめ、求人倍率などの指標を作成し、一般職業紹介状況として毎月公表している。

$$\frac{月間有効求人数}{月間有効求職者数}\text{で算出する。}$$

2. 不適切　調査結果のうち、基本集計結果（基礎調査票による調査結果）については、原則として調査月の翌月末に公表し、詳細集計結果（特定調査票による調査結果）については、原則として四半期ごとの最終調査月の翌々月に公表される。

3. 不適切　労働力人口とは、15歳以上の人口のうち、就業者と完全失業者を合わせた人口のことである。つまり、就業の意思のない者は除かれる。

4. 不適切　有効求人倍率（除学卒）は、一致系列に採用されている。一方、完全失業者は、就業しておらず、1週間以内に求職活動を行っていて、すぐに就業できる者を指し、遅行系列に採用されている。

2 投資信託

【問題1】 (2022年9月 問17改題)　　　　　　　チェック欄 ☐☐☐☐☐

投資信託の費用に関する次の記述のうち、適切なものはいくつあるか。

(a) 購入時手数料を徴収しない投資信託はノーロード型（ノーロードファンド）と呼ばれ、2024年におけるNISA（非課税累積投資契約に係る少額投資非課税制度）のつみたて投資枠の対象となる公募株式投資信託は、すべてノーロード型（ノーロードファンド）である。

(b) 運用管理費用（信託報酬）は、投資信託を保有している期間、信託財産から日々差し引かれ、その全額が投資信託委託会社の収入となる。

(c) 信託財産留保額は、長期に投資信託を保有する投資家との公平性を確保するためのものであり、すべての投資信託において換金する際に投資家から徴収される。

1．1つ
2．2つ
3．3つ
4．0（なし）

【問題2】 (2017年9月 問17)　　　　　　　チェック欄 ☐☐☐☐☐

ドルコスト平均法を利用して投資信託を15万円ずつ購入した場合、各回の購入単価（基準価額）が以下のとおりであるときの平均購入単価として、次のうち最も適切なものはどれか。なお、手数料等は考慮せず、計算結果は円未満を四捨五入すること。

購入時期	第1回	第2回	第3回	第4回	第5回
購入単価	5,000円	6,000円	7,500円	6,250円	6,000円

1．6,048円
2．6,061円
3．6,150円
4．6,383円

(a) 適　切　2024年におけるNISA（つみたて投資枠）の投資対象となる公募株式投
資信託は、次の要件をすべて満たしたものである。

　・販売手数料はゼロ（ノーロード）
　・信託報酬は一定水準以下に限定
　・顧客に対して、その顧客が過去1年間に負担した信託報酬の概算金額を通知する
　　こと
　・信託契約期間が無期限または20年以上であること
　・分配頻度が毎月でないこと
　・ヘッジ目的の場合等を除き、デリバティブ取引による運用を行っていないこと

(b) 不適切　運用管理費用（信託報酬）は、投資信託委託会社、販売会社、信託銀
行の3者の収入となる。

(c) 不適切　信託財産留保額が徴収されない投資信託もある。

　以上より、適切なものは1つであり、正解は**1**となる。

【問題2】 正解 1

　ドルコスト平均法とは、価格が変動する商品を、定期的に一定金額ずつ購入する投
資手法をいう。

購入時期	第1回	第2回	第3回	第4回	第5回	合計
購入単価	5,000円	6,000円	7,500円	6,250円	6,000円	―
購入金額	15万円	15万円	15万円	15万円	15万円	①75万円
購入口数	15万円÷5,000円=30口	15万円÷6,000円=25口	15万円÷7,500円=20口	15万円÷6,250円=24口	15万円÷6,000円=25口	②124口

平均購入単価＝①75万円÷②124口＝6,048.3…　→　**6,048円**

【問題3】（2022年5月 問18）　チェック欄 □□□□□

投資信託の一般的な商品性に関する次の記述のうち、**最も不適切な**ものはどれか。

1．MRFは、格付けの高い公社債やコマーシャルペーパー等を投資対象としたオープン型の公社債投資信託であり、主に証券会社で行う有価証券の売買その他の取引に係る金銭の授受の用に供することを目的とした投資信託である。
2．ロング・ショート型ファンドは、株価の相対的な上昇が予想される株式を購入すると同時に、株価の相対的な下落が予想される株式を空売りすることで、株式市場の上昇・下落にかかわらず、収益の獲得を目指す投資信託である。
3．インバース型ファンドは、先物やオプションなどを利用して、基準となる指数の値動きを上回る投資成果を目指す投資信託であり、相場の上昇局面において、より高い収益率が期待できる。
4．ベア型ファンドは、原指標の変動率に一定の負の倍数を乗じて算出される指標に連動する運用成果を目指して運用される投資信託である。

【問題4】（2023年1月 問17）　チェック欄 □□□□□

投資信託のディスクロージャーに関する次の記述のうち、**最も不適切な**ものはどれか。

1．交付目論見書は、投資者が直接的または間接的に負担することとなる費用について、購入時手数料の上限金額または上限料率、運用管理費用（信託報酬）の金額または料率に関する事項に加え、当該費用を対価とする役務の内容等を記載しなければならない。
2．交付運用報告書は、日々決算型投資信託を除き、投資信託の決算期ごとに作成し、投資家に交付しなければならない。
3．交付運用報告書は、運用経過の説明や今後の運用方針などのほか、一定の期間における当該投資信託の騰落率と代表的な資産クラスの騰落率を比較して記載することとされている。
4．投資信託委託会社または販売会社は、運用報告書（全体版）について、投資信託約款に定められた電磁的方法により提供することができるが、投資者から当該運用報告書の交付の請求があった場合には、これを交付しなければならない。

1．**適　切**　MRFは、証券総合口座専用の追加型公社債投資信託であり、高格付の公社債のほか、CD、CPなど短期金融商品で運用されている。

2．**適　切**　ロング・ショート型ファンドは、割安と判断される銘柄を買い建て（ロング・ポジション）、同時に割高と判断される銘柄を売り建てる（ショート・ポジション）投資信託である。

3．**不適切**　インバース型ファンドは、相場の**下落局面**において、より高い収益率が期待できる。

4．**適　切**　なお、ブル型ファンドは、原指標の変動率に一定の正の倍数を乗じて算出される指標に連動する運用成果を目指して運用を行う。

1．**適　切**　交付目論見書には、投資者が負担することとなる費用について、一定の事項等を記載しなければならない。

2．**不適切**　交付運用報告書は、原則として、投資信託の決算期ごとに作成し、投資家に交付しなければならない。ただし、決算期間が6カ月未満の投資信託は、**6カ月に一度**投資家に交付すればよく、日々決算型投資信託のうちMRFは、交付する必要がない。

3．**適　切**　交付運用報告書は、投資家に交付しなければならない運用報告書で、重要な項目が記載されている。

4．**適　切**　運用報告書（全体版）は、ホームページに記載するなど電磁的方法により提供することができるが、投資者から交付の請求があった場合には、交付しなければならない。

【問題5】（2022年5月 問23改題）　　　　　チェック欄 ☐☐☐☐☐

　Aさん（居住者）は、2021年4月に特定口座でXファンド（公募追加型株式投資信託、当初1口1円、年1回分配）10,000口を基準価額11,000円で購入した。下記の〈Xファンドの分配金実績・分配落後基準価額の推移〉に基づき、2024年3月期における10,000口当たりの収益分配金について、所得税および復興特別所得税、住民税の源泉（特別）徴収後の手取金額として、次のうち最も適切なものはどれか。なお、源泉（特別）徴収される税額は円未満切捨てとすること。

〈Xファンドの分配金実績・分配落後基準価額の推移〉（10,000口当たりの金額）

決 算 日	2022年3月期	2023年3月期	2024年3月期
分配金実績	1,000円	1,000円	600円
分配落後基準価額	11,500円	11,200円	10,800円

1．479円
2．519円
3．560円
4．600円

　問題は2024年3月期における手取りの収益分配金を求めている。2022年、2023年の
3月期は、分配金を支払ったあとの基準価額（分配金落後基準価額）が、個別元本を
上回っている。そのため、収益分配金のすべてが普通分配金となり、個別元本は
11,000円のまま修正されない。しかし、2024年3月期の分配金落後基準価額は、個別
元本を下回る。個別元本を下回った収益分配金は元本払戻金となり、課税されない。

普通分配金：400円×（1−0.20315）＝319円
元本払戻金：200円
手 取 金 額：319円＋200円＝519円

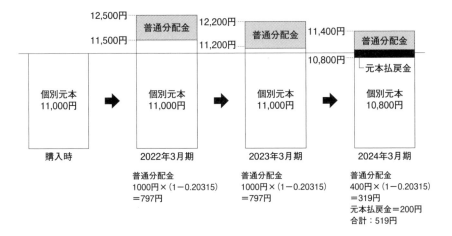

3 債券投資

【問題1】 (2021年1月 問18)　　　　　　チェック欄 □□□□□

個人向け国債に関する次の記述のうち、最も不適切なものはどれか。

1. 個人向け国債には、「固定金利型3年満期」「固定金利型5年満期」「変動金利型10年満期」の3種類があり、いずれも毎月発行されている。
2. 変動金利型の個人向け国債の各利払期における適用利率（年率）は、基準金利に0.66を掛けた値であるが、0.05％が下限とされ、その利払日は、原則として毎年の発行月および発行月の半年後の15日である。
3. 個人向け国債の利子は、原則として、支払時に20.315％の税率により源泉（特別）徴収され、申告分離課税の対象とされているが、確定申告不要制度を選択することもできる。
4. 個人向け国債は、原則として発行から1年経過後、1万円単位で中途換金することができ、その換金金額は、額面金額に経過利子相当額を加えた金額から換金手数料および中途換金調整額を差し引いた金額となる。

【問題2】 (2023年5月 問18)　　　　　　チェック欄 □□□□□

わが国と米国の国債に関する次の記述のうち、最も不適切なものはどれか。

1. わが国の変動金利型10年満期の個人向け国債の基準金利は、利子計算期間の開始日の前月までの最後に行われた6カ月物国庫短期証券の入札における平均落札利回りであり、6カ月ごとに見直される。
2. わが国の物価連動国債の満期は10年であり、最低額面金額は10万円、振替単位は10万円の整数倍である。
3. 2013年度以降に発行されたわが国の物価連動国債は、償還時の連動係数が1を下回場合、額面金額で償還される。
4. 米国の国債には、償還期間が1年以下の割引債であるトレジャリービル（Treasury Bills）、2年以上10年以下の利付債であるトレジャリーノート（Treasury Notes）、10年超の利付債であるトレジャリーボンド（Treasury Bonds）がある。

1．**適切**

2．**適切** なお、「固定金利型3年満期」「固定金利型5年満期」の下限金利も0.05％である。

3．**適切**

4．**不適切** 個人向け国債を中途換金した場合の換金金額は、額面金額に経過利子相当額を加えた金額から中途換金調整額を差し引いた金額であり、換金手数料は差し引かれない。

1．**不適切** 変動金利型10年満期の個人向け国債の基準金利は、利子計算期間の開始日の前月までの最後に行われた10年固定利付国債の入札（初回利子については募集期間開始日までの最後に行われた入札）における平均落札利回りであり、6カ月ごとに見直される。

2．**適切** なお、物価連動国債は、想定元本が消費者物価指数に連動して増減し、表面利率は変動しない。

3．**適切** 物価連動国債の償還金額は償還日の想定元本額であるが、物価が下落した場合（連動係数が1を下回る場合）、額面金額が保証される。

4．**適切** 米国債券は、償還期間により呼称が異なる。

  ・トレジャリービル（Treasury Bills）…償還期間1年以下。割引債（ストリップス債）

  ・トレジャリーノート（Treasury Notes）…償還期間2年、3年、5年、7年、10年。利付債

  ・トレジャリーボンド（Treasury Bonds）…償還期間10年超。利付債

【問題3】（2024年1月 問18）　

以下の表に記載されている割引債券の1年複利計算による単価（空欄①）と固定利付債券の単利計算による最終利回り（空欄②）の組合せとして、次のうち最も適切なものはどれか。なお、税金や手数料等は考慮せず、計算結果は表示単位の小数点以下第3位を四捨五入すること。

	割引債券	固定利付債券
単　　　価	（①）円	101.50円
償 還 価 格	100.00円	100.00円
表 面 利 率	―	1.25%
最 終 利 回 り	0.80%	（②）%
残 存 期 間	4年	5年

1．①　96.80　②　0.94
2．①　96.86　②　0.94
3．①　96.80　②　0.95
4．①　96.86　②　0.95

【問題4】（2023年9月 問17）　

各種債券の一般的な商品性に関する次の記述のうち、最も適切なものはどれか。

1．他社株転換可能債（EB）は、満期償還前の判定日に債券の発行者とは異なる会社の株式（対象株式）の株価が発行時に決められた価格を下回ると、金銭での償還ではなく、対象株式が交付される債券であり、投資家が償還方法を任意に選択することはできない。
2．早期償還条項が付いている株価指数連動債（リンク債）は、参照する株価指数の変動によって満期償還日よりも前に償還されることがあるが、償還金額が額面金額を下回ることはない。
3．ストリップス債は、金利スワップを組み込むことでクーポンが市場金利と逆方向に変動するように設計された債券であり、市場金利が上昇すると受け取る金利が減少する。
4．一般に、払込みと償還が円貨で行われ、利払いが米ドル等の外貨で行われる債券はデュアルカレンシー債と呼ばれ、払込みと利払いが円貨で行われ、償還が米ドル等の外貨で行われる債券はリバース・デュアルカレンシー債と呼ばれる。

【問題3】 正解 2

$$割引債券の単価（円）＝\frac{100}{（1＋最終利回り）^{残存期間}}$$

① 割引債券の単価 ＝ $\frac{100}{（1＋0.008）^{4}}$ ＝ 96.862… → **96.86**円

$$利付債券の最終利回り（単利）（\%）＝\frac{クーポン＋\dfrac{100－単価}{残存年数}}{単価}×100$$

② 固定利付債券の最終利回り ＝ $\dfrac{1.25＋\dfrac{100－101.50}{5}}{101.50}×100$ ＝ 0.935… → **0.94**％

【問題4】 正解 1

1．適　切　他社株転換可能債（EB債）は、満期償還前の判定日に債券の発行者とは異なる別の会社の株式（対象株式）の株価が発行時に決められた価格を下回ると、金銭での償還ではなく、対象株式が交付される。一方、対象株式の株価が発行時に決められた価格を上回ると、額面金額の金銭で償還される。

2．不適切　早期償還条項が付いている株価指数連動債（リンク債）は、通常の債券と比べて高い金利に設定されているが、参照する株価指数の変動によって償還金額などが変動し、満期償還日よりも前に償還されたり償還金額が額面金額を下回ったりする可能性がある。

3．不適切　リバースフローター債の記述である。リバースフローター債は、金利スワップを組み込むことでクーポンが市場金利と逆方向に変動するように設計された債券であり、市場金利が上昇すると受け取る金利が減少する。なお、ストリップス債は、固定利付債の元本部分と利子部分を分離し、元本部分は利付債の償還日を満期とする割引債、利子部分はそれぞれの支払期日を満期とする割引債として販売されている。

4．不適切　逆の記述である。デュアルカレンシー債は、払込みと利払いの通貨が同一（円建て）で、償還の通貨が異なる（外貨建て）。一方、リバース・デュアルカレンシー債は、払込みと償還の通貨が同一（円建て）で、利払いの通貨が異なる（外貨建て）。

【問題5】（2021年9月 問18）　　　　　　　チェック欄□□□□□

以下の表に記載されている割引債券の１年複利計算による単価（空欄①）と固定利付債券の単利計算による最終利回り（空欄②）の組合せとして、次のうち最も適切なものはどれか。なお、税金や手数料等は考慮せず、計算結果は表示単位の小数点以下第３位を四捨五入すること。

	割引債券	固定利付債券
単　　　　　価	（　①　）円	100.90円
償　還　価　格	100.00円	100.00円
表　面　利　率	―	0.75%
最　終　利　回　り	0.50%	（　②　）%
残　存　期　間	4年	5年

1．①　98.02　②　0.56
2．①　98.02　②　0.57
3．①　99.01　②　0.56
4．①　99.01　②　0.57

【問題6】（2019年5月 問19）　　　　　　　チェック欄□□□□□

債券投資とイールドカーブに関する次の記述のうち、最も適切なものはどれか。

1．残存期間の短い債券の利回りよりも残存期間の長い債券の利回りのほうが高く、イールドカーブが右上がりの曲線となる状態を、パー・イールドという。
2．残存期間の短い債券の利回りよりも残存期間の長い債券の利回りのほうが低く、イールドカーブが右下がりの曲線となる状態を、逆イールドという。
3．残存期間の短い債券の利回りよりも残存期間の長い債券の利回りのほうが高い状態のとき、両者の差が縮小することを、イールドカーブのスティープ化という。
4．イールドカーブが逆イールドの状態にあるとき、時間の経過に伴って債券価格が上昇し、キャピタルゲインが期待される効果を、ロールダウン効果という。

$$\text{割引債券の単価（円）} = \frac{100}{(1 + \text{最終利回り})^{\text{残存期間}}}$$

① 割引債券の単価 $= \dfrac{100}{(1 + 0.005)^4} = 98.024\cdots \rightarrow$ **98.02**円

$$\text{利付債券の最終利回り（単利）（\%）} = \frac{\text{クーポン} + \dfrac{100 - \text{単価}}{\text{残存年数}}}{\text{単価}} \times 100$$

② 固定利付債券の最終利回り $= \dfrac{0.75 + \dfrac{100 - 100.90}{5}}{100.90} \times 100 = 0.564\cdots \rightarrow$ **0.56**％

1. 不適切 イールドカーブが右上がりの曲線になる状態を**順イールド**という。イールドカーブ（利回り曲線）は、債券の残存年限を横軸、利回りを縦軸に設定し、残存年限と利回りの関係を図示したものである。

2. 適 切 イールドカーブが右下がりの曲線になる状態を逆イールドという。

3. 不適切 残存期間の短い債券の利回りと残存期間の長い債券の利回りの差が縮小することを、イールドカーブの**フラット化**という。逆に利回りの差が拡大することをスティープ化という。

4. 不適切 ロールダウン効果を期待できるのは、イールドカーブが**順イールド**の状態にあるときである。イールドカーブが順イールドの状態にあるとき、たとえば、残存年限10年の債券は1年が経過すると残存年限9年の債券になる。したがって、イールドカーブの傾きに沿って利回りが低下することになる。利回りが低下すると、債券価格が上昇する。この効果によりキャピタルゲインが期待できる効果のことをロールダウン効果という。

4 株式投資

【問題1】 (2023年5月 問19)　　　　　　　　　チェック欄☐☐☐☐☐

株価指数等に関する次の記述のうち、**最も適切なもの**はどれか。

1．日経平均株価は、構成銘柄の株価を株価換算係数で調整した合計金額を除数で割って算出した修正平均型の株価指標であり、株式分割や構成銘柄の入替え等があった場合、除数の値を修正することで連続性・継続性を維持している。
2．TOPIX（東証株価指数）については、フロア調整に係るウエイト基準日における浮動株時価総額ウエイトが下限を下回る銘柄は、ウエイトを調整するためのフロア調整係数が設定される。
3．JPX日経インデックス400は、東京証券取引所のプライム市場に上場する内国普通株式銘柄のうち、時価総額、売買代金、ROE等を基に選定された400銘柄を対象とし、基準値を10,000とした時価総額加重型の株価指数である。
4．東証REIT指数は、東京証券取引所に上場しているREITおよびインフラファンドを対象とし、基準値を1,000とした時価総額加重型の指数である。

【問題2】 (2022年9月 問20)　　　　　　　　　チェック欄☐☐☐☐☐

株式等の信用取引に関する次の記述のうち、**最も適切なもの**はどれか。

1．制度信用取引において、品貸料（逆日歩）が発生した銘柄について、売り方は品貸料（逆日歩）を受け取ることができる。
2．信用取引による売買が成立した後に相場の変動による評価損が発生し、金融商品取引業者が定める最低委託保証金維持率を下回った場合、追加保証金（追証）を差し入れるなどの方法により、委託保証金の不足を解消しなければならない。
3．信用取引の決済は、反対売買による差金決済によって行わなければならない。
4．上場投資信託（ETF）は、現物取引による売買に限られており、信用取引による売買はできない。

【問題1】 正解 1

1．適　切　日経平均株価は、次の算式にて求める。なお、除数とは市況変動によらない価格変動を調整し、連続性を維持するための値をいう。

$$日経平均株価 = \frac{株価換算係数で調整した構成銘柄の株価の合計金額}{除数}$$

2．不適切　TOPIXについては、キャップ調整に係るウエイト基準日における浮動株時価総額ウエイトが上限を超える銘柄について、ウエイトを調整するためのキャップ調整係数が設定される。

3．不適切　JPX日経インデックス400は、資本の効率的活用や投資者を意識した経営観点など、グローバルな投資基準に求められる諸要件を満たしたプライム市場、スタンダード市場、グロース市場に上場されている銘柄を対象とする。

4．不適切　東証REIT指数は、東京証券取引所に上場しているREIT全銘柄が対象である。インフラファンドは対象となっていない。なお、東京証券取引所に上場しているインフラファンド全銘柄を対象とした東証インフラファンド指数がある。

【問題2】 正解 2

1．不適切　制度信用取引において、品貸料（逆日歩）が発生した銘柄について、売り方は品貸料（逆日歩）を**支払う**ことになる。

2．適　切　なお、委託保証金率は、原則として30％以上（最低30万円）となっている。また、最低委託保証金維持率は、通常、20％である。

3．不適切　信用取引の決済は、反対売買による差金決済または現引き・現渡しによる**受渡決済**のいずれかで行う。

4．不適切　上場投資信託（ETF）は信用取引による売買ができる。

【問題3】 (2021年9月 問19)　　　　　　　　チェック欄 ☐☐☐☐☐

　株式の制度信用取引において、保有するA社株式4,000株（1株当たり時価1,250円）と金銭200万円を担保として差し入れ、B社株式（1株当たり時価4,000円）を新規に売建てする場合、売建てが可能な最大株数として、次のうち最も適切なものはどれか。なお、株式担保の代用掛目は80%、委託保証金率は30%であるものとし、手数料等は考慮しないものとする。

1．　450株
2．　700株
3．1,500株
4．5,000株

【問題4】 (2021年1月 問21)　　　　　　　　チェック欄 ☐☐☐☐☐

　下記の〈資料〉から算出されるサスティナブル成長率として、次のうち最も適切なものはどれか。なお、自己資本の額は純資産の額と同額であるものとし、計算結果は表示単位の小数点以下第3位を四捨五入すること。

〈資料〉

株 価 収 益 率	17.60倍
株 価 純 資 産 倍 率	1.10倍
配 当 利 回 り	2.50%
配 当 性 向	30.00%

1．　4.38%
2．　6.09%
3．11.20%
4．15.60%

【問題3】 正解 4

① A社株式の評価額

　　1,250円×4,000株×80％（代用掛目）＝400万円

② 売建て可能金額

　　担保は合計600万円となる。

　　売建て可能金額をXとする。

　　x×30％（委託保証金率）＝600万円

　　両辺を30％で割る。

　　x＝600万円÷30％

　　　＝2,000万円

③ B社株式の売建て可能な最大株数

　　②2,000万円÷4,000円＝**5,000株**

【問題4】 正解 1

　　ROEは当期純利益を自己資本で割って求める。一株あたりで求めるときは、一株当たり利益（EPS）を一株当たり純資産（BPS）で割る。

　　PERとPBRは、株価をそれぞれ一株当たり利益（EPS）、一株当たり純資産（BPS）で割って求める。したがって、ROEはPBRをPERで割って、求めることができる。

$$ROE = \frac{株価純資産倍率（PBR）}{株価収益率（PER）} = \frac{1.10倍}{17.60倍} = 0.0625 \rightarrow 6.25\%$$

サスティナブル成長率＝ROE×（1－配当性向）

　　　　　　　　　　＝6.25％×（1－30.00％）＝4.375％ → **4.38%**

226

【問題5】（2024年1月 問19）　　　チェック欄 ☐☐☐☐☐

株式のテクニカル分析に関する次の記述のうち、最も適切なものはどれか。

1．ローソク足は、一定の取引期間中の株価の値動き（始値、高値、安値、終値）を表したもので、始値よりも終値のほうが高いものを陽線と呼び、始値よりも終値のほうが低いものを陰線と呼ぶ。
2．MACD（Moving Average Convergence Divergence）は、MACD線とシグナル線と呼ばれる2つの移動平均線を用いた手法で、シグナル線は株価の指数平滑移動平均線である。
3．ボリンジャーバンドは、株価の移動平均線の上下に標準偏差からなる線を表示したものであり、株価が上昇し始めるとバンドの幅が広がり、株価が下落し始めるとバンドの幅が狭まる。
4．RSI（Relative Strength Index）は、直近の一定期間内の株価の高値と安値の変動幅から作成され、一般にRSIが100％を超えると株価は割高で反転する可能性が高いと判断される。

【問題6】（2022年5月 問20）　　　チェック欄 ☐☐☐☐☐

株価が1,000円で期待利子率（割引率）が5.0%、1株当たりの予想配当が35円の場合、定率で配当が成長する配当割引モデルにより計算した当該株式の予想配当に対する期待成長率として、次のうち最も適切なものはどれか。なお、計算結果は表示単位の小数点以下第3位を四捨五入すること。

1．1.33%
2．1.50%
3．3.33%
4．8.50%

【問題5】 正解 1

1．適　切　取引時間中、取引開始から終了まで値上がりしたときが陽線、値下がりしたときが陰線である。

2．不適切　シグナル線はMACDの移動平均線のことである。

3．不適切　株価の上昇、下落にかかわらず、ボリンジャーバンドの標準偏差が拡大していればバンドの幅が広がり、その拡大している方向への値動きが強いと分析する。標準偏差が縮小していると、バンドの幅は狭まる。

4．不適切　RSIは、一般に、RSIが70%～80%を超えると買われ過ぎ、反対に20%～30%を割り込むと売られ過ぎと判断される。

【問題6】 正解 2

　株式の価値は、将来支払われる配当の現在価値の総合計であるとの考え方を、配当割引モデルという。将来にわたって定率で配当が成長して支払われると予想する場合、次の計算式が成り立つ。

$$株式の内在価値（株価）= \frac{1株当たりの予想配当}{期待利子率 - 期待成長率}$$

　株式の内在価値（株価）＝1,000円、1株当たりの予想配当＝35円、期待利子率＝5.0%を当てはめて、期待成長率をxとして計算する。

$$\frac{35円}{5.0\% - x} = 1,000円$$

両辺に5.0%－xを掛ける（その後両辺を入れ替える）。

$1,000円 \times (5.0\% - x) = 35円$

$50 - 1000x = 35$

$-1000x = 35 - 50$

$\qquad\quad = -15$

両辺を－1000で割る

$x = 0.015 \rightarrow$ **1.50%**

5 外貨建商品

【問題1】 (2023年5月 問20)　　　　　　　　　チェック欄 ☐☐☐☐☐

　下記の〈条件〉で、為替予約を付けずに円貨を外貨に交換して外貨預金に預け入れ、満期時に外貨を円貨に交換して受け取る場合における利回り（単利による年換算）として、次のうち最も適切なものはどれか。なお、3カ月は0.25年として計算し、税金等は考慮せず、計算結果は表示単位の小数点以下第3位を四捨五入すること。

〈条件〉
・外貨預金の通貨、期間、利率
　米ドル建て定期預金、期間3カ月、利率4.00%（年率）

・為替レート

	TTS	TTM	TTB
預入時為替レート	130.00円	129.50円	129.00円
満期時為替レート	133.00円	132.50円	132.00円

1. 2.53%
2. 6.15%
3. 10.22%
4. 16.75%

　1米ドル預け入れたと仮定して計算する。

・円貨の元本

　　1米ドル×130.00円(TTS)=130.00円

・満期時（3カ月後）の米ドル元利合計

　　1米ドル×(1 +0.04×0.25年)=1.01米ドル

・円換算の受取金額

　　1.01米ドル×132.00円(TTB)=133.32円

・円換算による年利回り

$$\frac{133.32円-130.00円}{130.00円}÷0.25年×100=10.215\cdots → \textbf{10.22\%}$$

【問題2】（2023年1月 問19）　チェック欄□□□□□

外貨建商品等に関する次の記述のうち、最も適切なものはどれか。

1．外国為替証拠金取引において、投資家の建玉に係る評価損の額が、外国為替証拠金取引を取り扱う金融商品取引業者の定めた水準に達した場合、建玉は強制的に決済されて取引が終了するため、証拠金の額を上回る損失が生じることはない。
2．外貨建MMFは、一般に外貨預金と比べて為替手数料が安く、購入時手数料および解約手数料は不要であるが、買付後30日以内に解約する場合、所定の信託財産留保額が差し引かれる。
3．外国株式の海外委託取引（外国取引）は、国外の株式市場に上場している外国株式について、投資家の注文を国内の証券会社が国外の証券取引所に取り次いで売買する取引であり、指値注文をすることができる。
4．米国株式信用取引は、米国の株式市場に上場している株式を対象としており、品貸料、返済期限等は、証券取引所の規則で定められている制度信用取引である。

【問題3】（2023年9月 問19）　チェック欄□□□□□

個人（居住者）が国内の金融機関等を通じて行う外貨建て金融商品の取引等に関する次の記述のうち、最も不適切なものはどれか。

1．外貨建て金融商品の取引に係る為替手数料の料率は、同一の外貨を対象にする場合であっても、取扱金融機関により異なることがある。
2．国外の証券取引所に上場している外国株式を、国内店頭取引により売買する場合、外国証券取引口座を開設する必要がある。
3．米ドル建て債券を保有している場合、為替レートが円安・米ドル高に変動することは、当該債券に係る円換算の投資利回りの上昇要因となる。
4．外国為替証拠金取引では、証拠金にあらかじめ決められた倍率を乗じた金額まで売買することができるが、その倍率は法令により10倍が上限と定められている。

第3章　金融資産運用　基礎編

【問題2】　正解 **3**

1．不適切　建玉が強制決済されても、証拠金の額を上回る損失が生じることがある。

2．不適切　外貨建MMFは、解約時期にかかわらず、信託財産留保額は差し引かれない。

3．適　切　外国株式の海外委託取引（外国取引）では、成行注文および指値注文をすることができる。

4．不適切　米国株式信用取引は、金利や返済期限等を証券会社と顧客の合意に基づいて定めることができる**一般信用取引**の一種である。

【問題3】　正解 **4**

1．適　切　為替手数料の料率は、通貨、取扱金融機関によって異なる。

2．適　切　外国債券・外国株式・外国投資信託などの外国証券取引を始める場合、外国証券取引口座を開設する必要がある。

3．適　切　為替レートが円安・ドル高に変動すると円貨での受取額が増加するため、円換算の投資利回りは上昇する。

4．不適切　2024年4月現在、証拠金倍率は法令により25倍と上限が定められている。

6　金融派生商品

【問題1】（2024年1月 問21）　　　　　　　　チェック欄 □□□□□

　一般的なオプション取引に関する次の記述のうち、適切なものはいくつあるか。なお、記載のない事項については考慮しないものとする。

(a) 原資産価格が上昇するほど、コール・オプションおよびプット・オプションのプレミアムは高くなる。
(b) ボラティリティが上昇するほど、コール・オプションおよびプット・オプションのプレミアムは低くなる。
(c) 満期までの残存期間が長いほど、コール・オプションおよびプット・オプションのプレミアムは低くなる。

1．1つ
2．2つ
3．3つ
4．0（なし）

【問題1】 正解 4

(a) 不適切 原資産が上昇するほど、コール・オプションのプレミアムは高くなるが、プット・オプションのプレミアムは低くなる。

(b) 不適切 ボラティリティが上昇する、すなわち原資産価格の値動きが大きくなるほど、原資産価格が有利な価格となる可能性が高まるため、コール・オプションおよびプット・オプションのプレミアムは高くなる。

(c) 不適切 満期までの残存期間が長いほど、その間、原資産価格が有利な価格となる可能性が高くなるため、コール・オプションおよびプット・オプションのプレミアムは高くなる。

【問題2】（2018年9月 問21改題）　　　　　　　　　チェック欄　□□□□□

　オプションのプレミアムに関する次の記述のうち、最も適切なものはどれか。なお、**各選択肢において、記載されているもの以外の条件はすべて同一であるものとする**。

1．1米ドル当たり130円を権利行使価格とする米ドルのコール・オプションでは、為替相場が1米ドル＝140円から1米ドル＝135円になると、プレミアムは高くなる。
2．日経平均株価が27,000円のとき、権利行使価格を27,500円とする日経平均株価のプット・オプションと、権利行使価格を28,000円とする日経平均株価のプット・オプションを比較すると、権利行使価格を28,000円とするプット・オプションのほうがプレミアムは高い。
3．1トロイオンス当たり1,800米ドルを権利行使価格とする金のコール・オプションで、行使日（満期日）が6カ月先のものと1年先のものを比較すると、行使日が6カ月先のもののほうがプレミアムは高い。
4．権利行使価格を額面100円当たり150円とする長期国債先物のプット・オプションでは、ボラティリティが10％から5％に低下すると、プレミアムは高くなる。

【問題3】（2023年1月 問21）　　　　　　　　　チェック欄　□□□□□

　デリバティブを活用したリスクヘッジに関する次の記述のうち、最も適切なものはどれか。

1．外貨建債券を発行する日本国内の事業会社が、将来の円安による償還負担の増加をヘッジするために、債券の償還日に合わせて外貨売り／円買いの為替予約を行った。
2．多くの銘柄の国内上場株式を保有している個人投資家が、国内株式市場における全体的な株価の下落をヘッジするために、TOPIX先物の買建てを行った。
3．大量の固定利付国債を保有する銀行が、今後の金利上昇リスクをヘッジするために、長期国債先物の買建てを行った。
4．継続的に米ドルの支払が発生する日本国内の輸入業者が、将来の円安による支払額の増加をヘッジするために、外貨固定金利受取り／円固定金利支払のクーポン・スワップを行った。

1. 不適切 コール・オプションは原資産価格が権利行使価格を超えれば利益が生じる。そのため、原資産価格（米ドル）が下落すると、プレミアムは低くなる。したがって、為替相場が1米ドル＝140円から1米ドル＝135円に下落すると、プレミアムは**低く**なる。

2. 適 切 プット・オプションは売る権利であるため、「高く売れる権利（権利行使価格が高い）」の方がプレミアムは高くなる。したがって、権利行使価格を28,000円とするプット・オプションの方が権利行使価格を27,500円とするプット・オプションよりプレミアムは高い。

3. 不適切 行使日（満期日）が6カ月先のコール・オプションの方が1年先のコール・オプションよりもプレミアムは**低い**。残存期間が長いほど、その間に原資産価格が有利な価格に動く可能性が高まる（収益機会が多くなる）ため、コール・オプション、プット・オプションともにプレミアムは高くなる。

4. 不適切 長期国債先物のプット・オプションのボラティリティが、10%から5%に低下すると、プレミアムは**低く**なる。ボラティリティが低下する（原資産価格の値動きが緩やかになる）ほど、原資産価格が有利な価格となる可能性が低くなる（収益機会が少なくなる）ため、コール・オプション、プット・オプションともにプレミアムは低くなる。

1. 不適切 外貨建債券を発行する日本国内の事業会社が、将来の円安による償還負担の増加をヘッジするためには、債券の償還日に合わせて**外貨買い／円売り**の為替予約を行うのがよい。

2. 不適切 多くの銘柄の国内上場株式を保有している個人投資家が、国内株式市場における全体的な株価の下落をヘッジするためには、TOPIX先物の**売建て**を行うのがよい。

3. 不適切 大量の固定利付国債を保有する銀行が、今後の金利上昇リスクをヘッジするということは、国債価格の下落リスクに対応することである。そのため、長期国債先物の**売建て**を行うのがよい。

4. 適 切 なお、クーポン・スワップとは、元本は交換せず、金利のみ交換する取引のことである。

【問題4】（2023年5月 問21）　　　　　　　　　　チェック欄 ☐☐☐☐☐

わが国の先物取引に関する次の記述のうち、最も不適切なものはどれか。

1．先物取引の立会時間は、日中立会と夜間立会（ナイト・セッション）があり、どちらの立会時間も、板寄せ方式やザラバ方式による取引が行われている。
2．TOPIX先物（ラージ）は、TOPIX（東証株価指数）の1万倍の金額が最低取引単位（1枚）とされ、日経225先物（ラージ）は、日経平均株価の1,000倍の金額が最低取引単位（1枚）とされている。
3．株価指数先物取引には、TOPIX先物や日経225先物のほか、JPX日経インデックス400先物、NYダウ先物があり、いずれも大阪取引所に上場している。
4．株価指数先物取引の取引最終日は、原則として、各限月の第1金曜日（SQ日）の前営業日となり、取引最終日までに反対売買で決済されなかった建玉は、最終清算数値（SQ値）により決済される。

第3章 金融資産運用 基礎編

【問題4】 正解 4

1. 適 切　なお、板寄せ方式は立会時間の最初と最後で、ザラバ方式は立会時間中に用いられる。

2. 適 切　TOPIX先物（ラージ）は、TOPIXを1万倍した金額が最低取引単位（1枚）である。また、日経225先物（ラージ）は、日経225を1,000倍した金額が最低取引単位（1枚）である。

3. 適 切　国内株価指数や海外株価指数を対象とした先物取引は、大阪取引所で行われている。なお、東京商品取引所はエネルギー市場と中京石油市場を開設し、価格変動リスク・ヘッジ手段、価格指標、現物の受渡機能の提供を行っている。

4. 不適切　株価指数先物取引の期限月を限月という。各限月の満期日（SQ日という）は第2金曜日であり、その前営業日が最終取引日となる。最終取引日までに反対売買されなかった場合、最終清算数値（SQ値）により決済される。

7 その他の金融商品

【問題1】（2023年5月 問17）　　　　　　　　チェック欄 □□□□□

各種信託商品の一般的な特徴に関する次の記述のうち、最も不適切なものはどれか。

1. 後見制度支援信託は、被後見人の生活の安定に資すること等を目的に設定される信託であり、信託契約の締結、信託の変更・解約等の手続があらかじめ家庭裁判所が発行する指示書に基づいて行われ、信託財産は金銭に限定されている。
2. 暦年贈与信託は、委託者が拠出した信託財産のうち毎年一定額を受益者に給付する旨の贈与契約書を作成して設定される信託であり、年間給付額は贈与税の基礎控除額である110万円が上限となる。
3. 生命保険信託は、委託者が保険会社と締結した生命保険契約に基づく保険金請求権を信託銀行等に信託し、委託者の相続が開始した際には、信託銀行等が保険金を受け取り、受益者に対してあらかじめ定められた方法により給付する信託である。
4. 遺言代用信託は、委託者の生存中は委託者が受益者となり、委託者の死亡後は委託者があらかじめ指定した者が受益者となる信託であり、あらかじめ指定した者に対しては、一時金による給付のほか、定期的に一定額を給付することも可能である。

【問題2】（2023年1月 問16）　　　　　　　　チェック欄 □□□□□

金投資に関する次の記述のうち、最も不適切なものはどれか。

1. 金ETF（上場投資信託）は、上場株式のように成行注文や指値注文による売買や信用取引による信用売り、信用買いもできる投資信託であり、一定の受益権口数以上で金地金の現物と交換することができるものもある。
2. 金先物取引は、東京商品取引所で取引が行われており、標準取引のほか、取引単位が標準取引の10分の1となるミニ取引や、先物取引を行う権利を売買する先物オプション取引などがある。
3. 金の国内小売価格は、通常、国際表示価格である1トロイオンス当たりの米ドル価格を円貨換算した1グラム当たりの金額を基礎にして、取扱会社の諸費用と消費税を上乗せして算出される。
4. 個人が金地金や金貨を譲渡した場合、原則として、譲渡益は譲渡所得として総合課税の対象となり、譲渡損失は譲渡所得以外の所得と損益通算することはできない。

【問題1】 正解 **2**

1. 適 切 なお、後見制度支援信託は、成年後見（法定後見）と未成年後見において利用することができるが、保佐、補助、任意後見では利用することができない。

2. 不適切 暦年贈与信託は、原則として、贈与の都度、贈与契約書を取り交わす。贈与する金額や贈与時期は自由に決めることができる。

3. 適 切 生命保険信託は、遺族のうちに障害者、認知症の者、未成年者などがおり、死亡保険金の管理を十分に行えない状況に対応するために利用されることが多い。

4. 適 切 遺言代用信託は遺言を不要とする信託であり、まだ誕生していない孫や曾孫を委託者死亡後の受益者に指定することもできる。

【問題2】 正解 **2**

1. 適 切 金ETF（上場投資信託）のうち、現物拠出型では、一定の受益権口数以上で金地金の現物と交換することができる。

2. 不適切 金先物取引（標準取引、ミニ取引）、金先物オプション取引は、**大阪取引所**で取引が行われている。

3. 適 切 なお、金の国際表示価格は米ドル価格であるため、国内で行われる金取引には、米ドルに対する為替変動リスクがある。

4. 適 切 金地金や金貨の譲渡は、生活に通常必要ではない資産の譲渡とされ、その譲渡損失は、譲渡所得以外の所得と損益通算することができない。

8 ポートフォリオ理論

【問題1】（2012年9月 問23）　　　　　　　　チェック欄 □□□□□

　証券Aと証券Bに3：7の割合で投資するポートフォリオの期待収益率とリスク（標準偏差）の組合せとして、最も適切なものはどれか。

経済状況	生起確率	証券Aの収益率	証券Bの収益率
好況	25%	0%	16%
普通	50%	10%	8%
不況	25%	20%	4%

1．期待収益率　9.5%　リスク（標準偏差）　1.5%
2．期待収益率　9.5%　リスク（標準偏差）　2.25%
3．期待収益率　9.3%　リスク（標準偏差）　1.1%
4．期待収益率　9.3%　リスク（標準偏差）　1.21%

【問題2】（2022年9月 問21）　　　　　　　　チェック欄 □□□□□

　以下の表におけるA資産とB資産をそれぞれ6：4の割合で購入した場合のポートフォリオの標準偏差として、次のうち最も適切なものはどれか。なお、計算結果は小数点以下第3位を四捨五入すること。

〈A資産とB資産の期待収益率・標準偏差・共分散〉

	期待収益率	標準偏差	A資産とB資産の共分散
A資産	5.00%	10.00%	72.00
B資産	11.00%	25.00%	

1．6.51%
2．8.46%
3．11.82%
4．13.06%

・経済状況ごとの予想投資収益率

　証券Aと証券Bにそれぞれ3：7の割合で投資する場合、0.3：0.7の投資比率となる。

　好況の場合＝ 0 ％×0.3＋16％×0.7＝11.2%

　普通の場合＝10％×0.3＋ 8 ％×0.7＝8.6%

　不況の場合＝20％×0.3＋ 4 ％×0.7＝8.8%

・期待収益率

　11.2%×0.25＋8.6％×0.5＋8.8％×0.25＝**9.3%**

・分散

　$(11.2\% - 9.3\%)^2 \times 0.25 + (8.6\% - 9.3\%)^2 \times 0.5 + (8.8\% - 9.3\%)^2 \times 0.25 = 1.21$

・リスク（標準偏差）

　$\sqrt{分散} = \sqrt{1.21} = $ **1.1%**

　A資産とB資産のポートフォリオの標準偏差を求める算式は、次のとおりである。

> 分散＝（Aの組入比率）^{2}×（Aの標準偏差）^{2}＋（Bの組入比率）^{2}×（Bの標準偏差）^{2}
> 　　　＋ 2 ×Aの組入比率×Bの組入比率×AとBの共分散
> 標準偏差＝$\sqrt{分散}$

　・ポートフォリオの分散

　　$0.6^2 \times 10.00^2 + 0.4^2 \times 25.00^2 + 2 \times 0.6 \times 0.4 \times 72.00 = 170.56$

　・ポートフォリオの標準偏差

　　$\sqrt{170.56} = 13.059\cdots$ → **13.06%**

【問題3】（2021年9月 問22）　

　下記の〈A資産とB資産の期待収益率・標準偏差・共分散〉から算出されるA資産とB資産の相関係数として、次のうち最も適切なものはどれか。なお、計算結果は小数点以下第3位を四捨五入すること。

〈A資産とB資産の期待収益率・標準偏差・共分散〉

	期待収益率	標準偏差	A資産とB資産の共分散
A資産	6.00%	12.00%	−70.00
B資産	8.00%	11.00%	

1．　−0.44
2．　−0.53
3．　0.44
4．　0.53

【問題4】（2023年5月 問22）　

　ポートフォリオ理論に関する次の記述のうち、最も適切なものはどれか。

1．ポートフォリオのリスクには、アンシステマティックリスク（非市場リスク）とシステマティックリスク（市場リスク）があり、最適ポートフォリオにおいては、システマティックリスク（市場リスク）がゼロとなる。
2．資産Aと資産Bの共分散は、資産Aと資産Bの相関係数を、資産Aの標準偏差および資産Bの標準偏差で除して算出することができる。
3．効率的フロンティア上のポートフォリオは、同じリスクのポートフォリオのなかで最も期待収益率が高くなる。
4．収益率の散らばりが正規分布していると仮定すると、期待収益率が年率10%、標準偏差が年率20%の場合、約99.7%の確率で将来の収益率が年率−30%から50%の範囲に収まるとされる。

第3章　金融資産運用　基礎編

A資産とB資産の相関係数は次の算式で求める。

$$\text{A資産とB資産の相関係数} = \frac{\text{A資産とB資産の共分散}}{\text{A資産の標準偏差×B資産の標準偏差}}$$

$$\text{A資産とB資産の相関係数} = \frac{-70.00}{12.00 \times 11.00}$$

$$= -0.530\cdots \rightarrow \boldsymbol{-0.53}$$

【問題4】　正解　**3**

1. **不適切**　システマティックリスク（市場リスク）は、金利、為替、政府要人の発言などあらゆる資産に影響を与える事象によるリスクであり、分散投資によってもそのリスクをゼロにすることはできない。なお、最適ポートフォリオとは、リスク回避的な投資家の効用無差別曲線と効率的フロンティアの接点をいう。

2. **不適切**　資産Aと資産Bの共分散は、資産Aと資産Bの相関係数に資産Aの標準偏差および資産Bの標準偏差を乗じることにより算出することができる。資産Aと資産Bの相関係数は、次の算式で求める。

$$\text{A資産とB資産の相関係数} = \frac{\text{資産Aと資産Bの共分散}}{\text{資産Aの標準偏差×資産Bの標準偏差}}$$

この算式から、資産Aと資産Bの共分散は次の算式で求めることができる。

$$\text{共分散} = \text{相関係数×資産Aの標準偏差×資産Bの標準偏差}$$

3. **適　切**　効率的フロンティアは、同じリスク（標準偏差）の中でリターン（期待収益率）が最大となる投資機会の集合である。

4. **不適切**　約99.7％の確率で−50％〜70％の範囲に収まる。収益率の散らばりが正規分布していると仮定すると、次のことがいえる。
   ・約68％の確率で「期待収益率±標準偏差」の範囲に収まる。
   ・約95％の確率で「期待収益率±2×標準偏差」の範囲に収まる。
   ・約99.7％の確率で「期待収益率±3×標準偏差」の範囲に収まる。
   　問題文の期待収益率が年率10％、標準偏差が年率20％の場合、将来の収益率は次のとおりとなる。
   ・約68％の確率で−10％〜30％の範囲に収まる。
   ・約95％の確率で−30％〜50％の範囲に収まる。
   ・約99.7％の確率で−50％〜70％の範囲に収まる。

【問題5】（2023年9月 問21）　　　　　　　　チェック欄 ☐☐☐☐☐

　資本資産評価モデル（CAPM）に関する次の記述のうち、最も不適切なものはどれか。なお、β（ベータ）値は、すべて1より大きいものとする。

1．β値と安全資産利子率がともに一定である場合、市場全体の期待収益率が2倍になると、資本資産評価モデル（CAPM）によるポートフォリオの期待収益率は2倍になる。
2．資本資産評価モデル（CAPM）におけるβ値は、市場全体の動向と資産の動向との相関関係を示し、システマティック・リスクを表す指標である。
3．資本資産評価モデル（CAPM）により算出されるポートフォリオの期待収益率を上回った超過収益率を測ることによりリスク調整後収益率を測定する手法を、ジェンセンのアルファ（ジェンセンの測度）という。
4．資本資産評価モデル（CAPM）によれば、同じ市場を対象とする2つのポートフォリオを比較した場合、β値が大きいポートフォリオのほうが、市場全体の変動の影響をより大きく受けるため、価格変動は大きくなる。

第3章　金融資産運用　**基礎編**

【問題5】　正解　**1**

1．不適切　β値と安全資産利子率がともに一定である場合、市場全体の期待収益率が2倍になっても、ポートフォリオの期待収益率は2倍とはならない。

> ポートフォリオの期待収益率
> ＝安全資産利子率＋（市場全体の期待収益率－安全資産利子率）× β

　仮に、安全資産利子率を1％、市場全体の期待収益率を3％、β値を1.5として、個別資産の期待収益率を算出する。

　　1％＋（3％－1％）×1.5＝4％

　次に、β値と安全資産利子率は上記と同じで、市場全体の期待収益率を2倍の6％にしたときの個別資産の期待収益率を算出する。

　　1％＋（6％－1％）×1.5＝8.5%　∴　2倍にはならない。

2．適　切　β値は、市場全体（市場ポートフォリオ）が1％動いたときにその証券が何％変動するかを表した数値で、市場全体のリスク（システマティック・リスク）に対する感応度である。

3．適　切　ジェンセンのアルファ（ジェンセンの測度）とは、資本資産評価モデル（CAPM）による期待収益率（均衡収益率）を上回った超過収益率を測るものをいう。ジェンセンのアルファ（ジェンセンの測度）がプラスであれば、そのパフォーマンスが優れていたと判断する。

4．適　切　β値が大きいポートフォリオのほうが、市場全体の変動の影響をより大きく受けることになり、価格変動（リスク）は大きくなる。本問は下記①を前提としている。

①　β＞1…市場全体よりも大きく値動きする（リスクが大きい）
②　β＝1…市場全体と同じ値動きをする
③　β＜1…市場全体よりも小さく値動きする（リスクが小さい）

【問題6】（2022年1月 問22）　チェック欄 ☐☐☐☐☐

以下の表における①ポートフォリオXのシャープ・レシオ（シャープの測度）と②ポートフォリオYのトレイナーの測度の組合せとして、次のうち最も適切なものはどれか。なお、計算結果は小数点以下第3位を四捨五入すること。

	収益率	標準偏差	ポートフォリオのβ
安全資産	1.0%	―	―
ベンチマーク	5.0%	10.0%	1.00
ポートフォリオX	8.0%	6.0%	1.10
ポートフォリオY	12.0%	15.0%	1.20

1．① 1.17　② 9.17
2．① 1.17　② 6.20
3．① 6.36　② 0.73
4．① 6.36　② 6.20

【問題7】（2019年9月 問22）　チェック欄 ☐☐☐☐☐

国内ポートフォリオ運用におけるパフォーマンス評価に関する次の記述のうち、最も適切なものはどれか。

1．資本資産評価モデル（CAPM）における β（ベータ）値は、市場全体に対するポートフォリオのアンシステマティック・リスクを測定した値である。
2．トレイナーの測度は、資本資産評価モデル（CAPM）により算出される収益率に対するポートフォリオの超過収益率により、ポートフォリオの運用成果を評価する手法である。
3．ジェンセンの測度は、安全資産の収益率に対するポートフォリオの超過収益率をポートフォリオの標準偏差で除したものにより、ポートフォリオの運用成果を評価する手法である。
4．インフォメーション・レシオ（情報比）は、ベンチマークの収益率に対するポートフォリオの超過収益率をトラッキングエラー（超過収益率の標準偏差）で除したものにより、ポートフォリオの運用成果を評価する手法である。

① ポートフォリオXのシャープ・レシオ（シャープの測度）

$$シャープ・レシオ = \frac{ポートフォリオの収益率 - 安全資産利子率}{ポートフォリオの標準偏差}$$

ポートフォリオXのシャープ・レシオ $= \dfrac{8.0\% - 1.0\%}{6.0\%} = 1.166\cdots$ → **1.17**

② ポートフォリオYのトレイナーの測度

$$トレイナーの測度 = \frac{ポートフォリオの収益率 - 安全資産利子率}{ポートフォリオの\beta}$$

ポートフォリオYのトレイナーの測度 $= \dfrac{12.0\% - 1.0\%}{1.20} = 9.166\cdots$ → **9.17**

1. 不適切 β（ベータ）とは、市場全体（市場ポートフォリオ）が1％動いたときにその証券が何％変動するかを表した数値で、市場全体のリスク（**システマティック・リスク**）を測定した値である。

2. 不適切 トレイナーの測度は、資本資産評価モデル（CAPM）により算出される**β（ベータ）によるリスク1単位当たりの超過収益率**により、評価する手法である。

3. 不適切 問題文は、**シャープ・レシオ**の説明である。ジェンセンの測度は、資本資産評価モデル（CAPM）による期待収益率（均衡収益率）を上回った超過収益率を測るものである。

4. 適 切 なお、インフォメーション・レシオ（情報比）は、ベンチマークに対する相対的な指標で、アクティブ運用の投資信託を評価する場合に用いる。

【問題8】（2023年1月 問20）　　　　　　　　　チェック欄 □□□□□

　時価総額が100万円のポートフォリオの運用を開始し、第1期末に時価総額が120万円となったため20万円を引き出し、第2期は100万円で運用を行った結果、第2期末に時価総額が80万円となった。この場合、当該ポートフォリオの第2期末までの時間加重収益率（厳密法による年率換算）として、次のうち最も適切なものはどれか。なお、記載のない事項については考慮しないものとする。また、計算結果は表示単位の小数点以下第2位を四捨五入すること。

	当　初	第1期末	第2期末
時価総額	100万円	120万円	80万円
資金引出額	―	20万円	―

1．　−20.0%
2．　　−4.0%
3．　　−2.0%
4．　　　0.0%

$$\text{時間加重収益率}（\%）=\left(\sqrt[t_n]{\dfrac{V_1}{V_0}\times\dfrac{V_2}{V_1+C_1}\times\cdots\times\dfrac{V_n}{V_{n-1}+C_{n-1}}}-1\right)\times100$$

V_0：測定期間における期首のポートフォリオの時価

V_n：測定期間における期末のポートフォリオの時価

V_i：測定期間中 i 回目のキャッシュフロー発生直後のファンドの時価

t_n：測定期間

C_i：測定期間中 i 回目のキャッシュフロー

　本問では、V_0＝100万円、V_1＝120万円、C_1＝－20万円、V_2＝80万円、t_n＝2期を算式に当てはめて計算する。

$$\text{時間加重収益率}=\left(\sqrt[2]{\dfrac{120}{100}\times\dfrac{80}{120-20}}-1\right)\times100=-2.02\cdots\ \rightarrow\ \mathbf{-2.0\%}$$

9 金融商品と税金

【問題1】（2020年9月 問23改題）　　　　　　　　　チェック欄 □□□□□

　居住者（一定の大口株主等である者を除く）が受け取る株式の配当および株式の譲渡に係る所得税の取扱いに関する次の記述のうち、最も適切なものはどれか。なお、上場株式については一般口座で保有しているものとし、記載のない事項については考慮しないものとする。

1. 内国法人から支払を受ける上場株式の配当については、その金額の多寡にかかわらず、確定申告不要制度を選択することができ、確定申告不要制度を適用するかどうかは1回に支払を受けるべき配当ごとに選択することができる。
2. 内国法人から支払を受ける非上場株式の配当については、申告分離課税を選択することにより、その配当所得の金額を同一年中に非上場株式を譲渡したことにより生じた損失の金額と損益通算することができる。
3. 2021年分において生じた上場株式に係る譲渡損失の金額で確定申告により繰り越されたものについては、2024年中に非上場株式を譲渡したことにより生じた譲渡所得の金額から控除することができる。
4. 年末調整の対象となる給与所得者が20万円以下の上場株式に係る譲渡所得の金額を有し、その他の所得がない場合、その者が医療費控除の適用を受けるための還付申告を行うときであっても、当該譲渡所得の金額については申告する必要はない。

1. 適　切　なお、源泉徴収選択口座内の配当については、口座ごとに選択する。

2. 不適切　非上場株式の配当については、申告分離課税を選択することができない。また、非上場株式の配当所得と、非上場株式の譲渡損失の損益通算もできない。

3. 不適切　繰り越された上場株式の譲渡損失は、非上場株式の譲渡所得の金額から控除することはできない。

4. 不適切　給与等の収入金額が2,000万円以下である。1カ所から給与等の支払いを受けている給与所得者において、その給与について源泉徴収および年末調整が行われる場合、給与所得および退職所得以外の所得金額の合計額が20万円以下であるときは、原則として確定申告を要しない。ただし、医療費控除などの適用を受けるために確定申告（還付申告）をする場合は、20万円以下の所得であっても確定申告しなければならない。

【問題2】（2023年1月 問22）　　　　　　　　　　チェック欄☐☐☐☐☐

　特定口座に関する次の記述のうち、**最も不適切なもの**はどれか。なお、**本問における簡易申告口座とは、特定口座のうち源泉徴収がされない口座をいう。**

1．複数の金融機関で源泉徴収選択口座を開設した場合、源泉徴収選択口座内の上場株式等を譲渡したことによる譲渡所得を申告するかどうかは口座ごとに選択することができる。
2．源泉徴収選択口座内における上場株式等の譲渡益と、当該口座に受け入れた上場株式等の配当等に係る配当所得について、いずれかのみを申告することはできない。
3．源泉徴収選択口座内における上場株式等の譲渡益は、申告をしなければ合計所得金額に含まれないが、申告をすると合計所得金額に含まれる。
4．簡易申告口座は、当該口座において毎年最初の売却取引または信用取引等の差金決済を行う前であれば、年の途中であっても、所定の手続により当該口座を源泉徴収選択口座に変更することができる。

【問題3】（2023年9月 問22）　　　　　　　　　　チェック欄☐☐☐☐☐

　個人（居住者）が購入等する**外貨建て金融商品**の課税関係に関する次の記述のうち、**最も不適切なもの**はどれか。

1．外国銀行の在日支店に預け入れた外貨預金の利子は、利子所得として総合課税の対象となる。
2．国内に所在するX銀行に預け入れた米ドル建ての定期預金が満期となり、満期日にその元本部分を国内のY銀行に米ドルのまま預け入れた場合、その元本部分に係る為替差益は認識しないでよいとされる。
3．国内に所在する証券会社を通じて売却した外貨建てMMFについて為替差益が生じた場合、当該為替差益は、譲渡所得として申告分離課税の対象となる。
4．国内に所在する証券会社を通じて支払われた外国利付債券（国外特定公社債）の利子は、利子所得として申告分離課税の対象となり、外国所得税が課されている場合は、確定申告により外国税額控除の適用を受けることができる。

【問題2】 正解 **2**

1. **適 切** 源泉徴収選択口座内の上場株式等を譲渡したことによる譲渡所得は、申告不要とすることができるが、複数の金融機関に口座を開設した場合、申告するかどうかは口座ごとに選択することができる。

2. **不適切** 源泉徴収選択口座内における上場株式等の譲渡益と、当該口座に受け入れた上場株式等の配当等に係る配当所得について、いずれかのみを申告することができる。

3. **適 切** 源泉徴収選択口座内における上場株式等の譲渡益は、申告をすると合計所得金額に含まれる。

4. **適 切** 特定口座の種類は、毎年最初の売却取引または信用取引等の差金決済を行う前であれば、種類の変更をすることができる。

【問題3】 正解 **1**

1. **不適切** 外国銀行の在日支店に預け入れた外貨預金の利子は、利子所得として20.315％の源泉分離課税の対象となる。

2. **適 切** 国内のX銀行に預け入れた米ドル建ての定期預金の元本部分を国内のY銀行に米ドルのまま預け入れた場合、所得税法における「外貨建て取引」に該当しないため、為替差益を認識する必要はない（国税庁 質疑応答事例「外貨建預貯金の預入及び払出に係る為替差損益の取扱い」）。

3. **適 切** 外貨建てMMFの為替差益は、譲渡所得として20.315％の申告分離課税の対象となる。

4. **適 切** 外国利付債券は特定公社債に分類されるため、国内債券と同様に取り扱われる。利子は利子所得として申告分離課税の対象となるが、外国所得税が課されている場合は、確定申告をすることにより外国税額控除の適用を受けることができる。

【問題4】（2024年1月 問23）　　　　　チェック欄 ☐☐☐☐☐

2024年から始まった新しいNISAに関する次の記述のうち、最も不適切なものはどれか。なお、記載のない事項については考慮しないものとする。

1．ある年の年末の非課税保有額が、つみたて投資枠1,200万円、成長投資枠400万円であった場合、その翌年中に、つみたて投資枠を利用して新たに購入することができる金額の上限は120万円である。
2．ある年の年末の非課税保有額が、つみたて投資枠600万円、成長投資枠1,200万円であり、その翌年中に、つみたて投資枠の商品を簿価残高で600万円分売却した場合、同年中に、つみたて投資枠を利用して新たに購入することができる金額の上限は120万円である。
3．ある年の年末の非課税保有額が、つみたて投資枠300万円、成長投資枠700万円であった場合、その翌年中に、成長投資枠を利用して新たに購入することができる金額の上限は240万円である。
4．ある年の年末の非課税保有額が、つみたて投資枠500万円、成長投資枠1,000万円であり、その翌年中に、成長投資枠の商品を簿価残高で700万円分売却した場合、同年中に、成長投資枠を利用して新たに購入することができる金額の上限は200万円である。

第3章

金融資産運用　基礎編

1. 適 切 新しいNISAの非課税保有限度額は1,800万円であり、つみたて投資枠を利用して新たに120万円まで購入することができる。

2. 不適切 簿価残高で600万円分売却した場合であっても、非課税枠を再利用して新たに購入することができるのは、売却した翌年となる。

3. 適 切 成長投資枠の年間投資枠は240万円が上限である。

4. 適 切 非課税保有額が、つみたて投資枠500万円、成長投資枠1,000万円の場合、同年中に、成長投資枠を利用して新たに購入することができる金額の上限は、成長投資枠上限1,200万円との差額である200万円となる。

10　セーフティネット・関連法規

【問題1】（2023年5月 問23）　　　　　　　　　　チェック欄□□□□□

わが国の預金保険制度に関する次の記述のうち、**最も適切なもの**はどれか。

1．預金保険制度で保護される預金等の額の算定にあたり、単に名義を借りたにすぎない他人名義預金については、名義の借主が破綻金融機関に有する他の預金等と合算される。
2．同一の預金者が、破綻金融機関に、担保権の目的となっている定期預金と担保権の目的となっていない定期預金の口座を有し、その元本の合計額が1,000万円を超える場合、付保預金の特定にあたっては、担保権の目的となっていないものが優先される。
3．破綻金融機関に預け入れられていた普通預金については、当該預金者への払戻金が確定する前に、暫定的に1口座当たり200万円を上限に仮払金が支払われることがある。
4．預金者が破綻金融機関に対して借入金を有しているときは、借入金について借入約定等の特約により相殺が禁止されている場合を除き、預金者の意思にかかわらず、預金の債権と借入金の債務が相殺される。

【問題2】（2021年9月 問24）　　　　　　　　　　チェック欄□□□□□

わが国の預金保険制度に関する次の記述のうち、**最も不適切なもの**はどれか。

1．日本国内に本店のある銀行の海外支店や外国銀行の在日支店に預け入れた預金は、その預金の種類にかかわらず、預金保険制度の保護の対象とならない。
2．日本国内に本店のある銀行の国内支店に預け入れた支払対象決済用預金に該当する預金は、その金額の多寡にかかわらず、全額が預金保険制度の保護の対象となる。
3．破綻金融機関に対して借入金を有している預金者は、借入約定等の特約により相殺が禁止されている場合などを除き、破綻金融機関に相殺を申し出ることで、預金と借入を相殺することができる。
4．銀行に預け入れた一般預金等のうち、預金保険制度の保護の対象となる金額は、当該銀行の支店ごとに元本1,000万円までとその利息等とされている。

1．不適切 他人名義預金は預金保険制度の保護の対象とはならない。したがって、名義の借主が破綻金融機関に有する他の預金等と合算（名寄せ）されない。
2．適　切 1預金者の預金等を合算した結果、一般預金等が元本1,000万円を超え、かつ、複数の預金等が存在する場合、次の優先順位で元本1,000万円を特定する。
① 担保権の目的となっていないもの
② 満期の早いもの（満期がないものが最優先）
③ 満期が同じ預金等が複数ある場合は金利の低いもの
3．不適切 仮払金は、1口座につき60万円が上限となっている。
4．不適切 預金者が相殺を行うためには、民法および預金規定・借入約定等に基づいて、預金者側から破綻金融機関に対して、所定の手続きにより相殺をする旨の意思表示が必要である。

1．適　切 日本国内に本店のある銀行の海外支店や外国銀行の在日支店は、預金保険制度の対象とならない金融機関である。
2．適　切 なお、決済用預金とは「無利息」「要求払い」「決済サービスを提供できること」をすべて満たす預金のことである。
3．適　切 預金者が相殺を行うためには、民法および預金規定・借入約定等に基づいて、預金者側から破綻金融機関に対して、所定の手続きにより相殺をする旨の意思表示が必要である。
4．不適切 一般預金等は、**1金融機関ごと**に預金者1人当たり元本1,000万円までとその利息等が保護される。同一金融機関の複数の支店に口座がある場合は合算（名寄せ）され、元本1,000万円までとその利息等が保護される。

【問題3】（2023年9月 問24）　　　　　　　　　　チェック欄□□□□□

　2022年5月25日に成立し、2023年6月1日に施行された改正消費者契約法に関する次の記述のうち、最も不適切なものはどれか。

1．事業者が消費者契約の勧誘に際し、当該契約の目的となるものが消費者の重要な利益についての損害または危険を回避するために通常必要であると判断される事情について、事実と異なることを告げ、消費者がその内容が事実であると誤認をし、それによって当該契約の申込みをした場合、消費者は当該申込みを取り消すことができる。
2．事業者は、消費者に対し、消費者契約の解除に伴う損害賠償の額を予定し、または違約金を定める条項に基づき損害賠償または違約金の支払を請求する場合、消費者から説明を求められたときは、損害賠償の額の予定または違約金の算定の根拠の概要を説明するよう努めなければならない。
3．事業者の債務不履行または消費者契約における事業者の債務の履行に際してされた当該事業者の不法行為により消費者に損害が生じた場合、その損害を賠償する責任の一部を免除する消費者契約の条項はすべて無効とされる。
4．消費者契約の解除に伴って消費者が支払う損害賠償の額を予定する条項を定めた場合、その額が、当該条項において設定された解除の事由、時期等の区分に応じ、当該契約と同種の消費者契約の解除に伴って事業者に生ずべき平均的な損害の額を超えるときは、当該超える部分は無効とされる。

1. 適 切 消費者は、事業者が消費者契約の締結について勧誘をするに際し、当該消費者に対して「重要事項」について事実と異なることを告げられ、告げられた内容が事実であるとの誤認をし、それによって当該消費者契約の申込みまたはその承諾の意思表示をしたときは、これを取り消すことができる（消費者契約法4条1項1号）。この「重要事項」には、物品、権利、役務その他の当該消費者契約の目的となるものが当該消費者の生命、身体、財産その他の重要な利益についての損害または危険を回避するために通常必要であると判断される事情が含まれる（消費者契約法4条5項3号）。

2. 適 切 事業者は、消費者に対し、消費者契約の解除に伴う損害賠償の額を予定し、または違約金を定める条項に基づき損害賠償または違約金の支払を請求する場合において、当該消費者から説明を求められたときは、損害賠償の額の予定または違約金の算定の根拠の概要を説明するよう努めなければならない（消費者契約法9条2項）。

3. 不適切 すべてが無効になるのではなく、免責の範囲が不明確な条項が無効となる。事業者の債務不履行または消費者契約における事業者の債務の履行に際してされた当該事業者の不法行為により消費者に生じた損害を賠償する責任の一部を免除する消費者契約の条項であって、事業者の重大な過失を除く過失（軽過失）による行為にのみ適用されることを明らかにしていないものは、無効とする（消費者契約法8条3項）。

4. 適 切 消費者契約の解除に伴う損害賠償の額を予定し、または違約金を定める条項であって、これらを合算した額が、当該条項において設定された解除の事由、時期等の区分に応じ、当該消費者契約と同種の消費者契約の解除に伴い当該事業者に生ずべき平均的な損害の額を超えるときは、当該超える部分は無効とする（消費者契約法9条1項1号）。

【問題4】（2015年1月 問24改題）　　　　　　　チェック欄 ☐☐☐☐☐

　金融商品の販売および取引等に係る関連法規等に関する次の記述のうち、最も不適切なものはどれか。

1．上場企業の役職員が当該企業の株価に著しい影響を及ぼす重要事実を入手し、その重要事実が公表される前に当該企業の株式を売買することは、金融商品取引法により規制されている。
2．円建ての普通預金は、金融サービスの提供に関する法律（金融サービス提供法）の適用を受ける一方、金融商品取引法の適用対象とはならない。
3．犯罪による収益の移転防止に関する法律（犯罪収益移転防止法）では、利用者が金融機関の窓口から10万円を超える現金を振り込む場合や200万円を超える現金の受払いをする場合、金融機関に取引時確認の義務を課している。
4．金融ADR制度において、利用者（顧客）の申立てにより紛争解決手続が開始され、金融機関が指定紛争解決機関から手続に応じるように求められた場合、金融機関は、理由のいかんを問わず、それを拒むことができる。

1．適　切　問題文は、**インサイダー取引**規制に関する説明である。インサイダー取引は、金融商品取引法により規制されている。

2．適　切　円建ての普通預金は、金融商品として金融サービス提供法の適用を受ける一方、金融商品取引法上の有価証券には該当しないため、金融商品取引法の適用対象とはならない。

3．適　切　なお、公共料金や入学金等を現金で振り込む際は、10万円を超える場合であっても本人確認書類の提示は不要とされている。

4．不適切　金融ADR制度（金融分野における裁判外紛争解決制度）において、利用者（顧客）の申立てにより紛争解決手続が開始され、金融機関が指定紛争解決機関（金融ADR機関）から手続に応じるように求められた場合、金融機関は、原則として、応じなければならない。

財務分析を中心とした設例

【第1問】（2022年9月 第2問《問54》～《問56》）　　　　チェック欄☐☐☐☐☐

次の設例に基づいて、下記の各問（《問1》～《問3》）に答えなさい。

――――――――――――《設　例》――――――――――――

　Aさん（35歳）は、資産形成のために投資信託Yと投資信託Zについて長期保有するつもりで投資しており、さらに余裕資金を活用して上場株式への投資を検討している。

　Aさんは、東京証券取引所に上場している同業種のW社とX社について、〈W社とX社の財務データ〉を参考にして投資判断を行うつもりであるが、上場株式への投資にあたり、株式取引の基本的な仕組みを確認しておきたいと思っている。

　また、保有している投資信託について、〈直近1年間の投資信託Yと投資信託Zに関するデータ〉によるパフォーマンス評価を知りたいと思っている。なお、Aさんが保有する投資信託は、いずれも日経平均株価をベンチマークとするアクティブ運用の投資信託である。

　そこで、Aさんは、ファイナンシャル・プランナーのMさんに相談することにした。

〈W社とX社の財務データ〉　　　　　　　（単位：百万円）

		W社	X社
	資　産　の　部　合　計	2,750,000	4,750,000
	負　債　の　部　合　計	1,450,000	3,750,000
	純　資　産　の　部　合　計	1,300,000	1,000,000
内訳	株　主　資　本　合　計	1,200,000	650,000
	その他の包括利益累計額合計	35,000	44,000
	新　株　予　約　権	1,500	1,000
	非　支　配　株　主　持　分	63,500	305,000
	売　　　上　　　高	2,400,000	3,700,000
	売　上　総　利　益	500,000	1,000,000
	営　　業　　利　　益	195,000	105,000
	営　業　外　収　益	6,000	14,000

内訳	受 取 利 息	3,000	1,500
	受 取 配 当 金	600	1,000
	そ の 他	2,400	11,500
営 業 外 費 用		6,500	12,000
内訳	支 払 利 息	3,250	7,500
	社 債 利 息	1,000	500
	そ の 他	2,250	4,000
経 常 利 益		194,500	107,000
親会社株主に帰属する当期純利益		90,000	62,000

〈直近1年間の投資信託Yと投資信託Zに関するデータ〉

	実績収益率	実績収益率の標準偏差	日経平均株価に対するトラッキング・エラー
投資信託Y	14.50%	20.00%	12.00%
投資信託Z	11.50%	17.00%	8.00%
日経平均株価	10.00%	18.00%	—
安全資産	1.00%	0.00%	—

※投資信託Yおよび投資信託Zは、日経平均株価をベンチマークとするアクティブ運用の投資信託である。

※上記以外の条件は考慮せず、各問に従うこと。

《問1》Mさんは、Aさんに対して、東京証券取引所における株式取引について説明した。Mさんが説明した以下の文章の空欄①〜⑥に入る最も適切な語句または数値を、解答用紙に記入しなさい。なお、問題の性質上、明らかにできない部分は「□□□」で示してある。

「東京証券取引所に上場している内国株式を普通取引により売買する場合、売買が成立した日（約定日）から起算して（　①　）営業日目に決済されます。

　注文方法には（　②　）注文や指値注文があり、前者は希望する売買価格を明示せず、希望する銘柄、売り買いの別および数量を指定して注文する方法です。

　売買立会による売買は、競争売買により行われ、価格優先の原則と時間優先の原則に従って連続的に売買が成立していきます。（　③　）方式は、始値が決定された後に、立会時間中、継続して個別に行われる売買契約の締結方法で、（　③　）とは、寄付きと引けの間の時間のことをいいます。

　売手と買手の指値を気配値といい、この気配値の売買注文状況を並べたものを板といいます。例えば、〈資料〉甲株の板の例のように、甲株の約定値段（板中心値段）が100円で、❶から❸の順に指値の売注文が発注された場合、その後、103円の指値の買注文300株が発注されると、最初に（　④　）円の売注文と約定し、買注文の残数量は200株となります。この買注文は、次に□□□円の売注文と約定します。買注文の残数量が100株となりますが、これは板にある最も安い値段の売注文である（　⑤　）円よりも安い値段であるため約定せず、103円の買注文100株が板に残ることになります。

　上場株式の配当は、権利確定日時点で株主名簿に登録されている株主に対して支払われます。そのため、権利確定日を過ぎてから株主名簿に登録された株主は、その権利確定日にかかる期の配当を受け取ることができません。配当を受け取るためには、株式の発行会社が定めている権利確定日の（　⑥　）営業日前である権利付最終日までに株式を購入する必要があります」

〈資料〉甲株の板の例

売数量	値段（気配値）	買数量
❷100株	104円	
	103円	
❶100株	102円	
❸100株	100円	

第3章　金融資産運用　応用編

《問2》《設例》の〈W社とX社の財務データ〉に基づいて、次の①および②に答えなさい。〔計算過程〕を示し、〈答〉は表示単位の小数点以下第3位を四捨五入し、小数点以下第2位までを解答すること。

① W社の自己資本当期純利益率はいくらか。
② X社の使用総資本事業利益率はいくらか。

《問3》Mさんは、Aさんに対して、《設例》の〈直近1年間の投資信託Yと投資信託Zに関するデータ〉に基づいて、投資信託のパフォーマンスについて説明した。Mさんが説明した以下の文章の空欄①〜④に入る最も適切な語句または数値を、解答用紙に記入しなさい。なお、②および③については、小数点以下第3位を四捨五入し、小数点以下第2位までを解答すること。

Ⅰ 「トラッキング・エラーとは、ポートフォリオの収益率とベンチマークの収益率との差（超過収益率）のバラツキ度合いを表したもので、通常、（ ① ）で測定します。この数値が大きいほど、ポートフォリオの収益率の動きがベンチマークの収益率から乖離していたことを示します。パッシブ運用の投資信託の場合、0（ゼロ）に近いほど連動性が高い運用がなされていたと判断できます」

Ⅱ 「アクティブ運用である投資信託Yと投資信託Zを比較すると、シャープ・レシオの値は投資信託Yが（ ② ）、投資信託Zが□□□であり、投資信託Yのほうが効率的な運用であったといえます。また、インフォメーション・レシオの値は投資信託Yが□□□、投資信託Zが（ ③ ）であり、（ ④ ）のほうが効率的な運用であったといえます」

【第1問】

《問1》 正解 ① 　3 （営業日） 　　② 　成行 　　③ 　ザラバ （ザラ場）
　　　　　　④ 　100 （円） 　　⑤ 　104 （円） 　　⑥ 　2 （営業日）

　例えば、〈図1〉のように、甲株の約定値段（板中心値段）が100円で、❶から❸の順に指値の売注文が発注された後、〈図2〉のように103円の指値の買注文300株が発注されたとする。価格優先の原則により、最初に最も低い価格の**100円**の売注文と約定し（ⓐ）、買注文の残数量は200株となる。この買注文は、次に低い価格の102円の売注文と約定する（ⓑ）。〈図3〉のように、買注文の残数量が100株となるが、これは板にある最も安い値段の売注文である**104円**よりも安い値段であるため約定せず、103円の買注文100株が板に残ることになる（ⓒ）。

〈図1〉

売数量	値段（気配値）	買数量
❷100株	104円	
	103円	
❶100株	102円	
❸100株	100円	

〈図2〉

売数量	値段（気配値）	買数量
❷100株	104円	
	103円	300株
❶100株	102円	
❸100株	100円	

〈図3〉

売数量	値段（気配値）	買数量
❷100株	104円	
	103円	ⓒ100株
❶100株	102円	ⓑ100株
❸100株	100円	ⓐ100株

《問2》 正解 ①　**7.29%**　　②　**2.26%**

　〇〇利益率は、〇〇を分母、利益を分子として計算を行う。

①　W社の自己資本当期純利益率

$$\frac{90,000百万円}{1,300,000百万円 - 1,500百万円 - 63,500百万円} \times 100 = 7.287\cdots \rightarrow \textbf{7.29\%}$$

> 自己資本当期純利益率（％）＝ $\dfrac{当期純利益}{自己資本^{※}} \times 100$
>
> ※　自己資本＝純資産－新株予約権－非支配株主持分
> 　　　　　　＝株主資本＋その他包括利益累計額

②　X社の使用総資本事業利益率

$$\frac{105,000百万円 + 1,500百万円 + 1,000百万円}{4,750,000百万円} \times 100 = 2.263\cdots \rightarrow \textbf{2.26\%}$$

> 使用総資本事業利益率＝ $\dfrac{事業利益^{※}}{総資本（総資産）} \times 100$
>
> ※　事業利益＝営業利益＋受取利息および受取配当＋有価証券利息

《問3》 正解 ①　**標準偏差**　②　**0.68**　③　**0.19**　④　**投資信託Y**

①　トラッキング・エラーは、ベンチマークに連動する運用成果を目指すインデックスファンドを評価する指標である。ファンドのリターンとベンチマークのリターンとの差を、標準偏差で測定する。

②　シャープ・レシオ＝ $\dfrac{ポートフォリオの収益率 - 安全資産利子率}{ポートフォリオの標準偏差}$

　　投資信託Yのシャープ・レシオ＝ $\dfrac{14.50\% - 1.00\%}{20.00\%} = 0.675 \rightarrow \textbf{0.68}$

③　インフォメーション・レシオ＝ $\dfrac{ポートフォリオの収益率 - ベンチマークの収益率}{トラッキングエラー}$

　　投資信託Zのインフォメーション・レシオ＝ $\dfrac{11.50\% - 10.00\%}{8.00\%} = 0.1875 \rightarrow \textbf{0.19}$

④　投資信託Yのインフォメーション・レシオ＝ $\dfrac{14.50\% - 10.00\%}{12.00\%} = 0.375$

∴　数値の大きな、**投資信託Y**のほうが効率的な運用であったといえる。

【第2問】（2022年1月 第2問《問54》～《問56》改題）　　チェック欄☐☐☐☐☐

次の設例に基づいて、下記の各問（《問1》～《問3》）に答えなさい。

《設　例》

　不動産賃貸業を営むAさん（45歳）は、短期の売買は望まず、財務の安全性を重視して、長期的なスタンスで投資したいと思っている。具体的には、上場企業X社に興味があり、下記の財務データを参考にして、投資判断を行いたいと考えている。

　そこで、Aさんは、ファイナンシャル・プランナーのMさんに相談することにした。

〈X社の財務データ等〉　　　　　　（単位：百万円）

		2024年1月期
資　産　の　部　合　計		1,552,000
内訳	流　動　資　産	602,000
	固　定　資　産	950,000
負　債　の　部　合　計		1,110,000
内訳	流　動　負　債	475,000
	固　定　負　債	635,000
純　資　産　の　部　合　計		442,000
内訳	株　主　資　本　合　計	388,000
	その他の包括利益累計額合計	54,000
売　　　上　　　高		1,050,000
売　上　総　利　益		210,000
営　業　利　益		35,000
営　業　外　収　益		7,800
内訳	受　取　利　息	300
	受　取　配　当　金	1,800
	持分法による投資利益	4,500
	そ　　の　　他	1,200
営　業　外　費　用		11,700
内訳	支　払　利　息	7,500
	そ　　の　　他	4,200
経　常　利　益		31,100
親会社株主に帰属する当期純利益		14,000
配　当　金　総　額		4,000
発　行　済　株　式　総　数		1億株

※決算期：2025年1月31日（金）（配当の権利が確定する決算期末）

※上記以外の条件は考慮せず、各問に従うこと。

《問1》Mさんは、Aさんに対して、株式の内在価値（理論株価）について説明した。Mさんが説明した以下の文章の空欄①〜④に入る最も適切な語句または数値を、解答用紙に記入しなさい。

I 「配当割引モデルでは、株式の内在価値は将来受け取る配当の現在価値の総和として計算されます。ある企業（以下、「Y社」という）のROEを12.0％、予想EPSを120円、株主の期待（ ① ）率を8.0％、負債はないものとした場合において、Y社が来期以降のEPSの全額を配当すると仮定した場合、Y社の理論株価は（ ② ）円になります。これをゼロ成長モデルと呼びます」

II 「配当金額が長期的に同じ率で成長をするという前提のもとで株式の内在価値を求める定率成長モデルという考え方もあります。来期以降、上記IにおけるY社がEPSの4割を内部留保して再投資する場合（配当性向が6割の場合）、（ ③ ）率を期待成長率と仮定すれば、Y社の理論株価は（ ④ ）円になります。このケースにおいて、配当性向を上げると、（ ③ ）率は下がり、理論株価は低くなります」

《問2》《設例》の〈X社の財務データ等〉に基づいて、①固定長期適合率と②インタレスト・カバレッジ・レシオを、それぞれ求めなさい。〔計算過程〕を示し、〈答〉は表示単位の小数点以下第3位を四捨五入し、小数点以下第2位までを解答すること。

《問3》Mさんは、Aさんに対して、上場株式の配当について説明した。Mさんが説明した以下の文章の空欄①〜④に入る最も適切な数値を、解答用紙に記入しなさい。

Ⅰ　「Aさんが特定口座（源泉徴収選択口座）において、X社株式を購入し、その配当金を特定口座に受け入れた場合、所得税および復興特別所得税と住民税の合計で、配当金額の（　①　）％相当額が源泉徴収等されます。AさんがX社株式の次回の配当を受け取るためには、権利付き最終日までにX社株式を購入しておく必要があります。次回の配当の権利が確定する決算期末は2025年1月31日（金）となりますので、権利付き最終日は2025年1月（　②　）日となります」

Ⅱ　「上場株式の配当金については、総合課税、申告分離課税、確定申告不要制度のいずれかの課税方式を選択することができます。総合課税の対象とした配当所得については、一定のものを除き、配当控除の適用を受けることができます。仮に、配当所得の金額を除いたAさんの課税総所得金額等が1,000万円を超える場合、X社株式に係る配当所得の金額に乗ずる配当控除率は、所得税で（　③　）％、住民税で（　④　）％となります。3つの課税方式のうち、どの課税方式が有利となるかは、課税総所得金額等の多寡、所得税の累進税率、上場株式等の譲渡損失に係る損益通算や繰越控除の適用の有無などに応じて、総合的に判断をしてください」

【第2問】

《問1》　正解　① **利子**　② **1,500（円）**　③ **サスティナブル成長**
　　　　　　④ **2,250（円）**

① ゼロ成長モデルによる理論株価 $= \dfrac{1\text{株当たり（予想）配当金額}}{\text{期待利子率}}$

② Y社の理論株価 $= \dfrac{120\text{円}^※}{0.08} = \textbf{1,500}$円

　　※　来期以降のEPS（1株当たり純利益）を全額配当すると仮定するため、1株
　　　　当たり（予想）配当金額は120円となる。

③ 企業の内部留保を事業に再投資して得られる理論成長率を**サスティナブル成長**率
　という。

④ サスティナブル成長率 $=$ ROE $\times$（1－配当性向）

　　Y社のサスティナブル成長率 $= 12.0\% \times$（1－60％）$= 4.8\%$

　　定率成長モデルによる理論株価 $= \dfrac{1\text{株当たり（予想）配当金額}}{\text{期待利子率}-\text{期待成長率}}$

　　Y社の理論株価 $= = \dfrac{72\text{円}^※}{0.08-0.048} = \textbf{2,250}$円

　　※　配当性向が6割であるため、配当金は「予想EPS120円 $\times$ 60％ $= 72$円」となる。

《問2》　正解　① **88.21%**　② **5.55倍**

① 固定長期適合率

$$\dfrac{950,000\text{百万円}}{442,000\text{百万円}+635,000\text{百万円}} \times 100 = 88.207\cdots \rightarrow \textbf{88.21\%}$$

> 固定長期適合率 $= \dfrac{\text{固定資産}}{\text{自己資本}^※ + \text{固定負債}} \times 100$
>
> ※　自己資本 $=$ 純資産 $-$ 新株予約権 $-$ 非支配株主持分
> 　　　　　　$=$ 株主資本 $+$ その他の包括利益累計額

② インタレスト・カバレッジ・レシオ

$$\dfrac{35,000\text{百万円}+300\text{百万円}+1,800\text{百万円}+4,500\text{百万円}}{7,500\text{百万円}} = 5.546\cdots \rightarrow \textbf{5.55倍}$$

$$\text{インタレスト・カバレッジ・レシオ} = \frac{\text{事業利益}^{※1}}{\text{金融費用}^{※2}}$$

※1　事業利益＝営業利益＋受取利息および受取配当＋有価証券利息
　　（注）持分法による投資利益は、事業利益に含まれる。持分法
　　　　　による投資利益とは、持分法適用会社（非連結子会社・関
　　　　　連会社）の利益のうち投資会社（親会社）が保有している
　　　　　持分割合の利益のこと。
※2　金融費用＝支払利息および割引料＋社債利息

《問3》　正解①　20.315（％）　②　29（日）　③　5（％）　④　1.4（％）

① 　特定口座（源泉徴収選択口座）に受け入れた配当金の源泉徴収税率は、**20.315**％である。

② 　権利確定日（1月31日（金））の2営業日前（1月**29**日（水））が権利付き最終日となる。

③④ 　上場株式の配当金に係る配当控除率（配当所得の金額に乗ずる率）は、下記のとおりである。

	所得税	住民税
課税総所得金額等が1,000万円以下の部分	10%	2.8%
課税総所得金額等が1,000万円超の部分	5 %	1.4%

次の設例に基づいて、下記の各問（《問1》～《問3》）に答えなさい。

《設 例》

Aさん（40歳）は、上場株式への投資を始めるにあたって、株価チャートの見方や株価の価格水準の考え方等を理解したいと考えている。具体的には、X社の株式に興味を持っており、下記の〈X社の財務データ等〉や〈X社の株価の推移〉を参考にして投資判断をしたいと思っている。

そこで、Aさんは、ファイナンシャル・プランナーのMさんに相談することにした。

〈X社の財務データ等〉 （単位：百万円）

		2024年3月期
資 産 の 部 合 計		1,956,000
負 債 の 部 合 計		1,487,000
純 資 産 の 部 合 計		469,000
内訳	株 主 資 本 合 計	445,000
	その他の包括利益累計額合計	9,000
	新 株 予 約 権	1,000
	非 支 配 株 主 持 分	14,000
売 上 高		2,425,000
売 上 総 利 益		421,000
営 業 利 益		83,000
営 業 外 収 益		22,000
営 業 外 費 用		42,000
経 常 利 益		63,000
親会社株主に帰属する当期純利益		54,000
配 当 金 総 額		18,000
発 行 済 株 式 総 数		600百万株

〈X社の株価の推移〉 （単位：円）

	1日目	2日目	3日目	4日目	5日目	6日目	7日目
始値	850	880	860	809	814	800	814
高値	867	882	886	844	822	806	817
安値	848	856	856	806	804	791	792
終値	864	863	885	843	817	792	800

〈日本国債の利回り〉　　　　（単位：％）

期間	3年	5年	10年
利回り	0.05	0.25	0.50

※上記以外の条件は考慮せず、各問に従うこと。

《問1》Mさんは、Aさんに対して、株価チャートについて説明した。Mさんが説明した以下の文章の空欄①～④に入る最も適切な語句または数値を、解答用紙に記入しなさい。

なお、問題の性質上、明らかにできない部分は「□□□」で示してある。

〈ローソク足〉

I　「ローソク足は、一定の取引期間中の株価の値動き（始値、高値、安値、終値）をローソクの形で表現したものです。1日の株価の値動きを1本のローソク足で表したものを日足（ひあし）といい、1週間または1カ月で表したものを、それぞれ週足（しゅうあし）、月足（つきあし）といいます。

　ローソク足は、始値よりも終値のほうが高い場合を陽線と呼び、始値よりも終値のほうが低い場合を陰線と呼びます。一定の取引期間中に株価が大きく動けば長いローソク足、小さく動けば短いローソク足が形成されます。

　始値と終値で囲まれた長方形から上に伸びた線のことを（ ① ）と呼び、下に伸びた線のことを□□□と呼びます。（ ① ）は、上値で売り圧力が強まった際に現れ、陰線では高値から（ ② ）値まで、陽線では高値から□□□までの差が線で示されます」

〈移動平均線〉

II　「株価チャートにおける移動平均線は、一定期間の株価の平均を算出し、それを結んでグラフ化したもので、n日単純移動平均線は通常、n日分の株価の（ ③ ）値の単純平均を用います。X社の株価の場合、6日目の売買立会終了時の5日単純移動平均による株価は（ ④ ）円となります。

　移動平均線は、株価の値動きを平滑化するので、値動きの方向性がわかりやすくなります。短期の移動平均線は、直近の値動きが反映されやすく、値動きの方向性の初動を探る場面で有用です。長期の移動平均線は、株価の値動きに対してゆっくりと反応していきます。値動きの方向性がしっかりと出てから反応するため、短期的な値動きに振り回されることが少なくなるといったメリットがあります」

《問2》《設例》の〈X社の財務データ等〉に基づいて、MさんがAさんに対して説明した以下の文章の空欄①～④に入る最も適切な語句または数値を、解答用紙に記入しなさい。なお、（予想）配当金額は、実績値と同額と仮定するものとする。

I 「『配当割引モデル』とは、株式の内在価値は、将来受け取る配当額の現在価値の総和として計算されるという考え方で、毎年一定の配当額が支払われるという仮定をもとにした定額配当モデルや、毎年一定の割合で配当額が成長するという仮定をもとにした定率成長モデル等があります。

定額配当モデルでは、株式の1株当たりの内在価値は、1株当たり（予想）配当金額を期待（ ① ）率で除して算出することができます。例えば、X社株式に対する期待（ ① ）率が3.00％であり、今後、一定の金額の配当が支払われ続けるとすると、2024年3月期におけるX社株式の1株当たりの内在価値は、（ ② ）円と計算されます。

また、定率成長モデルでは、定額配当モデルの算式を基に、期待成長率を加味して株式の内在価値を算出します。例えば、X社株式に対する期待（ ① ）率が3.00％、期待成長率が1.50％であるとすると、2024年3月期におけるX社株式の1株当たりの内在価値は、（ ③ ）円と計算されます」

II 「株価収益率は、株価が割安か割高かを判断するための指標ですが、よく似た指標に、（ ④ ）があります。（ ④ ）は、通常、当期純利益に減価償却費を加えたものをキャッシュフローとして、株価を1株当たりキャッシュフローで除したものです。減価償却方法の異なる企業の比較が可能になるため、企業の国際比較を行う際によく用いられます」

《問3》《設例》の〈X社の財務データ等〉〈日本国債の利回り〉に基づいて、次の①および②に答えなさい。〔計算過程〕を示し、〈答〉は表示単位の小数点以下第3位を四捨五入し、小数点以下第2位までを解答すること。なお、イールド・スプレッドの計算は、日本国債の利回りから株式益回りを控除することとし、X社の株価は800円とする。

① X社のサスティナブル成長率はいくらか。
② X社株式と日本国債のイールド・スプレッドはいくらか。

【第3問】

《問1》 正解 ① 上ヒゲ ② 始（値） ③ 終（値） ④ 840（円）

I ローソク足は、次のとおりである。

①陽線
（始値よりも終値のほうが
高い場合）

②陰線
（始値よりも終値のほうが
低い場合）

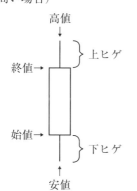

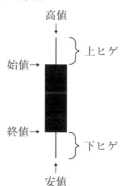

　始値と終値で囲まれた長方形から上に伸びた上ヒゲは、上値で売り圧力が強まった際に現れる。陽線では高値から終値まで、陰線では高値から始値までの差が線で示される。一方、下ヒゲは、下値で買い圧力が強まった際に現れ、陽線では始値から安値まで、陰線では終値から安値までの差が線で示される。

II 単純移動平均線とは、過去の一定期間の株価の終値の平均を結んでグラフ化したものをいう。毎日の平均値が移動するため、移動平均と呼ばれる。日足チャートなら5日移動平均線、25日移動平均線、75日移動平均線など、週足チャートなら9週移動平均線、13週移動平均線、26週移動平均線など、月足チャートなら6カ月移動平均線、12カ月移動平均線、24カ月移動平均線などがある。

　X社の株価の場合、6日目の売買立会終了時の5日移動単純移動平均による株価は、2日目から6日目までの5日間の終値の平均値となる。

$$\frac{863円 + 885円 + 843円 + 817円 + 792円}{5} = 840円$$

《問2》 正解 ① 利子（率） ② 1,000（円） ③ 2,000（円） ④ 株価キャッシュフロー倍率

〈解説〉

I X社の定額配当モデルによる理論株価は、次の算式で求める。

$$\frac{（予想）配当}{期待利子率} = \frac{18,000百万円 \div 600百万株}{3.00\%} = \mathbf{1,000}円$$

X社の定率成長モデルによる理論株価は、次の算式で求める。

$$\frac{（予想）配当}{期待利子率 - 期待成長率} = \frac{18,000百万円 \div 600百万株}{3.00\% - 1.50\%} = \mathbf{2,000}円$$

II 株価を当期純利益に減価償却費を加えた1株当たりのキャッシュフローで除したものを、株価キャッシュフロー倍率という。

$$株価キャッシュフロー倍率（倍） = \frac{株価}{1株当たりのキャッシュフロー}$$

※ 1株当たりのキャッシュフロー＝（当期純利益＋減価償却費）÷発行済株式数

《問3》 正解 ① 7.93（%） ② −10.75（%）

① サスティナブル成長率は、次の算式で求める。

サスティナブル成長率（%）＝ROE×（1−配当性向）

$$= \frac{当期純利益}{自己資本} \times 100 \times \left(1 - \frac{配当金総額}{当期純利益}\right)$$

（注）自己資本＝純資産−新株予約権−非支配株主持分

X社のサスティナブル成長率＝ $\dfrac{54,000百万円}{469,000百万円 - 1,000百万円 - 14,000百万円} \times 100$

$$\times \left(1 - \frac{18,000百万円}{54,000百万円}\right) = 7.929\cdots \rightarrow \mathbf{7.93}\%$$

② イールド・スプレッドとは、長期金利商品の利回りと、対象商品の期待利回りとの差をいう。イールドは利回り、スプレッドは差を意味する。

イールド・スプレッドは次の算式で求める。

イールド・スプレッド（%）＝長期債利回り（10年国債利回り）−株式益回り

株式益回りは株価に対する1株当たりの純利益（EPS）の割合をいい、次の算式で求める。

$$株式益回り（%）= \frac{1}{PER} \times 100 = \frac{1株当たり純利益}{株価} \times 100$$

$$\frac{54,000百万円 \div 600百万株}{800円} \times 100 = 11.25\%$$

イールド・スプレッドは、日本国債の利回りから株式益回りを差し引いて求める。

　　$0.50\% - 11.25\% = \mathbf{-10.75\%}$

次の設例に基づいて、下記の各問（《問1》〜《問3》）に答えなさい。

──────── 《設 例》────────

　Aさん（46歳）は、これまで投資信託Yで資産運用を行ってきたが、余裕資金が生じたため、投資額を増やしたいと考えている。現在、X社株式（東京証券取引所上場銘柄）と投資信託Zに興味があり、下記の資料を参考にして、投資判断を行いたいと考えている。また、Aさんは、保有している投資信託の運用結果について、どのように評価すればよいのか知りたいと思っている。

　そこで、Aさんは、ファイナンシャル・プランナーのMさんに相談することにした。

〈X社の財務データ等〉　　　（単位：百万円）

		2024年3月期
資 産 の 部 合 計		320,000
内訳	流 動 資 産	210,000
	固 定 資 産	110,000
負 債 の 部 合 計		66,000
内訳	流 動 負 債	49,000
	固 定 負 債	17,000
純 資 産 の 部 合 計		254,000
内訳	株 主 資 本 合 計	224,000
	その他の包括利益累計額合計	14,000
	非 支 配 株 主 持 分	16,000
売 上 高		289,000
売 上 総 利 益		205,000
営 業 利 益		22,000
営 業 外 収 益		7,000
内訳	受 取 利 息	600
	受 取 配 当 金	200
	為 替 差 益	4,300
	そ の 他	1,900
営 業 外 費 用		400
内訳	支 払 利 息	170
	そ の 他	230
経 常 利 益		28,600
親会社株主に帰属する当期純利益		19,000
配 当 金 総 額		15,000
発 行 済 株 式 総 数		60百万株

〈投資信託Y・投資信託Zの実績収益率・標準偏差・相関係数〉

	実績収益率	標準偏差	投資信託Yと投資信託Zの相関係数
投資信託Y	4.20%	12.50%	0.70
投資信託Z	7.00%	15.00%	

※上記以外の条件は考慮せず、各問に従うこと。

《問1》《設例》の〈X社の財務データ等〉に基づいて、Mさんが、Aさんに対して説明した以下の文章の空欄①～④に入る最も適切な語句または数値を、解答用紙に記入しなさい。なお、計算結果は表示単位の小数点以下第3位を四捨五入し、小数点以下第2位までを解答すること。また、問題の性質上、明らかにできない部分は「□□□」で示してある。

〈固定比率、固定長期適合率〉

Ⅰ 「X社の固定比率は□□□%、固定長期適合率は（　①　）％です。固定比率は100％以下が理想とされますが、固定長期適合率が100％以下であれば、通常、財務の健全性において大きな問題があるとは考えません。なお、固定長期適合率が100％を大きく超えるようであれば、財務の健全性に問題があると判断しますが、設備投資額が大きい製造業などは、水準が高めになる傾向があります」

〈インタレスト・カバレッジ・レシオ〉

Ⅱ 「X社のインタレスト・カバレッジ・レシオは（　②　）倍です。この数値が高いほど金利負担の支払能力が高く、財務に余裕があることを示しますが、同業他社と比較することをお勧めします。また、単年の数値だけではなく、過去のトレンドを把握することで、財務体質が悪化しているか否かを判断することが大切です」

〈負債比率〉

Ⅲ 「X社の負債比率は（　③　）％です。この数値が低いほど企業の安全性は高くなり、負債比率が100％以下であれば、財務状態は良好と判断されます。負債比率が高いほど、（　④　）レバレッジが大きくなります。負債比率は業種によりその平均値が大きく異なっており、多額の設備投資が必要な業種では負債比率は高くなる傾向があります」

《問2》 Mさんは、Aさんに対して、投資信託のパフォーマンス評価および収益率について説明した。Mさんが説明した以下の文章の空欄①～⑥に入る最も適切な語句または数値を、解答用紙に記入しなさい。なお、計算結果は表示単位の小数点以下第3位を四捨五入し、小数点以下第2位までを解答すること。また、問題の性質上、明らかにできない部分は「□□□」で示してある。

〈パフォーマンス評価〉

I 「主に国内株式を組み入れた投資信託の収益率が10％であるときに、東証株価指数（TOPIX）が15％上昇していた場合、その運用が必ずしも良好であったとはいえません。このように投資信託のパフォーマンス評価をする際に、比較対象となる指標を一般に（ ① ）と呼びます。

投資信託のパフォーマンスは、単に収益率が高ければよいということではありません。高い収益率は、高いリスクをとった結果であるかもしれないからです。ポートフォリオ運用において、（ ① ）の収益率とポートフォリオの収益率との乖離度合いは、トラッキングエラーで表されます。トラッキングエラーは、ポートフォリオの収益率と（ ① ）の収益率との差（超過収益率）の（ ② ）であり、この数値が大きいほど、ポートフォリオの収益率の変動が（ ① ）の収益率から乖離していたことを表します。

リスク調整後収益率の1つである（ ③ ）・レシオは、ポートフォリオの収益率から安全資産利子率を差し引いた超過収益率を、ポートフォリオの収益率の（ ② ）で除して求めます。また、（ ④ ）・レシオは、（ ① ）の収益率に対するポートフォリオの超過収益率をトラッキングエラーで除したものにより、ポートフォリオの運用成果を評価する手法であり、主にアクティブ運用の成果を測る際に用いられます」

〈収益率〉

II 「収益率の測定方法には、さまざまな概念がありますが、代表的なものとして（ ⑤ ）加重収益率と□□□加重収益率があります。（ ⑤ ）加重収益率は、ポートフォリオへの資金の流入・流出を含めた収益率であるため、投資するタイミングの巧拙を含めたポートフォリオ全体のパフォーマンス評価に適しているといわれます。一方、□□□加重収益率は、ポートフォリオへの資金の流入・流出の影響を取り除いた収益率であるため、資金の流入・流出をコントロールできない投資信託等のファンドマネジャーのパフォーマンス評価に適しているといわれます。

仮に、年初の時価総額が10億円である投資信託において、1年目の収益率（年率）が10％となり、1年目の年末に資金が5億円追加されて、2年目の収益率（年率）が12.5％であった場合、時間加重収益率（年率）は（ ⑥ ）％となります」

《問3》《設例》の〈投資信託Y・投資信託Zの実績収益率・標準偏差・相関係数〉に基づいて、次の①および②に答えなさい。〔計算過程〕を示し、〈答〉は表示単位の小数点以下第3位を四捨五入し、小数点以下第2位までを解答すること。

① 投資信託Yと投資信託Zの共分散はいくらか。
② 投資信託Yと投資信託Zを6：4の割合で組み入れたポートフォリオの標準偏差はいくらか。

【第4問】

① 固定長期適合率

$$固定長期適合率（\%）= \frac{固定資産}{自己資本＋固定負債} \times 100$$

$$= \frac{110,000百万円}{224,000百万円＋14,000百万円＋17,000百万円} \times 100 = 43.137\cdots \rightarrow \textbf{43.14}\%$$

② インタレスト・カバレッジ・レシオ

$$インタレスト・カバレッジ・レシオ（倍）= \frac{事業利益}{金融費用}$$

$$= \frac{22,000百万円＋600百万円＋200百万円}{170百万円} = 134.117\cdots \rightarrow \textbf{134.12}倍$$

※　事業利益には為替差益を含めない。

③ 負債比率

$$負債比率（\%）= \frac{負債}{自己資本} \times 100$$

$$= \frac{66,000百万円}{224,000百万円＋14,000百万円} \times 100 = 27.731\cdots \rightarrow \textbf{27.73}\%$$

④　負債比率が高いということは、自己資本に対する負債が大きいという意味と同じになる。分子である負債と純資産の合計である資産の額が大きくなるため、財務レバレッジは大きくなる。

　　資産＝負債＋純資産

$$財務レバレッジ（倍）= \frac{総資本（総資産）}{自己資本}$$

Ⅰ　パフォーマンス評価

$$シャープ・レシオ = \frac{ポートフォリオの収益率－安全資産利子率}{ポートフォリオの標準偏差}$$

$$インフォメーション・レシオ = \frac{ポートフォリオの収益率－ベンチマークの収益率}{トラッキングエラー}$$

※　トラッキングエラーは、ポートフォリオのリターンとベンチマークのリターンとの乖離の大きさを示す指標であり、アクティブリスクともいう。トラッキング・エラーは、ポートフォリオのリターンとベンチマークとのリターンとの差の標準偏差をとった値となる。この数値が大きいほど、ポートフォリオの値動きがベンチマークと比べて乖離していたことを示す。

Ⅱ　金額加重収益率は、ポートフォリオへの資金の流入・流出（キャッシュフロー）を含めた収益率である。期首の元本と期中に追加されたキャッシュフローが運用され、期末の時価総額となる場合の収益率が、金額加重収益率である。

時間加重収益率は、期中のキャッシュフローが発生するたびにポートフォリオの市場価値を計算し、それに基づいて算出した幾何平均収益率である。時間加重収益率は、キャッシュフローや単位期間の収益率の順序の影響を中立化させており、ファンドマネジャーの運用成績を測定するのに適している。

時間加重収益率（厳密法）を求める算式は、次のとおりである。

$$
時間加重収益率 = \sqrt[t_n]{\frac{V_1}{V_0} \times \frac{V_2}{V_1 + C_1} \times \cdots \times \frac{V_n}{V_{n-1} + C_{n-1}}} - 1
$$

V_0：測定期間における期首のファンドの時価

V_n：測定期間における期末のファンドの時価

V_i：測定期間中 i 回目のキャッシュフロー発生直後のファンドの時価

t_n：測定期間

C_i：測定期間中 i 回目のキャッシュフロー

本問では、次の数値を算式に当てはめて計算する。

V_0 = 10億円

V_1 = 10億円 × (1 + 10%) = 11億円

C_1 = 5 億円

V_2 = (11億円 + 5 億円) × (1 + 12.5%) = 18億円

t_n = 2 年

$$
時間加重収益率 = \sqrt[2]{\frac{11}{10} \times \frac{18}{11 + 5}} - 1 = \sqrt{\frac{198}{160}} - 1 = 0.11242\cdots \rightarrow \mathbf{11.24\%}
$$

※　$\sqrt[2]{}$ は、通常 $\sqrt{}$ と表す。

《問3》 正解 ① **131.25** ② **12.46**（%）

① 投資信託Yと投資信託Zの共分散

投資信託Yと投資信託Zの相関係数と共分散の関係は次の算式のとおり。

> $$YとZの相関係数 = \frac{YとZの共分散}{Yの標準偏差 \times Zの標準偏差}$$
>
> ∴　YとZの共分散 = YとZの相関係数 × Yの標準偏差 × Zの標準偏差

$0.70 \times 12.50 \times 15.00 =$ **131.25**

② 投資信託Yと投資信託Zを6：4の割合で組み入れたポートフォリオの標準偏差

投資信託Yと投資信託Zのポートフォリオの標準偏差は次の算式で求める。

> 分散 = （Yの組入比率）^{2} × （Yの標準偏差）^{2} + （Zの組入比率）^{2} × （Zの標準偏差）^{2}
>   + 2 × Yの組入比率 × Zの組入比率 × YとZの相関係数 × Yの標準偏差
>   × Zの標準偏差
>
> 標準偏差 = $\sqrt{分散}$

$0.6^2 \times 12.50^2 + 0.4^2 \times 15.00^2 + 2 \times 0.6 \times 0.4 \times 0.70 \times 12.50 \times 15.00 = 155.25$

$\sqrt{155.25} = 12.459\cdots$ → **12.46**%

【第5問】（2024年1月 第2問《問54》～《問56》）　　チェック欄☐☐☐☐☐

次の設例に基づいて、下記の各問（《問1》～《問3》）に答えなさい。

――《設　例》――

　Aさん（35歳）は、東京証券取引所に上場している同業種のW社およびX社について、〈W社とX社の財務データ〉を参考に投資判断を行うつもりである。また、株価に大きな影響を与える金融政策や、保有している投資信託Yと投資信託Zについて、それぞれの値動きの相関関係を知りたいと思っている。

　そこで、Aさんは、ファイナンシャル・プランナーのMさんに相談することにした。

〈W社とX社の財務データ〉　　　　　　　　　　　　　　　　　（単位：百万円）

		W社	X社
資 産 の 部 合 計		217,000	926,000
負 債 の 部 合 計		56,000	274,000
純 資 産 の 部 合 計		161,000	652,000
内訳	株 主 資 本 合 計	157,000	585,000
	その他の包括利益累計額合計	4,000	66,000
	非 支 配 株 主 持 分	0	1,000
売 上 高		126,000	990,000
売 上 総 利 益		74,000	369,000
営 業 利 益		51,000	116,000
営 業 外 収 益		850	11,700
内訳	受 取 利 息	400	1,200
	受 取 配 当 金	20	1,500
	為 替 差 益	300	5,000
	そ の 他	130	4,000
営 業 外 費 用		300	500
経 常 利 益		51,550	127,200
親会社株主に帰属する当期純利益		37,000	90,000

〈投資信託Yと投資信託Zの実績収益率・標準偏差・共分散〉

	実績収益率				標準偏差	共分散
	第1期	第2期	第3期	第4期		
投資信託Y	10.00%	12.00%	−4.00%	6.00%	＊＊＊	−12.00
投資信託Z	7.00%	4.00%	10.00%	7.00%	2.12%	

※「＊＊＊」は、問題の性質上、伏せてある。

※上記以外の条件は考慮せず、各問に従うこと。

《問1》 Mさんは、Aさんに対して、日本銀行の金融政策およびイールドカーブについて説明した。Mさんが説明した以下の文章の空欄①～⑥に入る最も適切な語句または数値を、解答用紙に記入しなさい。なお、問題の性質上、明らかにできない部分は「□□□」で示してある。

〈日本銀行の金融政策〉

I 「日本銀行の金融市場調節方針は、金融政策決定会合において、9名の政策委員会委員（総裁、2名の副総裁、6名の審議委員）によって決定されます。金融政策決定会合は、通常、年（　①　）回、2日間かけて開催されており、会合終了後、直ちに、当該会合における決定内容が公表され、政策変更がない場合も、その旨が公表されます。また、会合における『主な意見』を取りまとめたものは、原則として、会合の（　②　）営業日後に公表されます。

　なお、金融政策決定会合には、（　③　）大臣および経済財政政策担当大臣（経済財政政策担当大臣が置かれていないときは、内閣総理大臣）等が、議決権を有しないものの、必要に応じて会合に出席し、意見を述べること、議案を提出すること、次回会合まで議決を延期することを求めることができます。

　日本銀行は、金融市場調節方針のもと、日々、金融市場において資金の供給や吸収を行っています」

〈イールドカーブ〉

II 「残存期間の短い債券の利回りよりも、残存期間の長い債券の利回りのほうが高く、イールドカーブが右上がりの曲線となる状態を、□□□といい、残存期間の短い債券の利回りよりも、残存期間の長い債券の利回りのほうが低く、イールドカーブが右下がりの曲線となる状態を、（　④　）といいます。イールドカーブは、長短金利差が縮小すると、傾斜が小さくなって（　⑤　）化し、反対に長短金利差が拡大すると、傾斜が大きくなりスティープ化します。国債のイールドカーブが（　④　）になると、将来、景気後退に向かう可能性があると言われています。

　イールドカーブが右上がりの曲線となる状態のときに、時間の経過とともに債券の利回りが下がり、価格が上昇することを（　⑥　）効果といいます。イールドカーブの右上がりの傾斜が大きくなればなるほど、（　⑥　）効果が高くなり、多くのキャピタルゲインを得ることが期待できます」

《問2》《設例》の〈W社とX社の財務データ〉に基づき、Mさんが、Aさんに対して説明した以下の文章の空欄①～⑤に入る最も適切な語句または数値を、解答用紙に記入しなさい。なお、計算結果は表示単位の小数点以下第3位を四捨五入し、小数点以下第2位までを解答すること。また、問題の性質上、明らかにできない部分は「□□□」で示してある。

「企業の資本効率を測る指標である総資産利益率は、企業が総資産を用いてどれだけの利益を上げることができたのかを測る指標であり、決算短信では、分子を（　①　）とした総資産（　①　）率で表記されています。また、総資産利益率の分子が事業利益であるものを使用総資本事業利益率といい、事業利益は、（　②　）利益と受取利息・配当金を合計したものとされています。

　株主としての投資効率を測る指標である自己資本利益率は、有価証券報告書では自己資本利益率と表記され、決算短信では自己資本当期純利益率と表記されています。前者は期末自己資本、後者は期首自己資本と期末自己資本の平均値を用いて算出します。

　W社とX社を自己資本利益率で比較すると、W社の値は□□□％、X社の値は（　③　）％であり、W社の値のほうが上回っています。この結果について、両社の自己資本利益率を売上高当期純利益率、総資本回転率、財務レバレッジの3指標に分解して比較してみると、W社の総資本回転率は（　④　）回、財務レバレッジは（　⑤　）倍でX社の値を下回っていますが、W社の売上高当期純利益率は□□□％でX社の値を大きく上回っていることから、W社の収益性の高さが主たる要因と分析することができます」

《問3》《設例》の〈投資信託Yと投資信託Zの実績収益率・標準偏差・共分散〉に基づいて、次の①および②に答えなさい。〔計算過程〕を示し、〈答〉は表示単位の小数点以下第3位を四捨五入し、小数点以下第2位までを解答すること。

①　投資信託Yの標準偏差はいくらか。
②　投資信託Yと投資信託Zの相関係数はいくらか。

《問1》 正解 ① 8（回）　② 6（営業日）　③ 財務（大臣）
④ 逆イールド　⑤ フラット（化）
⑥ ロールダウン（効果）

〈イールドカーブ〉

④　債券の利回りと償還期間との相関性を示し、横軸に償還までの期間、縦軸に利回りを用いた曲線グラフをイールドカーブという。イールドカーブが右下がりの曲線となる状態を逆イールド、イールドカーブが右上がりの曲線となる状態を順イールドという。

⑤　長短金利差が縮小すると、傾斜が小さくなってグラフが平らになる。これをフラット化という。

⑥　イールドカーブが順イールドであり、形状に変化がないと仮定する。利回りは、10年債の利回りよりも、残存9年、8年、7年など時間の経過により低下する。利回りが低下すると、債券の価格は上昇する。債券価格が上昇したところでこの債券を売却すると、キャピタルゲインを得ることができる。これをロールダウン効果という（イールドカーブの傾斜に沿って、利回りが下がっていくため、このような表現を用いる）。

《問2》 正解 ① 経常利益　② 営業（利）益　③ 13.82（%）
④ 0.58（回）　⑤ 1.35（倍）

③　自己資本利益率 $= \dfrac{\text{当期純利益}}{\text{自己資本}} \times 100$

W社：$\dfrac{37{,}000 \text{百万円}}{157{,}000 \text{百万円} + 4{,}000 \text{百万円}} \times 100 = 22.981\cdots \rightarrow 22.98\%$

X社：$\dfrac{90{,}000 \text{百万円}}{585{,}000 \text{百万円} + 66{,}000 \text{百万円}} \times 100 = 13.824\cdots \rightarrow \mathbf{13.82}\%$

④　総資本回転率

自己資本利益率（ROE）＝売上高当期利益率×総資本回転率×財務レバレッジ

$= \dfrac{\text{当期純利益}}{\text{売上高}} \times \dfrac{\text{売上高}}{\text{総資本（総資産）}} \times \dfrac{\text{総資本（総資産）}}{\text{自己資本}}$

W社：$\dfrac{126{,}000 \text{百万円}}{217{,}000 \text{百万円}} = 0.580\cdots \rightarrow \mathbf{0.58} \text{回}$

⑤ 財務レバレッジ $= \dfrac{\text{総資本（総資産）}}{\text{自己資本}}$

W社： $= \dfrac{217,000\text{百万円}}{157,000\text{百万円}+4,000\text{百万円}} = 1.347\cdots \rightarrow$ **1.35倍**

《問3》 正解 ① **6.16%** ② **−0.92**

① 投資信託Yの標準偏差

第1期から第4期までの実績収益率を平均する。

$$\dfrac{10.00\% + 12.00\% - 4.00\% + 6.00\%}{4} = 6.00\%$$

次に分散を求める。分散は実績収益率の各データから実績収益率を差し引き、2乗した値を合計する。その合計した値をデータ数の4で割る。

$(10.00\% - 6.00\%)^2 + (12.00\% - 6.00\%)^2 + (-4.00\% - 6.00\%)^2$
$+ (6.00\% - 6.00\%)^2 = 152$

$$152 \times \dfrac{1}{4} = 38$$

分散はばらつきを示した指標であるが、偏差を2乗して合計するため、元のデータと単位が異なる（%の2乗になっている）。そこで2乗になっている分散の平方根をとることで、元のデータの単位に戻したものが標準偏差である。

標準偏差 $= \sqrt{\text{分散}}$

$\sqrt{38} = 6.164\cdots \rightarrow$ **6.16%**

② 投資信託Yと投資信託Zの相関係数

相関係数 $= \dfrac{\text{資産Yと資産Zの共分散}}{\text{資産Yの標準偏差} \times \text{資産Zの標準偏差}}$

$\dfrac{-12.00}{6.16 \times 2.12} = -0.918\cdots \rightarrow$ **−0.92**

第4章

タックスプランニング

基 礎 編

1 納税義務者・非課税所得

【問題1】（2023年1月 問25）　　　　　　　　　　チェック欄□□□□□
　所得税の納税義務者と課税所得の範囲に関する次の記述のうち、最も適切なものはどれか。

1．日本国籍を有していない者で、日本国内に住所を有し、または現在まで引き続いて1年以上居所を有する個人は、居住者となる。
2．日本国籍を有している者で、過去10年以内において日本国内に住所または居所を有していた期間の合計が5年以下である個人は、非永住者となる。
3．非永住者の所得について、国内源泉所得および国外源泉所得のうち日本国内において支払われたものは所得税の課税対象とされ、国外源泉所得のうち、国外から日本国内に送金されたものは所得税の課税対象とならない。
4．非居住者が、年の途中において非永住者以外の居住者となった場合、その年に生じた国内源泉所得や国外源泉所得は、1年を通じて非永住者以外の居住者であったものとして所得税が課される。

【問題2】（2022年1月 問25）　　　　　　　　　　チェック欄□□□□□
　所得税の納税義務者と課税所得の範囲に関する次の記述のうち、適切なものはいくつあるか。

(a) 非永住者以外の居住者は、日本国内および日本国外で生じたすべての所得に対して、日本国内において所得税が課される。
(b) 非永住者が日本国内の企業に勤務して得られる給与所得については、日本国内において所得税が課される。
(c) 非居住者が日本国内に有する不動産を他人に賃貸することで得られる不動産所得については、日本国内において所得税が課される。

1．1つ
2．2つ
3．3つ
4．0（なし）

種　類		課税所得の範囲
居住者 （国内に住所を有し、または、引き続いて1年以上居所を有する個人）	非永住者以外	すべての所得 （日本国内および国外で生じたすべての所得）
	非永住者 （日本国籍を有しておらず、かつ過去10年以内に日本に住所または居所を有していた期間が5年以下の個人）	国外源泉所得以外の所得および国外源泉所得で国内で支払われまたは国外から送金されたもの
非居住者（居住者以外の個人）		国内源泉所得

1．**適　切**　「居住者」とは、国内に住所を有し、または、現在まで引き続き1年以上居所を有する個人をいう。たとえ外国籍を有していてもこの要件に該当すれば居住者となる。

2．**不適切**　日本国籍を有していれば、過去10年以内に日本に住所または居所を有していた期間が5年以下でも非永住者には該当しない。

3．**不適切**　国外から送金されたものも所得税の課税対象になる。

4．**不適切**　個人が同一年中に非居住者であった期間と非永住者以外の居住者に該当する期間を有する場合、非居住者であった期間は、国内源泉所得に対してのみ所得税が課税され、非永住者以外の居住者であった期間は、すべての所得に所得税が課税される。

(a) 適　切　非永住者以外の居住者は、日本国内および国外で生じたすべての所得が課税対象となる。

(b) 適　切　非永住者は、国外源泉所得以外の所得および国外源泉所得で日本国内において支払われ、または国外から送金されたものが所得税の課税対象となる。

(c) 適　切　非居住者は、日本国内で得た所得が所得税の課税対象となる。

　したがって、適切なものは3つであり、正解は**3**となる。

【問題3】 (2023年1月 問25)　チェック欄 ☐☐☐☐☐

所得税の**納税義務者**と課税所得の範囲に関する次の記述のうち、**最も適切なもの**はどれか。

1．日本国籍を有していない者で、日本国内に住所を有し、または現在まで引き続いて1年以上居所を有する個人は、居住者となる。
2．日本国籍を有している者で、過去10年以内において日本国内に住所または居所を有していた期間の合計が5年以下である個人は、非永住者となる。
3．非永住者の所得について、国内源泉所得および国外源泉所得のうち日本国内において支払われたものは所得税の課税対象とされ、国外源泉所得のうち、国外から日本国内に送金されたものは所得税の課税対象とならない。
4．非居住者が、年の途中において非永住者以外の居住者となった場合、その年に生じた国内源泉所得や国外源泉所得は、1年を通じて非永住者以外の居住者であったものとして所得税が課される。

【問題4】 (2021年9月 問25)　チェック欄 ☐☐☐☐☐

所得税の**非課税所得**に関する次の記述のうち、**最も適切なもの**はどれか。

1．自転車を利用して通勤している給与所得者に対し、勤務先から通常の給与に加算して支払われるべき通勤手当は、片道の通勤距離に応じて、非課税限度額が定められている。
2．雇用保険法により失業等給付として支給を受ける金銭のうち、基本手当や傷病手当等の求職者給付は非課税とされるが、高年齢雇用継続基本給付金や高年齢再就職給付金等の雇用継続給付は課税の対象となる。
3．生命保険契約の収入保障特約において、当該年金受給権を相続により取得した相続人が受け取る毎年の年金額は、その全額が非課税とされる。
4．地方公共団体に寄附（ふるさと納税）をした者が、寄附に対する謝礼として受け取った返礼品に係る経済的利益は、当該経済的利益が寄附金の額の3割以下であるときは非課税とされる。

1．**適　切**　なお、居住者は非永住者と非永住者以外に分けられる。

2．**不適切**　非永住者は、日本国籍を有しておらず、過去10年以内において日本国内に住所または居所を有していた期間の合計が5年以下である個人である。

3．**不適切**　非永住者の課税所得の範囲は、国外源泉所得以外の所得および国外源泉所得で国内で支払われまたは国外から送金されたものである。

4．**不適切**　非居住者が、年の途中において非永住者以外の居住者となった場合、非永住者であった期間と非永住者以外の居住者となった後の期間とに区別して、それぞれの課税所得の範囲についての所得税が課される。

1．**適　切**　自家用車や自転車を利用して通勤している給与所得者に対して支払われる通勤手当は、片道の通勤距離に応じた非課税限度額が定められている。

2．**不適切**　求職者給付（基本手当、傷病手当など）、就職促進給付（就業手当、再就職手当など）、教育訓練給付（教育訓練給付金など）、雇用継続給付（高年齢雇用継続基本給付金、高年齢再就職給付金、介護休業給付金）は、雇用保険法により失業等給付として支給を受ける金銭であるため、非課税とされる。

3．**不適切**　生命保険契約等に基づく年金は、公的年金等以外の雑所得として課税対象となる。

4．**不適切**　ふるさと納税による謝礼として受け取った経済的利益は、地方公共団体（法人）からの贈与により取得したものであるため、一時所得として課税の対象となる。なお、この場合でも50万円特別控除があるため、経済的利益が50万円以下であるときは、課税されない。

2 各種所得の金額

【問題1】（2022年5月 問26）　　　　　　　　　チェック欄□□□□□

居住者に係る所得税の不動産所得に関する次の記述のうち、最も適切なものはどれか。なお、記載のない事項については考慮しないものとする。

1．賃貸アパートの建物およびその敷地を譲渡するために、賃借人に支払う立退料は、不動産所得の金額の計算上、必要経費に算入する。
2．広告等の看板を設置するため、家屋の屋上や塀等を使用させることにより受け取る使用料は、不動産所得に該当する。
3．所有する賃貸アパートを取り壊したことにより生じた損失の金額は、当該貸付が事業的規模で行われている場合、不動産所得の金額の計算上、その損失の金額を控除する前の不動産所得の金額を限度として必要経費に算入することができる。
4．国外中古建物の不動産所得に係る損益通算等の特例により、賃貸している国外中古建物について簡便法により算定した短い耐用年数による減価償却費を計上して損失の金額を生じさせることで、その損失の金額を給与所得や事業所得の金額と損益通算することができる。

【問題2】（2024年1月 問25）　　　　　　　　　チェック欄□□□□□

居住者の事業所得の金額の計算における棚卸資産の価額の評価方法等に関する次の記述のうち、最も不適切なものはどれか。

1．製造業を営む者が、原価計算を行わないため半製品および仕掛品について製造工程に応じて製品売価の何％として評価する場合、その評価方法は、売価還元法に該当する。
2．その年の前年12月31日における棚卸資産につき低価法により評価していた場合、その年の12月31日における棚卸資産の評価額の計算の基礎となるその棚卸資産の取得価額は、当該低価法による評価額ではなく、当該低価法の基礎として選定している原価法により評価した価額による。
3．売上原価に計上する棚卸資産の評価方法は、事業の種類ごと、棚卸資産の区分ごとに選定し、所轄税務署長に届け出るが、届出をしない場合は、最終仕入原価法が評価方法とされる。
4．販売用の棚卸資産を自家消費したときは、原則として、事業所得の金額の計算上、当該棚卸資産の販売価額の50％相当額を総収入金額に算入する。

1．不適切 賃貸アパートの建物およびその敷地を譲渡するために、賃借人に支払う立退料は、譲渡のために直接要した費用として、譲渡所得の金額の計算上、譲渡費用となる。

2．適 切 広告等のために、土地、家屋の屋上または側面、塀等を使用させることにより受け取る使用料は、不動産所得に該当する。

3．不適切 賃貸アパートを取り壊したことにより生じた損失の金額は、当該貸付が事業的規模で行われている場合、不動産所得の金額の計算上、その取壊損失の金額の全額を、必要経費に算入することができる。貸付が事業的規模でない場合は、その損失の金額を控除する前の不動産所得の金額を限度として必要経費に算入することができる。

4．不適切 国外中古建物の不動産所得に係る損益通算等には特例があり、不動産所得の損失の金額のうち、国外中古建物から生ずる不動産所得の損失の金額はなかったものとみなされる。なお、国外中古建物とは、個人使用または法人の事業用の国外建物であって、個人が取得した不動産所得を生ずべき業務の用に供したもののうち、建物の減価償却費を計算する際の耐用年数を簡便法等により算定しているものをいう。

1．適 切 売価還元法とは、年末棚卸資産に係る通常の販売価額（製品売価など）に原価率（年初棚卸高とその年中の仕入高の合計額を年末棚卸資産の通常の販売価額とその年中の売上高の合計額で除して算定する）を乗じて計算する。

2．適 切 低価法の適用において、時価と比較すべき棚卸資産の取得価額は、購入時の取得価額（原始取得価額）である。たとえば、原始取得価額100万円の商品が本年末に時価80万円となり、低価法により評価額を80万円とした場合において、翌年末の時価と比較すべき取得価額は、本年末の評価額80万円ではなく、原始取得価額の100万円である。なお、この方法を低価法における洗い替え方式という。

3．適 切 棚卸資産の評価方法は、事業の種類ごと、棚卸資産の区分ごとに選定し、所轄税務署長に届け出るが、届出をしない場合には法定評価方法である最終仕入原価法が適用される。

4．不適切 販売用の棚卸資産を自家消費した場合には、原則として、当該棚卸資産の販売価額の70％相当額を総収入金額に算入する。

【問題3】（2021年1月 問26）　　　　　　　　チェック欄☐☐☐☐☐

居住者に係る所得税の不動産所得に関する次の記述のうち、最も不適切なものはどれか。なお、記載のない事項については考慮しないものとする。

1．貸間やアパート等について貸与することができる独立した室数が10室以上である場合や、貸与する独立家屋が5棟以上である場合には、特に反証がない限り、不動産所得を生ずべき当該建物の貸付は事業として行われているものとされる。

2．所有する土地に他者の建物の所有を目的とする借地権を設定し、その対価として当該土地の時価の2分の1以下である権利金を受け取ったことによる収入は、不動産所得の金額の計算上、総収入金額に算入する。

3．所有する賃貸アパートを取り壊したことにより生じた損失の金額は、当該貸付が事業的規模に満たない場合、不動産所得の金額の計算上、その損失の金額を控除する前の不動産所得の金額を限度として必要経費に算入することができる。

4．居住の用に供していた自宅の建物を取り壊して賃貸アパートを建築し、貸付の用に供した場合、自宅の取壊しに要した費用は、不動産所得の金額の計算上、必要経費とはならないが、賃貸アパートの取得価額に算入することができる。

【問題4】（2020年1月 問25）　　　　　　　　チェック欄☐☐☐☐☐

居住者に係る所得税の事業所得に関する次の記述のうち、最も不適切なものはどれか。

1．個人事業主が、事業所得を生ずべき事業の遂行上、取引先に対して貸し付けた貸付金の利子は、事業所得の金額の計算上、総収入金額に算入する。

2．個人事業主が、事業所得を生ずべき事業の用に供している取得価額130万円の車両を売却した場合、事業所得の金額の計算上、当該車両の売却価額を総収入金額に算入し、当該車両の未償却残高を必要経費に算入することができる。

3．個人事業主が、生計を一にする親族が所有する土地を賃借して事業所得を生ずべき事業の用に供している場合、事業所得の金額の計算上、当該親族が納付した当該土地に係る固定資産税に相当する金額を必要経費に算入することができる。

4．個人事業主が、生計を一にする親族が発行済株式の全部を保有する会社が所有する建物を賃借して事業所得を生ずべき事業の用に供している場合において、当該会社に支払った賃借料は、事業所得の金額の計算上、必要経費に算入することができる。

1. **適 切** 建物の貸与については、次のいずれかの基準（5棟10室基準）に該当すれば原則として事業（事業的規模）として行われているものとして取り扱われる。
①アパート等については、貸与することのできる独立した室数がおおむね10室以上
②独立家屋の貸与については、おおむね5棟以上

2. **適 切** 借地権の設定の対価として受け取る権利金は、原則として不動産所得の総収入金額に算入する。なお、受け取った権利金の額がその土地の時価の2分の1を超える場合には、その権利金は譲渡所得となる。

3. **適 切** 賃貸用固定資産の取り壊しに要した費用は、不動産の貸付が事業として行われている場合は、その全額を必要経費に算入できるが、事業的規模ではない場合は、その年分の資産損失を差し引く前の不動産所得の金額を限度として必要経費に算入される。

4. **不適切** 自宅の取り壊し費用は不動産所得の経費にもならず、賃貸アパートの取得価額に算入することもできない。

1. **適 切** 事業の遂行上取引先または使用人に対して貸し付けた貸付金の利子は、事業の遂行に付随して生じた収入として、事業所得の総収入金額となる。

2. **不適切** 事業の用に供している資産であっても、その資産を譲渡した場合には譲渡所得となる。譲渡所得とは、資産の譲渡による所得をいい、譲渡所得の基因となる資産とは、棚卸資産、山林の伐採または譲渡による所得を除く一切の資産をいう。

3. **適 切** 個人事業主が、生計を一にする親族に対しその事業に従事したことその他の事由により対価を支払った場合には、その事業主の事業所得の金額の計算上なかったものとみなされ、必要経費に算入できず、その親族が受け取った対価は総収入金額に算入しない。一方、その親族が支払うべき固定資産税等は事業主の事業所得の金額の計算上、必要経費に算入することができる。

4. **適 切** 法人に対して支払った賃借料は、個人事業主の事業所得の必要経費に算入することができる。

【問題5】（2021年5月 問26）　チェック欄 □□□□□

　居住者に係る所得税の給与所得に関する次の記述のうち、最も適切なものはどれか。

1．交通機関を利用して通勤する給与所得者が、その通勤に必要な費用に充てるものとして通常の給与に加算して受ける通勤手当のうち、経済的かつ合理的と認められる通常の運賃等の額は、月額10万円を上限として非課税とされる。
2．給与所得控除額は、給与等の収入金額に応じて計算されるが、給与等の収入金額が162万5,000円以下である場合は65万円となり、給与等の収入金額が1,000万円を超える場合は220万円となる。
3．給与所得者がその年中に支出した特定支出の額の合計額が給与所得控除額の2分の1相当額を超える場合、「給与所得者の特定支出の控除の特例」の適用を受けることにより、給与所得の金額の計算上、給与等の収入金額から給与所得控除額を控除した残額からその超える部分の金額を控除することができる。
4．給与等の収入金額が850万円を超える給与所得者が23歳未満の扶養親族を有する場合、総所得金額の計算上、給与所得の金額から所得金額調整控除として最大10万円が控除される。

第4章 タックスプランニング　基礎編

1．不適切　非課税とされる通勤手当の上限額は、**月額15万円**である。

2．不適切　給与所得控除額は、給与等の収入金額が162万5,000円以下である場合は**55万円**であり、給与等の収入金額が**850万円を超える場合は195万円**である。

3．適　切　なお、特定支出とは、次の支出（給与等の支払者から補てんされる部分のうち、所得税が課税されない部分の金額を除く）をいう。

① 通勤費
② 転勤に伴う転居費
③ 職務に直接必要な研修費
④ 職務に直接必要な資格取得費
⑤ 単身赴任者の帰宅旅費
⑥ 職務に関連する図書費・衣服費・交際費などの勤務必要経費（65万円を限度とする）

4．不適切　給与等の収入金額が850万円を超える給与所得者が23歳未満の扶養親族を有する場合、次の算式により計算した金額を給与所得の金額から控除する。

$$｛給与等の収入金額（1,000万円を超える場合は1,000万円）-850万円｝×10\%$$

　所得金額調整控除が最大となるのは、給与等の収入金額が1,000万円以上となる場合であり、**15万円**（（1,000万円-850万円）×10％）である。

【問題6】（2022年1月 問26）　　　　　　　　　　　チェック欄☐☐☐☐☐

　居住者に係る所得税の退職所得に関する次の記述のうち、最も不適切なものはどれか。

1．会社員のAさん（55歳）は、勤続25年3カ月で障害者になったことに直接基因して退職することとなり、退職金を受け取った。この場合、退職所得の金額の計算上、退職所得控除額は1,320万円となる。
2．会社員のBさん（65歳）は、退職金の支払を受ける時までに退職所得の受給に関する申告書を支払者に提出した。この場合、その支払われる退職手当等の金額に20.42％の税率を乗じて計算した金額に相当する税額が源泉徴収されるが、確定申告をすることにより、当該税額を精算することができる。
3．会社員のCさん（60歳）は、確定拠出年金の個人型年金の老齢給付金を一時金として一括で受け取った。この場合、老齢給付金として支給される一時金の額が退職所得の収入金額となる。
4．常勤監査役のDさん（64歳）は、上場企業を定年退職した後に入社した関連会社の常勤監査役を勤続4年3カ月で退職し、退職金を受け取った。この場合、特定役員退職手当等として退職所得の金額を計算する。

1．適　切　退職所得控除額は、次のように計算する。

勤続年数（A）	退職所得控除額
20年以下	40万円×A（80万円に満たない場合には80万円）
20年超	800万円＋70万円×（A－20年）

　障害者になったことが直接の原因で退職した場合の退職所得控除額は、上記の方法により計算した額に、100万円を加えた金額となる。

　勤続年数に1年未満の期間がある場合は切り上げる。

　勤続年数：25年3カ月→26年

　退職所得控除額＝800万円＋70万円×（26年－20年）＋100万円＝1,320万円

2．不適切　「退職所得の受給に関する申告書」を提出した場合、適切な額の所得税・復興特別所得税および住民税が源泉徴収されるため、確定申告は不要である。

3．適　切　確定拠出年金の老齢給付金は、一時金として受け取る場合は退職所得として課税される。なお、確定拠出年金の老齢給付金を年金として受け取る場合は、公的年金等の雑所得として総合課税の対象となる。

4．適　切　退職所得＝（退職収入－退職所得控除）×$\dfrac{1}{2}$により計算するが、役員としての勤続年数が5年以下の者が受け取る退職手当等は、特定役員退職手当等となり、上記計算式における$\dfrac{1}{2}$の適用がない。

【問題7】（2023年9月 問25改題）　　　　チェック欄□□□□□

　居住者に係る所得税の退職所得に関する次の記述のうち、最も不適切なものはどれか。なお、特定役員退職手当等および短期退職手当等に該当するものはないものとする。

1．病気により休職をした期間がある者が退職金を受け取った場合、当該退職金の額が勤続期間から休職をした期間を控除した期間に基づき計算されているときであっても、退職所得控除額の計算上、休職をした期間を控除しない勤続期間により勤続年数を計算する。

2．過去に勤務先の子会社に出向していた者が退職金を受け取った場合、当該退職金の額が子会社での勤務期間を通算した期間に基づき計算されているときは、退職所得控除額の計算上、子会社での勤務期間を加えた勤続期間により勤続年数を計算する。

3．同一年中に2カ所の勤務先から退職金を受け取った場合、退職所得の金額は、それぞれの勤務先の勤続年数に基づき、それぞれの退職金について計算された退職所得の金額を合計した額となる。

4．退職金を受け取った者に前年以前4年内に前の勤務先から退職金が支払われていた場合、本年分の退職金に係る勤続期間と前の退職金に係る勤続期間に重複期間があるときは、本年分の退職金に係る勤続年数に基づき算出した退職所得控除額から、重複期間の年数に基づき算出した退職所得控除額相当額を控除した金額が退職所得控除額となる。

【問題8】（2022年9月 問26）　　　　チェック欄□□□□□

　居住者に係る所得税の利子所得と配当所得に関する次の記述のうち、最も適切なものはどれか。なお、記載のない事項については考慮しないものとする。

1．外国銀行の在日支店に預け入れた外貨預金の利子は、利子所得として源泉分離課税の対象となり、外国銀行の海外支店に預け入れた外貨預金の利子は、利子所得として総合課税の対象となる。

2．同一年中に受け取った複数の上場株式の配当について確定申告を行う場合、1銘柄ごとに総合課税または申告分離課税を選択することができる。

3．同一年中にX社株式の配当金20万円とY社株式の配当金20万円を受け取り、X社株式を取得するために要した負債の利子30万円を支払った者が、当該配当について確定申告を行う場合、配当所得の金額は20万円となる。

4．内国法人から支払を受ける上場株式の配当について、確定申告において申告分離課税を選択した場合、配当控除の適用を受けることができる。

1. **適 切** 退職所得控除額を計算する際の勤続年数には、長期欠勤または休職（他に勤務するためのものを除く）の期間も含まれる。

2. **適 切** 退職手当等の支払金額の計算の基礎とする期間のうちに、前に勤務した期間のうちの一部の期間または前に勤務した期間に一定の率を乗ずるなどにより換算をした期間を含めて計算するときは、それぞれ当該一部の期間または当該前に勤務した期間を勤続期間に加算して勤続年数を計算するものとする。

3. **不適切** 同一年中に2以上の退職手当等の支給を受ける場合には、合算した金額が収入金額となる。また、勤続年数は最も長い期間とする。ただし、重複していない期間については最も長い期間に加算する。

4. **適 切** 例えば、A社を退職して退職金の支払いを受けた者が、前年以前4年以内にB社を退職して退職金の支払いを受けていた場合、A社とB社の勤続期間に重複期間があるときは、A社の退職金に係る勤続年数で算出した退職所得控除額から、重複期間で算出した退職所得控除額を控除した金額をA社の退職金の退職所得を計算する際に用いる。

1. **適 切** 外貨預金の利子は利子所得となるが、預け入れた金融機関が日本国内にあるか、国外にあるかによって取り扱いが異なる。日本国内の金融機関の場合は源泉分離課税の対象となり確定申告は不要である。国外の金融機関の場合は源泉徴収は適用されないため総合課税の対象として確定申告が必要である。

2. **不適切** 同一年中に受け取った複数の上場株式の配当について確定申告を行う場合、その申告をする配当所得のすべてについて、総合課税または申告分離課税のいずれかを選択しなければならない。

3. **不適切** 株式を取得するための負債の利子は、当該負債によって取得した株式等の配当等からだけでなく、他の株式等の配当等からも控除できる。本肢の配当所得の金額は、次のとおりである。
20万円（X株式配当）＋20万円（Y株式配当）−30万円（負債の利子）＝10万円

4. **不適切** 配当控除の適用を受けるためには、確定申告において総合課税を選択しなければならない。

【問題9】（2021年9月 問26改題）　　　　　　　　　チェック欄 □□□□□

　居住者に係る所得税の一時所得および雑所得に関する次の記述のうち、最も不適切なものはどれか。なお、記載のない事項については考慮しないものとする。

1．一時払終身保険を契約から4年後に解約した場合、当該解約返戻金は、一時所得の収入金額として総合課税の対象となる。

2．個人年金保険（保証期間付終身年金）の年金受取人が、年金支払開始日後に保証期間分の年金額を一括で受け取った場合、その一時金は、一時所得の収入金額として総合課税の対象となる。

3．暗号資産取引により生じた損益は、その暗号資産取引自体が事業と認められる場合等を除き、雑所得に区分される。

4．2024年中に65歳以上の納税者が受け取った老齢基礎年金の額が78万円である場合、2024年分の所得税において公的年金等に係る雑所得の金額は算出されない。

第**4**章　タックスプランニング　基礎編

1．適　切　一時払終身保険は金融類似商品に該当しないため、その解約返戻金は一時所得の収入金額として総合課税の対象となる。

2．不適切　個人年金保険（保証期間付終身年金）の年金受取人が、年金支払開始日後に保証期間分の年金額を一括で受け取った場合、その一時金は、雑所得として課税の対象となる。

3．適　切　暗号資産取引により生じた損益（邦貨または外貨との相対的な関係により認識される損益）は、その暗号資産取引自体が事業と認められる場合等を除き、雑所得に区分される。なお、暗号資産取引自体が事業と認められる場合とは、暗号資産取引の収入によって生計を立てていることが客観的に明らかである場合等が挙げられる。

4．適　切　2024年分の所得税において、65歳以上の者に係る公的年金等の収入金額が330万円以下である場合、公的年金等控除額は、公的年金等に係る雑所得以外の所得に係る合計所得金額が1,000万円以下である場合は110万円、1,000万円超2,000万円以下である場合は100万円、2,000万円超である場合は90万円である。したがって、65歳以上の納税者が受け取った老齢基礎年金の額が78万円である場合、公的年金等に係る雑所得以外の所得に係る合計所得金額の多寡にかかわらず、公的年金等に係る雑所得の金額は算出されない。

【問題10】（2018年1月 問26改題）　　　　　　　　　チェック欄 ☐☐☐☐☐

　不動産を譲渡したことによる譲渡所得の金額の計算における取得費に関する次の記述のうち、適切なものはいくつあるか。なお、記載のない事項については考慮しないものとする。

（a）Aさんは、2015年4月に父親の相続により土地（取得費は不明）を取得し、相続登記関係費用として30万円を支払った。その後、当該土地を2024年4月に5,000万円で譲渡した。この場合、譲渡所得の金額の計算上、取得費は、概算取得費の250万円に相続登記関係費用の30万円を加算した280万円とすることができる。

（b）Bさんは、1962年4月に自宅建物の所有を目的として借地権を設定し、地主に権利金等の一時金を支払うことなく、地代のみを支払っていた。その後、当該借地権を2024年4月に2,000万円で譲渡した。この場合、借地権設定時に設定の対価を支払っていないため、譲渡所得の金額の計算上、概算取得費控除の適用は受けられない。

（c）Cさんは、2023年4月に父親の相続により複数の土地を取得し、そのうちの一部の土地を2024年4月に3,000万円で譲渡した。この場合、「相続財産に係る譲渡所得の課税の特例」の適用を受けることにより、譲渡所得の金額の計算上、Cさんが納付した相続税額のうち、Cさんが相続により取得したすべての土地に対応する額を取得費に加算することができる。

1．1つ
2．2つ
3．3つ
4．0（なし）

(a) 不適切 概算取得費の適用を受けた場合には、取得費とすることができるのは「譲渡対価の額×5％」のみである。相続登記関係費用を取得費に加算することはできない。

(b) 不適切 無償で取得した借地権を譲渡した場合も概算取得費控除の適用は受けられる。

(c) 不適切 相続税額の取得費加算は、納付した相続税額のうち、譲渡した相続財産に対応する部分の金額を取得費に加算することができる特例である。

したがって、適切なものはなく、正解は**4**となる。

【問題11】（2023年1月　問27）　　　　　　　　　チェック欄 □□□□□

所得税における**各種所得に関する次の記述のうち、最も不適切なもの**はどれか。

1．生命保険契約の収入保障特約において、当該年金受給権を相続により取得した相続人が受け取る毎年の年金額は、課税部分と非課税部分に分けられ、課税部分は雑所得として総合課税の対象となる。

2．居住者の商品先物取引や外国為替証拠金取引の差金決済による所得の金額は、他の所得と区分し、先物取引に係る雑所得等として所得税および復興特別所得税15.315％、住民税5％の税率による申告分離課税となる。

3．勤続年数が4年10カ月で役員等に該当しない者が退職（障害者になったことが退職の直接の原因ではない）し、退職手当として600万円が支払われる場合、退職所得の金額は200万円である。

4．山林を取得してから5年経過後に伐採して譲渡したことによる所得は山林所得となり、5年以内に伐採して譲渡したことによる所得は事業所得または雑所得となる。

【問題11】 正解 **3**

1. 適 切 毎年受け取る年金に係る所得税については、収入金額を非課税部分と課税部分（年金受給権に相当する部分とそれ以外の部分）に振り分けて計算する。なお、年金年額からそれに対応する保険料または掛金の額を控除した残額が25万円以上の場合、10.21％の税率で源泉徴収される。

2. 適 切 居住者の商品先物取引の決済、オプション取引の決済、カバーワラントの差金等決済、外国為替証拠金取引の差金決済などによる所得は、他の所得と区分し、20.315％の税率による申告分離課税の対象となる。

3. 不適切 役員等に該当しない者が5年以下の勤続年数で退職した場合、短期退職手当等に該当し、収入金額から退職所得控除額を控除した額が300万円を超えるときは、その超える部分について2分の1の適用はない。

> 退職所得の金額＝150万円＋｛収入金額－（300万円＋退職所得控除額）｝

勤続年数：4年10カ月→5年（1年未満の端数は1年に切り上げ）

退職所得控除額：40万円×5年＝200万円

収入金額－退職所得控除額：600万円－200万円＝400万円＞300万円

退職所得の金額：150万円＋｛600万円－（300万円＋200万円）｝＝**250万円**

4. 適 切 山林所得は、山林の伐採または譲渡による所得をいう。ただし、保有期間が5年以下の場合は、事業所得または雑所得とされる。

314

3　損益通算・損失の繰越控除

【問題1】（2022年1月 問27改題）　　　　　　　チェック欄☐☐☐☐☐

居住者であるＡさんの2024年分の各種所得の収入金額等が下記のとおりであった場合の総所得金額として、次のうち最も適切なものはどれか。なお、Ａさんは青色申告を行っていないものとし、記載のない事項については考慮しないものとする。

事業所得	個人商店を営むことによる所得
	総収入金額：800万円 必 要 経 費：900万円
不動産所得	賃貸アパートの経営による所得
	総収入金額：700万円 必 要 経 費：640万円（当該所得を生ずべき土地の取得に要した負債の利子10万円を含んだ金額）
一時所得	養老保険（30年満期）の満期保険金を受け取ったことによる所得
	総収入金額：500万円 収入を得るために支出した金額：350万円

1．10万円
2．20万円
3．30万円
4．35万円

第4章　タックスプランニング　基礎編

315

3. が正しい。

各種所得の金額

　　事業所得の金額＝800万円－900万円＝▲100万円

　　不動産所得の金額＝700万円－640万円＝60万円

　　土地取得のための借入金の利子からなる部分の金額は、全額必要経費に算入する。ただし、不動産所得の金額が損失となった場合には、不動産所得の損失の金額のうち、土地取得のための借入金の利子からなる部分の金額は損益通算の対象とならない。

　　一時所得の金額＝500万円－350万円－50万円＝100万円

損益通算

　　60万円（不動産）－100万円（事業）＝▲40万円（事業）

　　100万円（一時）－40万円（事業）＝60万円（一時）

　　総所得金額＝60万円×$\dfrac{1}{2}$＝**30万円**

【問題2】（2022年9月 問28改題）　　　　　　　　チェック欄 □□□□□

　Aさん（居住者）の2024年分の各種所得の収入金額等が下記のとおりであった場合の総所得金額として、次のうち最も適切なものはどれか。なお、記載のない事項については考慮しないものとする。

給与所得	勤務先から給与を受け取ったことによる所得
	収　入　金　額：850万円 給 与 所 得 控 除 額：195万円
譲渡所得	上場株式を譲渡したことによる所得
	総 収 入 金 額：200万円 取得費・譲渡費用：260万円
不動産所得	賃貸アパートの経営による所得
	総 収 入 金 額：200万円 必　要　経　費：240万円（当該所得を生ずべき土地の取得に要した負債の利子40万円を含んだ金額）
一時所得	生命保険（保険期間20年）の満期保険金を受け取ったことによる所得
	総 収 入 金 額：1,100万円 収入を得るために支出した金額：1,000万円

1．620万円

2．640万円

3．680万円

4．705万円

3. が正しい。

・各種所得の金額の計算

　給与所得＝850万円－195万円＝655万円

　上場株式の譲渡所得＝200万円－260万円＝▲60万円

　不動産所得＝200万円－240万円＝▲40万円

　一時所得＝1,100万円－1,000万円－50万円（特別控除額）＝50万円

・損益通算

　不動産所得の損失の金額（40万円）のうち、土地の取得に要した負債の利子（40万円）は損益通算の対象外。また、上場株式を譲渡したことによる所得は、損益通算の対象外。

・総所得金額

　一時所得の金額の2分の1を総所得金額に算入する。

　$655万円（給与所得）＋50万円 \times \dfrac{1}{2}（一時所得）＝680万円$

【問題3】（2020年9月 問27改題）　　　　　　　チェック欄 ☐☐☐☐☐

居住者であるAさんの2024年分の各種所得の収入金額等が下記のとおりであった場合の総所得金額として、次のうち最も適切なものはどれか。なお、Aさんは青色申告を行っていないものとし、記載のない事項については考慮しないものとする。

事業所得	個人商店を営むことによる所得
	総収入金額：750万円 必要経費：830万円
不動産所得	賃貸アパートの経営による所得
	総収入金額：680万円 必要経費：620万円（当該所得を生ずべき土地の取得に要した負債の利子20万円を含んだ金額）
譲渡所得	上場株式を譲渡したことによる所得
	総収入金額：290万円 取得費等：300万円
一時所得	変額個人年金保険（終身年金）の解約返戻金を受け取ったことによる所得
	総収入金額：320万円 収入を得るために支出した金額：200万円

1．15万円
2．20万円
3．25万円
4．35万円

3. が正しい。

各種所得の金額

　　事業所得：750万円 − 830万円 ＝ ▲80万円

　　不動産所得：680万円 − 620万円 ＝ 60万円

　　土地取得のための借入金の利子からなる部分の金額は、全額必要経費に算入する。ただし、不動産所得の金額が損失となった場合には、不動産所得の損失の金額のうち、土地取得のための借入金の利子からなる部分の金額は損益通算の対象とならない。

　　上場株式等に係る譲渡所得：290万円 − 300万円 ＝ ▲10万円

　　上場株式を譲渡した場合の譲渡所得の損失は、申告分離課税を選択した配当所得以外の所得とは損益通算できない。

　　一時所得：320万円 − 200万円 − 50万円（特別控除）＝ 70万円

　　事業所得の損失の金額は、まず経常所得の金額から控除する。

　　60万円（不動産）− 80万円（事業）＝ ▲20万円（事業）

　　経常所得から引ききれない事業所得の損失の金額は、一時所得の金額から控除する。

　　70万円（一時）− 20万円（事業）＝ 50万円（一時）

　　一時所得は2分の1を総所得金額に算入する。

$$50万円 \times \frac{1}{2} = \textbf{25万円}$$

【問題4】（2024年1月 問27） チェック欄 ☐☐☐☐☐

所得税の損益通算に関する次の記述のうち、最も適切なものはどれか。

1．不動産所得の金額の計算上生じた損失の金額は、給与所得の金額と一時所得の金額がある場合、最初に一時所得の金額から控除する。
2．総合課税の対象となる譲渡所得の金額の計算上生じた損失の金額は、事業所得の金額と一時所得の金額がある場合、最初に一時所得の金額から控除する。
3．一時所得の金額の計算上生じた損失の金額は、不動産所得の金額と総合課税の対象となる譲渡所得の金額がある場合、最初に譲渡所得の金額から控除する。
4．山林所得の金額の計算上生じた損失の金額は、給与所得の金額と退職所得の金額がある場合、最初に退職所得の金額から控除する。

【問題5】（2010年11月 問32） チェック欄 ☐☐☐☐☐

所得税の確定申告において純損失の繰越控除と雑損失の繰越控除の適用を受ける場合、次の記述のうち、最も適切なものはどれか。

1．青色申告者について、同じ年に純損失の金額と雑損失の金額が発生した場合、翌年の申告にあたっては純損失の金額を優先して控除しなければならない。また、繰越控除の適用を受けるためには、損失の生じた翌年以後においても連続して青色申告による確定申告書を提出しなければならない。
2．青色申告者について、同じ年に純損失の金額と雑損失の金額が発生した場合、翌年の申告にあたっては純損失の金額を優先して控除しなければならない。また、繰越控除の適用を受けるためには、損失の生じた翌年以後においては連続して確定申告書を提出しなければならないが、青色申告である必要はない。
3．青色申告者について、同じ年に純損失の金額と雑損失の金額が発生した場合、翌年の申告にあたっては雑損失の金額を優先して控除しなければならない。また、繰越控除の適用を受けるためには、損失の生じた翌年以後においても連続して青色申告による確定申告書を提出しなければならない。
4．青色申告者について、同じ年に純損失の金額と雑損失の金額が発生した場合、翌年の申告にあたっては雑損失の金額を優先して控除しなければならない。また、繰越控除の適用を受けるためには、損失の生じた翌年以後においては連続して確定申告書を提出しなければならないが、青色申告である必要はない。

第4章 タックスプランニング 基礎編

1. 不適切 不動産所得の金額の計算上生じた損失の金額は、給与所得の金額と一時所得の金額がある場合には、まず不動産所得の金額と同じく経常所得に属する給与所得の金額から控除し、なお控除しきれない場合には一時所得の金額から控除する。

2. 適 切 総合課税の対象となる譲渡所得の金額の計算上生じた損失の金額は、事業所得の金額と一時所得の金額がある場合には、まず、一時所得の金額から控除し、なお控除しきれない場合には事業所得の金額から控除する。

3. 不適切 一時所得の金額の計算上生じた損失の金額は、他の所得の金額から控除することはできない。

4. 不適切 山林所得の金額の計算上生じた損失の金額は、経常所得、譲渡所得、一時所得および退職所得の順で損益通算を行う。したがって、給与所得の金額と退職所得の金額がある場合には、まず給与所得の金額と通算し、なお、控除しきれないときは、退職所得の金額から控除する。

1. 不適切 純損失の繰越控除と雑損失の繰越控除の両方の適用がある場合には、純損失の繰越控除を先に行う。

〈純損失の繰越控除〉

・損失発生年が、青色申告であれば、純損失の金額の全額が控除される。

・繰越控除を受けるためには毎年確定申告書の提出が必要であるが、控除を受ける年は青色申告、白色申告どちらでもかまわない。

〈雑損失の繰越控除〉

・青色申告、白色申告どちらでも適用がある。

　したがって繰越控除を受ける場合、「連続して青色申告書を提出しなければならない」という部分が不適切である。

2. 適 切

3. 不適切 純損失の繰越控除を優先して行う。控除を受ける年は白色申告でもかまわない。

4. 不適切 純損失の繰越控除を優先して行う。後半は適切である。

【問題6】（2023年9月 問26）　　　　　　　　　　チェック欄 ▢▢▢▢▢

「特定居住用財産の譲渡損失の損益通算及び繰越控除」（以下、「**本特例**」という）に関する次の記述のうち、最も適切なものはどれか。

1．居住しなくなった家屋を譲渡する場合、居住しなくなった日以後3年を経過する日の属する年の12月31日までの間に譲渡しなければ、本特例の適用を受けることはできない。
2．居住しなくなった家屋を取り壊し、その敷地を譲渡する場合、取り壊した家屋およびその敷地の所有期間が、居住しなくなった日の属する年の1月1日において5年を超えていなければ、本特例の適用を受けることはできない。
3．合計所得金額が3,000万円を超える年分については、本特例による損益通算の適用を受けることはできない。
4．本特例の対象となる譲渡損失の金額は、譲渡に係る契約を締結した日の前日における当該譲渡資産に係る住宅借入金等の金額が限度となる。

1. 適 切 なお、居住しなくなった家屋が災害により滅失した場合は、居住しなくなった日から3年を経過する日の属する年の12月31日までの間に、当該家屋の敷地の用に供されていた土地等を譲渡したときは、居住用財産の譲渡に該当するものとして本特例の適用を受けることができる。

2. 不適切 居住しなくなった家屋を取り壊し、その敷地を譲渡する場合、取り壊した家屋およびその敷地の所有期間が、取り壊した日の属する年の1月1日において5年を超えていなければ、本特例の適用を受けることはできない。

3. 不適切 合計所得金額が3,000万円を超える年分については、本特例による損益通算の適用を受けることはできる。ただし、繰越控除の適用を受けることはできない。

4. 不適切 本特例の対象となる譲渡損失の金額は、譲渡に係る契約を締結した日の前日における当該譲渡資産に係る住宅借入金等の金額から譲渡価額を控除した残額が限度となる。

【問題1】（2020年9月 問28）　　　　　　　　チェック欄 ☐☐☐☐☐

居住者に係る所得税の雑損控除に関する次の記述のうち、最も適切なものはどれか。

1. 会社員である納税者が、所有する生活に通常必要な資産について詐欺によって一定額以上の損失が生じた場合、確定申告をすることにより、雑損控除の適用を受けることができる。
2. 個人事業主である納税者が、所有する事業用固定資産について災害によって一定額以上の損失が生じた場合、確定申告をすることにより、雑損控除の適用を受けることができる。
3. 雑損控除の控除額は、災害関連支出がない場合、損害金額（保険金等により補填される金額を除く）からその年分の総所得金額等の合計額の5％相当額を控除して計算される。
4. 雑損控除としてその年分の総所得金額等から控除しきれなかったことによる雑損失の金額は、翌年以後最長で3年間繰り越して、翌年以後の総所得金額等から控除することができる。

【問題1】 正解 **4**

1. 不適切 詐欺、恐喝による損失が生じた場合、雑損控除の適用を受けることはできない。

2. 不適切 雑損控除が適用される資産は、生活に通常必要な住宅、家具、衣類などの資産および現金である。事業用固定資産につき損失が発生しても、雑損控除の適用を受けることはできない。

3. 不適切 災害関連支出がない場合、損害金額（保険金等により補塡される金額を除く）からその年分の総所得金額等の合計額の10％相当額を控除した額が雑損控除の控除額となる。

4. 適 切 雑損失の繰越控除は、青色申告であるか白色申告であるかを問わず、翌年以後最長で3年間、適用を受けることができる。

【問題2】 (2021年9月 問27)　チェック欄 ☐☐☐☐☐

居住者に係る所得税の所得控除に関する次の記述のうち、最も**不適切なもの**はどれか。なお、**各選択肢において、ほかに必要な要件等はすべて満たしているものとする。**

1. 納税者が生計を一にする長女に係る医療費を支払った場合、その支払った医療費は納税者の医療費控除の対象となる。
2. 納税者が生計を一にする長女に係る国民年金の保険料を支払った場合、その支払った保険料は納税者の社会保険料控除の対象となる。
3. 納税者が生計を一にする配偶者に係る確定拠出年金の個人型年金加入者掛金を支払った場合、その支払った掛金は納税者の小規模企業共済等掛金控除の対象となる。
4. 納税者が、生計を一にする配偶者が有する家屋を目的とした地震保険の保険料を支払った場合、その支払った保険料は納税者の地震保険料控除の対象となる。

1. 適 切 医療費控除は、納税者の医療費に限らず、同一生計の配偶者その他の親族の医療費を支払った場合も適用を受けることができる。

2. 適 切 社会保険料控除は、納税者の社会保険料に限らず、同一生計の配偶者その他の親族の負担すべき社会保険料を支払った場合も適用を受けることができる。

3. 不適切 納税者が生計を一にする配偶者に係る確定拠出年金の個人型年金加入者掛金を支払った場合でも、その支払った掛金は配偶者の小規模企業共済等掛金控除の対象となるため、納税者の小規模企業共済等掛金控除の対象とすることはできない。

4. 適 切 地震保険料控除は、納税者または同一生計の配偶者その他の親族の有する居住家屋または生活用動産を保険の目的とする地震保険契約の保険料が対象となる。

【問題3】 (2021年1月 問27改題)　　　　　　　　　チェック欄 ☐☐☐☐☐

　居住者であるAさんが2024年中に支払った所得税の医療費控除の対象となる金額が下記のとおりであった場合、Aさんが適用を受けることができる医療費控除の最大控除額として、次のうち最も適切なものはどれか。

　なお、Aさんの2024年分の総所得金額等の合計額は600万円であるものとし、「特定一般用医薬品等購入費を支払った場合の医療費控除の特例」の適用要件は満たしているものとする。また、保険金等で補填される金額はなく、記載のない事項については考慮しないものとする。

〈Aさんが2024年中に支払った医療費等の金額〉
(1)　Aさんの入院に伴って病院に支払った費用
　　5万円
(2)　Aさんの通院に伴って病院に支払った費用
　　2万円
(3)　Aさんの通院のための電車賃・バス賃（交通費）
　　1万円
(4)　Aさんが医薬品の購入のために薬局に支払った費用
　　3万円（全額が特定一般用医薬品等購入費に該当する）

1．1万円
2．1万8,000円
3．2万8,000円
4．3万円

第4章　タックスプランニング　基礎編

2. が正しい。

　医療費控除は、従来の医療費控除と「特定一般用医薬品等購入費を支払った場合の医療費控除の特例」（セルフメディケーション税制）の選択適用となる。本問の場合、セルフメディケーション税制が適用できる。セルフメディケーション税制とは、対象となる医薬品の購入費用が1万2,000円を超えたときは、その超える部分の金額（8万8,000円を限度とする）を控除することができるというものである。

　医療費控除額 = 3万円(医薬品購入費用) − 1万2,000円 = **1万8,000円**

　なお、従来の医療費控除は、支払った医療費の額の合計額が10万円と総所得金額の5％とのいずれか低い金額を超えた場合にその超えた部分の金額を控除できるというものであるが、本問の場合、セルフメディケーション税制を選択した方が有利となる。

【問題4】（2021年9月 問29）　　　　　　　　　チェック欄 □□□□□

「ふるさと納税ワンストップ特例制度」（以下、「本制度」という）に関する次の記述のうち、最も不適切なものはどれか。なお、記載のない事項については考慮しないものとする。

1．寄附者が1年間に5団体を超える自治体に対して寄附を行った場合、本制度の適用を受けることができない。
2．給与所得者のうち、最初の年分の住宅借入金等特別控除の適用を受けるために所得税の確定申告を行う者は、本制度の適用を受けることができない。
3．本制度の適用を受けるためには、「寄附金税額控除に係る申告特例申請書」を寄附者本人の住所地の市町村（特別区を含む）に提出しなければならない。
4．本制度の適用を受けた場合、所得税からの還付は発生せず、翌年度分の住民税から控除される。

【問題5】（2022年1月 問28）　　　　　　　　　チェック欄 □□□□□

居住者に係る所得税の所得控除に関する次の記述のうち、最も不適切なものはどれか。

1．居住者と生計を一にする扶養親族が特別障害者で、居住者との同居を常況としている者である場合、その者に係る障害者控除の額は75万円である。
2．青色申告者の配偶者で青色事業専従者として給与の支払を受ける者、または白色申告者の配偶者で事業専従者に該当する者は、その者の合計所得金額の多寡にかかわらず、控除対象配偶者または老人控除対象配偶者には該当しない。
3．夫と死別後に婚姻していない者が寡婦控除の適用を受けるためには、扶養親族を有すること、居住者本人の合計所得金額が500万円以下であること、居住者本人と事実上婚姻関係と同様の事情にあると認められる一定の人がいないことの3つの要件を満たす必要がある。
4．現に婚姻していない者がひとり親控除の適用を受けるためには、総所得金額等が48万円以下の生計を一にする子を有すること、居住者本人の合計所得金額が500万円以下であること、居住者本人と事実上婚姻関係と同様の事情にあると認められる一定の人がいないことの3つの要件を満たす必要がある。

第4章　タックスプランニング　基礎編

1. **適 切** 本制度の適用を受けるためには、1年間の寄附先を5団体以下とする必要がある。

2. **適 切** 本制度の適用を受けることができる者は、確定申告を行う必要のない給与所得者や年金所得者である。

3. **不適切** 本制度の適用を受けるためには、寄附の都度、寄附先の自治体に「寄附金税額控除に係る申告特例申請書」を提出しなければならない。

4. **適 切** 本制度の適用を受けた場合、所得税における所得控除は適用されず、すべて住民税からの控除となり、所得税の控除分相当額が翌年の住民税から控除される。

1. **適 切** 居住者本人、居住者の同一生計配偶者または扶養親族が障害者の場合には障害者控除を受けることができる。なお、障害者控除は、扶養控除の適用がない16歳未満の扶養親族を有する場合も受けることができる。

区分	控除額
一 般 障 害 者	27万円
特 別 障 害 者	40万円
同居特別障害者	75万円

2. **適 切** 配偶者が、青色事業専従者または白色事業専従者として給与の支払いを受けている場合には、配偶者控除も配偶者特別控除も受けられない。

3. **不適切** 夫と死別した後に婚姻をしていない者が寡婦控除を受ける場合、扶養親族の要件はない。夫と離婚した者が寡婦控除の適用を受けるためには、①離婚後婚姻をしていない、②扶養親族がいる、③合計所得金額が500万円以下であるという3つの要件を満たすことが必要である。なお、寡婦控除の控除額は27万円である。

4. **適 切** 婚姻をしていない者が、①総所得金額等が48万円以下の同一生計の子がいる、②本人の合計所得金額が500万円以下である、③事実上婚姻関係と同様の事情にあると認められる者がいないという3つの要件を満たした場合には、ひとり親控除として35万円が控除される。

【問題6】 (2021年5月 問28)　　　　　　　　　チェック欄 □□□□□

　居住者に係る所得税の所得控除に関する次の記述のうち、適切なものはいくつある
か。

（a）合計所得金額が1,000万円を超える納税者は、配偶者の合計所得金額の多寡にか
　かわらず、配偶者控除および配偶者特別控除のいずれの適用も受けることができな
　い。
（b）扶養控除の対象となる扶養親族は、納税者と生計を一にする親族（納税者の配
　偶者を除く）のうち、合計所得金額が38万円以下で、16歳以上の者である。
（c）ひとり親控除は、現に婚姻をしていない納税者で、生計を一にする子を有し、合
　計所得金額が500万円以下である者が適用を受けることができ、その控除額は38万
　円である。
（d）基礎控除は、すべての納税者が適用を受けることができ、その控除額は、納税
　者の合計所得金額の多寡にかかわらず、一律48万円である。

1．1つ
2．2つ
3．3つ
4．4つ

【問題7】 (2019年1月 問28)　　　　　　　　　チェック欄 □□□□□

　居住者に係る所得税の所得控除に関する次の記述のうち、**最も不適切なもの**はどれ
か。

1．「特定一般用医薬品等購入費を支払った場合の医療費控除の特例」による控除額
　は、納税者がその年中に支払った特定一般用医薬品等購入費（保険金等により補て
　んされる部分の金額を除く）の合計額であり、8万8,000円が上限となる。
2．納税者の合計所得金額が1,000万円を超えている場合は、配偶者の合計所得金額
　の多寡にかかわらず、配偶者控除および配偶者特別控除のいずれの適用も受けるこ
　とはできない。
3．納税者の控除対象扶養親族が一定の障害者に該当する場合、納税者は、当該控除
　対象扶養親族に係る扶養控除と障害者控除の適用を受けることができる。
4．年の中途で死亡した納税者の準確定申告において配偶者控除の対象となった者
　は、所定の要件を満たせば、その後その年中において他の納税者の控除対象配偶者
　や控除対象扶養親族となることができる。

(a) 適 切 配偶者控除または配偶者特別控除の適用を受けるためには、納税者の合計所得金額は1,000万円以下でなければならない。

(b) 不適切 扶養控除の対象となる扶養親族の合計所得金額は、48万円以下でなければならない。

(c) 不適切 ひとり親控除の控除額は**35万円**である。なお、ひとり親控除は、合計所得金額が500万円以下の者で、次の①および②の要件を満たす場合に適用を受けることができる。

① 現に婚姻をしていないことまたは配偶者の生死が不明であること

② 生計を一にする子（総所得金額等の合計額が48万円以下）を有していること

(d) 不適切 基礎控除の適用を受けるためには、合計所得金額が2,500万円以下でなければならない。

以上より、適切なものは1つであり、正解は**1**となる。

1．不適切 「特定一般用医薬品等購入費を支払った場合の医療費控除の特例」は、納税者がその年中に支払った特定一般用医薬品等購入費（保険金等により補てんされる部分の金額を除く）の合計額が1万2千円を超える場合に、その超える部分の金額（8万8,000円を限度とする）を控除することができる。

2．適 切 配偶者控除および配偶者特別控除は、いずれも納税者の合計所得金額が1,000万円以下でなければ適用を受けることができない。

3．適 切 障害者控除は、納税者本人が障害者である場合だけでなく、扶養親族が障害者である場合にも適用を受けることができる。扶養親族については、扶養控除の適用がない16歳未満の扶養親族を有する場合でも障害者控除を受けることができる。

4．適 切 年の中途で納税者が死亡した場合には、その死亡した時において控除対象配偶者や控除対象扶養親族に該当する者がいるときは、配偶者控除や扶養控除を受けることができる。また、その死亡した者の控除対象配偶者や控除対象扶養親族とされた者が、その年の12月31日において他の納税者の控除対象配偶者や控除対象扶養親族に該当する場合には、その納税者が配偶者控除や扶養控除を受けることができる。

5 　税額控除

【問題 1 】 (2018年 9 月　問28)　　　　　　　　　　　　チェック欄☐☐☐☐☐

　居住者に係る所得税の配当控除に関する次の記述のうち、最も適切なものはどれか。

1．J-REIT（不動産投資信託）の分配金に係る配当所得については、確定申告により総合課税を選択することにより、配当控除の適用を受けることができる。
2．内国法人から支払を受ける非上場株式の配当に係る配当所得については、確定申告により総合課税を選択したとしても、配当控除の適用を受けることはできない。
3．上場株式の配当に係る配当所得について配当控除の適用を受ける場合、控除額は、課税総所得金額が1,000万円以下である場合は配当所得の金額の10％相当額となり、課税総所得金額が1,000万円を超える場合は配当所得の金額の 5 ％相当額となる。
4．総所得金額の計算にあたって配当所得の金額と他の所得の金額を損益通算していた場合であっても、配当控除の控除額を計算する際の配当所得の金額は、損益通算する前の配当所得の金額によることとなる。

【問題 2 】 (2021年 5 月　問29改題)　　　　　　　　　　　チェック欄☐☐☐☐☐

　居住者であるＡさんの2024年分の所得の金額等が下記のとおりであった場合の所得税の配当控除の額として、最も適切なものはどれか。なお、配当所得は、東京証券取引所に上場している国内株式の配当を受け取ったことによる所得で、総合課税を選択したものとする。また、記載のない事項については考慮しないものとする。

配当所得の金額	：255万円
不動産所得の金額	：890万円
所得控除の額の合計額	：135万円

1．12万7,500円
2．18万2,500円
3．25万円
4．25万5,000円

1．不適切 J-REIT（不動産投資信託）の投資法人では法人税が非課税であるため、分配金に所得税が課されても二重課税にならない。したがって、配当控除の適用を受けることができない。

2．不適切 非上場株式の配当に係る配当所得でも、確定申告により総合課税を選択すると、配当控除の適用を受けることができる。

3．不適切 課税総所得金額等が1,000万円を超える場合の配当控除額は、次の①および②の合計額となる。

　① 配当所得の金額のうち、課税総所得金額等から1,000万円を控除した金額に達するまでの金額の5％

　② 配当所得の金額のうち、①以外の金額の10％

4．適 切 配当所得と他の赤字の所得の金額を損益通算をした場合でも、損益通算前の配当所得の金額で配当控除の計算をする。

配当控除の額は次のように計算する。

(1) 課税総所得金額等が1,000万円以下の場合

　配当控除の額＝配当所得の金額×10％

(2) 課税総所得金額等が1,000万円超の場合

　配当控除の額＝①×10％＋②×5％

　① 配当所得の金額－（課税総所得金額等－1,000万円）

　② 配当所得の金額－①

〈計算〉

(1) 課税総所得金額等（所得控除後の金額）

　255万円＋890万円－135万円＝1,010万円＞1,000万円

(2) 配当控除の額

　① 255万円－（1,010万円－1,000万円）＝245万円

　② 255万円－245万円＝10万円

　③ ①×10％＋②×5％＝**25万円**

【問題3】（2022年9月 問30改題）　　　　　　　チェック欄□□□□□

　2024年中に新築住宅を取得し、同月中に入居した居住者（子育て特例対象個人ではない）が適用を受ける住宅借入金等特別控除に関する次の記述のうち、最も不適切なものはどれか。なお、いずれも2023年中に建築確認を受けているものとする。また、ZEH水準省エネ住宅とは、租税特別措置法第41条第10項第3号に規定する特定エネルギー消費性能向上住宅をいう。

1．取得した住宅が一般住宅（認定住宅等に該当しない住宅）に該当する場合、住宅借入金等特別控除の適用を受けることができる控除期間は、最長10年間である。
2．取得した住宅が認定長期優良住宅に該当する場合、住宅借入金等特別控除による各年の控除額は、住宅借入金等の年末残高等に0.7％を乗じた金額であり、最大31万5,000円となる。
3．取得した住宅がZEH水準省エネ住宅に該当する場合、住宅借入金等特別控除による各年の控除額は、住宅借入金等の年末残高等に0.7％を乗じた金額であり、最大24万5,000円となる。
4．取得した住宅の床面積が120㎡である場合、住宅借入金等特別控除の適用を受けるためには、納税者のその年分の合計所得金額が3,000万円以下でなければならない。

第4章　タックスプランニング　基礎編

1. 適 切 2023年中に建築確認を受けている場合において、2024年中に新築の一般住宅を取得したときの控除期間は最長10年である。なお、2024年中に中古住宅を取得し、同月中に入居した居住者が住宅借入金等特別控除の適用を受ける場合も、控除期間は最長10年間である。

2. 適 切 2024年中に新築の認定長期優良住宅を取得し、入居した居住者が住宅借入金等特別控除の適用を受ける場合、2024年末のローン残高限度額は4,500万円、控除率は0.7％であるため、最大控除額は31万5,000円（＝4,500万円×0.7％）である。

3. 適 切 2024年中に新築のZEH水準省エネ住宅を取得し、入居した居住者が住宅借入金等特別控除の適用を受ける場合、2024年末のローン残高限度額は3,500万円、控除率は0.7％であるため、最大控除額は24万5,000円（＝3,500万円×0.7％）である。

4. 不適切 床面積が50㎡以上である場合、合計所得金額は2,000万円以下でなければならない。なお、床面積が40㎡以上50㎡未満である場合、合計所得金額は1,000万円以下でなければならない。

【**問題4**】（2024年1月　問29改題）　　　　　　　チェック欄◻︎◻︎◻︎◻︎◻︎

　住宅借入金等特別控除に関する次の記述のうち、最も不適切なものはどれか。な
お、各選択肢において、ほかに必要とされる要件等はすべて満たしているものとす
る。また、子育て特例対象個人には該当しないものとし、いずれも2023年中に建築
確認を受けているものとする。

1．住宅（床面積100㎡）を取得した場合において、控除を受ける年分の合計所得金
　額が2,000万円以下でなければ、住宅借入金等特別控除の適用を受けることができ
　ない。
2．店舗併用住宅を取得した場合において、その床面積の2分の1以上に相当する部
　分が専ら居住の用に供されなければ、住宅借入金等特別控除の適用を受けることが
　できない。
3．住宅を取得して居住を開始した年に勤務先からの転任命令により転居し、その年
　の12月31日において当該住宅に居住していなかった場合、当該住宅に再び居住した
　日の属する年以後、残存控除期間について、住宅借入金等特別控除の適用を受ける
　ことができる。
4．認定住宅等以外の一般の新築住宅に係る住宅借入金等特別控除について、2024年
　中に居住を開始した場合、控除額は住宅ローンの年末残高3,000万円までにつき控
　除率0.7％で計算され、控除期間は最長で10年となる。

第4章　タックスプランニング　基礎編

【問題4】 正解 **4**

1. 適 切 床面積50㎡以上の住宅を取得した場合には、控除を受ける年分の合計所得金額が2,000万円以下でなければ、住宅借入金等特別控除の適用を受けることができない。

2. 適 切 店舗併用住宅を取得した場合には、その床面積の2分の1以上が居住用であれば、住宅借入金等特別控除の適用を受けることができる。

3. 適 切 勤務先からの転任命令などにより転居し、その年の12月31日において住宅に居住していなかった場合においては、再入居した日の属する年以後、残存控除期間について、住宅借入金等特別控除の適用を受けることができる。

4. 不適切 認定住宅等以外の一般の新築住宅に係る住宅借入金等特別控除について、2024年以降に居住を開始した場合には、原則として住宅借入金等特別控除の適用を受けることはできない。ただし、2024年中に居住を開始した場合であっても、2023年中に建築確認を受けている場合などには、住宅借入金等特別控除の適用を受けることができる。この場合には、控除額は住宅ローンの年末残高2,000万円までにつき控除率0.7％で計算され、控除期間は最長で10年となる。

【問題5】（2017年1月 問28改題）　　　　　　　　　　　チェック欄 □□□□□

「既存住宅に係る特定の改修工事をした場合の所得税額の特別控除」（租税特別措置法第41条の19の3）に関する次の記述のうち、**最も適切なもの**はどれか。

1．「高齢者等居住改修工事等に係る税額控除」は、一定のバリアフリー改修工事を行う者が50歳以上である者または介護保険法に規定する要介護または要支援の認定を受けている者である場合に限り、適用を受けることができる。

2．「多世帯同居改修工事等に係る税額控除」の適用対象となる多世帯同居改修工事等とは、改修工事に要した費用（補助金等の交付を受ける場合には、その額を控除した後の金額）が100万円を超えるものとされている。

3．「多世帯同居改修工事等に係る税額控除」の控除額は、多世帯同居改修工事等に係る標準的な費用額の10％相当額で、30万円が限度とされている。

4．「高齢者等居住改修工事等に係る税額控除」「一般断熱改修工事等に係る税額控除」「多世帯同居改修工事等に係る税額控除」のいずれも、改修工事を行った年分の納税者の合計所得金額が2,000万円を超える場合には、適用を受けることができない。

第4章 タックスプランニング **基礎編**

1. 不適切 バリアフリー改修工事を行った場合の、既存住宅に係る特定の改修工事をした場合の所得税額の特別控除の適用を受けることができるのは次のいずれかに該当する者である。

① 50歳以上の者

② 介護保険法に規定する要介護または要支援の認定を受けている者

③ 所得税法上の障害者である者

④ 65歳以上の親族または上記②もしくは③に該当する親族と同居を常況としている者

2. 不適切 適用対象となる工事とは、多世帯同居改修工事等に係る標準的な費用の額が50万円（補助金等の交付を受ける場合には、その補助金等の額を差し引いた金額）を超えるものをいう。

3. 不適切 標準的な費用相当額は250万円を限度とし、控除率は10％である。控除限度額は、250万円×10％＝25万円となる。

4. 適 切 いずれの控除も合計所得金額が2,000万円を超える場合には適用を受けることができない。なお、2024年度税制改正により「子育て対応改修工事等に係る税額控除」が新設されているが、この適用についても合計所得金額が2,000万円を超える場合には除外される。

【問題6】（2023年1月 問28）

　所得税の雑損控除および災害被害者に対する租税の減免、徴収猶予等に関する法律（以下、「災害減免法」という）に関する次の記述のうち、最も適切なものはどれか。なお、記載のない事項については考慮しないものとする。

1．災害のうち、火災、風水害、雪害、干害などの異常気象による災害や、害虫、害獣などの生物による異常な災害によって被った損失は雑損控除の対象となるが、地震および噴火によって被った損失は雑損控除の対象とならない。
2．災害によって自己の所有する住宅について生じた損失の金額が400万円（うち災害関連支出の金額が100万円）である場合、被害を受けた年分の総所得金額等が700万円である居住者が雑損控除の適用を受けるときは、雑損控除の控除額は330万円である。
3．災害によって自己の所有する住宅（時価1,500万円）について生じた損害金額が1,000万円である場合、被害を受けた年分の合計所得金額が700万円である居住者が災害減免法の適用を受けるときは、当該年分の所得税額の全額が免除される。
4．雑損控除の控除額がその年分の所得金額から控除しきれない場合、所定の要件を満たす青色申告者については、控除しきれない額を前年分の所得に繰り戻して控除し、前年分の所得税額の還付を請求することができる。

1. 不適切 地震および噴火によって被った損失も雑損控除の対象となる。

2. 適 切 雑損控除の控除額の計算は次のいずれか多い金額である。

　① 損失額（災害関連支出を含む）－総所得金額等×10％

　② 損失額のうち災害関連支出－5万円

　　400万円－700万円×10％＝330万円＞100万円－5万円＝95万円　∴　330万円

3. 不適切 本問の場合、軽減されるのは所得税の額の2分の1である。

災害により住宅・家財に損害を受けた場合には、①所得金額の合計が1,000万円以下である、かつ、②災害により受けた損害額が住宅・家財の時価の2分の1以上であるときは、災害減免法の適用により、以下の所得税額の減免を受けることができる。

所得金額の合計額	軽減または免除される所得税の額
500万円以下	所得税の額の全額
500万円超　750万円以下	所得税の額の2分の1
750万円超　1,000万円以下	所得税の額の4分の1

4. 不適切 雑損控除の控除額がその年分の所得税額から控除しきれない場合は、翌年以後3年間繰り越して、各年分の所得金額から控除することができる。これを雑損失の繰越控除といい、青色申告か白色申告かを問わず適用を受けることができる。

【問題7】 (2016年9月 問28)　　　　　　　　チェック欄 ☐☐☐☐☐

　所得税の雑損控除および災害被害者に対する租税の減免、徴収猶予等に関する法律（以下、「災害減免法」という）に関する次の記述のうち、最も適切なものはどれか。

1. 雑損控除の対象となる損失の発生原因としての災害は、風水害、雪害、干害などの異常気象による災害、火災、害虫、害獣などの生物による異常な災害に限定されており、地震および噴火によって被った損失は雑損控除の対象とならない。
2. 雑損控除の控除額は、災害関連支出がない場合、損害金額（保険金等により補てんされる金額を除く）から総所得金額等の合計額の5％相当額を差し引いて計算される。
3. 雑損控除の控除額がその年分の所得金額から控除しきれない場合、所定の要件を満たす青色申告者については、控除しきれない額を前年分の所得に繰り戻して控除し、前年分の所得税額の還付を請求することができる。
4. 災害によって自己の所有に係る住宅や家財について生じた損害金額（保険金等により補てんされる金額を除く）がその時価の2分の1以上で、かつ、被害を受けた年分の合計所得金額が500万円以下である者が災害減免法の適用を受けた場合、当該年分の所得税額の全額が免除される。

第4章　タックスプランニング　基礎編

1．不適切 地震および噴火によって被った損失も雑損控除における「災害」に該当する。

2．不適切 雑損控除の控除額は、災害関連支出がない場合、損害金額（保険金等により補填される金額を除く）から総所得金額等の合計額の10％相当額を差し引いて計算する。

3．不適切 雑損失の金額については、青色申告者に限らず、白色申告者でも3年間繰り越して控除することができる。雑損控除には繰戻還付の制度はない。

4．適 切 災害により住宅、家財に損害を受けた場合に、①所得金額の合計が1,000万円以下であり、かつ②災害によって受けた損害額が住宅・家財の価額の時価の2分の1以上であるときは、災害減免法の適用により、以下の所得税額の減免を受けることができる。なお、雑損控除と災害減免法の適用は、どちらか選択適用となる。

所得金額の合計額		軽減または免除される所得税の額
	500万円以下	所得税の額の全額
500万円超	750万円以下	所得税の額の2分の1
750万円超	1,000万円以下	所得税の額の4分の1

6　所得税の申告と納付

【問題1】 （2019年5月 問28改題）　　　　　　　　　　チェック欄☐☐☐☐☐

　居住者に係る所得税の青色申告に関する次の記述のうち、**最も不適切なもの**はどれか。なお、**各選択肢において、ほかに必要とされる要件等はすべて満たしているもの**とする。

1．青色申告者が不動産所得と事業所得を有し、不動産の貸付が事業的規模に満たない場合、不動産所得の金額の計算上、原則として最大55万円の青色申告特別控除を控除することはできない。
2．事業所得の金額の計算上、売上原価に計上する棚卸資産の期末評価額の評価方法として低価法を選定することができるのは、青色申告者に限られる。
3．青色申告者が、青色申告書を提出する年分に生じた純損失の金額を前年に繰り戻し、前年分の所得に対する所得税額の還付を受けるためには、その年の前年分の所得税について青色申告書を提出していることが要件となる。
4．青色申告者は、仕訳帳、総勘定元帳などの帳簿や貸借対照表、損益計算書などの決算関係書類を7年間保存しなければならない。

第**4**章　タックスプランニング　基礎編

347

1．不適切 通常、不動産所得に対する青色申告特別控除は、事業的規模である5棟10室基準を満たした場合に、最大55万円の控除を受けることができる。しかし、不動産の貸付が事業的規模に満たない青色申告者であっても、事業所得を有する場合には、不動産所得の金額の計算上、最大55万円の青色申告特別控除を控除することができる。なお、①e-Taxにより申告書を提出する。または②仕訳帳および総勘定元帳を電子帳簿により保存する場合は、最大65万円となる。

2．適 切

3．適 切 青色申告者のうち、その年に生じた純損失の金額の全部または一部を前年分の所得金額から控除して税額を再計算すると差額の税額が還付となる場合、前年分の所得に対する所得税額の還付を受けることができる。ただし、その年の前年分の所得税について青色申告書を提出していることが要件となる。なお、翌年以降に繰り越す場合には、青色申告書を提出するという要件はない。

4．適 切

■帳簿書類の保存期間

保存が必要なもの			保存期間
帳簿	仕訳帳、総勘定元帳、現金出納帳、売掛帳、買掛帳、経費帳、固定資産台帳など		7年
書類	決算関係書類	損益計算書、貸借対照表、棚卸表など	7年
	現金預金取引等関係書類	領収証、小切手控、預金通帳、借用証など	7年（※1）
	その他の書類	取引に関して作成し、又は受領した上記以外の書類（請求書、見積書、契約書、納品書、送り状など）	5年

※1　前々年分の事業所得および不動産所得が300万円以下の者は5年

※2　雑所得を生ずべき業務を行う者で、前々年分のその業務に係る収入金額が300万円を超えるものは、現金預金取引等関係書類を5年間保存しなければならない。

（出所：国税庁HPから）

【問題2】 (2022年5月　問29)　　　　　　　　　　　チェック欄☐☐☐☐☐

　居住者に係る所得税の確定申告に関する次の記述のうち、適切なものはいくつあるか。なお、記載のない事項については考慮しないものとする。

(a) 年末調整の対象となる給与所得者が給与所得以外に一時所得を有する場合、確定申告書の提出の要否は、一時所得の金額に2分の1を乗じる前の金額が20万円を超えるか否かにて判定する。

(b) 公的年金等に係る雑所得を有する納税者で、その年中の公的年金等の収入金額が400万円以下である者が、その年分の公的年金等に係る雑所得以外の所得金額が20万円以下である場合には、原則として、確定申告書を提出する必要はない。

(c) 年末調整の対象となる給与所得者が給与所得以外に5万円の雑所得の金額がある場合において、その者が医療費控除の適用を受けるために還付申告を行うときは、5万円の雑所得の金額についても申告する必要がある。

1．1つ
2．2つ
3．3つ
4．0（なし）

【問題3】 (2020年1月　問28)　　　　　　　　　　　チェック欄☐☐☐☐☐

　居住者に係る所得税の確定申告および納付に関する次の記述のうち、最も不適切なものはどれか。なお、記載のない事項については考慮しないものとする。

1．年末調整の対象となる給与所得者が給与所得以外に一時所得を有する場合に、一時所得の金額を2分の1にした後の金額が20万円以下であるときは、原則として、確定申告書を提出する必要はない。

2．源泉徴収の対象となる公的年金等の収入金額が400万円以下である場合に、その年分の公的年金等に係る雑所得以外の所得金額が20万円以下であるときは、原則として、確定申告書を提出する必要はない。

3．所得税の確定申告書を申告期限内に提出した場合において、当該申告書の提出により納付すべき所得税をその納期限までに完納しないときは、原則として、納期限の翌日から完納する日までの日数に応じた延滞税が課される。

4．所得税の確定申告書を申告期限内に提出した場合において、税務調査に基づく更正により納付すべき所得税額が生じたときは、原則として、納付すべき税額に応じた無申告加算税が課される。

(a) 不適切　給与所得および退職所得以外の所得金額が20万円を超える給与所得者は、確定申告書を提出しなければならない。総合長期譲渡所得および一時所得の場合、2分の1を乗じた後の金額が20万円を超えるか否かを判定する。

(b) 適　切　なお、医療費控除の適用を受けるような場合には、確定申告書を提出することができる。

(c) 適　切　1カ所から支払を受けた給与等の金額が2,000万円以下である給与所得者が、その給与について源泉徴収や年末調整が行われる場合、給与所得および退職所得以外の所得金額の合計額が20万円以下であるときは、原則として確定申告を要しない。ただし、医療費控除の適用を受けるために還付申告を行う場合、20万円以下である所得も併せて申告しなければならない。

以上より、適切なものは2つであり、正解は**2**となる。

1．適　切　1カ所から給与の支払を受けている者で、給与所得および退職所得以外の所得の金額の合計額が20万円以下である場合は、確定申告は不要である。一時所得の場合、2分の1にした後の金額が20万円以下かどうかで判定する。

2．適　切　公的年金等の収入金額が400万円以下で、かつ、公的年金等に係る雑所得以外の所得金額が20万円以下の場合には確定申告は不要である。

3．適　切　期限内申告をした場合でも、納付が期限までに行われなければ、法定納期限の翌日から納付の日までの期間につき延滞税が課される。

4．不適切　更正とは、期限内申告をした申告書の記載事項に誤りがある場合に税務署長が行う処分である。更正の結果、納付すべき所得税額が生じた場合には、過少申告加算税を納付しなければならない。無申告加算税が課されるのは、期限内に申告をしなかった場合である。

【問題4】 (2023年1月 問29)　　　　　　　　チェック欄☐☐☐☐☐

　所得税の申告と納付に関する次の記述のうち、**最も適切なもの**はどれか。

1．予定納税基準額が15万円以上である場合、原則として、第1期および第2期の計
　2回において、それぞれ予定納税基準額の2分の1に相当する金額の所得税を納付
　することとされている。
2．確定申告により納付すべき所得税額の2分の1に相当する金額以上の所得税を納
　期限までに納付した者が、納期限までに納税地の所轄税務署長に延納届出書を提出
　した場合、原則として、その年の5月15日までにその残額を納付しなければならな
　い。
3．国税電子申告・納税システム（e-Tax）を利用して確定申告書を提出する際に、
　第三者作成書類（給与所得の源泉徴収票等）の添付を省略した場合、その書類は、
　原則として法定申告期限から5年間、保存しなければならない。
4．国税電子申告・納税システム（e-Tax）は、インターネット等を利用して電子的
　に所得税や法人税等の申告および納税を行うためのシステムであり、申請や届出等
　の手続を行うことはできない。

【問題5】 (2023年9月 問28)　　　　　　　　チェック欄☐☐☐☐☐

　所得税の確定申告に関する次の記述のうち、**最も適切なもの**はどれか。なお、記載
のない事項については考慮しないものとする。

1．同族会社の役員に、役員給与による給与所得の金額が1,500万円、当該同族会社
　への貸付金の利子の受取りによる雑所得の金額が10万円ある場合、当該役員は確定
　申告をしなければならない。
2．居住者が、年の途中で国内に住所等を有しないこととなるため、納税管理人の届
　出をした場合、納税管理人は当該納税者の所得について国内に住所等を有しないこ
　とになった日から4カ月以内に確定申告をしなければならない。
3．確定申告をすべき者が年の途中で死亡し、相続人が2人以上いる場合、死亡した
　者に係る確定申告書は相続人がそれぞれ提出しなければならない。
4．給与所得者が年の途中で退職し、同年中に再就職した場合、再就職先において支
　給された給与についてのみ年末調整が行われ、前の勤務先における給与については
　年末調整が行われないため、当該給与所得者は確定申告をしなければならない。

第4章　タックスプランニング　基礎編

1. 不適切 予定納税は、予定納税基準額の３分の１の金額を、第１期分として７月１日から７月31日までに、第２期分として11月１日から11月30日までに納めることになっている。

2. 不適切 所得税等の延納は、納期限である３月15日までに納付すべき税額の２分の１以上を納付すれば、残りの税額の納付をその年の５月31日まで延長することができる制度である。

3. 適 切 所得税の確定申告書の提出をe-Taxを利用して行う場合、給与所得の源泉徴収票などの第三者作成書類については、その記載内容を入力して送信することにより確定申告書への添付が不要となる。この場合、これらの書類は、５年間保存しなければならない。

4. 不適切 e-Taxは、申告納税だけでなく、各種申請や届出等の手続きも行うことができる。

1. 適 切 同族会社の役員等で、その同族会社から貸付金の利子、資産の賃貸料などを受け取っている者は、給与所得・退職所得以外の所得が20万円以下であっても、確定申告をしなければならない。

2. 不適切 居住者が納税管理人の届出をした場合、納税管理人は当該納税者の所得について翌年の３月15日までに確定申告をしなければならない。なお、納税管理人の届出をしない場合、出国のときまでに確定申告をしなければならない。

3. 不適切 準確定申告をする場合において、相続人が２人以上あるときは、各相続人が連署により１つの書面で提出しなければならない。ただし、他の相続人の氏名を付記して各別に提出することを妨げない。この場合、各別に提出した相続人は、遅滞なく、他の相続人に対し、当該申告書に記載した事項の要領を通知しなければならない。

4. 不適切 給与所得者が年の途中で退職し、同年中に再就職した場合、前の勤務先における給与と再就職先において支給された給与を合算したものにつき年末調整が行われる。

7　住民税・事業税

【問題1】 (2024年1月 問30改題)　　　　　チェック欄 ☐☐☐☐☐

個人住民税に関する次の記述のうち、**最も適切なもの**はどれか。なお、定額減税については考慮しないものとする。

1．給与所得に係る住民税は、給与を支払った事業者が市区町村に提出する給与支払報告書に基づき計算され、原則として、翌年の4月から翌々年の3月までの12回に分割して、毎月の給与から徴収される。
2．不動産所得を有する給与所得者が所得税の確定申告を行う場合、不動産所得に係る住民税の徴収方法について、特別徴収または普通徴収を選択することができる。
3．普通徴収によって住民税を納付している者が2024年中に他の市区町村に転居した場合、その転居した後に納期限が到来する2024年度に納付すべき住民税は、転居先の市区町村に納付することになる。
4．納税者の合計所得金額が2,400万円以下である場合、住民税の基礎控除の控除額は48万円である。

【問題2】 (2023年5月 問30改題)　　　　　チェック欄 ☐☐☐☐☐

個人住民税に関する次の記述のうち、**最も適切なもの**はどれか。なお、**各選択肢において、ほかに必要とされる要件等はすべて満たしている**ものとする。

1．X市に住所を有する個人事業主のAさん（46歳）が、Y市に所在する事務所で事業を行っている場合、X市では均等割額が課され、Y市では所得割額が課される。
2．40年間勤務した会社を退職した会社員のBさん（63歳）が、退職手当の支払を受けた場合、当該退職手当は、他の所得と区分し、退職手当の支払を受けた年の翌年に所得割額が課される。
3．ひとり親のCさん（28歳）が、2023年分の収入が給与収入のみで合計所得金額が135万円以下である場合、2024年度分の所得割額は課されず、均等割額のみが課される。
4．会社員のDさん（51歳）の2023年分の所得に給与所得以外の所得がある場合、Dさんが普通徴収を希望する場合を除き、当該給与所得以外の所得に係る所得割額は、2024年分の給与所得に係る所得割額および均等割額の合算額に加算して特別徴収が行われる。

【問題1】　正解　2

1　不適切　給与所得に係る住民税は、給与を支払った事業者が市区町村に提出する給与支払報告書に基づき計算され、原則として、翌年の6月から翌々年の5月までの12回に分割して、毎月の給与から徴収される。なお、2024年度については、定額減税の実施により、6月分の徴収が行われないため、11回に分割される。

2　適　切　給与所得に対する住民税が特別徴収になっている場合、給与所得以外の所得に対する住民税の徴収方法を、給与所得と併せて特別徴収にするか、給与所得とは別に普通徴収にするかを、確定申告や住民税申告の際に選択することができる。

3　不適切　その年度の住民税は、その年1月1日現在の住所等の所在地で課税されることになる。したがって、その年1月2日以降に転出（住所変更）した場合にも、その年1月1日における住所地等の所在地で課税される。つまり転居先ではなく転居元となる。

4　不適切　納税者の合計所得金額が2,400万円以下である場合、住民税の基礎控除の控除額は43万円である。なお、住民税の基礎控除額は次による。

合計所得金額		基礎控除額
	2,400万円以下	43万円
2,400万円超	2,450万円以下	29万円
2,450万円超	2,500万円以下	15万円
2,500万円超		適用なし

【問題2】　正解　4

1．不適切　住所を有するX市では均等割額および所得割額が課され、事務所はあるが住所を有しないY市では均等割額が課される。

2．不適切　個人住民税は、その年の1月1日に住所を有する者に対して前年の所得を基に計算された税額をその年度に納付するが、退職所得は、所得税と同様に、他の所得と分離して支払いを受ける際に徴収される（現年分離課税）。

3．不適切　前年の合計所得金額が135万円以下の障害者、未成年者またはひとり親には、均等割額および所得割額が課されない。

4．適　切　給与所得以外の所得について、確定申告の際に住民税の普通徴収を希望した場合、給与所得以外の所得に係る住民税は普通徴収となるが、給与所得に係る住民税は特別徴収となる。一方、給与所得以外の所得について、確定申告の際に住民税の普通徴収を希望しなかった場合、給与所得以外の所得に係る住民税は、給与所得に係る住民税と合算され、給与所得から特別徴収される。

354

【問題3】（2023年9月 問29）　　　　チェック欄☐☐☐☐☐
　個人事業税に関する次の記述のうち、最も不適切なものはどれか。

1．個人事業税の課税標準は、原則として、当該年度の初日の属する年の前年中における個人の事業の所得によるが、当該個人が青色申告者であっても、個人事業税における所得の金額の計算上、青色申告特別控除は適用されない。
2．駐車可能台数が10台未満の機械式立体駐車場を設置した月極駐車場を営んでいる場合、その事業に係る所得に個人事業税は課されない。
3．不動産貸付業等の第1種事業に係る個人事業税の標準税率は、100分の5である。
4．所得税の青色申告者は、個人事業税における所得の金額の計算上生じた損失の金額を翌年度以後3年間にわたって繰り越すことができるが、損失の金額を前年度に繰り戻すことはできない。

1．適　切　個人事業税では、青色申告特別控除の適用を受けることはできない。

2．不適切　駐車場業の貸付規模が、駐車可能台数10台未満かつ建築物である駐車場または機械設備を設けた駐車場でない場合、個人事業税は課されない。本肢の場合、駐車可能台数が10台未満であるが、機械式立体駐車場を設置しているため、個人事業税が課される。

3．適　切　なお、標準税率は、第1種事業については5％、第2種事業については4％、第3種事業については5％または3％である。

4．適　切　青色申告者は、損失の繰越控除の適用を受けることができるが、繰戻還付の適用を受けることはできない。

8　法人税

【問題1】（2023年9月　問30）　　　　　　　　　　チェック欄□□□□□

　株式会社（内国法人である普通法人）を設立した場合の各種届出に関する次の記述のうち、**最も不適切なもの**はどれか。

1．法人を設立した場合、法人の設立日から2カ月以内に、法人設立届出書に定款の写し等を添付して納税地の所轄税務署長に提出しなければならない。
2．個人事業主が、個人事業を廃止し、その事業を新たに設立した法人に引き継ぐ場合、原則として、個人事業の廃止日から2カ月以内に、個人事業の開業・廃業等届出書を納税地の所轄税務署長に提出しなければならない。
3．法人が設立第1期目から青色申告の承認を受けようとする場合、原則として、設立の日以後3カ月を経過した日と設立第1期の事業年度終了の日とのうちいずれか早い日の前日までに、青色申告承認申請書を納税地の所轄税務署長に提出しなければならない。
4．法人の設立により健康保険および厚生年金保険の適用事業所となった場合、適用事業所となった日から5日以内に、新規適用届を事業所の所在地を管轄する年金事務所に提出しなければならない。

1. 適 切 法人を設立した場合は、設立の日以後2カ月以内に、定款等の写しを添付した法人設立届出書を納税地の所轄税務署長に提出することとされている。

2. 不適切 個人事業の開業・廃業等届出書は、個人事業の廃止日から1カ月以内に、納税地の所轄税務署長に提出することとされている。

3. 適 切 なお、個人が青色申告の承認を受けようとする場合、その承認を受けようとする年の3月15日まで（その年の1月16日以後新たに業務を開始した場合は、業務開始から2カ月以内）に青色申告承認申請書を納税地の所轄税務署長に提出することとされている。

4. 適 切 なお、法人事業所の場合は、提出日から90日以内に発行された法人（商業）登記簿謄本、強制適用となる個人事業所の場合は、事業主の世帯全員の住民票を添付書類として提出することとされている。

【問題2】 (2021年1月 問30改題)　　　　　　　　チェック欄☐☐☐☐☐

　内国法人に係る法人税における減価償却に関する次の記述のうち、最も適切なものはどれか。なお、各選択肢において、当期とは2024年4月1日から2025年3月31日までの事業年度であるものとする。

1．生産調整のために稼働を休止している機械装置については、事業の用に供していないため、必要な維持補修が行われていつでも稼働し得る状態にあるものであっても、その償却費を損金の額に算入することはできない。

2．当期に取得価額が10万円未満の減価償却資産を取得して事業の用に供した場合、その使用可能期間の長短にかかわらず、当期においてその取得価額の全額を損金経理により損金の額に算入することができる。

3．当期において取得した取得価額が30万円未満の減価償却資産について「中小企業者等の少額減価償却資産の取得価額の損金算入の特例」の適用を受けることができる法人は、中小企業者等で青色申告法人のうち、常時使用する従業員の数が1,000人以下の法人とされている。

4．事業の用に供している減価償却資産の償却方法を変更する場合、原則として、新たな償却方法を採用しようとする事業年度開始の日から2カ月以内に「減価償却資産の償却方法の変更承認申請書」を納税地の所轄税務署長に提出しなければならない。

【問題3】 (2024年1月 問31)　　　　　　　　チェック欄☐☐☐☐☐

　法人税法上の益金に関する次の記述のうち、最も不適切なものはどれか。なお、各選択肢において、法人はいずれも内国法人（普通法人）であるものとする。

1．法人がその有する棚卸資産の評価換えをしてその帳簿価額を増額した場合、その増額した部分の金額は、原則として、益金の額に算入する。

2．法人が株式保有割合3分の1超100％未満の法人の株式（関連法人株式等）に係る配当を受け取った場合、その額から関連法人株式等に係る負債利子の額を控除した金額が益金不算入となる。

3．法人が完全支配関係のある法人の株式（完全子法人株式等）に係る配当を受け取った場合、その全額が益金不算入となる。

4．法人が法人税の還付を受けた場合、還付加算金は益金の額に算入し、還付金は益金不算入となる。

第4章　タックスプランニング　基礎編

【問題2】 正解 **2**

1．不適切 稼働を休止している資産であっても、その休止期間中に必要な維持補修が行われており、いつでも稼動できる状態にあるものは、減価償却資産に該当するものとして減価償却をすることができる。

2．適 切 使用可能期間が1年未満のものまたは取得価額が10万円未満のものは少額減価償却資産として、その減価償却資産を事業の用に供した事業年度において取得価額に相当する金額を損金経理した場合には、その損金経理をした金額は、損金の額に算入される。取得価額が10万円未満のものは使用可能期間を問わない。なお、貸付の用に供する場合には、一定のものを除き、この規定の適用はない。

3．不適切 青色申告法人である中小企業者等で、常時使用する従業員の数が500人以下であるものは、取得価額が30万円未満の減価償却資産についてその取得価額に相当する金額を損金の額に算入することができる。なお、貸付の用に供する場合には、一定のものを除き、この規定の適用はない。

4．不適切 減価償却資産の償却方法を変更しようとするときは、原則として、新たな償却方法を採用しようとする事業年度開始の日の前日までに「減価償却資産の償却方法の変更承認申請書」を所轄税務署長に提出しなければならない。

【問題3】 正解 **1**

1．不適切 法人がその有する棚卸資産の評価換えをしてその帳簿価額を増額した場合、その増額した部分の金額（評価益）は、原則として、益金の額に算入しない。

2．適 切 関連法人株式等に係る配当を受け取った場合、関連法人株式等に係る負債利子の額を控除した金額が益金不算入となる。

3．適 切 完全子法人株式等に係る配当を受け取った場合、その全額が益金不算入となる。

区分	益金不算入額の計算
完全子法人株式等（株式保有割合100%）	受取配当等の額×100%
関連法人株式等（株式保有割合3分の1超）	（受取配当等の額－負債利子）×100%
その他の株式等	受取配当等の額×50%
非支配目的株式等（株式保有割合5%以下）	受取配当等の額×20%

4．適 切 受取利息に相当する還付加算金は益金の額に算入し、法人税のように税額の納付時には損金不算入であるものの還付金は益金不算入となる。

【問題4】（2022年1月 問31改題）　　　　　　　　チェック欄 ☐☐☐☐☐

　青色申告法人の欠損金の繰越控除に関する次の記述のうち、最も不適切なものはどれか。なお、各選択肢において、法人は資本金の額が5億円以上の法人に完全支配されている法人等ではない中小法人等であるものとし、ほかに必要とされる要件等はすべて満たしているものとする。

1．欠損金の繰越控除の適用を受けるためには、欠損金の生じた事業年度において青色申告書である確定申告書を提出し、かつ、その後において、連続して確定申告書を提出する必要がある。

2．繰り越された欠損金額が2以上の事業年度において生じたものからなる場合、そのうち最も古い事業年度において生じた欠損金額に相当する金額から順次損金の額に算入する。

3．2015年4月1日に開始した事業年度以後の各事業年度において生じた欠損金額は、2024年4月1日に開始する事業年度において損金の額に算入することができる。

4．資本金の額が1億円以下である普通法人が、2024年4月1日に開始する事業年度において欠損金額を損金の額に算入する場合、損金の額に算入することができる欠損金額は、当該事業年度の所得の金額の50％相当額が限度となる。

第4章 タックスプランニング 基礎編

【問題4】　正解　**4**

1．適　切　欠損金の繰越控除は、欠損金額が生じた事業年度において青色申告書
である確定申告書を提出し、かつ、その後の各事業年度について連続して確定申告
書を提出している場合に適用される。欠損金額が生じた事業年度において青色申告
書である確定申告書を提出していれば、その後の事業年度においては、白色申告書
であってもその欠損金額については繰越控除が適用される。

2．適　切　欠損金が2以上の事業年度において生じている場合には、最も古い事
業年度において生じたものから順次損金の額に算入する。

3．適　切　各事業年度開始の日前10年以内に開始した事業年度で青色申告書を提
出した事業年度において生じた欠損金額は、各事業年度の所得金額の計算上損金額
に算入できる。ただし、2018年4月1日前に開始した事業年度において生じた欠損
金額の繰越期間は9年となる。したがって、2015年4月1日に開始した事業年度以
後の各事業年度において生じた欠損金額は、2024年4月1日に開始する事業年度に
おいて損金の額に算入できる。

4．不適切　資本金等の額が1億円以下の中小法人等には控除限度額はなく、各事
業年度の所得の金額まで欠損金を損金の額に算入できる。中小法人等以外の法人
は、各事業年度の所得の金額の50％を限度として欠損金を損金の額に算入できる。

【問題5】（2023年1月　問30改題）　　　　チェック欄□□□□□

　期末の資本金の額が1億2,000万円であるX株式会社（1年決算法人。以下、「X社」という）は、2024年4月1日に開始する事業年度において下記の交際費等を損金経理により支出した。次のうち、X社の法人税の計算における交際費等の損金不算入額として、最も適切なものはどれか。なお、接待飲食費は、得意先との会食によるもので、専ら社内の者同士で行うものは含まれておらず、所定の事項を記載した書類も保存されているものとする。

〈X社が支出した金額〉

接待飲食費の金額	1,300万円	参加者1人当たり10,000円以下の飲食費300万円を含む金額
接待飲食費以外の交際費等の金額	800万円	―

1.　　900万円
2.　1,000万円
3.　1,150万円
4.　1,300万円

【問題6】（2021年5月　問31）　　　　チェック欄□□□□□

　内国法人に係る法人税における役員給与に関する次の記述のうち、最も適切なものはどれか。

1.　法人税法上の役員給与は、法人の取締役、執行役、監査役などに就任し、役員登記されている者に対して支給する給与とされ、使用人に対して支給する給与が役員給与とされることはない。
2.　役員に対して支給する定期給与を、事業年度開始の日から6カ月経過後に開催した臨時株主総会により増額改定した場合、原則として、増額改定後の定期給与は定期同額給与に該当せず、増額改定後に支給した全額が損金不算入となる。
3.　新たに設立した法人が設立時に開始する役員の職務につき所定の時期に支給した給与を事前確定届出給与として損金の額に算入する場合、原則として、設立後2カ月以内に納税地の所轄税務署長に所定の届出をしている必要がある。
4.　業績連動給与は、法人が業務執行役員に対して支給する給与で、利益の状況を示す指標等を基礎として設定された条件により、その全額を支給するか、またはその全額を不支給とするかのいずれかとする旨が定められたものである。

4．が正しい。

　期末資本金が1億円超100億円以下の法人は、交際費等のうち接待飲食費の50％に相当する金額を超える部分の金額が損金不算入となる。なお、2024年4月1日以降に支出する少額飲食費については、1人あたり10,000円までが交際費等から除外される。

① 交際費等の額

　　1,300万円 − 300万円 + 800万円 = 1,800万円

　　※ 1人当たり10,000円以下の飲食費は交際費等に該当しない。

② 損金算入限度額

　　(1,300万円 − 300万円) × 50％ = 500万円

③ 損金不算入額

　　① − ② = **1,300万円**

1．**不適切** 同族会社の使用人のうち、その法人の経営に従事しているもので一定のものに対して支給する給与は、役員給与とされる。

2．**不適切** 増額改定後の定期給与は、その増額改定前の定期給与の額に相当する部分が引き続き定期同額給与として支給されているものと考える。したがって、増額分のみ損金不算入となる。

3．**適 切** なお、事前確定届出給与の届出期限は、原則として、次の①または②のいずれか早い日である。

① 株主総会の決議日から1カ月を経過する日

② その会計期間開始の日から4カ月を経過する日

4．**不適切** 業績連動給与は、業務執行役員に対して支給するもので、利益の状況を示す指標、株式の市場価格の状況を示す指標、売上の状況を示す指標を基礎に算定される金銭または株式もしくは新株予約権で、役務の提供期間以外の事由により**変動するもの**をいう。

【問題7】（2021年5月 問32）　　　　　　チェック欄□□□□□

　内国法人に係る法人税における貸倒損失の取扱いに関する次の記述のうち、最も適切なものはどれか。なお、記載のない事項については考慮しないものとする。

1．遠方にある取引先A社に対して売掛金5万円を有しているが、再三支払の督促をしても弁済がなされず、また取立てに要する旅費等が10万円程度かかると見込まれ、同一地域に他の債務者はいない。この場合、売掛金5万円から備忘価額を控除した残額が貸倒損失として認められる。
2．取引先B社に対して貸付金200万円を有しているが、B社の債務超過の状態が相当期間継続し、事業好転の見通しもなく、その貸付金の弁済を受けることができないと認められるため、口頭により貸付金の全額を免除する旨をB社に申し出た。この場合、債務免除をした金額の全額が貸倒損失として認められる。
3．取引先C社に対して貸付金600万円を有しているが、C社の資産状況、支払能力等からみてその全額が回収できないことが明らかとなった。この貸付金に係る担保物がある場合、貸付金600万円から担保物の処分可能見込額を控除した残額が貸倒損失として認められる。
4．単発の不動産取引のみを行った取引先D社に対して当該取引に係る売掛金800万円を有しているが、D社の資産状況、支払能力等が悪化し、売掛金の回収ができないまま1年以上が経過した。この場合、売掛金800万円から備忘価額を控除した残額が貸倒損失として認められる。

【問題7】 正解 1

1. 適 切 売掛金等の債権につき、次の場合には、その債権の額から備忘価額（1円以上）を控除した金額の損金経理を要件として、貸倒損失として損金の額に算入できる。なお、貸付金にはこの適用はない。

① 継続的な取引を行っていた取引先との取引停止の時と最後の弁済の時のうち遅い時から1年以上経過している。

② 売掛金等の額が取立旅費の額に満たない場合において、支払督促したにもかかわらずその弁済がなされない。

したがって、本肢は上記②に該当するため、備忘価額を控除した金額を損金算入できる。

2. 不適切 貸金等につき、会社更生法の決定、債権者集会等の協議決定、書面による債務免除等により、法的に取引先に対する債権が消滅した場合、その消滅した金額を、その金額が決定した事業年度に貸倒損失として損金の額に算入する。口頭による債務免除は認められない。

3. 不適切 債務者の資産状況、支払能力からみて、債権の全額の回収不能が明らかである場合には、損金経理を要件として、その全額を貸倒損失として損金に算入できる。この取扱いは、担保物がある場合、その担保物を処分した後に限られる。本肢は、「担保物の処分可能見込額を控除」とあり担保物の処分が終わっていないため、貸倒損失として認められない。

4. 不適切 継続的な取引を行っていないため、貸倒損失として認められない。選択肢1の解説①参照。

【問題8】（2019年9月 問30改題）　　　チェック欄 ☐☐☐☐☐

　製造業を営むX株式会社（以下、「X社」という）は、当期（2024年4月1日〜2025年3月31日）において損金経理により一括評価金銭債権に係る貸倒引当金を200万円繰り入れた。X社の当期末における一括評価金銭債権の帳簿価額等が下記のとおりである場合、損金の額に算入されない貸倒引当金の繰入限度超過額として、次のうち最も適切なものはどれか。

　なお、X社は資本金3,000万円の中小法人であり、資本金5億円以上の法人に完全支配されている法人等ではないものとする。また、繰入限度額が最も高くなるように計算することとし、記載のない事項については考慮しないものとする。

期末の一括評価金銭債権の帳簿価額	：2億円
実質的に債権とみられない金銭債権の金額	：1,000万円
製造業に係る法定繰入率	：1,000分の8
貸倒実績率（実績繰入率）	：1,000分の7.1

1．40万円
2．48万円
3．58万円
4．65万1,000円

2. が正しい。

　貸倒引当金の繰入限度額は、個別評価金銭債権と一括評価金銭債権とに区分して計算することとされている。このうち、一括評価金銭債権は、原則として実績繰入率による計算をするが、中小法人は実績繰入率に代えて法定繰入率を選択適用することができる。

①　実績繰入率による繰入限度額の計算

　　一括評価金銭債権の帳簿価額の合計額×実績繰入率

$$= 2億円 \times \frac{7.1}{1,000} = 142万円$$

②　法定繰入率による繰入限度額の計算

　　（一括評価金銭債権の帳簿価額の合計額 − 実質的に債権とみられない金額）

　　×法定繰入率

$$= （2億円 − 1,000万円） \times \frac{8}{1,000} = 152万円$$

③　判定

　　142万円＜152万円　　∴　152万円

④　損金の額に算入されない貸倒引当金の繰入限度超過額

　　200万円 − 152万円 = **48万円**

9 会社・役員間および会社間の税務

X株式会社（以下、「X社」という）とその役員の間の取引における法人税および所得税の取扱いに関する次の記述のうち、最も不適切なものはどれか。

1. 役員が所有する資産を適正な時価の2分の1未満の価額でX社に譲渡した場合、役員側では時価で譲渡したものとされ、時価と譲渡価額との差額が給与所得の収入金額として課税対象となる。
2. 役員が所有する資産を適正な時価よりも高い価額でX社に譲渡した場合、X社側では時価と買入価額との差額について、役員に対して給与を支払ったものとして取り扱われ、役員側では時価と譲渡価額との差額が給与所得の収入金額として課税対象となる。
3. X社が所有する社宅をその規模等に応じた所定の方法により計算した通常支払われるべき賃貸料よりも低い家賃で役員に貸し付けた場合、役員側では実際に支払った賃貸料との差額が給与所得の収入金額として課税対象となる。
4. 権利金を授受する慣行がある地域において、役員が所有する土地をX社に建物の所有を目的として賃貸する場合に、X社から役員に権利金や相当の地代の支払がなく、「土地の無償返還に関する届出書」の提出がないときには、X社側では原則として借地権の受贈益が認定課税される。

第4章 タックスプランニング 基礎編

1．不適切　役員が所有する資産を適正な時価の2分の1未満の価額でX社に譲渡した場合、役員側では時価で譲渡したものとみなされ、時価が譲渡所得の総収入金額となる。

2．適　切　なお、役員側では、時価と譲渡価額との差額が給与所得の収入金額となるとともに、時価が譲渡所得の総収入金額となる。

3．適　切　なお、給与課税される社宅の家賃等のように、役員が受ける経済的利益の額が毎月おおむね一定であるものについては、定期同額給与となる。

4．適　切　役員が所有する土地を法人に貸し付けた場合の課税関係は、次のとおりである。

・権利金の授受がない場合
　法人に借地権の認定課税がされるが、役員には借地権の認定課税はされない。

・権利金の授受をした場合
　役員は権利金相当額が不動産所得または譲渡所得として課税される。

・権利金を授受することに代えて、相当の地代を支払う場合
　法人に借地権の認定課税はされない

・権利金の授受も相当の地代の支払いもなく「土地の無償返還に関する届出書」を提出した場合
　法人に借地権の認定課税はされない

【問題2】（2019年5月 問33）　　　　　チェック欄☐☐☐☐☐

　X株式会社（以下、「X社」という）とその役員の間の取引における法人税および所得税の取扱いに関する次の記述のうち、最も不適切なものはどれか。

1. 役員が所有する資産を適正な時価の2分の1未満の価額でX社に譲渡した場合、役員側では時価で譲渡したものとされ、時価と譲渡価額との差額が給与所得の収入金額として課税対象となる。
2. X社が所有する資産を適正な時価よりも高い価額で役員に譲渡した場合、X社側では時価で譲渡したものとされ、譲渡価額と時価との差額が受贈益として益金算入となる。
3. 役員がX社から無利息で金銭を借り入れた場合、原則として、X社側では通常収受すべき利息が益金算入となり、役員側では通常支払うべき利息が給与所得の収入金額として課税対象となる。
4. X社が所有する社宅をその規模等に応じた所定の方法により計算した通常支払われるべき賃貸料よりも低い家賃で役員に貸し付けた場合、役員側では通常支払うべき賃貸料と実際に支払った賃貸料との差額が給与所得の収入金額として課税対象となる。

【問題3】（2020年9月 問33）　　　　　チェック欄☐☐☐☐☐

　X株式会社（以下、「X社」という）とその役員の間の取引における法人税および所得税の取扱いに関する次の記述のうち、最も不適切なものはどれか。

1. X社が所有する資産を適正な時価よりも高い価額で役員に譲渡した場合、X社側では時価で譲渡したものとされ、譲渡価額と時価との差額が受贈益として益金算入となる。
2. 権利金を授受する慣行がある地域において、役員が所有する土地をX社に建物の所有を目的として賃貸する場合に、X社から役員に権利金や相当の地代の支払がなく、「土地の無償返還に関する届出書」の提出がないときには、X社側では原則として借地権の受贈益が認定課税される。
3. X社が役員から無利息で金銭を借り入れた場合、原則として、役員側では通常支払われるべき利息が雑所得の収入金額として課税対象となる。
4. X社が所有する社宅をその規模等に応じた所定の方法により計算した通常支払われるべき賃貸料よりも低い家賃で役員に貸し付けた場合、役員側では実際に支払った賃貸料との差額が給与所得の収入金額として課税対象となる。

【問題2】 正解 1

1. 不適切 役員が所有する資産を適正な時価の2分の1未満の価額でX社に譲渡した場合、役員側では時価で譲渡したものとされ、時価を収入金額として譲渡所得の金額を計算する。

2. 適 切 X社側では時価で譲渡したものとされ、時価と売買価額の差額が受贈益として益金算入となる。

3. 適 切 X社側では受取利息として、益金に算入される。一方、役員側では通常支払うべき利息が給与所得の収入金額となる。

4. 適 切 家賃のように毎月発生するものは、給与所得の収入金額として課税対象となる。

【問題3】 正解 3

1. 適 切 なお、役員側では、適正な時価で取得したものとされ、時価と譲受価額との差額は法人への寄附（贈与）とみなされる。

2. 適 切 なお、役員側では、借地権の認定課税はされない。また、「土地の無償返還に関する届出書」を提出した場合、法人側では、借地権の認定課税はされない。

3. 不適切 法人が役員から無利息で金銭を借り入れた場合、同族会社の行為計算の否認の適用があるときを除き、会社側および役員側ともに特別な取り扱いはない。

4. 適 切 なお、通常支払われるべき賃貸料と実際に支払った賃貸料との差額（経済的利益）が役員に対して継続的に供与され、その経済的利益の額が毎月おおむね一定である場合は、定期同額給与に該当し、損金の額に算入される。

【問題4】（2019年9月 問32）　　　　　　　　　チェック欄 ▢▢▢▢▢

株式を100％保有する関係にある内国法人の親法人と子法人間の取引において適用されるグループ法人税制（完全支配関係にある法人を対象とした税制）に関する次の記述のうち、最も不適切なものはどれか。

1. 親法人による完全支配関係がある子法人が保有する譲渡損益調整資産を親法人に対して時価で移転した場合、その譲渡損益は、親法人がその資産をグループ外の法人等に譲渡したときに、親法人において計上する。
2. 親法人による完全支配関係がある子法人が親法人に対して適格現物分配を行った場合には、その直前の帳簿価額により譲渡したものとされ、譲渡損益の計上が繰り延べられる。
3. 親法人による完全支配関係がある子法人が親法人から寄附金を受け取った場合、親法人では支払った寄附金の額の全額が損金不算入となり、子法人では受け取った寄附金の額の全額が益金不算入となる。
4. 親法人が完全支配関係がある子法人からその子法人の株式に係る配当等を受け取った場合、負債利子控除はなく、受け取った配当等の額の全額が益金不算入となる。

【問題5】（2023年5月 問33）　　　　　　　　　チェック欄 ▢▢▢▢▢

キャッシュフロー計算書の一般的な特徴に関する次の記述のうち、最も不適切なものはどれか。

1. 保有していた固定資産を売却した場合、投資活動によるキャッシュフローの区分には、売却損益の金額が記載される。
2. 間接法による営業活動によるキャッシュフローは、税引前当期純利益の金額に、キャッシュの変動を伴わない減価償却費や売上債権等の運転資金項目等を加算・減算して算出する。
3. 財務活動によるキャッシュフローの区分に記載される借入れおよび株式・社債の発行による資金の調達などの表示は、原則として総額による表示とされる。
4. 企業が金融機関と締結している当座借越限度枠を、現金および現金同等物と同様に利用している場合、当座借越は負の現金同等物として取り扱う。

1．不適切　譲渡損益調整資産を譲り受けた法人が他の法人等に譲渡した場合、譲渡した法人において、繰り延べていた譲渡損益を計上する。

2．適　切　現物分配とは、法人がその株主等に対し当該法人の剰余金の配当などの一定の事由により金銭以外の資産を交付することをいう。また、適格現物分配とは、内国法人を現物分配法人（現物分配によりその有する資産の移転を行った法人をいう）とする現物分配のうち、その現物分配により資産の移転を受ける者がその現物分配の直前において当該内国法人との間に完全支配関係がある内国法人のみであるものをいう。適格現物分配を行った場合、その直前の帳簿価額により譲渡したものとされ、譲渡損益の計上が繰り延べられる。

3．適　切　100％グループ内の法人間の寄附金については、支出法人において全額損金不算入とするとともに、寄附を受けた法人においても全額益金不算入とされる。

4．適　切　100％グループ内の内国法人からの受取配当について、益金不算入制度を適用する場合には、負債利子控除を適用しない。

1．不適切　保有していた固定資産を売却した場合、投資活動によるキャッシュフローの区分には、売却による収入金額が記載される。

2．適　切　間接法による営業活動によるキャッシュフローは、企業が本業によって得たキャッシュフローを表す。売上高、仕入高、販売費及び一般管理費、売上債権、支払債務、法人税等の増減が営業活動によるキャッシュフローに影響を及ぼす。

3．適　切　財務活動によるキャッシュフローは、借入れ、社債の発行・償還、新株発行、自己株式の取得など、資金の調達および返済による資金の動きを表示する。

4．適　切　金融機関と締結している当座借越契約に基づき、当座借越限度枠を現金および現金同等物と同様に利用している場合、この当座借越を負の現金同等物として取り扱う。ただし、当座借越の利用状況が短期借入金と同様な資金調達活動と明確に認められる場合は、財務活動によるキャッシュフローの区分に記載される。

【問題6】 (2015年1月 問33)　　　　　　　　　チェック欄□□□□□

　企業の安全性を分析する指標に関する次の記述のうち、最も不適切なものはどれか。

1．当座比率は、その企業の短期の負債に対する支払能力をみるための指標であり、100％を超えることが望ましいが、当座資産に含まれる棚卸資産が実質的に不良在庫となっている場合には、注意する必要がある。
2．固定長期適合率は、企業の設備投資等の固定資産への投資が自己資本と長期の安定資金である固定負債によって、どの程度賄われているかを測定するための指標であるが、その値が適正であるか否かは業種別や企業の個別要因を勘案する必要がある。
3．自己資本比率は、その企業の総資本に対する自己資本の割合を示したものであるが、その水準は同業他社との比較と同時に、過去の数値と比較することのほか、自己資本を構成する利益剰余金の額から過去の業績が順調であったか否かなど、注意深い判断を行う必要がある。
4．インタレスト・カバレッジ・レシオは、その値が高いほど財務的に余裕があると判断されるが、成長性のある企業では負債を増加させて事業を拡大する傾向があるため、企業の個別要因を勘案する必要がある。

1．不適切　当座資産には棚卸資産は含まれない。

2．適　切　固定長期適合率は企業の安全性を判断するための指標で、100％以下であればその企業は安全とされ、原則として低いほど安全であると判断されるが、多額の設備投資が必要な企業とそうでない企業とでは当然適正値は変わってくる。また、設備投資に積極的な企業は固定長期適合率が高いケースもあり、業種や企業の個別要因なども勘案して判断する必要がある。

3．適　切　同業他社と比較をしたり、自社の過去の数値と比較することで、自社の水準や業績の推移などが明確になる。

4．適　切　インタレスト・カバレッジ・レシオは企業の安全性、つまり財務体質の健全性を評価する要素の1つで、この比率が高いほど、財務的に余裕があることを意味する。ただし、成長段階にある企業では、借入れによって事業を拡大する場合もあるため、企業の成長ステージなども考慮して判断する必要がある。

【問題7】（2019年9月 問33）　　　　　　　　　　チェック欄 ☐☐☐☐☐

損益分岐点分析に関する次の記述のうち、適切なものはいくつあるか。

(a) 売上高が2億円である場合の変動費が6,000万円、固定費が4,000万円である企業は、固定費を1,400万円削減すれば、損益分岐点が2,000万円低下することになる。

(b) 売上高が2億円である場合の変動費が8,000万円、固定費が3,000万円である企業は、変動費率が10ポイント上昇すると、損益分岐点が2,000万円上昇することになる。

(c) 売上高が2億円である場合の変動費が8,000万円、固定費が4,000万円である企業が2億円の利益をあげるために必要な売上高は、4億円である。

1．1つ
2．2つ
3．3つ
4．0（なし）

(a) 適 切 現状では、以下のとおり。

$$変動費率 = \frac{変動費}{売上高} = \frac{6,000万円}{2億円} = 0.3 \quad 限界利益率 = 1 - 変動費率 = 0.7$$

$$損益分岐点売上高 = \frac{固定費}{限界利益率} = \frac{4,000万円}{0.7} \fallingdotseq 5,714万円$$

固定費を1,400万円削減した場合は、以下のとおり。

$$損益分岐点売上高 = \frac{4,000万円 - 1,400万円}{0.7} \fallingdotseq 3,714万円$$

　したがって、損益分岐点売上高は**2,000万円**（＝5,714万円－3,714万円）低下する。なお、低下する2,000万円は、次のように求めることもできる。

$$損益分岐点売上高の低下額 = \frac{固定費削減額}{限界利益率} = \frac{1,400万円}{0.7} = 2,000万円$$

(b) 不適切 現状では、以下のとおり。

$$変動費率 = \frac{8,000万円}{2億円} = 0.4 \quad 限界利益率 = 1 - 0.4 = 0.6$$

$$損益分岐点売上高 = \frac{固定費}{限界利益率} = \frac{3,000万円}{0.6} = 5,000万円$$

変動費率が10ポイント上昇した場合は、以下のとおり。

$$変動費率 = 0.4 + 0.1 = 0.5 \quad 限界利益率 = 1 - 0.5 = 0.5$$

$$損益分岐点売上高 = \frac{3,000万円}{0.5} = 6,000万円$$

　したがって、損益分岐点売上高は**1,000万円**（＝6,000万円－5,000万円）上昇する。

(c) 適 切 限界利益率は **(b)** と同様0.6である。

$$目標利益を達成する売上高 = \frac{固定費 + 目標利益}{限界利益率}$$

$$= \frac{4,000万円 + 2億円}{0.6} = \textbf{4億円}$$

　したがって、適切なものは2つであり、正解は**2**となる。

10　消費税

【問題1】 (2020年1月 問33)　　　　　　　　　　　チェック欄☐☐☐☐☐

　2019年10月以降の消費税の軽減税率（8％）に関する次の記述のうち、最も不適切なものはどれか。

1．軽減税率の適用対象となる飲食料品は、人の飲用または食用に供されるものに限られるため、家畜の飼料やペットフードの販売は軽減税率の適用対象とならない。
2．軽減税率の適用対象となる新聞は、定期購読契約に基づくものに限られるため、駅の売店やコンビニエンスストアにおける新聞の販売は軽減税率の適用対象とならない。
3．医薬品や医薬部外品の販売は軽減税率の適用対象となるが、特定保健用食品や栄養機能食品の販売は軽減税率の適用対象とならない。
4．酒税法に規定する酒類の販売は、飲食設備のある場所において飲用させる役務の提供に該当するかどうかにかかわらず、軽減税率の適用対象とならない。

第4章　タックスプランニング　基礎編

1．**適　切**　消費税の軽減税率の対象となる飲食料品とは、人用の飲用または食用に供されるものをいう。家畜飼料やペットフードは人用の飲用または食用に供されるものではないため軽減税率の対象とならない。

2．**適　切**　軽減税率の対象となる新聞とは、週に2回以上発行されるもので、定期購読契約に基づくものである。

3．**不適切**　医薬品、医薬部外品は標準税率（10％）が適用される。健康食品や特定保健用食品は、医薬品・医薬部外品を除き軽減税率の対象となる。

4．**適　切**　酒類は標準税率（10％）である。

【問題2】（2021年5月 問33）　　　　　　　チェック欄 □□□□□

消費税の簡易課税制度に関する次の記述のうち、最も不適切なものはどれか。なお、納付すべき消費税額（地方消費税額を含む）が最も低くなるようにみなし仕入率を適用するものとし、記載のない事項については考慮しないものとする。

〈簡易課税制度におけるみなし仕入率〉

事業区分	みなし仕入率
第1種事業	90%
第2種事業	80%
第3種事業	70%
第4種事業	60%
第5種事業	50%
第6種事業	40%

1．全体の課税売上高に占める第1種事業の割合が60%、第3種事業の割合が40%である場合、みなし仕入率は、第1種事業に係る消費税額に90%を適用し、第3種事業に係る消費税額に70%を適用する。

2．全体の課税売上高に占める第1種事業の割合が95%、第3種事業の割合が5%である場合、みなし仕入率は、第1種事業および第3種事業のいずれの消費税額にも90%を適用する。

3．全体の課税売上高に占める第1種事業の割合が20%、第3種事業の割合が80%である場合、みなし仕入率は、第1種事業および第3種事業のいずれの消費税額にも70%を適用する。

4．全体の課税売上高に占める第1種事業の割合が50%、第2種事業の割合が35%、第5種事業の割合が15%である場合、みなし仕入率は、第1種事業に係る消費税額に90%を適用し、第2種事業および第5種事業のいずれの消費税額にも80%を適用する。

第4章 タックスプランニング 基礎編

【問題2】　正解　3

1．**適　切**　簡易課税制度適用事業者において、2種類の事業を営んでいる場合、原則として、事業ごとにみなし仕入率を用いる。したがって、みなし仕入率は、第1種事業については90%を適用し、第3種事業については70%を適用する。

2．**適　切**　2種類の事業を営んでいる場合、特定の1種類の課税売上高が全体の課税売上高の75%以上である場合には、特例として、すべての課税売上高について、そのみなし仕入率を適用することができる。本肢では、すべての課税売上高について、第1種事業のみなし仕入率を適用できる。

　　原則：95%×（1−90%）+ 5 %×（1−70%）=11%

　　特例：100%×（1−90%）=10%

　　※　納税額を比較するため、「1−みなし仕入率」として計算する。以下同様。

　　したがって、納付すべき消費税額が最も低くなるのは、特例を適用した場合であるため、みなし仕入率は、第1種事業および第3種事業のいずれの消費税額にも90%を適用する。

3．**不適切**　選択肢2と同様に計算し、原則と特例を比較する。本肢では、第3種事業の課税売上高が全体の75%以上であるため、すべての課税売上高について、第3種事業のみなし仕入率を適用できる。

　　原則：20%×（1−90%）+80%×（1−70%）=26%

　　特例：100%×（1−70%）=30%

　　したがって、納付すべき消費税額が最も低くなるのは、原則を適用した場合であるため、みなし仕入率は、**第1種事業については90%を適用し、第3種事業については70%を適用する。**

4．**適　切**　3種類の事業を営んでいる場合には、特例として、特定の2種類の事業の課税売上高の合計額が、全体の課税売上高の75%以上を占めるとき、次のように分けてみなし仕入率を適用する。

①　その2業種のうちみなし仕入率の高い方の事業に係る課税売上高については、そのみなし仕入率を適用する。

②　それ以外の課税売上高については、その2種類の事業のうち低い方のみなし仕入率をその事業以外の課税売上げに対して適用する。

　　原則：50%×（1−90%）+35%×（1−80%）+15%×（1−50%）=19.5%

　　特例：50%（第1種事業）+35%（第2種事業）=85%　≧75%

　　　　　∴　第1種事業にはみなし仕入率90%を適用し、第2種事業および第5種事業は第2種事業のみなし仕入率80%を適用

　　　　　50%×（1−90%）+（35%+15%）×（1−80%）=15%

　　したがって、納付すべき消費税額が最も低くなるのは、特例を適用した場合であるため、みなし仕入率は、第1種事業については90%を適用し、第2種事業および第5種事業については80%を適用する。

【問題3】（2021年1月 問33）　　　　チェック欄☐☐☐☐☐

消費税に関する次の記述のうち、最も適切なものはどれか。

1．居住の用に供する家屋や土地の貸付は、貸付期間が1カ月未満である場合等を除き、消費税の非課税取引に該当し、その家賃や地代について消費税は課されない。
2．インターネットを通じて行われる音楽や映像の配信などの役務の提供について、その提供を行う事業者の事務所等の所在地が国外にある場合、消費税の課税対象となる国内取引に該当することはなく、その配信の対価について消費税は課されない。
3．新たに開業した個人事業者のうち、開業した年分における課税売上高が1,000万円を超える者は、その年分について消費税の免税事業者となることができない。
4．簡易課税制度の適用を受ける事業者が2種類以上の事業を行い、そのうち1種類の事業の課税売上高が全体の課税売上高の50％以上を占める場合は、その事業のみなし仕入率を全体の課税売上に対して適用することができる。

【問題4】（2023年9月 問33改題）　　　　チェック欄☐☐☐☐☐

2023年10月1日に施行された改正消費税法における適格請求書等保存方式（インボイス制度）に関して適格請求書に必要とされる記載事項でないものは、次のうちどれか。

1．適格請求書発行事業者の氏名または名称
2．適格請求書の作成日または発行日
3．課税資産の譲渡等の税抜価額または税込価額を税率ごとに区分して合計した金額
4．税率ごとに区分した消費税額等

1. 適 切 土地の譲渡・貸付けおよび住宅の貸付けは消費税の非課税取引である
が、貸付期間が1カ月未満であるときは課税取引となる。

2. 不適切 インターネットを通じて行われる音楽や映像の配信などの役務の提供に
ついては、その役務の提供を受けた事業者が国内事業者である場合は、国内取引と
なり消費税の課税対象となる。

3. 不適切 消費税は、基準期間（個人事業者は前々年）における課税売上高が
1,000万円を超えた場合、または基準期間における課税売上高が1,000万円以下であ
っても特定期間（個人事業者は前年の1月1日から6月30日）における課税売上高
および支払った給与の額のいずれもが1,000万円を超えた場合、その課税期間は課
税事業者となる。新たに開業した年は基準期間も前年の実績もないため、免税事業
者となる。

4. 不適切 2種類以上の事業を営む事業者で、1種類の事業の課税売上高が全体の
課税売上高の75%以上を占める場合には、その事業のみなし仕入率を全体の課税売
上げに対して適用することができる。

適格請求書とは、次の事項が記載された書類をいい、請求書、納品書、領収証、レ
シート等記載すべき事項が記載されているものは名称を問わず、適格請求書に該当す
る。

① 適格請求書発行事業者の氏名または名称および登録番号
② 課税取引を行った年月日
③ 課税取引の内容（その課税取引が軽減税率の対象である場合にはその旨）
④ 課税取引の税抜価額または税込価額を税率ごとに区分して合計した金額および
　適用税率
⑤ 税率ごとに区分した消費税額等
⑥ 書類の交付を受ける事業者の氏名または名称

よって、適格請求書の作成日または発行日は必要とされる記載事項ではない。

応用編

【第1問】（2023年5月 第3問《問57》～《問59》改題）　　チェック欄□□□□□

次の設例に基づいて、下記の各問（《問1》～《問3》）に答えなさい。

《設 例》

　サービス業を営むX株式会社（資本金10,000千円、青色申告法人、同族会社かつ非上場会社で株主はすべて個人、租税特別措置法上の中小企業者等に該当し、適用除外事業者ではない。以下、「X社」という）の2025年3月期（2024年4月1日～2025年3月31日。以下、「当期」という）における法人税の確定申告に係る資料は、以下のとおりである。

〈X社の当期における法人税の確定申告に係る資料〉
1．役員給与に関する事項

　　当期において役員の所有する土地・建物を37,000千円で取得し、X社の所有する車両を1,000千円で同じ役員に譲渡した。この土地・建物の時価は25,000千円、車両の時価は3,000千円である。なお、X社は所轄税務署長に対して事前確定届出給与に関する届出書は提出していない。

2．交際費等に関する事項

　　当期における交際費等の金額は17,750千円で、全額を損金経理により支出している。このうち、参加者1人当たり10千円以下の飲食費が150千円含まれており、その飲食費を除いた接待飲食費が16,200千円含まれている（いずれも得意先との会食によるもので、専ら社内の者同士で行うものは含まれておらず、所定の事項を記載した書類も保存されている）。その他のものは、すべて税法上の交際費等に該当する。

3．退職給付引当金に関する事項

　　当期において従業員の退職金制度の一部として外部の企業年金基金に掛金として2,900千円を支払い、その際に退職給付引当金を同額取り崩している。また、決算時に退職給付費用5,000千円を損金経理するとともに、同額を退職給付引当金として負債に計上している。さらに、従業員の退職金の支払の際に退職給付引当金を3,000千円取り崩し、X社から同額を現金で支払っている。

4．税額控除に関する事項

　　当期における「中小企業者等が特定経営力向上設備等を取得した場合の法人税額の特別控除」に係る税額控除額が500千円ある。

5．「法人税、住民税及び事業税」等に関する事項

(1) 損益計算書に表示されている「法人税、住民税及び事業税」は、預金の利子について源泉徴収された所得税額50千円・復興特別所得税額1,050円および当期確定申告分の見積納税額9,000千円の合計額9,051,050円である。なお、貸借対照表に表示されている「未払法人税等」の金額は9,000千円である。

(2) 当期中に「未払法人税等」を取り崩して納付した前期確定申告分の事業税（特別法人事業税を含む）は1,270千円である。

(3) 源泉徴収された所得税額および復興特別所得税額は、当期の法人税額から控除することを選択する。

(4) 中間申告および中間納税については、考慮しないものとする。

※上記以外の条件は考慮せず、各問に従うこと。

《問1》《設例》のX社の当期の〈資料〉と下記の〈条件〉に基づき、同社に係る〈略式別表四（所得の金額の計算に関する明細書)〉の空欄①〜⑦に入る最も適切な数値を、解答用紙に記入しなさい。なお、別表中の「＊＊＊」は、問題の性質上、伏せてある。

〈条件〉
・設例に示されている数値等以外の事項については考慮しないものとする。
・所得の金額の計算上、選択すべき複数の方法がある場合は、所得の金額が最も低くなる方法を選択すること。

〈略式別表四（所得の金額の計算に関する明細書)〉（単位：円）

区　　　　分		総　　額
当期利益の額		5,618,950
加算	損金経理をした納税充当金	（①）
	役員給与の損金不算入額	（②）
	交際費等の損金不算入額	（③）
	退職給付費用の損金不算入額	（④）
	小　　計	＊＊＊
減算	納税充当金から支出した事業税等の金額	1,270,000
	退職給付引当金の当期認容額	（⑤）
	小　　計	＊＊＊
仮　　計		＊＊＊
法人税額から控除される所得税額（注）		（⑥）
合　　計		＊＊＊
欠損金又は災害損失等の当期控除額		0
所得金額又は欠損金額		（⑦）

（注）法人税額から控除される復興特別所得税額を含む。

《問2》前問《問1》を踏まえ、X社が当期の確定申告により納付すべき法人税額を求めなさい。〔計算過程〕を示し、〈答〉は100円未満を切り捨てて円単位とすること。

〈資料〉普通法人における法人税の税率表

	課税所得金額の区分	税率 2024年4月1日以後開始事業年度
資本金または出資金100,000千円超の法人および一定の法人	所得金額	23.2%
その他の法人	年8,000千円以下の所得金額からなる部分の金額	15%
	年8,000千円超の所得金額からなる部分の金額	23.2%

《問3》法人税の申告に関する以下の文章の空欄①～⑥に入る最も適切な語句または数値を、解答用紙に記入しなさい。なお、問題の性質上、明らかにできない部分は「□□□」で示してある。

「法人税の申告には中間申告と確定申告があります。事業年度が（ ① ）カ月を超える普通法人は、所轄税務署長に対し、原則として、事業年度開始の日以後□□□カ月を経過した日から2カ月以内に中間申告書を提出し、事業年度終了の日の翌日から2カ月以内に確定申告書を提出しなければなりません。

中間申告には、前事業年度の確定法人税額を前事業年度の月数で除した値に□□□を乗じて算出した金額を税額として申告する予定申告と、当該事業年度開始の日以後□□□カ月の期間を一事業年度とみなして仮決算を行い、それに基づいて申告する方法があります。ただし、原則として、仮決算による中間申告税額が予定申告税額を超える場合や、前年度実績による予定申告税額が（ ② ）万円以下である場合には、仮決算による中間申告をすることはできません。

なお、納付すべき法人税額がない場合であっても、確定申告書の提出は必要です。また、事業年度開始時における資本金の額等が（ ③ ）億円を超える内国法人は、原則として、中間申告書および確定申告書をe-Tax（国税電子申告・納税システム）で提出しなければなりません。

確定申告書を法定申告期限までに提出せず、期限後申告や税務調査後に決定があった場合は、原則として、納付すべき税額の（ ④ ）％（50万円を超える部分は□□□％を加算）の無申告加算税が課されます。ただし、法定申告期限から1カ月を経過する日までに確定申告書が提出され、かつ、納付税額の全額が法定申告期限から1カ月以内に納付されているなど、期限内申告をする意思があったと認められる場合は、無申告加算税は課されません。また、（ ⑤ ）事業年度連続して提出期限内に確定申告

書の提出がない場合は、青色申告の承認の取消しの対象となります。

　既に行った申告について、納付税額が少なかったり、欠損金が過大であったりした場合は、税務署長による（⑥）を受けるまでは、□□□をすることができます。また、納付税額が多かったり、還付税額が少なかったりした場合、所定の要件を満たせば、（⑥）の請求をすることができます」

【第1問】

《問1》 正解 ① **9,000,000**（円）　② **14,000,000**（円）
　　　　　　　③ **9,500,000**（円）　④ **5,000,000**（円）
　　　　　　　⑤ **5,900,000**（円）　⑥ **51,050**（円）
　　　　　　　⑦ **36,000,000**（円）

〈略式別表四（所得の金額の計算に関する明細書)〉（単位：円）

区　　　分		総　　　額
当期利益の額		5,618,950
加算	損金経理をした納税充当金	（① 9,000,000）
	役員給与の損金不算入額	（② 14,000,000）
	交際費等の損金不算入額	（③ 9,500,000）
	退職給付費用の損金不算入額	（④ 5,000,000）
	小　　計	37,500,000
減算	納税充当金から支出した事業税等の金額	1,270,000
	退職給付引当金の当期認容額	（⑤ 5,900,000）
	小　　計	7,170,000
仮　　計		35,948,950
法人税額から控除される所得税額（注）		（⑥ 51,050）
合　　計		36,000,000
欠損金又は災害損失金等の当期控除額		0
所得金額又は欠損金額		（⑦ 36,000,000）

(注)法人税額から控除される復興特別所得税額を含む。

〈解説〉

① 損金経理をした納税充当金

　　見積納税額（未払法人税等の当期末残高）**9,000,000円**は、損益計算書上、費用とされているが、法人税では損金算入できないため、「損金経理をした納税充当金」として加算する。

② 役員給与の損金不算入額

　　役員所有の土地・建物を時価より高額で買い取った場合、時価と譲受価額との差額が損金不算入となる。また、法人所有の車両を時価より低額で譲渡した場合、時価と譲渡価額との差額が損金不算入となる。

　　損金不算入額＝（37,000千円－25,000千円）＋（3,000千円－1,000千円）＝**14,000,000円**

③ 交際費等の損金不算入額

　　中小企業者等は、交際費等の額のうち、ⓐ8,000千円とⓑ接待飲食費×50％とのいずれか大きいほうまで損金の額に算入することができる。なお、2024年4月1日以後支出する少額飲食費（交際費等から除外）は1人あたり1万円以下が適用

第4章 タックスプランニング 応用編

対象である。

損金算入限度額：8,000千円＜16,200千円×50％＝8,100千円　∴8,100千円が有利

損金不算入額＝17,750千円－150千円－8,100千円＝**9,500,000円**

④　退職給付費用の損金不算入額

税務上、引当経理は認められていないため、当期において退職給付引当金として計上した**5,000,000円**を加算する。

⑤　退職給付引当金の当期認容額

当期において、外部の企業年金基金に掛金として支払った部分および実際に退職金を支払った部分に相当する退職給付引当金の取崩額**5,900,000円**（2,900千円＋3,000千円）は、損金の額に算入することができる。

⑥　法人税額から控除される所得税額

所得税額および復興特別所得税額は、当期の法人税額から控除することを選択するため、合計額を加算する。

50千円＋1,050円＝**51,050円**

※所得税額および復興特別所得税額については、別表四では加算するが、この後《問2》の「納付すべき法人税額」の計算過程において控除される。

⑦　所得金額又は欠損金額

所得金額＝5,618,950円（当期利益の額）＋37,500,000円（加算項目）

$\qquad$－7,170,000円（減算項目）＋51,050円（所得税額・復興特別所得税額）

$\qquad$＝**36,000,000円**

《問2》　正解 **7,144,900円**

8,000,000円×15％＋（36,000,000円－8,000,000円）×23.2％＝7,696,000円

7,696,000円×20％＝1,539,200円＞500,000円　　∴　　500,000円

1,432,000円－500,000円（中小企業経営強化税制）－51,050円（所得税額・復興特別所得税）

＝**7,144,900円**（百円未満切捨て）

〈解説〉

「中小企業者等が特定経営力向上設備等を取得した場合の法人税額の特別控除」（中小企業経営強化税制）の税額控除額は、その事業年度の法人税額の20％が限度となる。

《問3》 正解	① 6（カ月）	② 10（万円）	③ 1（億円）
	④ 15（%）	⑤ 2（事業年度）	⑥ 更正

〈解説〉

Ⅰ 中間申告

① 予定申告（前期の実績による場合）

　法人の事業年度が6カ月を超える場合には、その事業年度開始の日から6カ月を経過した日から2カ月以内に中間申告書を提出しなければならない。ただし、納付税額が10万円以下である場合、中間申告は不要である。

② 仮決算

　中間申告書を提出すべき法人が、その事業年度開始の日以後6カ月を1事業年度としてその期間の課税所得金額を計算した場合には、その計算に基づく中間申告書の提出が認められる。ただし、次の場合には、仮決算による中間申告書を提出することができない。

・仮決算により計算した中間納税額が、前期実績により計算した予定申告税額を超える場合

・前期実績による予定申告税額が10万円以下の場合

Ⅱ 「電子情報処理組織による申告の特例」により、一定の法人が行う法人税等の申告は、電子情報処理組織（e-Tax）により提出しなければならない。概要は次のとおりである。

対象税目	法人税、地方法人税、消費税、法人住民税、法人事業税
対象法人	事業年度開始時の資本金の額または出資金の額が1億円超の法人等
対象手続き	確定申告書、中間（予定）申告書、仮決算の中間申告書、修正申告書、還付申告書
適用日	2020年4月1日以後に開始する事業年度（課税期間）から適用 ※電子申告の義務化の対象となる法人は、納税地の所轄税務署長に対し、適用開始事業年度等を記載した届出書（適用開始届）を提出する必要がある。

Ⅲ 無申告加算税は、確定申告書を法定申告期限までに提出せず、期限後申告や税務調査後に決定があった場合、原則として、納付すべき税額の15%（50万円を超える部分は20%）を加算するものである。

Ⅳ 税務署長は、確定申告書に記載された課税標準等または税額等が調査したところと異なるときは、その申告の課税標準または税額を更正（増額または減額）する。一方、納税者は、過大申告をした場合、更正の請求をすることができる。なお、過少申告をした場合、修正申告をする。

【第2問】（2022年9月 第3問《問57》～《問59》改題）　　チェック欄□□□□□

次の設例に基づいて、下記の各問（《問1》～《問3》）に答えなさい。

《設　例》

製造業を営むX株式会社（資本金10,000千円、青色申告法人、同族会社かつ非上場会社で株主はすべて個人、租税特別措置法上の中小企業者等に該当し、適用除外事業者ではない。以下、「X社」という）の2025年3月期（2024年4月1日～2025年3月31日。以下、「当期」という）における法人税の確定申告に係る資料は、以下のとおりである。

〈X社の当期における法人税の確定申告に係る資料〉
1．役員給与に関する事項

当期において、取締役のAさんに対して支給した役員給与は2024年4月分から2024年9月分までは月額900千円であったが、2024年10月分から2025年3月分までは月額1,100千円に増額した。このAさんに対する役員給与について、増額する臨時改定事由は特になく、X社は所轄税務署長に対して事前確定届出給与に関する届出書は提出していない。

2．交際費等に関する事項

当期における交際費等の金額は9,900千円で、全額を損金経理により支出している。このうち、参加者1人当たり10千円以下の飲食費が300千円含まれており、その飲食費を除いた接待飲食費に該当するものが5,000千円含まれている（いずれも得意先との会食によるもので、専ら社内の者同士で行うものは含まれておらず、所定の事項を記載した書類も保存されている）。その他のものは、すべて税法上の交際費等に該当する。

3．受取配当金に関する事項

当期において、上場会社であるY社から、X社が前期首から同株数保有しているY社株式に係る配当金500千円（源泉所得税控除前）を受け取った。なお、Y社株式は非支配目的株式等に該当する。

4．税額控除に関する事項

当期における「中小企業者等が特定経営力向上設備等を取得した場合の特別償却又は法人税額の特別控除」に係る税額控除限度額が300千円ある。

5．「法人税、住民税及び事業税」等に関する事項
⑴　損益計算書に表示されている「法人税、住民税及び事業税」は、預金の利子について源泉徴収された所得税額15千円・復興特別所得税額315円、受取配当金について源泉徴収された所得税額75千円・復興特別所得税額1,575円および当期確定申告分の見積納税額2,500千円の合計額2,591,890円である。

なお、貸借対照表に表示されている「未払法人税等」の金額は2,500千円である。

(2) 当期中に「未払法人税等」を取り崩して納付した前期確定申告分の事業税（特別法人事業税を含む）は680千円である。

(3) 源泉徴収された所得税額および復興特別所得税額は、当期の法人税額から控除することを選択する。

(4) 中間申告および中間納税については、考慮しないものとする。

※上記以外の条件は考慮せず、各問に従うこと。

《問1》設例のＸ社の当期の〈資料〉と下記の〈条件〉に基づき、同社に係る〈略式別表四（所得の金額の計算に関する明細書）〉の空欄①〜⑥に入る最も適切な数値を、解答用紙に記入しなさい。なお、別表中の「＊＊＊」は、問題の性質上、伏せてある。

〈条件〉
・設例に示されている数値等以外の事項については考慮しないものとする。
・所得の金額の計算上、選択すべき複数の方法がある場合は、所得の金額が最も低くなる方法を選択すること。

〈略式別表四（所得の金額の計算に関する明細書）〉 （単位：円）

区　　　分		総　　額
当期利益の額		4,388,110
加算	損金経理をした納税充当金	（①）
	役員給与の損金不算入額	（②）
	交際費等の損金不算入額	（③）
	小　計	＊＊＊
減算	納税充当金から支出した事業税等の金額	680,000
	受取配当等の益金不算入額	（④）
	小　計	＊＊＊
仮　計		＊＊＊
法人税額から控除される所得税額（注）		（⑤）
合　計		＊＊＊
欠損金又は災害損失金等の当期控除額		0
所得金額又は欠損金額		（⑥）

（注）法人税額から控除される復興特別所得税額を含む。

《問2》前問《問1》を踏まえ、X社が当期の確定申告により納付すべき法人税額を求めなさい。〔計算過程〕を示し、〈答〉は100円未満を切り捨てて円単位とすること。

〈資料〉普通法人における法人税の税率表

	課税所得金額の区分	税率
資本金または出資金100,000千円超の法人および一定の法人	所得金額	23.2%
その他の法人	年8,000千円以下の所得金額からなる部分の金額	15%
	年8,000千円超の所得金額からなる部分の金額	23.2%

《問3》「給与等の支給額が増加した場合の法人税額の特別控除」（以下、「賃上げ促進税制」という）および「中小企業者等が特定経営力向上設備等を取得した場合の特別償却又は法人税額の特別控除」（以下、「中小企業経営強化税制」という）に関する以下の文章の空欄①〜⑦に入る最も適切な数値を、解答用紙に記入しなさい。

〈賃上げ促進税制〉

I 「賃上げ促進税制は、一定の中小企業者等（以下、「中小企業」という）とそれ以外の法人（以下、「大企業」という）で異なる適用要件と税額控除が設けられています。なお、2024年度税制改正により新たに大企業のうち一定のものを中堅企業として取扱う措置が講じられました。

　　中堅企業を除く大企業では、継続雇用者給与等支給額が前事業年度から3％以上増加した場合に、控除対象雇用者給与等支給増加額の（　①　）％を税額控除することができます。さらに、上乗せ措置として、継続雇用者給与等支給額が前事業年度から（　②　）％以上増加した場合には、税額控除率に5％が加算されるなどの措置があります。また、教育訓練費の額が前事業年度から（　③　）％以上増加し、かつ、教育訓練費の額が雇用者給与等支給額の0.05％以上である場合には、税額控除率に5％が加算されるなどの措置があります。また、中堅企業の上乗せ措置については一部の要件が緩和されています。

　　中小企業では、雇用者給与等支給額が前事業年度から（　④　）％以上増加した場合に、控除対象雇用者給与等支給増加額の15％を税額控除することができます。さらに、上乗せ措置として、雇用者給与等支給額が前事業年度から2.5％以上増加した場合には、税額控除率に（　⑤　）％が加算されます。また、教育訓練費の額が前事業年度から5％以上増加し、かつ、教育訓練費の額が雇用者給与等支給額の0.05％以上である場合には、税額控除率に10％が加算されるなどの措置があります。

なお、税額控除することができる金額は、大企業、中堅企業および中小企業の
いずれも、その事業年度の法人税額の20％相当額が限度になります。また、2024
年度税制改正により、中小企業について、控除しきれない超過額がある場合に
は、一定の要件のもと、最長５年間の繰越税額控除が新設されました。」

〈中小企業経営強化税制〉

Ⅱ　「青色申告書を提出する中小企業者等が、指定期間内に、中小企業等経営強化
　　法の認定を受けた経営力向上計画に基づき、一定の設備を新規取得等して指定事
　　業の用に供した場合、原則として即時償却または取得価額の（　⑥　）％（特定中
　　小企業者等は10％）の税額控除を選択適用することができます。
　　　税額控除限度額がその事業年度の法人税額の20％相当額を超えるために、その
　　事業年度において税額控除限度額の全部を控除しきれなかった場合には、その控
　　除しきれなかった金額について（　⑦　）年間の繰越しが認められます」

【第2問】

《問1》 正解 ① 2,500,000（円）　② 1,200,000（円）
　　　　　 ③ 1,600,000（円）　④ 100,000（円）
　　　　　 ⑤ 91,890（円）　　 ⑥ 9,000,000（円）

〈略式別表四（所得の金額の計算に関する明細書）〉（単位：円）

区　　　　分		総　　　額
当期利益の額		4,388,110
加算	損金経理をした納税充当金	（① 2,500,000）
	役員給与の損金不算入額	（② 1,200,000）
	交際費等の損金不算入額	（③ 1,600,000）
	小　計	5,300,000
減算	納税充当金から支出した事業税等の金額	680,000
	受取配当等の益金不算入額	（④ 100,000）
	小　計	780,000
仮　　計		8,908,110
法人税額から控除される所得税額（注）		（⑤ 91,890）
合　　計		9,000,000
欠損金又は災害損失金等の当期控除額		0
所得金額又は欠損金額		（⑥ 9,000,000）

(注)法人税額から控除される復興特別所得税額を含む。

〈解説〉

① 損金経理をした納税充当金

　　見積納税額（未払法人税等の当期末残高）2,500,000円は、損益計算書上、費用とされているが、法人税では損金算入できないため、「損金経理をした納税充当金」として加算する。

② 役員給与の損金不算入額

　　定期同額給与は、損金算入することができる。定期同額給与の改定は、原則として、期首から3カ月以内に行われた場合に認められる。設例の場合、事業年度の中途における改定であり、また、臨時改定事由にも該当しないため、増額前の金額と増額後の金額の差額が損金不算入となる。

　　損金不算入額＝（1,100千円－900千円）×6カ月＝1,200,000円

③ 交際費等の損金不算入額

　　中小企業者等は、交際費等の額のうち、ⓐ8,000千円とⓑ接待飲食費×50％とのいずれか大きいほうまで損金の額に算入することができる。

　　損金算入限度額：8,000千円＞5,000千円×50％＝2,500千円　∴　8,000千円が有利

　　損金不算入額＝9,900千円－300千円－8,000千円＝1,600,000円

④　受取配当等の益金不算入額

　　非支配目的株式等から受ける配当金は、配当金の20％に相当する金額が益金不算入となる。

　500千円×20％＝100,000円

⑤　法人税額から控除される所得税額

　　所得税額および復興特別所得税額は、当期の法人税額から控除することを選択するため、合計額を加算する。

　15千円＋315円＋75千円＋1,575円＝91,890円

※所得税額および復興特別所得税額は、別表四では加算するが、この後《問2》の「納付すべき法人税額」の計算過程において控除される。

⑥　所得金額又は欠損金額

　所得金額＝4,388,110円（当期利益の額）＋5,300,000円（加算項目）

　　　　　　－780,000円（減算項目）＋91,890円（所得税額・復興特別所得税額）

　　　　　＝9,000,000円

《問2》　正解　**1,053,700円**

8,000,000円×15％＋（9,000,000円－8,000,000円）×23.2％＝1,432,000円

300,000円＞1,432,000円×20％＝286,400円

1,432,000円－286,400円（中小企業経営強化税制）－91,890円（所得税額・復興特別所得税）

　＝1,053,700円　（百円未満切捨て）

〈解説〉

　「中小企業者等が特定経営力向上設備等を取得した場合の特別償却又は法人税額の特別控除」（中小企業経営強化税制）の税額控除額は、その事業年度の法人税額の20％が限度となる。

《問3》 正解	① 10 （％）	② 4 （％）	③ 10 （％）	④ 1.5 （％）
	⑤ 15 （％）	⑥ 7 （％）	⑦ 1 （年間）	

〈解説〉

「給与等の支給額が増加した場合の法人税額の特別控除」（賃上げ促進税制）の概要は、次のとおりである。

(1) 大企業

	適用要件	控除率
原則	給与等支給増加割合※1が3％以上	10％
上乗せ措置	給与等支給増加割合※1が4％以上	5％加算
	給与等支給増加割合※1が5％以上	10％加算
	給与等支給増加割合※1が7％以上	15％加算
	プラチナくるみん認定またはプラチナえるぼし認定	5％加算
	教育訓練費増加割合※2が10％以上かつ教育訓練費が雇用者給与等支給額の0.05％以上	5％加算

(2) 中堅企業

	適用要件	控除率
原則	給与等支給増加割合が3％以上	10％
上乗せ措置	給与等支給増加割合が4％以上	15％加算
	プラチナくるみん認定、プラチナえるぼし認定またはえるぼし認定（3段階目）	5％加算
	教育訓練費増加割合が10％以上かつ教育訓練費が雇用者給与等支給額の0.05％以上	5％加算

(3) 中小企業者等

	適用要件	控除率
原則	給与等支給増加割合が1.5％以上	15％
上乗せ措置	給与等支給増加割合が2.5％以上	15％加算
	プラチナくるみん認定、くるみん認定、プラチナえるぼし認定またはえるぼし認定（2段階目以上）	5％加算
	教育訓練費増加割合が5％以上かつ教育訓練費が雇用者給与等支給額の0.05％以上	10％加算

※ いずれの場合も法人税額の20％を控除限度額とする。

※ 中小企業者等については、控除限度額超過額は最長5年間の繰越控除（繰越税額控除制度）が認められる。ただし、繰越税額控除をする事業年度において雇用者給与等支給額が比較雇用者給与等支給額を超える場合に限り適用することができる。

「中小企業経営強化税制」の特別償却（即時償却）および税額控除の概要は、次のとおりである。

特別償却 （即時償却）	償却限度額＝普通償却限度額＋特別償却限度額※ ※特別償却限度額＝取得価額－普通償却限度額
	対象設備を事業の用に供した事業年度において、その取得価額の全額を損金の額に算入することができる
税額控除	税額控除限度額＝取得価額×7％
	・特別償却（即時償却）とは選択適用 ・資本金が3,000万円以下の法人（特定中小企業者等）は7％→10％ ・税額控除額はその事業年度の法人税額の20％を限度とする ・控除しきれなかった場合、1年間の繰り越しが認められる

第4章 タックスプランニング 応用編

次の設例に基づいて、下記の各問（《問1》〜《問3》）に答えなさい。

《設　例》

　小売業を営むX株式会社（資本金30,000千円、青色申告法人、同族会社かつ非上場会社で株主はすべて個人、租税特別措置法上の中小企業者等に該当し、適用除外事業者ではない。以下、「X社」という）の2025年3月期（2024年4月1日〜2025年3月31日。以下、「当期」という）における法人税の確定申告に係る資料は、以下のとおりである。

〈資料〉

1．減価償却費に関する事項

　　当期における減価償却費は、その全額について損金経理を行っている。このうち、器具備品の減価償却費は3,000千円であるが、その償却限度額は2,800千円であった。一方、建物の減価償却費は5,800千円であるが、その償却限度額は6,000千円であった。なお、前期からの繰越償却超過額が当該建物について350千円ある。

2．役員給与に関する事項

　　当期において、取締役のAさんに対して支給した役員給与は、2024年4月分から2024年11月分までは月額800千円であったが、2024年12月分から2025年3月分までは月額1,000千円に増額した。このAさんに対する役員給与について、増額する臨時改定事由は特になく、X社は所轄税務署長に対して事前確定届出給与に関する届出書を提出していない。

3．役員退職金に関する事項

　　当期において、退任した取締役のBさんに対して役員退職金を35,000千円支給した。この役員退職金の税法上の適正額は、最終報酬月額800千円、役員在任期間15年、功績倍率2.5倍として功績倍率方式により算定した金額が妥当であると判断されたため、支給額のうち功績倍率方式により計算された適正額を上回る部分については、別表四において自己否認を行うことにした。

4．税額控除に関する事項

　　当期における「給与等の支給額が増加した場合の法人税額の特別控除」に係る税額控除額が250千円ある。

5．「法人税、住民税及び事業税」等に関する事項

　(1)　損益計算書に表示されている「法人税、住民税及び事業税」は、預金の利子について源泉徴収された所得税額30千円・復興特別所得税額630円および当期確定申告分の見積納税額2,500千円の合計額2,530,630円である。なお、

貸借対照表に表示されている「未払法人税等」の金額は2,500千円である。

⑵　当期中に「未払法人税等」を取り崩して納付した前期確定申告分の事業税
　　（特別法人事業税を含む）は730千円である。

⑶　源泉徴収された所得税額および復興特別所得税額は、当期の法人税額から
　　控除することを選択する。

⑷　中間申告および中間納税については、考慮しないものとする。

　　※上記以外の条件は考慮せず、各問に従うこと。

《問１》《設例》のＸ社の当期の〈資料〉と下記の〈条件〉に基づき、同社に係る
〈略式別表四（所得の金額の計算に関する明細書)〉の空欄①〜⑦に入る最も適切な数
値を、解答用紙に記入しなさい。なお、別表中の「＊＊＊」は、問題の性質上、伏せ
てある。

〈条件〉
　・設例に示されている数値等以外の事項については考慮しないものとする。
　・所得の金額の計算上、選択すべき複数の方法がある場合は、所得の金額が最も低
　　くなる方法を選択すること。

〈略式別表四（所得の金額の計算に関する明細書)〉（単位：円）

区　　　分		総　　額
当期利益の額		5,199,370
加算	損金経理をした納税充当金	（①）
	減価償却の償却超過額	（②）
	役員給与の損金不算入額	（③）
	役員退職給与の損金不算入額	（④）
	小　　計	＊＊＊
減算	減価償却超過額の当期認容額	（⑤）
	納税充当金から支出した事業税等の金額	730,000
	小　　計	＊＊＊
仮　　計		＊＊＊
法人税額から控除される所得税額（注）		（⑥）
合　　計		＊＊＊
欠損金又は災害損失金等の当期控除額		0
所得金額又は欠損金額		（⑦）

（注）法人税額から控除される復興特別所得税額を含む。

《問2》前問《問1》を踏まえ、X社が当期の確定申告により納付すべき法人税額を求めなさい。〔計算過程〕を示し、〈答〉は100円未満を切り捨てて円単位とすること。

〈資料〉普通法人における法人税の税率表

	課税所得金額の区分	税率
資本金または出資金100,000千円超の法人および一定の法人	所得金額	23.2%
その他の法人	年8,000千円以下の所得金額からなる部分の金額	15%
	年8,000千円超の所得金額からなる部分の金額	23.2%

《問3》法人税に関する以下の文章の空欄①～⑧に入る最も適切な語句または数値を、解答用紙に記入しなさい。

〈青色申告法人の欠損金の繰越控除〉
Ⅰ 「2024年4月1日から2025年3月31日までの間に開始する事業年度において、損金の額に算入することができる欠損金額は、事業年度終了の日における資本金の額または出資金の額が（ ① ）円以下の中小法人等については、繰越欠損金控除前の所得の金額が限度となりますが、中小法人等以外の法人については、繰越欠損金控除前の所得の金額の（ ② ）％相当額が限度となります。

　2021年度税制改正により、カーボンニュートラル、DX、事業再構築・再編等に係る投資額の範囲内において、繰越欠損金の控除上限を、最長（ ③ ）年間、現行の（ ② ）％から最大100％まで引き上げる特例が創設されています。特例の対象となる欠損金は、原則として、2020年度および2021年度に生じた欠損金になります」

〈中小企業の経営資源の集約化に資する税制（経営資源集約化税制)〉
Ⅱ 「2021年度税制改正により、中小企業の経営資源の集約化に資する税制（経営資源集約化税制）が創設されています。M＆Aによる規模拡大を通じた中小企業の生産性向上と増加する廃業に伴う地域の経営資源の散逸の回避の双方を実現することを目的として、『設備投資減税・雇用確保を促す税制・準備金の積立』の3つの措置をセットで適用することを可能とする税制です。なお、2024年度税制改正により、『（ ④ ）』措置が拡大されています。

　中小企業経営強化税制において、M＆Aの効果を高める設備として「経営資源集約化設備（D類型)」が設定されています。D類型の対象は、計画終了年度に

修正（　⑤　）または有形固定資産（　⑥　）率が一定以上上昇する経営力向上計画を実施するために必要不可欠な設備とされています。

　中小企業等経営強化法の経営力向上計画の認定を受けた中小企業者が、M＆A実施後の株式等の価格の低落による損失に備えるために、その株式等の取得価額の（　⑦　）％以下の金額を中小企業事業再編投資損失準備金として積み立てたときは、当該金額をその事業年度の損金の額に算入することができます。中小企業事業再編投資損失準備金は、取得した株式等を継続保有していれば、積み立てた事業年度終了の日の翌日から（　⑧　）年間は据置き、その後の（　⑧　）年間で準備金残高の均等額を取り崩して、益金の額に算入します。なお、認定特別事業再編事業者（仮称）であるなど一定の場合には、損金算入額や据置期間が拡充されています」

【第3問】

〈略式別表四（所得の金額の計算に関する明細書）〉（単位：円）

区　　　分		総　　額
当期利益の額		5,199,370
加算	損金経理をした納税充当金	（① 2,500,000）
	減価償却の償却超過額	（② 200,000）
	役員給与の損金不算入額	（③ 800,000）
	役員退職給与の損金不算入額	（④ 5,000,000）
	小　　計	8,500,000
減算	減価償却超過額の当期認容額	（⑤ 200,000）
	納税充当金から支出した事業税等の金額	730,000
	小　　計	930,000
仮　　　計		12,769,370
法人税額から控除される所得税額（注）		（⑥ 30,630）
合　　　計		12,800,000
欠損金又は災害損失金等の当期控除額		0
所得金額又は欠損金額		（⑦ 12,800,000）

（注）法人税額から控除される復興特別所得税額を含む。

〈解説〉
① 損金経理をした納税充当金
　　見積納税額（未払法人税等の当期末残高）**2,500,000円**は、損益計算書上、費用とされているが、法人税では損金算入できないため、「損金経理をした納税充当金」として加算する。
② 減価償却の償却超過額
　　器具備品の減価償却費は、償却限度額を超過した**200,000円**（3,000千円−2,800千円）が損金不算入となる。
③ 役員給与の損金不算入額
　　定期同額給与は、損金算入することができる。定期同額給与の改定は、原則として、期首から3カ月以内に行われた場合に認められる。設例の場合、事業年度の中途における改定であり、また、臨時改定事由にも該当しないため、増額前の金額と増額後の金額の差額が損金不算入となる。
　　損金不算入額＝（1,000千円−800千円）× 4カ月＝**800,000円**
④ 役員退職給与の損金不算入額

功績倍率方式は「最終報酬月額×役員在任期間×功績倍率」により計算し、実際支給額が適正額を超えている部分の金額は、損金不算入とする。

　適正額＝800千円×15年×2.5倍＝30,000千円

　35,000千円－30,000千円＝**5,000,000円**

⑤　減価償却超過額の当期認容額

　建物は当期が償却不足で、前期からの繰越償却超過額があるため、繰越償却超過額を限度として、償却不足額を認容（減算）する。

　償却不足額＝6,000千円－5,800千円＝200千円＜繰越償却超過額350千円

　∴　認容額　**200,000円**

⑥　法人税額から控除される所得税額

　所得税額および復興特別所得税額は、当期の法人税額から控除することを選択するため、合計額を加算する。

　30千円＋630円＝**30,630円**

※　所得税額および復興特別所得税額は、別表四では加算するが、この後《問2》の「納付すべき法人税額」の計算過程において控除される。

⑦　所得金額又は欠損金額

　所得金額＝5,199,370円（当期利益の額）＋8,500,000円（加算項目）

　　　　　　－930,000円（減算項目）＋30,630円（所得税額・復興特別所得税額）

　　　　　＝**12,800,000円**

《問2》　正解 2,032,900円

8,000,000円×15％＋（12,800,000円－8,000,000円）×23.2％＝2,313,600円

2,313,600円－250,000円（給与等の支給額が増加した場合の法人税額の特別控除）

－30,630円（所得税額・復興特別所得税）

＝2,032,970円　→　**2,032,900円**（百円未満切捨て）

《問3》　正解 ①　**1億（円）**　②　**50（％）**　③　**5（年間）**
　　　　　　④　**準備金の積立**　⑤　**ROA**　⑥　**回転**　⑦　**70（％）**
　　　　　　⑧　**5（年間）**

〈解説〉

I　わが国の成長戦略である「2050年カーボンニュートラルの実現」、「デジタル化への対応」、「『新たな日常』に向けた事業再構築」などの必要な取組みを進めるため、産業競争力強化法において、事業再構築、DX（デジタルトランスフォーメーション）、カーボンニュートラルの実現に向けた取組みを「事業適応」と定義し、

これに果敢に挑戦する事業者に対して必要な支援措置が講じられている。その一環として、2021年税制改正において「認定事業適応法人」の欠損金の損金算入の特例が創設された。

Ⅱ　青色申告法人である中小企業者のうち、改正産業競争力強化法の施行日から2025年3月31日までの間に中小企業等経営強化法の経営力向上計画について認定を受けたものが、その認定に係る経営力向上計画に従って行う事業承継等として他の法人の株式等の取得（購入による取得に限る）をし、かつ、これをその取得日を含む事業年度終了日まで引き続き有している場合において、その株式等の取得価額の70％相当額以下の金額を中小企業事業再編投資損失準備金として積み立てたときは、その積立金額を損金の額に算入することができる制度が創設された。この準備金は、その積み立てられた事業年度終了の日の翌日から5年を経過したものがある場合、その後5年間で均等額を取り崩して益金の額に算入することとされている。

　なお、2024年度税制改正により、上記のほか、産業競争力強化法の特別事業再編計画（仮称）の認定を受けた認定特別事業再編事業者（仮称）であるものが、その認定に係る特別事業再編計画に従って他の法人の株式等の取得（購入による取得に限る）をし、かつ、これをその取得の日を含む事業年度終了の日まで引き続き有している場合（その株式等の取得価額が100億円を超える金額または1億円に満たない金額である場合および一定の表明保証保険契約を締結している場合を除く）において、その株式等の取得価額に次の株式等の区分に応じ、それぞれ次の割合を乗じた金額以下の金額を中小企業事業再編投資損失準備金として積み立てたときは、その積み立てた金額は、その事業年度において損金算入できる措置が加えられた。
①　その認定に係る特別事業再編計画に従って最初に取得をした株式等は90％
②　上記①に掲げるもの以外の株式等は100％
　この準備金は、その積み立てた事業年度終了の日の翌日から10年を経過した日を含む事業年度から5年間で均等額を取り崩して益金の額に算入する。

次の設例に基づいて、下記の各問（《問1》〜《問3》）に答えなさい。

《設　例》

　Aさん（65歳）は、X株式会社の役員として勤務する傍ら、不動産業を営んでおり、二世帯住宅で妻Bさん（65歳）、長男Cさん（35歳）家族と暮らしている。

　妻Bさんは、2024年9月に人間ドックの検査で重大な疾病が発見され、引き続きその疾病の治療のため入院をしていたことから、Aさんは妻Bさんの入院に係る医療費等について医療費控除の適用を受けたいと思っている。

　また、長男Cさんは、2024年10月、Aさん夫妻と暮らすため住宅ローンを利用して省エネ基準適合住宅に該当する二世帯住宅を新築し居住を開始したため、2024年分から住宅借入金等特別控除の適用を受ける予定である。

　Aさん（白色申告者）の2024年分の収入等および2024年中に支払った医療費等は、以下のとおりである。

〈収入等に関する資料〉

1．給与所得
　収入金額　　　　：1,300万円
　給与所得控除額：195万円

2．不動産所得（賃貸アパートの経営による所得）
　総収入金額　　　：500万円
　必要経費　　　　：520万円（注）
　（注）当該所得を生ずべき土地の取得に要した負債の利子10万円を含んだ金額

3．譲渡所得（特定口座内の上場株式を譲渡したことによる所得）
　総収入金額　　　：300万円
　取得費等　　　　：270万円

4．老齢基礎年金の年金額　　　　　　　　　：55万円

5．確定給付企業年金の老齢給付金の年金額：100万円

6．定額個人年金保険契約に基づく年金額　：180万円（必要経費120万円）

7．一時払終身保険の解約返戻金
　契約年月　　　　　　　　　　　　　：2012年4月
　契約者（＝保険料負担者）・被保険者　：Aさん
　解約返戻金額　　　　　　　　　　　：960万円
　正味払込保険料　　　　　　　　　　：900万円

8．一時払変額個人年金保険（10年確定年金）の解約返戻金
　契約年月　　　　　　　　　　　　　：2020年8月

契約者（＝保険料負担者）・被保険者　　：Ａさん
解約返戻金額　　　　　　　　　　　　　：1,200万円
正味払込保険料　　　　　　　　　　　　：1,000万円

〈医療費等に関する資料〉
１．人間ドックの費用　　　　　　　　　：６万円
２．入院用の寝巻きや洗面具などの購入費：１万円
３．入院に伴って病院に支払った費用　　：25万円
　　※妻Ｂさんの希望により個室を使用したために支払った差額ベッド料７万円
　　　と入院時に病院から給付された食事の費用１万5,000円を含んだ金額であ
　　　る。
　　※Ａさんは、入院治療費について、医療保険から入院給付金10万円を受け取
　　　っている。
　　※高額療養費は支給されていない。
４．通院に伴って病院に支払った費用　　：５万円
　　※Ａさんとその家族は、いずれも障害者および特別障害者には該当しない。
　　※Ａさんとその家族の年齢は、いずれも2024年12月31日現在のものである。
　　※Ａさんは給与所得と年金所得の双方を有する者に対する所得金額調整控除
　　　の適用対象者である。
　　※「省エネ基準適合住宅」とは租税特別措置法第41条第10項第４号に規定す
　　　るエネルギー消費性能向上住宅をいう。
　　※定額減税については考慮しないものとする。

　　※上記以外の条件は考慮せず、各問に従うこと。

《問１》《設例》の〈収入等に関する資料〉に基づいて、Ａさんの2024年分の所得金額等である次の①～③をそれぞれ求めなさい。〔計算過程〕を示し、〈答〉は万円単位とすること。

① 総所得金額に算入される一時所得の金額
② 雑所得の金額
③ 総所得金額

〈資料〉公的年金等控除額の速算表（一部抜粋）

公的年金等に係る雑所得以外の所得に係る合計所得金額が1,000万円超2,000万円以下		
年金を受け取る人の年齢	公的年金等の収入金額（A）	公的年金等控除額
65 歳以上	330万円以下	1,000,000円
	330 万円超　410 万円以下	A×25% ＋ 175,000円
	410 万円超　770 万円以下	A×15% ＋ 585,000円
	770 万円超　1,000 万円以下	A×5 % ＋1,355,000円
	1,000 万円超	1,855,000 円

《問２》《設例》の〈医療費等に関する資料〉に基づいて、所得税における医療費控除に関する以下の文章の空欄①～③に入る最も適切な数値を、解答用紙に記入しなさい。

「医療費控除は、通常の医療費控除とセルフメディケーション税制（医療費控除の特例）との選択適用とされています。セルフメディケーション税制では、その年中に支払った特定一般用医薬品等購入費の総額から保険金などで補塡される金額を控除した金額が12,000円を超えるときは、その超える部分の金額（最高（ ① ）円）を総所得金額等から控除することができます。

Ａさんが通常の医療費控除の適用を受ける場合、〈医療費等に関する資料〉に基づく2024年分の所得税に係る医療費控除の控除額は（ ② ）円となります。なお、Ａさんが確定申告書を提出する際は、医療費控除の明細書の添付が必要となりますが、確定申告期限等から（ ③ ）年を経過する日までの間は、税務署から医療費の領収書（医療費通知に係るものを除く）の提示または提出を求められる場合があります」

《問３》所得税における住宅借入金等特別控除に関する以下の文章の空欄①～⑤に入る最も適切な数値を、解答用紙に記入しなさい。なお、問題の性質上、明らかにできない部分は「□□□」で示してある。

「個人が住宅を新築したときの住宅借入金等特別控除の適用を受けるための要件には、次のようなものがあります。

(1) 新築の日から（ ① ）カ月以内に居住の用に供し、原則として適用を受ける各年の12月31日まで引き続き居住していること。

(2) 新築した住宅の床面積が、原則として50㎡以上であり、床面積の2分の1以上の部分が専ら自己の居住の用に供するものであること。

(3) 適用を受ける年分の合計所得金額が、原則として（ ② ）万円以下であること。

(4) 10年以上にわたり分割して返済する方法になっている新築のための一定の借入金または債務があること。

新築した省エネ基準適合住宅で、居住開始が2024年中である場合、住宅借入金等特別控除の適用を受けることができる控除期間は、最長（ ③ ）年間です。各年分の控除額は、その年の12月31日現在の住宅借入金等の残高（□□□万円以下の部分）に、控除率□□□％を乗じて得た金額であり、最大（ ④ ）万円となります。なお、所得税額から控除しきれない場合、その控除しきれない金額を、所得税の課税総所得金額等の合計額の5％相当額または（ ⑤ ）円のいずれか少ないほうの額を限度として、翌年度分の住民税の所得割額から控除することができます」

【第4問】

《問1》 正解 ① 5（万円）　② 115（万円）　③ 1,205（万円）

① 総所得金額に算入される一時所得の金額

一時払い終身保険の解約返戻金＝960万円－900万円－50万円（特別控除）＝10万円

$$10万円×\frac{1}{2}=5万円$$

※ 一時所得の金額は、2分の1が総所得金額に算入される。

一時払い変額個人年金保険で確定年金を選択した場合は、契約後5年以内の解約は金融類似商品となり、解約差益に対して20.315％（所得税15.315％, 住民税5％）源泉分離課税が行われるため総所得金額には算入されない。5年超の解約は一時所得課税となる。

② 雑所得の金額

公的年金等＝（55万円＋100万円）－100万円（公的年金等控除額）＝55万円

公的年金等以外＝180万円－120万円＝60万円

55万円＋60万円＝115万円

③ 総所得金額

給与所得＝1,300万円－195万円－10万円（所得金額調整控除額）＝1,095万円

※所得金額調整控除

　その年分の給与所得控除後の給与等の金額と公的年金等に係る雑所得の金額がある給与所得者で、その合計額が10万円を超える者は、つぎの金額を所得金額調整控除額として給与所得から控除する。

｛給与所得控除後の給与等の金額（10万円超の場合は10万円）＋公的年金等に係る雑所得の金額（10万円超の場合は10万円）｝－10万円＝控除額

不動産所得＝500万円－520万円＝▲20万円

▲20万円＋10万円＝▲10万円（損益通算の対象）

総所得金額＝1,095万円（給与所得）＋115万円（雑所得）－10万円（不動産所得）＋5万円（一時所得）＝1,205万円

正解 ① **88,000（円）** ② **90,000（円）** ③ **5（年）**

「医療費控除は、通常の医療費控除とセルフメディケーション税制（医療費控除の特例）との選択適用とされています。セルフメディケーション税制では、その年中に支払った特定一般用医薬品等購入費の総額から保険金などで補塡される金額を控除した金額が12,000円を超えるときは、その超える部分の金額（最高（ ①88,000円 ）を総所得金額等から控除することができます。Aさんが通常の医療費控除の適用を受ける場合、〈医療費等に関する資料〉に基づく2024年分の所得税に係る医療費控除の控除額は（ ②90,000 ）円となります。なお、Aさんが確定申告書を提出する際は、医療費控除の明細書の添付が必要となりますが、確定申告期限等から（ ③5 ）年を経過する日までの間は、税務署から医療費の領収書（医療費通知に係るものを除く）の提示または提出を求められる場合があります」

《問3》 **正解** ① **6（カ月）** ② **2,000（万円）** ③ **13（年間）**
④ **21（万円）** ⑤ **97,500（円）**

「個人が住宅を新築したときの住宅借入金等特別控除の適用を受けるための要件には、次のようなものがあります。

⑴ 新築の日から（ ①6 ）カ月以内に居住の用に供し、原則として適用を受ける各年の12月31日まで引き続き居住していること。

⑵ 新築した住宅の床面積が、原則として50㎡以上であり、床面積の2分の1以上の部分が専ら自己の居住の用に供するものであること。

⑶ 適用を受ける年分の合計所得金額が、原則として（ ②2,000 ）万円以下であること。

⑷ 10年以上にわたり分割して返済する方法になっている新築のための一定の借入金または債務があること。

　　新築した省エネ基準適合住宅で、居住開始が2024年中である場合、住宅借入金等特別控除の適用を受けることができる控除期間は、最長（ ③13 ）年間です。各年分の控除額は、その年の12月31日現在の住宅借入金等の残高（3,000万円以下の部分）に、控除率0.7％を乗じて得た金額であり、最大（ ④21 ）万円となります。なお、所得税額から控除しきれない場合、その控除しきれない金額を、所得税の課税総所得金額等の合計額の5％相当額または（ ⑤97,500 ）円のいずれか少ないほうの額を限度として、翌年度分の住民税の所得割額から控除することができます」

次の設例に基づいて、下記の各問（《問1》～《問3》）に答えなさい。

《設　例》

　Aさんは、2024年10月に30年7カ月勤めた商社を退職し、個人で小売店を開業した。会社員時代に培った人脈により、Aさんの人柄をよく知る人たちが懇意にしてくれたこともあり、開業当初から事業は順調に推移した。Aさんが2024年中に得た所得には、給与所得、退職所得、事業所得のほかに、ゴルフ会員権を売却したことによる譲渡所得と加入していた生命保険契約を解約したことによる一時所得がある。

　Aさんの家族および2024年分の収入等に関する資料は、以下のとおりである。なお、Aさんは、2024年は消費税について免税事業者であり、税込経理を行っている。また、棚卸資産の評価方法について、納税地の所轄税務署長に税務上の届出はしていない。

〈Aさんとその家族に関する資料〉
　Aさん（53歳）　　：白色申告者
　妻Bさん（50歳）　：専業主婦であったが、2024年11月からAさんの小売業に
　　　　　　　　　　　従事している。
　長女Cさん（20歳）：大学生。2024年中に収入はない。
　母Dさん（80歳）　：2024年中に老齢基礎年金70万円と遺族厚生年金90万円を
　　　　　　　　　　　受け取っている。

〈Aさんの2024年分の収入等に関する資料〉
（1）　給与所得に関する事項
　　給与収入の金額：900万円

（2）　退職所得に関する事項
　　退職手当等の収入金額：2,500万円
　　勤続期間　　　　　　：30年7カ月
　　※Aさんは支払者に「退職所得の受給に関する申告書」を提出している。

(3) 事業所得に関する事項

項　　目	金　　額
売上高	1,700万円
仕入高	1,500万円
売上値引および返品高	100万円
年初の商品棚卸高	0円
年末の商品棚卸高	580万円（先入先出法による場合） 600万円（最終仕入原価法による場合）
必要経費※	500万円

※上記の必要経費は税務上適正に計上されている。なお、必要経費には売上原価は含まれていない。

(4) 譲渡所得に関する事項

Aさんが売却したゴルフ会員権に関する事項は、以下のとおりである。

取得年月：2004年8月

売却金額：300万円

取 得 費：400万円

(5) 一時所得に関する事項

Aさんが解約した生命保険に関する事項は、以下のとおりである。

保険種類　　　　　　　　：一時払変額個人年金保険（10年確定年金）

契約年月　　　　　　　　：2016年8月

契約者（＝保険料負担者）：Aさん

被保険者　　　　　　　　：Aさん

解約返戻金額　　　　　　：480万円

正味払込保険料　　　　　：400万円

※妻Bさん、長女Cさんおよび母Dさんは、Aさんと同居し、生計を一にしている。

※Aさんとその家族は、いずれも障害者および特別障害者には該当しない。

※Aさんとその家族の年齢は、いずれも2024年12月31日現在のものである。

※定額減税については、考慮しないものとする。

※上記以外の条件は考慮せず、各問に従うこと。

《問1》所得税の所得控除および所得金額調整控除に関する以下の文章の空欄①～⑧に入る最も適切な数値を、解答用紙に記入しなさい。

〈所得控除〉

Ⅰ　所得控除は、社会政策上の要請や納税者の個人的事情に適合した応能負担の実現を図るなどの目的で設けられている。

　　所得控除のうち、扶養控除は、納税者が控除対象扶養親族を有する場合に、納税者のその年分の総所得金額等から所定の金額が控除される所得控除である。控除対象扶養親族とは、扶養親族のうち年齢（　①　）歳以上の者をいい、扶養親族とは、納税者の親族等でその納税者と生計を一にするもののうち、合計所得金額が（　②　）万円以下である者をいう。なお、納税者の配偶者や事業専従者等に該当する者は扶養親族とならない。また、控除対象扶養親族に該当するかどうかの判定は、原則として、その年の12月31日の現況によるものとされている。

　　扶養控除の控除額は、扶養親族の年齢や同居の有無等により異なり、Aさんの場合、長女Cさんに係る扶養控除の控除額は（　③　）万円であり、母Dさんに係る扶養控除の控除額は（　④　）万円である。

　　一方、基礎控除は、納税者のその年分の合計所得金額の区分に応じて定められた金額が控除される所得控除であり、Aさんの場合、その控除額は（　②　）万円である。基礎控除は、合計所得金額が（　⑤　）万円以下である納税者に適用され、（　⑤　）万円を超える納税者には適用されない。

〈所得金額調整控除〉

Ⅱ　所得金額調整控除には、「子ども・特別障害者等を有する者等の所得金額調整控除」と「給与所得と年金所得の双方を有する者に対する所得金額調整控除」があり、Aさんは2024年分の所得税において前者の所得金額調整控除の適用を受けることができる。

　　「子ども・特別障害者等を有する者等の所得金額調整控除」は、対象者の総所得金額の計算上、給与等の収入金額（1,000万円を超える場合には1,000万円）から（　⑥　）万円を控除した金額の（　⑦　）％相当額が、給与所得の金額から控除されるものである。その対象者は、年齢（　⑧　）歳未満の扶養親族を有する納税者や特別障害者に該当する扶養親族等を有する納税者等とされている。

《問2》 Aさんの2024年分の①事業所得の金額および②退職所得の金額を、それぞれ求めなさい（計算過程の記載は不要）。〈答〉は円単位とすること。なお、事業所得の金額の計算上、妻Bさんが事業専従者の要件を満たしている場合、事業専従者控除額を控除すること。

《問3》 前問《問2》を踏まえ、Aさんの2024年分の課税総所得金額に対する算出所得税額（税額控除前の金額）を求めなさい。〔計算過程〕を示し、〈答〉は100円未満を切り捨てて円単位とすること。なお、Aさんの2024年分の所得控除の合計額を300万円とし、定額減税および記載のない事項については考慮しないものとする。

〈資料〉給与所得控除額

給与収入金額		給与所得控除額
万円超	万円以下	
	～ 180	収入金額×40％－10万円 （55万円に満たない場合は、55万円）
180	～ 360	収入金額×30％＋ 8万円
360	～ 660	収入金額×20％＋44万円
660	～ 850	収入金額×10％＋110万円
850	～	195万円

〈資料〉所得税の速算表

課税総所得金額		税率	控除額
万円超	万円以下		
	～ 195	5％	―
195	～ 330	10％	97,500円
330	～ 695	20％	427,500円
695	～ 900	23％	636,000円
900	～ 1,800	33％	1,536,000円
1,800	～ 4,000	40％	2,796,000円
4,000	～	45％	4,796,000円

【第5問】

〈所得控除〉

Ⅰ 所得控除は、社会政策上の要請や納税者の個人的事情に適合した応能負担の実現を図るなどの目的で設けられている。所得控除のうち、扶養控除は、納税者が控除対象扶養親族を有する場合に、納税者のその年分の総所得金額等から所定の金額が控除される所得控除である。控除対象扶養親族とは、扶養親族のうち年齢（① **16**）歳以上の者をいい、扶養親族とは、納税者の親族等でその納税者と生計を一にするもののうち、合計所得金額が（② **48**）万円以下である者をいう。なお、納税者の配偶者や事業専従者等に該当する者は扶養親族とならない。また、控除対象扶養親族に該当するかどうかの判定は、原則として、その年の12月31日の現況によるものとされている。扶養控除の控除額は、扶養親族の年齢や同居の有無等により異なり、Aさんの場合、長女Cさんに係る扶養控除の控除額は（③ **63**）万円であり、母Dさんに係る扶養控除の控除額は（④ **58**）万円である。一方、基礎控除は、納税者のその年分の合計所得金額の区分に応じて定められた金額が控除される所得控除であり、Aさんの場合、その控除額は（② **48**）万円である。基礎控除は、合計所得金額が（⑤ **2,500**）万円以下である納税者に適用され、（⑤ **2,500**）万円を超える納税者には適用されない。

〈所得金額調整控除〉

Ⅱ 所得金額調整控除には、「子ども・特別障害者等を有する者等の所得金額調整控除」と「給与所得と年金所得の双方を有する者に対する所得金額調整控除」があり、Aさんは2024年分の所得税において前者の所得金額調整控除の適用を受けることができる。「子ども・特別障害者等を有する者等の所得金額調整控除」は、対象者の総所得金額の計算上、給与等の収入金額（1,000万円を超える場合には1,000万円）から（⑥ **850**）万円を控除した金額の（⑦ **10**）％相当額が、給与所得の金額から控除されるものである。その対象者は、年齢（⑧ **23**）歳未満の扶養親族を有する納税者や特別障害者に該当する扶養親族等を有する納税者等とされている。

第4章 タックスプランニング 応用編

《問2》 正解 ① 2,000,000円 ② 4,650,000円

事業所得の金額

〈収入金額〉

売上高：1,700万円

売上値引および返品高：100万円

収入金額＝1,700万円−100万円＝1,600万円

〈必要経費〉

売上原価：売上原価は「年初棚卸高＋仕入高−年末棚卸高」で求める。年末棚卸高の評価は、棚卸資産の評価方法について税務上の届出をしていないため、原則的評価方法である最終仕入原価法により評価する。

0円＋1,500万円−600万円＝900万円

〈事業所得の金額〉

1,600万円−（500万円（問題資料より）＋900万円）＝**200万円**

※白色申告者の専従者控除は、専従者が1年間を通じて6カ月以上その白色申告者の営む事業に専ら従事していなければ控除することができない。

退職所得の金額

〈収入金額〉

2,500万円

〈退職所得控除額〉

800万円＋（31年−20年）×70万円＝1,570万円

〈退職所得の金額〉

$$（2,500万円−1,570万円）× \frac{1}{2} = \textbf{465万円}$$

《問3》 正解 802,500円

〈給与所得の金額〉

収入金額：900万円

給与所得控除額：195万円

所得金額調整控除：（900万円−850万円）×10％＝5万円

給与所得の金額：900万円−（195万円＋5万円）＝700万円

※給与の収入金額が850万円を超え、23歳未満の扶養親族がいるため、所得金額調整控除の適用を受ける。

〈事業所得の金額〉

200万円（《問2》より）

〈譲渡所得の金額〉

300万円 － 400万円 ＝ ▲100万円

※ゴルフ会員権の譲渡損失は損益通算の対象とならない。

〈一時所得の金額〉

480万円 － 400万円 － 50万円（特別控除）＝ 30万円

〈総所得金額〉

$$700万円 + 200万円 + 30万円 \times \frac{1}{2} = 915万円$$

※一時所得の金額は、2分の1が総所得金額に算入される。

〈課税総所得金額〉

915万円 － 300万円（所得控除　問題文より）＝ 615万円

〈算出所得税額〉

6,150,000円 × 20％ － 427,500円 ＝ **802,500円**

第5章

不動産

基 礎 編

1 不動産の見方

【問題1】（2021年5月 問34） チェック欄□□□□□

不動産登記に関する次の記述のうち、最も適切なものはどれか。

1. 登記事項要約書は、登記記録に記録されている事項のうち現に効力を有するものが記載され、登記官による認証文や職印が付された書面であり、誰でもその交付を請求することができる。
2. 登記記録のうち、権利部の甲区には所有権の移転の登記、所有権に関する仮登記・差押え・仮処分などの登記事項が記録され、権利部の乙区には抵当権設定、地上権設定、地役権設定などの所有権以外の権利に関する登記の登記事項が記録される。
3. 登記されている所有権の登記名義人の住所について変更があったときは、その変更があった日から1カ月以内に、当該住所に関する変更の登記を申請しなければならない。
4. 登記の申請を行うにあたって、対象不動産に係る登記識別情報を紛失により提供できない場合は、登記官に対し、登記識別情報の失効の申出および再交付の申請を行い、新たな登記識別情報を取得する必要がある。

【問題2】（2022年5月 問34） チェック欄□□□□□

不動産登記に関する次の記述のうち、最も適切なものはどれか。

1. 登記記録のうち、権利部の甲区には所有権の移転の登記、所有権に関する仮登記などの登記事項が記録され、権利部の乙区には抵当権の設定の登記、抵当権の実行による競売手続開始を原因とする差押えの登記、地上権の設定の登記などの登記事項が記録される。
2. 抵当権の設定の仮登記に基づき本登記を申請する場合に、その本登記について登記上の利害関係を有する第三者があるときは、申請書に当該第三者の承諾書を添付しなければならない。
3. 合筆しようとしている2筆の土地のうち、1筆のみに抵当権の設定の登記がある場合、抵当権者の承諾書を添付すれば、合筆の登記をすることができる。
4. 現在事項証明書には、登記記録に記録されている事項のうち現に効力を有するものが記載され、何区何番事項証明書には、権利部の相当区に記録されている事項のうち請求に係る部分が記載されている。

1．不適切　登記事項要約書には、**登記官による認証文や職印は付されていない**。

2．適　切　権利部の甲区には所有権に関する事項として、所有権の保存、移転、差押え、仮登記・仮処分などが記録される。権利部の乙区には所有権以外の権利に関する事項として、抵当権・根抵当権、地上権、賃借権、地役権、永小作権、質権、先取特権、採石権などが記録される。

3．不適切　所有者の住所変更に関する登記には、**申請期限がない**。

4．不適切　登記識別情報について失効の申出をすることはできるが、**再交付はされない**。

1．不適切　抵当権の実行による競売手続開始を原因とする差押えの登記は、権利部の甲区に記録される。

2．不適切　抵当権に関する仮登記を本登記にする場合、登記上の利害関係を有する第三者がいるときでも、その第三者の承諾は不要である。第三者の承諾を必要とするのは、所有権に関する仮登記を本登記にする場合である。

3．不適切　次の土地は、合筆の登記をすることができない。

① 相互に接続していない土地
② 地目または地番区域が相互に異なる土地
③ 表題部所有者または所有権の登記名義人が相互に異なる土地
④ 表題部所有者または所有権の登記名義人が相互に持分を異にする土地
⑤ 所有権の登記がない土地と所有権の登記がある土地
⑥ **所有権の登記以外の権利に関する登記がある土地**（合筆の制限の特例として、合筆の登記が認められる場合がある）

　本肢は、上記⑥に該当する。よって、合筆の登記をすることはできない。抵当権者が承諾をしても不可である。

4．適　切　何区何番事項証明書は、共有者が多数おり、複雑な権利関係のあるような不動産で取得するとよい登記事項証明書である。

【問題3】（2024年1月　問34）　　　　チェック欄□□□□□

　2024年4月1日に施行される改正不動産登記法における相続等による所有権の移転の登記（以下、「相続登記」という）に関する次の記述のうち、最も不適切なものはどれか。

1．相続によって不動産を取得した相続人は、自己のために相続の開始があったことを知り、かつ、その所有権を取得したことを知った日から3年以内に相続登記の申請をしなければならない。
2．法定相続分に応じて相続登記がされた後に、遺産分割協議の成立により、当該相続分を超えて所有権を取得した者は、当該遺産の分割の日から3年以内に相続登記の申請をしなければならない。
3．相続登記の申請の義務化は、2024年4月1日以後に相続の開始があった場合について適用され、2024年3月31日以前に相続の開始があった場合は適用されない。
4．相続登記の申請をすべき義務がある者が正当な理由がなく申請をしない場合に対して、不動産登記法において罰則規定が設けられている。

【問題4】（2022年9月　問34）　　　　チェック欄□□□□□

不動産登記の効力に関する次の記述のうち、最も適切なものはどれか。

1．不動産の売買契約の締結後、買主への所有権移転登記をする前に、売主が当該不動産を買主以外の第三者に譲渡し、第三者が所有権移転登記をした場合、当初の買主はその第三者に対して所有権の取得を対抗することができる。
2．不動産登記記録を信頼して売買契約を締結した善意かつ無過失の買主は、所有権移転登記により不動産を自己の名義にすれば、たとえ真実の権利者から所有権移転登記の抹消や不動産の返還を求められたとしても、登記の公信力によりこれを拒むことができる。
3．仮登記は、順位保全の効力および対抗力があるため、これをもって第三者に対抗することができる。
4．借地権は、その登記がなくても、当該土地の上に借地権者が登記されている建物を所有するときは、これをもって第三者に対抗することができる。

【問題3】 正解 **3**

1．適 切 相続によって不動産を取得した相続人は、相続開始および所有権を取得したことを知った日から3年以内に相続登記の申請をしなければならない。

2．適 切 法定相続分に応じた相続登記の後、遺産分割協議成立により、当該相続分を超えて所有権を取得した者は、当該遺産分割の日から3年以内に相続登記の申請をしなければならない。

3．不適切 相続登記の申請の義務化は、2024年4月1日以後に相続の開始があった場合について適用される。なお、2024年3月31日以前に相続の開始があった場合にも、未登記であれば義務化の対象として適用される。

4．適 切 相続登記の申請をすべき義務がある者が、正当な理由なくこの申請を怠った場合には、不動産登記法において罰則規定（10万円以下の過料）が設けられている。

【問題4】 正解 **4**

1．不適切 当初の買主よりも先に第三者が所有権移転登記をしているため、当初の買主はその第三者に対して所有権の取得を対抗することはできない。

2．不適切 登記には公信力がないため、真実の権利者から所有権移転登記の抹消や不動産の返還を求められた場合、拒むことができない。

3．不適切 仮登記には対抗力がないため、これをもって第三者に対抗することはできない。なお、仮登記には順位保全の効力がある。

4．適 切 借地権の対抗要件は、借地上の建物の登記である。

【問題5】（2019年1月 問34）　　　　　チェック欄□□□□□

不動産の仮登記に関する次の記述のうち、最も適切なものはどれか。

1. 所有権移転の仮登記は、実体上の所有権移転が既に生じている場合には、申請することができない。
2. 仮登記は、仮登記の登記義務者の承諾があるときは、当該仮登記の登記権利者が単独で申請することができる。
3. 抵当権設定の仮登記に基づく本登記は、その本登記について登記上の利害関係を有する第三者がある場合、当該第三者の承諾があるときに限り、申請することができる。
4. 売買予約を原因とした所有権移転請求権の仮登記は、本登記をしないまま5年が経過すると、時効により消滅する。

【問題6】（2020年9月 問35）　　　　　チェック欄□□□□□

不動産登記法に基づく地図等の一般的な特徴に関する次の記述のうち、最も不適切なものはどれか。

1. 不動産登記法第14条に基づく地図は、一筆または二筆以上の土地ごとに作成され、一定の現地復元能力を有した図面である。
2. 登記所に備え付けられている公図（旧土地台帳附属地図）は、土地の位置関係を把握する資料として有用であるが、不動産登記法第14条に基づく地図に比べて、土地の面積や形状などの精度は低い。
3. 分筆の登記を申請する場合において提供する分筆後の土地の地積測量図は、分筆前の土地ごとに作成され、分筆線を明らかにして分筆後の各土地が表示された図面である。
4. 都市計画図（地域地区図）は、地方公共団体の都市計画に関する地図であり、土地が所在する地域に指定された用途地域の種別、防火規制の有無、指定建蔽率・指定容積率、土地に接する道路の幅員や路線価などを把握することができる。

1. **不適切** 仮登記は、実態上の所有権移転が生じている場合でも、手続き上の不備などにより本登記ができないときなどに行うことができる。
2. **適 切** 仮登記は、売買契約の際の売主など仮登記義務者の承諾があれば仮登記権利者（買主など）が単独で申請できる。
3. **不適切** 所有権に基づく仮登記を本登記にする場合には、利害関係を有する第三者の承諾が必要であるが、抵当権に基づく仮登記を本登記にする場合には、同様の承諾を要しない。
4. **不適切** 本登記をしない場合に、時効により仮登記が消滅するということはない。なお、売買予約をしている場合の予約完結権は、行使できるときから10年経過すると時効により消滅する。

1. **適 切** 不動産登記法14条に基づく地図は、一筆または二筆以上の土地ごとに作成され、現地復元力を有する精度の高い図面であるが、備え付けられていないところも多い。
2. **適 切** 旧土地台帳附属地図のことを公図といい、不動産登記法14条に基づく地図に準ずる図面として登記所に備え付けられている。精度はあまり高くなく、現地復元力はない。
3. **適 切** 分筆の登記を申請する場合において提供する分筆後の土地の地積測量図には、分筆前の土地を図示し、分筆線を明らかにして分筆後の各土地を表示し、これに符号を付さなければならない。
4. **不適切** 都市計画図では路線価を把握することはできない。路線価は路線価図に記載されている。

【問題7】 (2019年9月 問35)　　　　　チェック欄□□□□□

不動産の鑑定評価に関する次の記述のうち、**最も不適切なもの**はどれか。

1．不動産の鑑定評価にあたっては、対象不動産の効用が最高度に発揮される可能性に最も富む使用を前提とした不動産の価格を把握することとされている。
2．原価法は、価格時点において対象不動産の再調達を想定した場合において必要とされる適正な原価の総額について減価修正を行って対象不動産の積算価格を求める手法である。
3．取引事例比較法の適用にあたっては、多数の取引事例を収集する必要があるが、取引事例は、原則として近隣地域または同一需給圏内の類似地域に存する不動産に係るもののうちから選択するものとされている。
4．建物の収益価格を直接還元法で求める場合、原則として、還元対象となる一期間における減価償却費を控除しない償却前の純収益を、償却後の純収益に対応する還元利回りで除して算出する。

【問題8】 (2023年9月 問34)　　　　　チェック欄□□□□□

地価公示法に関する次の記述のうち、**最も不適切なもの**はどれか。

1．土地収用法等によって土地を収用することができる事業を行う者が、公示区域内の土地を当該事業の用に供するために取得する場合、当該土地の取得価格は公示価格を規準とする。
2．不動産鑑定士が公示区域内の土地について鑑定評価を行う場合において、当該土地の正常な価格を求めるときは、公示価格を規準とする。
3．標準地は、都市計画区域内から選定するものとされ、都市計画区域外や国土利用計画法の規定により指定された規制区域内からは選定されない。
4．市町村長は、土地鑑定委員会が公示した標準地の価格等について、当該市町村が属する都道府県に存する標準地に係る部分を記載した書面および当該標準地の所在を表示する図面を当該市町村の事務所において一般の閲覧に供しなければならない。

【問題7】 正解 4

1. 適 切 不動産の価格は、その不動産の効用が最高度に発揮される可能性に最も富む使用を前提として把握される価格を標準として形成される。これを最有効使用の原則という。

2. 適 切 なお、原価法は、対象不動産が建物の場合に多用されるが、土地であっても造成地や埋立地など、再調達原価が適正に見積もることができれば適用できる。

3. 適 切 なお、取引事例比較法で更地を評価する場合、建物および敷地の取引事例についても、取引価格から建物の価格を控除することにより取引事例として採用することができる。

4. 不適切 建物の収益価格を直接還元法で求める場合、原則として、還元対象となる一期間における減価償却費を控除しない**償却前**の純収益を、**償却前**の純収益に対応する還元利回りで除して算出する。

【問題8】 正解 3

1. 適 切 土地収用法その他の法律によって土地を収用することができる事業を行う者は、公示区域内の土地を当該事業の用に供するため取得する場合において、当該土地の取得価格を定めるときは、公示価格を規準としなければならない。

2. 適 切 不動産鑑定士は、公示区域内の土地について鑑定評価を行う場合において、当該土地の正常な価格を求めるときは、公示価格を規準としなければならない。

3. 不適切 標準地は、都市計画法4条2項に規定する都市計画区域その他の土地取引が相当程度見込まれる一定の区域（国土利用計画法12条1項の規定により指定された規制区域を除く）内から選定される。よって、都市計画区域外から選定される可能性はある。

4. 適 切 土地鑑定委員会は、公示をしたときは、速やかに、関係市町村の長に対して、公示した事項のうち①当該市町村が属する都道府県に存する標準地に係る部分を記載した書面および②当該標準地の所在を表示する図面を送付しなければならない。関係市町村の長は、①および②を当該市町村の事務所において一般の閲覧に供しなければならない。

2　不動産の取引 ①宅地建物取引業・売買契約上の留意点

【**問題1**】（2023年5月　問35）　　　　　チェック欄 ▢▢▢▢▢

　宅地建物取引業法および民法に関する次の記述のうち、**最も適切なもの**はどれか。なお、本問においては、買主は宅地建物取引業者ではないものとする。

1．宅地または建物の売買契約において、目的物が種類・品質に関して契約の内容に適合しない場合、買主が売主に対し契約不適合に基づく担保責任を追及するためには、当該不適合が売主の責めに帰すべき事由により生じたものであることを買主が証明しなければならない。

2．宅地建物取引業者が、自ら売主となる宅地または建物の売買契約において、目的物が種類・品質に関して契約の内容に適合しない場合、その不適合について買主が売主に通知すべき期間を引渡しの日から2年間とする特約を定めたときは、その特約は無効となる。

3．宅地建物取引業者は、宅地または建物の売買の媒介をするに際して、買主および売主の双方に対して、その売買契約が成立するまでの間に、売買の目的物に係る重要事項説明書を交付し、宅地建物取引士にその内容を説明させなければならない。

4．宅地建物取引業者が、自ら売主となる宅地または建物の売買契約において、手付金を受領した場合、その手付がいかなる性質のものであっても、宅地建物取引業者が契約の履行に着手するまでは、買主はその手付金を放棄して契約の解除をすることができる。

1. 不適切 買主が売主に対し契約不適合に基づく担保責任を追及するためには、損害賠償請求をする場合を除き、売主の帰責事由は不要である。したがって、買主は売主の責めに帰すべき事由により当該不適合が生じたことを証明する必要はない。

2. 不適切 宅地建物取引業者が、自ら売主となる宅地または建物の売買契約において、目的物が種類・品質に関して契約の内容に適合しない場合、その不適合について買主が売主に通知すべき期間を引渡しの日から2年間以上とする特約は認められる。

3. 不適切 宅地建物取引業者は、宅地または建物の売買の媒介をするに際して、買主に対して、その売買契約が成立するまでの間に、売買の目的物に係る重要事項説明書を交付し、宅地建物取引士にその内容を説明させなければならない。売主に対する重要事項の説明は不要である。

4. 適 切 宅地建物取引業者が、自ら売主となる宅地または建物の売買契約において、手付金を受領した場合、その手付は解約手付とみなされる。したがって、宅地建物取引業者が契約の履行に着手するまでは、買主はその手付金を放棄して契約の解除をすることができる。なお、売主は手付金の倍額を現実に提供して契約を解除できる。

【問題2】（2019年9月 問36改題）　　　　　チェック欄 ☐☐☐☐☐

　宅地建物取引業法に関する次の記述のうち、**最も不適切なものはどれか。なお、本問においては、買主は宅地建物取引業者ではないものとする。**

1．買主が売主である宅地建物取引業者の契約不適合責任に基づく権利を行使するためには、当該契約不適合が売主の責めに帰すべき事由により生じたものであることを立証し、かつ、当該契約不適合がある事実を知った時から1年以内に通知しなければならない。

2．宅地建物取引業者が自ら売主となる宅地または建物の売買契約において、宅地建物取引業者が目的物の契約不適合責任を負うべき期間を目的物の引渡しの日から2年間とする旨の特約は有効である。

3．宅地建物取引業者が自ら売主となる宅地または建物の売買契約の締結に際して、宅地建物取引業者は、売買代金の額の2割を超える手付金を受領することはできない。

4．媒介契約を締結した宅地建物取引業者は、依頼者に対し、媒介契約が専任媒介契約である場合は2週間に1回以上、専属専任媒介契約である場合は1週間に1回以上、当該媒介契約に係る業務の処理状況を報告しなければならない。

【問題3】（2023年1月 問36）　　　　　チェック欄 ☐☐☐☐☐

　宅地建物取引業法に関する次の記述のうち、**最も不適切なものはどれか。**

1．消費税の課税事業者である宅地建物取引業者が、宅地の売買の媒介に関して売主および買主の双方から報酬を受け取る場合、売主または買主の一方から受け取ることのできる報酬の額は、宅地の売買金額が400万円超の場合、「売買金額×3.3％＋6万6,000円」が限度となる。

2．消費税の課税事業者である宅地建物取引業者が、建物の賃借の媒介に関して貸主および借主の双方から報酬を受け取る場合、貸主または借主の一方から受け取ることのできる報酬の額は、借賃額（消費税を除く）の1カ月分の1.1倍が限度となる。

3．宅地建物取引業者は、自ら売主となる宅地の売買契約において、買主が宅地建物取引業者である場合、当該売買契約が成立するまでの間に、重要事項説明書を交付すれば、宅地建物取引士にその内容を説明させる必要はない。

4．宅地建物取引業者は、建築後、使用されたことのある建物の売買または交換の媒介の契約を締結したときは、遅滞なく、建物状況調査（インスペクション）を実施する者のあっせんに関する事項を記載した書面を契約の依頼者に交付しなければならない。

1. 不適切 売主は無過失であっても契約不適合責任を負う。したがって、買主は売主の帰責事由を立証する必要はない。

2. 適 切 宅地建物取引業者が自ら売主となり、宅地建物取引業者でない者が買主の場合には、買主が権利行使できる期間を不動産の引渡しから2年以上の期間と定める特約以外に買主に不利な特約はできない。したがって、契約不適合責任を負う期間が「引渡しの日から2年間」であると定めた特約は有効である。

3. 適 切 なお、宅地建物取引業者が自ら売主となり、宅地建物取引業者でない者が買主の場合には、手付の目的をどのように定めても解約手付とみなされる。

4. 適 切 なお、媒介契約が専任媒介契約である場合は契約から7日以内（休業日を除く）に、専属専任媒介契約である場合は契約から5日以内（休業日を除く）に、物件を指定流通機構に登録しなければならない。

【問題3】 正解 **2**

1. 適 切 なお、免税事業者の場合、宅地の売買代金が400万円超の場合、「売買代金×3％＋6万円」となる。

2. 不適切 消費税の課税事業者である宅地建物取引業者が、建物の賃借の媒介に関して貸主および借主の双方から報酬を受け取る場合、貸主または借主の一方から受け取ることのできる報酬の額は、借賃額（消費税を除く）の1カ月分が限度となる。

3. 適 切 宅建業者間の取引の場合、重要事項説明書の交付は必要だが説明は省略できる。

4. 適 切 宅地建物取引業者は、既存の建物の売買または交換の媒介の契約を締結したときは、遅滞なく、建物状況調査（インスペクション）を実施する者のあっせんに関する事項を記載した書面を契約の依頼者に交付しなければならない。

【問題4】（2022年1月 問34）　　　　　　チェック欄☐☐☐☐☐
　宅地建物取引業法の媒介契約に関する次の記述のうち、**最も適切なものはどれか。**

1．専属専任媒介契約を締結した宅地建物取引業者は、依頼者に対し、当該専属専任媒介契約に係る業務の処理状況を、2週間に1回以上報告しなければならない。
2．専任媒介契約の有効期間は、依頼者の申出により、更新することができるが、当初の契約締結時にあらかじめ自動更新する旨の特約を定めることも有効である。
3．一般媒介契約では、重ねて依頼する宅地建物取引業者を明示しない契約とすることができる。
4．一般媒介契約または専任媒介契約を締結した宅地建物取引業者は、契約の相手方を探索するため、その契約の締結の日から7日以内に指定流通機構に物件情報の登録をしなければならない。

【問題5】（2024年1月 問35）　　　　　　チェック欄☐☐☐☐☐
　不動産の売買契約上の留意点に関する次の記述のうち、**最も適切なものはどれか。**

1．未成年者が、法定代理人の同意を得ずに、親権者でない成年者を代理人として土地の売買契約を締結した場合、当該売買契約は取り消すことができない。
2．共有名義の不動産について、各共有者は他の共有者の同意を得ずに自己の持分を共有者以外の者に売却することができる。
3．代理権を有しない者が本人に代わって行った不動産の売買契約について、本人が追認する場合、別段の意思表示がない限り、当該売買契約の効力は追認をした時から将来に向かって生じる。
4．個人が宅地建物取引業者から住宅を購入する場合、民法、宅地建物取引業法および消費者契約法の規定が競合するときは、民法の規定が優先して適用される。

1．不適切　専属専任媒介契約を締結した場合、１週間に１回以上業務の処理状況を報告しなければならない。

2．不適切　専任媒介契約の有効期間は、依頼者の申出により更新することはできるが、自動更新は認められていない。

3．適 切　一般媒介契約では、複数の宅地建物取引業者と媒介契約を締結した場合に、依頼した他の業者を明示する明示型と明示しない非明示型がある。

4．不適切　一般媒介契約を締結した場合、指定流通機構への登録義務はない。なお、専任媒介契約を締結した場合は、７日以内に指定流通機構に物件情報を登録しなければならない。

1．不適切　未成年者が、土地の売買契約などの法律行為を行う場合、法定代理人の同意が必要であり、本肢の親権者ではない成年者が代理した場合も同様である。

2．適 切　各共有者が自己の持分を処分することは自由であるため、処分するに際し他の共有者の同意は不要である。

3．不適切　代理権を有しない者が行った行為（無権代理行為）を本人が追認する場合、追認の効果は、原則として無権代理行為のときに遡って生じる。

4．不適切　個人が宅地建物取引業者から住宅を購入する場合、消費者契約法と民法が競合するときは、消費者契約法が優先して適用される。また、消費者契約法と宅地建物取引業法が競合するときは、宅地建物取引業法が優先される。

【問題6】（2022年9月　問35）　　　　　　　　　　　チェック欄 ▢▢▢▢▢

　不動産の売買取引における手付金に関する次の記述のうち、**適切なもの**はいくつあるか。

（a）宅地建物取引業者が自ら売主となる不動産の売買契約において、買主が宅地建物取引業者でない法人の場合、売主の宅地建物取引業者は、売買代金の額の2割を超える手付金を受領することができる。

（b）不動産の売買契約において買主が売主に手付金を交付した場合、買主が契約の履行に着手する前であれば、売主はその倍額を買主に対して現実に提供することで、契約を解除することができる。

（c）いわゆるローン特約（融資特約）が付された不動産売買契約において、買主が同特約によって契約を解除する場合、通常、売主に交付した手付金は放棄しなければならず、手付金の返還を受けることはできない。

1．1つ
2．2つ
3．3つ
4．0（なし）

(a) **不適切**　宅地建物取引業者が自ら売主となる不動産の売買契約において、買主が宅地建物取引業者でない場合、宅地建物取引業者は売買代金の2割を超える手付金を受領することができない。

(b) **適　切**　売買契約の相手方が契約の履行に着手する前であれば、手付による解除をすることができる。

(c) **不適切**　ローン特約により契約の解除をする場合、通常、売主に交付した手付金は買主に返還される。なお、ローン特約とは、不動産の購入に当たって、買主が金融機関などからの融資を利用することを前提に売買契約を締結し、その融資が得られなかった場合、売買契約を白紙に戻すことができる特約である。

以上より、適切なものは1つであり、正解は **1** となる。

【問題7】（2022年5月 問35）　チェック欄☐☐☐☐☐

　不動産の取引で引き渡された目的物が品質に関して契約の内容に適合しないものである場合における民法上の契約不適合責任に関する次の記述のうち、適切なものはいくつあるか。なお、目的物の不適合が買主の責めに帰すべき事由によるものではないものとする。

（a）買主は、売主に帰責事由がなくとも、売主に対して、目的物の修補を請求（追完請求）することができる。

（b）買主が相当の期間を定めて履行の追完の催告をし、その期間内に履行の追完がないときは、買主は、その不適合の程度に応じて、代金の減額を請求することができる。

（c）売主が目的物の引渡時にその不適合を知り、または重大な過失により知らなかった場合を除き、買主はその不適合を知った時から1年以内にその旨を売主に通知しないときは、その不適合を理由として、契約の解除をすることができない。

1．1つ
2．2つ
3．3つ
4．0（なし）

第5章

不動産　基礎編

(a) 適 切 買主および売主双方に帰責事由がない場合、買主は売主に対し、目的物の修補（追完請求）をすることができる。

(b) 適 切 買主が相当期間を定めて履行の追完の催告をし、その期間内に履行の追完がないとき、帰責事由のない買主は、不適合の程度に応じた代金減額請求をすることができる。

(c) 適 切 売主が種類または品質に関して、契約内容に適合しない目的物を買主に引き渡した場合、買主がその不適合を理由として、追完請求、代金減額請求、損害賠償請求および契約解除をするためには、買主がその不適合を知った時から１年以内にその旨を売主に通知しなければならない。ただし、売主が引渡しの時にその不適合を知っていた場合や重大な過失により知らなかったときは、１年経過後の通知でも各種請求等をすることができる。

以上より、適切なものは３つであり、正解は**3**となる。

【問題8】（2021年5月 問35）　　　　　　チェック欄 ☐☐☐☐☐

民法における不動産の売買に関する次の記述のうち、**最も不適切なもの**はどれか。

1．売主から引き渡された目的物が種類、品質または数量に関して売買契約の内容に適合しないものであるときは、その不適合が買主の責めに帰すべき事由によるものである場合等を除き、買主は、売主に対し、目的物の修補等による履行の追完を請求することができる。
2．売買契約の締結後、売主が買主に目的物を引き渡すまでの間に、その目的物が当事者双方の責めに帰することができない事由によって滅失した場合、買主は、その滅失を理由として、代金の支払を拒むことはできない。
3．売買契約を締結し、売主が買主に目的物を引き渡した後、その目的物が当事者双方の責めに帰することができない事由によって滅失した場合、買主は、その滅失を理由として、代金の支払を拒むことはできない。
4．売主が債務を履行しない場合において、買主が相当の期間を定めてその履行の催告をし、その期間内に履行がないときは、その期間を経過した時における債務の不履行がその売買契約および取引上の社会通念に照らして軽微である場合等を除き、買主は、その売買契約を解除することができる。

【問題9】（2019年9月 問34）　　　　　　チェック欄 ☐☐☐☐☐

筆界特定制度に関する次の記述のうち、**最も不適切なもの**はどれか。

1．筆界特定は、所有権の及ぶ範囲を特定するものではなく、一筆の土地とこれに隣接する他の土地との筆界の現地における位置またはその範囲を特定するものである。
2．筆界特定は、対象となる土地の所有権の登記名義人が複数いる場合であっても、共有登記名義人の1人が単独でその申請をすることができる。
3．筆界特定書の写しは、隣地所有者などの利害関係を有する者でなくても、対象となった土地を管轄する法務局または地方法務局においてその交付を受けることができる。
4．法務局に筆界特定の申請を行う場合、筆界特定の対象となる筆界で相互に隣接する土地の合計面積に応じて定められた申請手数料と測量費用を負担する必要がある。

1．適　切　なお、売主が種類または品質に関して、契約内容に適合しない目的物を買主に引き渡した場合、買主がその不適合を理由として、追完請求、代金減額請求、損害賠償請求および契約解除をすることができる。なお、買主がその不適合を知ったときから1年以内にその旨を売主に通知しなければならない。

2．不適切　売主および買主の責任によらず目的物が滅失したときは、買主は売主からの代金請求を**拒絶することができる**。なお、買主は売主からの代金請求を確定的に消滅させるため、契約の解除をすることができる。

3．適　切　なお、目的物を引き渡した後に、売主および買主の責任によらず目的物が滅失または損傷した場合は、買主は履行の追完請求、代金減額請求、損害賠償請求および契約解除をすることができない。

4．適　切　なお、債務の全部の履行が不能である場合、債務の一部の履行が不能であり、残存部分のみでは目的を達することができない場合等には、催告することなく契約を解除することができる。

1．適　切　筆界とは、表題登記がある一筆の土地とこれに隣接する他の土地との間で、当該一筆の土地が登記されたときにその境を構成する2以上の点とこれらを結ぶ直線をいい、公法上の境界であるため、所有権の範囲を特定するものではない。

2．適　切　筆界特定の申請ができるのは、土地の所有権登記名義人である。共有の場合は、共有登記名義人が単独で申請できる。

3．適　切　筆界特定が行われた土地については、利害関係の有無にかかわらず、誰でも手数料を納付して筆界特定書の写しの交付を請求できる。

4．不適切　筆界特定の申請手数料は対象地の固定資産税評価額を基に計算する。なお、測量費については一律ではなく、各事案において、筆界特定に必要とされる内容に対する費用となっている。

【問題10】（2018年1月 問34）　　　　　　　　　　チェック欄 ☐☐☐☐☐

筆界特定制度に関する次の記述のうち、最も適切なものはどれか。

1．筆界特定制度は、筆界特定登記官が土地の筆界の現地における位置を特定する制度であり、筆界特定により各土地の所有者が有する所有権の及ぶ範囲が確定する。

2．隣接する土地との筆界は、筆界特定制度によらずに、各土地の所有者同士が合意のうえ、連名による公正証書等による書面により変更することもできる。

3．隣接する土地との筆界について筆界特定の申請をする場合、あらかじめ隣接する土地の所有者の承諾を得た場合を除き、各土地の所有者が共同して申請をしなければならない。

4．筆界特定書の写しは、隣地所有者などの利害関係を有する者でなくても、対象となった土地を管轄する登記所においてその交付を受けることができる。

第5章

不動産　基礎編

1．**不適切**　筆界は隣接する土地の境界を示す公法上の線であり、所有権の及ぶ範囲を確定させるわけではない。

2．**不適切**　筆界は公法上の線であり、当事者が合意したとしても変更することはできない。

3．**不適切**　筆界特定の申請は、土地の所有者が単独で申請することができる。

4．**適　切**　筆界特定書の写しは、誰でも交付を請求できる。

【問題1】（2021年1月 問36）　　　　　　　　　チェック欄 ☐☐☐☐☐

　借地借家法に関する次の記述のうち、最も適切なものはどれか。なお、本問における普通借地権とは、定期借地権等以外の借地権をいう。また、記載のない事項については考慮しないものとする。

1．普通借地権の存続期間が満了する場合において、借地権者が契約の更新を請求し、借地権設定者に更新を拒絶する正当の事由がないときは、借地上に建物があるかどうかにかかわらず、従前の契約と同一の条件で契約を更新したものとみなされる。

2．建物の所有を目的とする賃借権である借地契約の更新後に建物の滅失があった場合において、借地権者が借地権設定者の承諾を得ないで残存期間を超えて存続すべき建物を築造したときは、借地権設定者は、借地権者に対し、土地の賃貸借の解約の申入れをすることができる。

3．存続期間を50年以上とする定期借地権および存続期間を10年以上50年未満とする事業用定期借地権等の設定を目的とする契約は、いずれも公正証書によってしなければならない。

4．土地所有者に対する建物の譲渡により建物譲渡特約付借地権が消滅した場合において、当該建物の賃借人は、土地所有者の承諾を得られなければ、その消滅後に当該建物の使用を継続することはできない。

第5章 不動産 基礎編

1．不適切 借地権者からの更新請求による更新は、借地上に建物が存在することが条件である。

2．適　切 借地契約の更新後に借地権者が借地権設定者の承諾を得ないで残存期間を超えて存続すべき建物を築造したときは、借地権設定者は、借地権者に対して土地の賃貸借の解約の申入れをすることができる。

3．不適切 事業用定期借地権等は、公正証書によって契約する必要があるが、存続期間を50年以上とする場合であっても、一般定期借地権であれば公正証書に限定されない。

4．不適切 建物譲渡特約付借地権が消滅した後も賃借人は、土地所有者に対して建物の継続使用を請求できる。

【問題２】（2023年9月　問35）　　　　　　　　　　チェック欄 □□□□□

民法における不動産の賃貸借に関する次の記述のうち、最も適切なものはどれか。

1．建物の賃貸借期間中に、賃借人から敷金を受け取っている賃貸人が建物を譲渡し、賃貸人たる地位が建物の譲受人に移転した場合、その敷金の返還に係る債務は建物の譲受人に承継される。

2．建物の賃貸人に敷金を支払っている賃借人は、賃貸借期間中に未払賃料がある場合、賃貸人に対し、その敷金を未払賃料の弁済に充てるよう請求することができる。

3．建物の賃借人から敷金を受け取っている賃貸人は、賃貸借が終了し、建物の返還を受ける前に、賃借人に対し、その敷金の額から未払賃料等の賃借人の賃貸人に対する債務額を控除した残額を返還しなければならない。

4．建物の賃借人が、当該建物に通常の使用および収益によって損耗を生じさせた場合、賃貸借の終了時、賃借人は当該損耗を原状に復する義務を負う。

【問題３】（2022年1月　問35）　　　　　　　　　　チェック欄 □□□□□

借地借家法の定期借地権および定期建物賃貸借に関する次の記述のうち、最も適切なものはどれか。

1．存続期間を10年以上30年未満とする事業用借地権を設定する場合には、設定契約時に契約の更新および建物の築造による存続期間の延長がなく、建物の買取請求権を排除する旨を特約として定める必要がある。

2．借主側から、2010年に設定した存続期間15年の事業用借地権の存続期間を5年延長したいとの申出があった場合、貸主と借主の双方の合意があれば、存続期間を延長することができる。

3．定期建物賃貸借契約は、その契約期間の長短にかかわらず、賃借人に対して、期間の満了により建物の賃貸借が終了する旨の通知をする必要はなく、その期間が満了すれば、当然に建物の賃貸借は終了し、賃借人は退去しなければならない。

4．自己の居住の用に供するために賃借している建物（床面積が200㎡未満）の定期建物賃貸借契約において、親の介護により建物を自己の生活の本拠として使用することが困難となったときは、賃借人は、解約の申入れの日から3カ月後に当該賃貸借を終了させることができる。

1．適　切　賃貸人たる地位が移転すると、譲受人は費用償還債務および敷金返還債務を承継する。

2．不適切　賃借人が賃料の支払を怠ったときは、賃貸人は、賃貸借の存続中であっても、敷金を賃料の支払に充当することができるが、賃借人側から敷金を充当するよう主張することはできない。

3．不適切　敷金返還請求権は、目的物の明渡しのときに、それまでに生じた賃借人の賃貸人に対する債務の額を控除した残額について発生する。よって、賃貸人は、賃貸物の返還を受けた後に、賃借人に対して当該残額を返還すればよい。

4．不適切　建物の賃借人は、賃貸借の終了時、原則として目的物を原状に復して（通常の使用を超える損傷などを復旧して）返還しなければならない。ただし、経年劣化（通常使用による自然的損耗）などの修繕費用は賃料に含まれるため、その損傷を賃借人が原状回復する必要はない。

1．不適切　10年以上30年未満の事業用借地権には、契約更新、建物築造による存続期間の延長、建物買取請求権の3点が適用されないため、設定契約時に特約で3点を排除する旨を定める必要はない。

2．適　切　事業用借地権は契約の更新が排除されるが、当事者間の合意により存続期間を延長することはできる。

3．不適切　1年以上の期間を有する定期建物賃貸借において、賃貸人は、期間満了の1年前から6カ月前までの間（通知期間）に、賃借人に賃貸借が終了する旨の通知をしなければ、その終了を賃借人に対抗することができない。

4．不適切　床面積が200㎡未満の居住用建物の定期建物賃貸借契約において、転勤、療養、親族の介護その他やむを得ない事情により、建物を自己の生活の本拠として使用することが困難となったときは、賃借人は、解約の申入れから1カ月後に当該賃貸借を終了させることができる。

【問題4】（2023年1月　問35）　　　　　　　　　チェック欄 ☐☐☐☐☐

借地借家法の定期借地権および定期建物賃貸借契約（定期借家契約）に関する次の記述のうち、最も適切なものはどれか。

1．存続期間を10年以上30年未満とする事業用借地権を設定する場合、設定契約時に契約の更新および建物の築造による存続期間の延長がなく、建物の買取請求権を排除する旨を特約として定める必要がある。

2．建物譲渡特約付借地権は、借地権設定後30年以上が経過し、その建物を借地権設定者が譲り受けることにより借地権は消滅するが、建物を使用している借地権者が当該借地権消滅後の建物の使用継続を請求したときは、建物の賃借人として当該建物を使用継続することができる。

3．定期建物賃貸借契約の期間が1年である場合、賃貸人が当該契約日の8カ月後に、初めて賃借人に期間の満了により建物の賃貸借が終了する旨の通知をしたときは、通知の日から4カ月経過後に契約の終了を賃借人に対抗することができる。

4．期間の満了により建物の定期建物賃貸借契約が終了した場合、定期建物賃貸借契約の更新は行われず、再契約は契約が終了した日から1年を経過しなければ締結することができない。

第5章 不動産 基礎編

【問題4】 正解 2

1．**不適切** 存続期間を10年以上30年未満とする事業用借地権を設定する場合、特約がなくとも、契約の更新および建物の築造による存続期間の延長がなく、建物の買取請求権を排除する旨が認められている。

2．**適 切** 建物譲渡特約付借地権が消滅した後も、建物を使用している借地権者が使用継続を請求した場合、建物の賃借人として当該建物を使用継続することができる。

3．**不適切** 期間満了の1年前から6カ月前までの間に賃借人に対し、賃貸借が終了する旨の通知をしなければならない。通知期間が経過した後に通知をしたときは、通知の日から6カ月の経過によって終了することになる。

4．**不適切** 再契約は、当初の契約期間が終了した日から締結することができる。

【問題5】（2021年9月 問35改題）　　　　　　　チェック欄☐☐☐☐☐

　借地借家法に関する次の記述のうち、最も不適切なものはどれか。なお、本問においては、借地借家法における定期建物賃貸借契約を定期借家契約といい、それ以外の建物賃貸借契約を普通借家契約という。

1．期間の定めのない普通借家契約において、正当な事由に基づき、建物の賃貸人による賃貸借の解約の申入れが認められた場合、建物の賃貸借は、解約の申入れの日から6カ月を経過することによって終了する。
2．定期借家契約を締結する場合、建物の賃貸人は、あらかじめ、建物の賃借人に対し、建物の賃貸借は契約の更新がなく、期間の満了により当該建物の賃貸借は終了することについて、その旨を記載した書面を交付し、または、賃借人の承諾を得て当該書面に記載すべき事項を電磁的方法により提供して、説明しなければならない。
3．定期借家契約は、契約の更新がなく、期間の満了により建物の賃貸借は終了するが、賃貸借について当事者間で合意すれば、定期借家契約を再契約することができる。
4．2000年3月1日より前に締結した居住用建物の普通借家契約は、当事者間で当該契約を合意解約すれば、引き続き、新たに同一の建物を目的とする定期借家契約を締結することができる。

1. 適 切　なお、期間の定めのない普通借家契約において、建物の賃借人が解約の申入れを行う場合、正当事由は不要であり、建物の賃貸借は、解約の申入れの日から3カ月を経過することによって終了する。

2. 適 切　定期借家契約を締結する場合、賃貸人はあらかじめその旨が記載された書面を交付し、または電磁的方法により提供をして説明しなければならない。

3. 適 切　定期借家契約の更新はできないが、当事者間の合意により、再契約することは可能である。

4. 不適切　2000年3月1日^(※)より前に締結した居住用建物の普通借家契約を当事者間で合意解約しても、同一の建物を目的として定期借家契約を締結することはできない。なお、事業用建物は可能である。

（※）借地借家法の一部改正により、2000年3月1日から定期借家契約制度が施行された。

4 不動産に関する法令上の制限 ①都市計画法

【問題1】（2023年9月 問38）　　　　　　チェック欄☐☐☐☐☐

都市計画法に関する次の記述のうち、最も不適切なものはどれか。

1．すべての都市計画区域内において、都市計画に市街化区域と市街化調整区域の区分（区域区分）を定めなければならない。
2．市街化区域については用途地域を定め、市街化調整区域については、原則として用途地域を定めないものとされている。
3．土地の区画形質の変更が、建築物の建築や特定工作物の建設の用に供することを目的としていない場合、開発行為に該当しない。
4．開発許可を受けた開発区域内の土地においては、開発行為に関する工事完了の公告があるまでの間は、原則として、建築物を建築することができない。

【問題2】（2021年5月 問37）　　　　　　チェック欄☐☐☐☐☐

都市計画法に関する次の記述のうち、最も適切なものはどれか。

1．準都市計画区域として指定された区域において、計画的な市街化を図るために必要があるときは、都市計画に市街化区域と市街化調整区域の区分を定めることができる。
2．都市計画区域のうち、市街化区域については用途地域を定めるものとし、市街化調整区域については原則として用途地域を定めないものとされている。
3．都市計画区域内の用途地域が指定された区域については、市街地における火災の危険を防除するため、防火地域または準防火地域のいずれかを定めるものとされている。
4．都市計画区域の市街化区域内において行う開発行為で、原則としてその規模が2,000㎡未満であるものは、都道府県知事等による開発許可を受ける必要はない。

1．不適切 都市計画区域の中には、市街化区域と市街化調整区域に分けて（線引きして）いない都市計画区域もあり、これを非線引都市計画区域という。

2．適 切 なお、用途地域は、住居系8種類、商業系2種類、工業系3種類の合計13種類ある。

3．適 切 なお、区画形質の変更は、土地を分割し道路を設置するなど物理的な変更を伴うものをいい、単なる分筆や合筆などの権利区分の変更だけの場合は、区画形質の変更に該当しない。

4．適 切 開発許可を受けた開発区域内では、工事完了の公告があるまでは、工事用の仮設建築物や知事が建築を認めた場合などを除き、建築物の建築や特定工作物の建築はできない。

1．不適切 準都市計画区域に都市計画を定めることはできるが、市街化区域と市街化調整区域の区分は定めない。

2．適 切 なお、用途地域には住居系8種類、商業系2種類、工業系3種類の合計13種類がある。

3．不適切 防火地域および準防火地域は都市計画で指定されるものであり、用途地域内に必ず定めるべきものではない。

4．不適切 市街化区域内における**1,000㎡未満**の開発行為は、原則として都道府県知事等による開発許可を受ける必要はない。許可を必要とする規模は以下の通りである。

区域			許可の必要な規模
都市計画区域	線引き都市計画区域	市街化区域	1,000㎡以上の開発行為 （三大都市圏の既成市街地等は500㎡以上） ※条例で300㎡まで引き下げ可
		市街化調整区域	原則、全ての開発行為
	非線引き都市計画区域		3,000㎡以上の開発行為 ※条例で300㎡まで引き下げ可
準都市計画区域			3,000㎡以上の開発行為 ※条例で300㎡まで引き下げ可
都市計画区域及び準都市計画区域外			10,000㎡（1ha）以上の開発行為

【問題3】（2022年1月 問36）　　　　　　　　チェック欄□□□□□

都市計画法に関する次の記述のうち、最も適切なものはどれか。

1．都市計画道路予定地として指定を受けている土地には、建築物を建築することが
　　いっさいできない。
2．市街化区域内の土地において、建築物の建築のために分筆登記を行う場合、その
　　土地の面積が1,000㎡（三大都市圏の既成市街地等は500㎡）以上であれば、土地の
　　区画形質の変更として開発行為の許可を受けなければならない。
3．準都市計画区域とは、首都圏整備法、近畿圏整備法、中部圏開発整備法による都
　　市開発区域、その他新たに住居都市、工業都市として開発および保全する必要があ
　　る区域を、都道府県が指定するものである。
4．高度地区とは、用途地域内において市街地の環境を維持し、または土地利用の増
　　進を図るため、建築物の高さの最高限度または最低限度（準都市計画区域にあって
　　は建築物の高さの最高限度）を定める地区をいう。

第5章

不動産　基礎編

1．不適切　都市計画施設（計画決定された道路など）の区域内の土地については、都道府県知事等の許可を受けることで、建築物を建築することができる。

2．不適切　許可が必要な開発行為は、建築物の建築または特定工作物の建設の用に供する目的で行う土地の区画形質の変更である。区画形質の変更は土地の分割、造成地目の変更などをいうため、土地の分筆登記を行う場合は許可不要である。

3．不適切　準都市計画区域とは、都市計画区域外の区域のうち、そのまま土地利用を制限等することなく放置すれば、将来、都市としての整備、開発および保全に支障が生じるおそれがある区域をいう。

4．適　切　住居系用途地域における高度地区では建築物の最高限度を定めたり、商業系用途地域における高度地区では建築物の最低限度を定めたりすることで、高さの揃った市街地を形成するために指定される。

【問題1】（2023年1月　問38）　　　　　　　　　　チェック欄☐☐☐☐☐

　道路に関する次の記述のうち、最も不適切なものはどれか。なお、特定行政庁が指定する幅員6mの区域ではないものとし、地下における道路を除くものとする。

1．不動産業者が都市計画法の開発許可を受けて宅地開発を行う際に築造された幅員4m以上の道路は、特定行政庁の指定がなくても建築基準法上の道路となる。
2．土地を建築物の敷地として利用するために道路法等の法令によらないで築造された幅員4m以上の道のうち、特定行政庁が位置の指定をしたものは、建築基準法上の道路（位置指定道路）となり、当該道路が所在する市区町村が維持管理を行わなければならない。
3．建築基準法の集団規定が適用された際に、現に建築物が立ち並んでいる幅員4m未満の道で、特定行政庁が指定したものは、建築基準法上の道路となり、原則として、その中心線からの水平距離2mの線が当該道路の境界線とみなされる。
4．相続財産の評価において、専ら特定の者が通行する私道の用に供されている宅地の価額は、その宅地が私道でないものとして路線価方式または倍率方式によって評価した価額の30%相当額で評価する。

【問題2】（2024年1月　問36）　　　　　　　　　　チェック欄☐☐☐☐☐

　建築基準法に関する次の記述のうち、最も適切なものはどれか。

1．建築基準法の改正により、現に存する建築物が改正後の建築基準法の規定に適合しない部分を有することになった場合、当該建築物は建築基準法上の違反建築物となる。
2．建築基準法の集団規定が適用された際に、現に建築物が立ち並んでいる幅員4m未満の道で、特定行政庁が指定したものについては、建築基準法上の道路となり、その中心線からの水平距離で4m後退した線が当該道路の境界線とみなされる。
3．建築物が防火地域および準防火地域にわたる場合において、当該建築物が防火地域外において防火壁で区画されているときは、その防火壁外の部分については、準防火地域内の建築物に関する規定が適用される。
4．建築主は、建築確認の申請に対して建築主事または指定確認検査機関が行った処分に不服がある場合、都道府県知事に対して審査請求を行うことができる。

第5章　不動産　基礎編

【問題1】 正解 **2**

1．適　切　開発許可を受けて築造した道路は、建築基準法第42条第1項第2号の「都市計画法による道路」となり、特定行政庁の許可は不要である。

2．不適切　位置指定道路の管理は、その道路を所有する個人が行う必要がある。

3．適　切　2項道路の場合、原則として、当該道路の中心から水平距離2mの線が道路の境界線とみなされる。

4．適　切　専ら特定の者が通行する私道の評価額は、路線価方式または倍率方式によって評価した価額の30％相当額で評価する。

【問題2】 正解 **3**

1．不適切　建築基準法の改正により現に存する建築物が改正後の規定に適合しない部分を有することになった建築物や、建築基準法施行前から存する建築物のことを既存不適格建築物といい、当該建築物は建築基準法の適用除外となる。

2．不適切　2項道路の場合、原則として、当該道路の中心線から水平距離で2mの線がその道路の境界線とみなされる。

3．適　切　建築物が防火地域および準防火地域にわたる場合、その建築物全部について厳しい方の規定が適用される。ただし、その建築物が防火地域外において防火壁で区画されているときは、防火壁外の部分については準防火地域の規定が適用される。防火壁により、その外への延焼を抑止しているからである。

4．不適切　建築主は、建築確認の申請に対して建築主事または指定確認検査機関が行った処分に不服がある場合、当該市町村または都道府県の建築審査会に対して審査請求を行うことができる。また、建築審査会の裁決に不服がある場合は、国土交通大臣に対して再審査請求をすることができる。

【問題3】（2021年9月 問36）　　　　　　　　チェック欄 □□□□□

建築基準法の容積率に関する次の記述のうち、最も適切なものはどれか。

1．準住居地域において、前面道路の幅員が12m未満である建築物の容積率は、都市計画で定められた数値と当該前面道路の幅員に10分の6（特定行政庁が都道府県都市計画審議会の議を経て指定する区域内は10分の8）を乗じた数値のいずれか少ない数値以下でなければならない。

2．第一種住居地域において、建築物の敷地が、幅員15m以上の道路に接続する幅員6m以上12m未満の前面道路のうち、当該特定道路からの延長が70m以内の部分において接する場合、都市計画で定められた指定容積率に当該前面道路の幅員に10分の4（特定行政庁が都道府県都市計画審議会の議を経て指定する区域内は10分の6）を乗じた数値を加算したものが容積率の最高限度となる。

3．共同住宅の共用の廊下や階段の用に供する部分の床面積は、原則として、建築物の容積率の算定の基礎となる延べ面積に算入する。

4．建築物の地階でその天井が地盤面からの高さ1m以下にあるものの住宅の用途に供する部分の床面積は、原則として、当該建築物の住宅の用途に供する部分の床面積の合計の3分の1を限度として、建築物の容積率の算定の基礎となる延べ面積に算入されない。

【問題4】（2022年5月 問38）　　　　　　　　チェック欄 □□□□□

建築基準法に規定する建築物の高さの制限、日影規制（日影による中高層の建築物の高さの制限）に関する次の記述のうち、最も不適切なものはどれか。

1．田園住居地域内における建築物の高さは、原則として、10mまたは12mのうち都市計画で定められた限度を超えることができない。

2．道路斜線制限は、すべての用途地域内における一定の建築物に適用される。

3．第二種中高層住居専用地域内において日影規制が適用される建築物には、北側斜線制限は適用されない。

4．天空率により計算した採光、通風等が各斜線制限および日影規制により高さが制限された場合と同程度以上である建築物を建築する場合、当該建築物については、各斜線制限および日影規制は適用されない。

第**5**章

不動産　基礎編

1．不適切 準住居地域のような住居系の用途地域において、前面道路の幅員に乗じる法定乗数は10分の4（特定行政庁が都道府県都市計画審議会の議を経て指定する区域内は10分の6）である。

2．不適切 前面道路が特定道路に接続する場合の緩和は、次の①・②のうち小さいほうが限度となる。

① 都市計画で定められた指定容積率

② （道路の幅員 + A$^{※}$）× 法定乗数

※ $A = (12m - 前面道路の幅員) \times \dfrac{70m - 特定道路からの延長距離}{70m}$

3．不適切 共同住宅や老人ホーム等の共用廊下、階段、エントランスホール、エレベーターホール、車椅子用のスロープ等は、容積率の算定の基礎となる延べ面積に算入しない。

4．適 切 なお、老人ホーム等の場合でも、3分の1を限度として、地階の部分の床面積は容積率の算定の基礎となる延べ面積に算入しない。

1．適 切 第一種・第二種低層住居専用地域および田園住居地域では、原則として建築物の高さの制限（10mまたは12m）がある。

2．適 切 道路斜線制限は、原則として、すべての用途地域および用途地域の指定のない区域で適用される。

3．適 切 北側斜線制限は、原則として、第一種・第二種低層住居専用地域、田園住居地域および第一種・第二種中高層住居専用地域に適用される。ただし、日影規制が適用される第一種・第二種中高層住居専用地域には、北側斜線制限は適用されない。

4．不適切 天空率により計算した採光、通風等が各斜線制限により高さが制限された場合と同程度以上である建築物を建築する場合、当該建築物については、各斜線制限は適用されない。したがって、天空率により計算した採光、通風等が日影規制により高さが制限された場合と同程度以上である建築物を建築する場合でも、日影規制は適用される。

【問題5】（2023年5月 問36）　チェック欄 □□□□□

　建築基準法における用途地域内の建築制限に関する次の記述のうち、最も不適切なものはどれか。

1．第一種低層住居専用地域では、高等学校を建築することができる。
2．第一種住居地域では、映画館を建築することができる。
3．近隣商業地域では、カラオケボックスを建築することができる。
4．工業地域では、共同住宅を建築することができる。

【問題6】（2021年1月 問37）　チェック欄 □□□□□

　建築基準法に規定する建築物の高さの制限に関する次の記述のうち、最も不適切なものはどれか。

1．前面道路との関係についての建築物の各部分の高さの制限（道路斜線制限）は、すべての用途地域内における一定の建築物に適用されるが、用途地域の指定のない区域内における建築物には適用されない。
2．隣地との関係についての建築物の各部分の高さの制限（隣地斜線制限）は、第一種低層住居専用地域、第二種低層住居専用地域および田園住居地域内における建築物には適用されない。
3．第一種中高層住居専用地域および第二種中高層住居専用地域内において日影による中高層の建築物の高さの制限（日影規制）が適用される建築物には、北側の隣地の日照を確保するための建築物の各部分の高さの制限（北側斜線制限）は適用されない。
4．日影による中高層の建築物の高さの制限（日影規制）は、原則として、商業地域、工業地域および工業専用地域以外の地域または区域のうち、地方公共団体の条例で指定する区域内における一定の建築物に適用される。

第**5**章　不動産　**基礎編**

1. 適 切 高等学校は、工業地域および工業専用地域を除く用途地域に建築することができる。

2. 不適切 200㎡以上の映画館は、近隣商業地域、商業地域および準工業地域に建築することができる。200㎡未満の映画館は、上記に加え、準住居地域に建築することができる。したがって、第一種住居地域に建築することはできない。

3. 適 切 カラオケボックスは、原則として、第二種住居地域、準住居地域、近隣商業地域、商業地域、準工業地域、工業地域および工業専用地域に建築することができる。

4. 適 切 共同住宅は、工業専用地域を除く用途地域に建築することができる。

1. 不適切 道路斜線制限は、用途地域の指定のない区域内における建築物にも適用される。

2. 適 切 隣地斜線制限は、第一種低層住居専用地域、第二種低層住居専用地域および田園住居地域内における建築物には適用されない。

3. 適 切 第一種中高層住居専用地域および第二種中高層住居専用地域内において日影規制が適用される建築物には、北側斜線制限は適用されない。

4. 適 切 商業地域・工業地域・工業専用地域は、日影規制の対象外となる。

国土利用計画法第23条の届出（以下、「事後届出」という）に関する次の記述のうち、最も適切なものはどれか。なお、記載のない事項については考慮しないものとする。

1．市街化区域内に所在する3,000㎡の土地の売買を行った場合、売主および買主は、その契約を締結した日から2週間以内に、共同して事後届出を行わなければならない。
2．売主が、市街化調整区域内に所在する12,000㎡の一団の土地を8,000㎡と4,000㎡に分割し、それぞれの土地について、別の買主と売買契約を締結した場合、4,000㎡の土地については事後届出の対象とならない。
3．都道府県知事は、事後届出に係る土地に関する権利移転等の対価の額が、当該土地の時価と著しく乖離しているときは、当該対価の額について修正すべきことを勧告することができる。
4．都道府県知事は、事後届出に係る土地の利用目的について勧告を受けた買主が、その勧告に従わなかった場合には、その旨およびその勧告の内容を公表しなければならない。

第5章 不動産 基礎編

1．不適切　市街化区域内に所在する2,000㎡以上の土地取得契約の際には、事後届出が必要となるので、契約締結日から2週間以内に届出を行う必要がある。事後届出は権利取得者（売買の場合は買主）が行う。

2．適　切　市街化調整区域内の土地の面積が5,000㎡未満である場合、権利取得者は事後届出をする必要がない。よって、4,000㎡の土地については事後届出の対象とならない。

3．不適切　都道府県知事は、事後届出に係る土地に関する権利の移転または設定後における土地の利用目的に従った土地利用が土地利用基本計画その他の土地利用に関する計画に適合せず、当該土地を含む周辺の地域の適正かつ合理的な土地利用を図るために著しい支障があると認めるときは、土地利用審査会の意見を聴いて、その届出をした者に対し、その届出に係る土地の利用目的について必要な変更をすべきことを勧告することができる。対価の額についての勧告はない。

4．不適切　都道府県知事は、勧告を受けた者がその勧告に従わないときは、その旨およびその勧告の内容を公表することができる。公表は義務ではない。

【問題2】（2024年1月 問37）　　　　　　　　　　チェック欄□□□□□

宅地造成及び特定盛土等規制法に関する次の記述のうち、**最も不適切なもの**はどれか。

1．宅地造成等工事規制区域内において、宅地以外の土地を宅地にするために切土をする土地の面積が600㎡で、切土部分に高さが1mの崖が生じることになる工事を行おうとする場合、原則として、都道府県知事等の許可を受けなければならない。
2．宅地造成等工事規制区域として指定される区域は、宅地造成等に伴い災害が生ずるおそれが大きい区域のうち市街地の区域に限られ、これから市街地となろうとする土地の区域や集落の区域は指定されない。
3．特定盛土等とは、宅地または農地等において行う盛土その他の土地の形質の変更で、当該宅地または農地等に隣接し、または近接する宅地において災害を発生させるおそれが大きい一定のものをいう。
4．都道府県知事等は、宅地造成等工事規制区域内の土地について、宅地造成等に伴う災害の防止のため必要があると認める場合、その土地の所有者等に対し、擁壁の設置等の宅地造成等に伴う災害の防止のため必要な措置をとることを勧告することができる。

【問題3】（2021年1月 問38）　　　　　　　　　　チェック欄□□□□□

農地法等に関する次の記述のうち、**最も不適切なもの**はどれか。なお、記載のない事項については考慮しないものとする。

1．農業者である個人が、所有する市街化区域内の農地を他の農業者に農地として譲渡する場合、その面積規模にかかわらず、原則として、農地法第3条に基づく農業委員会の許可を受ける必要がある。
2．農業者である個人が、所有する市街化区域内の農地を駐車場用地として自ら転用する場合、あらかじめ農業委員会に届け出れば、農地法第4条に基づく都道府県知事等の許可を受ける必要はない。
3．農業者である個人が、自らの耕作の事業のための農業用倉庫を建設する目的で、市街化調整区域内の農地を取得する場合、農地法第5条に基づく都道府県知事等の許可を受ける必要はない。
4．個人が農地の所有権を相続により取得した場合、当該権利を取得したことを知った時点からおおむね10カ月以内に、農業委員会にその旨を届け出なければならない。

1. **適 切** 宅地造成等工事規制区域において、都道府県知事の許可が必要な宅地造成および特定盛土等は以下の通りである。

 ① 高さ1m超の崖を生ずる盛土

 ② 高さ2m超の崖を生ずる切土

 ③ 高さ2m超の崖を生ずる盛土と切土（盛土と切土とを同時にする場合）

 ④ 高さ2m超の盛土（上記①③に該当しないもの）

 ⑤ 盛土または切土をする土地の面積が500㎡超

2. **不適切** 都道府県知事は、宅地造成等に伴い災害が生ずるおそれが大きい市街地または市街地となろうとする土地の区域または集落の区域であって、宅地造成等に関する工事について規制を行う必要があるものを、宅地造成等工事規制区域として指定することができる。

3. **適 切** 特定盛土等とは、宅地または農地等（農地、採草放牧地および森林）で行う盛土その他の土地の形質変更で、当該土地に隣接し、または近接する宅地において災害を発生させるおそれが大きい一定のものをいう。

4. **適 切** 都道府県知事は、宅地造成等工事規制区域内で行われている宅地造成等に関する工事については、土地の所有者等に対して、相当の猶予期限を付けて擁壁の設置等の宅地造成等に伴う災害防止措置をとることを勧告することができる。

1. **適 切** 農業者が所有する農地を、農地として譲渡する場合、その規模にかかわらず、原則として、農地法第3条に基づく農業委員会の許可を受ける必要がある。

2. **適 切** 農地を自ら転用する場合、原則としては、都道府県知事の許可が必要であるが、市街化区域内の農地を自ら転用する場合は、あらかじめ農業委員会に届け出れば、農地法第4条に基づく都道府県知事等の許可を受ける必要はない。

3. **不適切** 農業用倉庫を建設する目的で、市街化調整区域内の農地を取得する場合、農地法第5条に基づく都道府県知事等の許可を受ける必要がある。

4. **適 切** 個人が農地の所有権を相続により取得した場合、当該権利を取得したことを知った時からおおむね10カ月以内に、農業委員会に届け出なければならない。

【問題4】（2022年1月 問38）　　　　　チェック欄 □□□□□

農地法に関する次の記述のうち、最も適切なものはどれか。

1．個人が農地の所有権を相続により取得した場合、当該権利を取得したことを知った時点からおおむね10カ月以内に、農業委員会にその旨を届け出なければならない。
2．市街化区域内にある農地を他の農業者に農地として譲渡する場合、都道府県知事等の許可を受ける必要はなく、あらかじめ農業委員会に届け出れば足りる。
3．市街化調整区域内の農地を駐車場の用地として自ら転用する場合、都道府県知事等の許可を受ける必要はなく、あらかじめ農業委員会に届け出れば足りる。
4．市街化区域内にある農地を物流倉庫の用地として転用する目的で譲渡する場合、その面積が3,000㎡以上のものは都道府県知事等の許可を受けなければならないが、3,000㎡未満のものは、あらかじめ農業委員会に届け出れば足りる。

【問題5】（2019年1月 問37）　　　　　チェック欄 □□□□□

農地法および生産緑地法に関する次の記述のうち、最も不適切なものはどれか。

1．個人が市街化区域内の農地を耕作する目的で当該農地の所有権を取得する場合、原則として、農地法第3条に基づく農業委員会の許可を受ける必要がある。
2．個人が所有する市街化区域内の農地を駐車場用地として自ら転用する場合、あらかじめ農業委員会に届け出れば、農地法第4条に基づく許可を受ける必要はない。
3．生産緑地の所有者が当該生産緑地に農業用施設を建築する場合、原則として、生産緑地法第8条に基づく市町村長の許可を受ける必要がある。
4．生産緑地の所有者は、当該生産緑地に係る生産緑地地区に関する都市計画の告示の日から20年を経過した場合、市町村長に対して当該生産緑地を時価で買い取るべき旨を申し出ることができる。

1. 適 切 相続等により農地の権利を取得した場合、当該権利を取得したことを知った時点からおおむね10カ月以内に、農業委員会に届出をすることが義務付けられている。

2. 不適切 農業者が所有する農地を、農地として譲渡する場合、その規模にかかわらず、原則として、農地法第3条に基づく農業委員会の許可を受ける必要がある。

3. 不適切 農地を農地以外のものに自ら転用する場合には、都道府県知事の許可が必要である。

4. 不適切 市街化区域内の農地を転用する場合は、その規模にかかわらず、あらかじめ農業委員会へ届け出をすることにより都道府県知事の許可は不要となる。

1. 適 切 農地を耕作する目的で取得する場合、原則として農地法第3条に基づく農業委員会の許可を受ける必要がある。

2. 適 切 農地を自ら転用する場合、原則としては、都道府県知事の許可が必要であるが、市街化区域内の農地を自ら転用する場合は、あらかじめ農業委員会に届け出れば、農地法第4条に基づく都道府県知事等の許可を受ける必要はない。

3. 適 切 建物の建築には市町村長の許可が必要であるが、農業用施設は許可を受けることにより建築できる。

4. 不適切 市町村長に対して生産緑地の買取りの申出ができるのは、生産緑地に関する都市計画の告示から30年以上経過した場合である。

【問題6】（2022年9月　問37）　　　　　　　　　　チェック欄 ☐☐☐☐☐

　生産緑地法に規定する生産緑地および特定生産緑地に関する次の記述のうち、最も**不適切なもの**はどれか。

1. 生産緑地の所有者が、申出基準日以後において、市町村長に対して当該生産緑地の買取りの申出を行い、その申出の日から3カ月以内に所有権の移転（相続その他の一般承継による移転を除く）が行われなかった場合、行為制限が解除され、宅地造成等の転用が可能となる。
2. 生産緑地の買取りの申出により生産緑地の指定が解除された場合に、当該生産緑地について「農地等についての相続税の納税猶予の特例」の適用を受けていたときは、その農地等納税猶予税額および利子税を納付しなければならない。
3. 特定生産緑地に指定された場合、買取りの申出をすることができる時期が、生産緑地地区に関する都市計画決定の告示の日から30年を経過する日から10年延長される。
4. 生産緑地地区に関する都市計画決定の告示の日から30年が経過した生産緑地に対する固定資産税は、特定生産緑地に指定されなかった場合、いわゆる宅地並み課税となるが、三大都市圏においては、激変緩和措置として10年にわたって課税標準に軽減率を乗じる措置が行われる。

【問題7】（2018年9月　問37）　　　　　　　　　　チェック欄 ☐☐☐☐☐

　土地区画整理法に関する次の記述のうち、最も**適切なもの**はどれか。

1. 仮換地が指定された場合、従前の宅地の所有者は、当該仮換地について抵当権を設定することができるが、従前の宅地には抵当権を設定することはできない。
2. 土地区画整理組合が施行する土地区画整理事業の換地計画において定められた保留地は、換地処分の公告があった日の翌日に、施行者である当該組合が取得することになる。
3. 土地区画整理組合が施行する土地区画整理事業に係る施行地区内の宅地について所有権または借地権を有する者や、当該宅地の上の建物について所有権または借家権を有する者は、すべて当該組合の組合員となる。
4. 土地区画整理組合の設立認可の公告があった日から換地処分の公告がある日までに、施行地区内において、土地区画整理事業の施行の障害となるおそれがある土地の形質の変更や建築物の新築等を行おうとする者は、当該組合の許可を受けなければならない。

1. 適 切 生産緑地の買取りの申出があった場合において、その申出の日から起算して3月以内に当該生産緑地の所有権の移転（相続その他の一般承継による移転を除く）が行われなかったときは、当該生産緑地については、生産緑地の管理、生産緑地地区内における行為の制限等の規定は、適用しない（生産緑地法第14条）。

2. 適 切 「農地等についての相続税の納税猶予の特例」の適用を受けていた場合において、次のいずれかに該当するときは、農地等納税猶予税額および利子税を納付しなければならない。

・特例農地等について、譲渡等があった場合

・特例農地等に係る農業経営を廃止した場合

・継続届出書の提出がなかった場合

・担保価値が減少したことなどにより、増担保または担保の変更を求められた場合で、その求めに応じなかったとき

・都市営農農地等について生産緑地法の規定による買取りの申出または指定の解除があった場合など

・特例の適用を受けている準農地について、申告期限後10年を経過する日までに農業の用に供していない場合

3. 適 切 特定生産緑地に指定された場合、市町村長に対して買取りの申出ができる時期は、生産緑地地区の都市計画の告示日から30年経過後から10年延長される。なお、10年経過後は、改めて所有者等の同意を得て、10年の延長を繰り返すことができる。

4. 不適切 課税標準に軽減率を乗じる激変緩和措置は5年間である。

1. 不適切 仮換地に指定された後も換地処分までの間は所有権は従前の宅地に存するため、抵当権も従前の宅地に設定することになる。

2. 適 切 換地計画において定められた保留地は、換地処分の公告があった日の翌日において、土地区画整理組合や区画整理会社などの施行者が取得する。

3. 不適切 土地区画整理組合が施行する土地区画整理事業に係る施行地区内の宅地について所有権または借地権を有する者は、すべてその組合の組合員となる。宅地上の建物について所有権または借家権を有する者は組合員となる者に含まれない。

4. 不適切 事業計画決定等の公告（土地区画整理組合が施行する土地区画整理事業の場合は、土地区画整理組合の設立認可の公告）があった日から換地処分の公告がある日まで、事業地内で施行の障害となるおそれがある土地の形質の変更や建築物の建築等を行う場合、都道府県知事等の許可を得なければならない。

【問題8】（2020年9月 問36）　　　　　　　　　　チェック欄□□□□□

土地区画整理法に関する次の記述のうち、最も適切なものはどれか。

1．宅地の所有権または借地権を有する者は、1人で、または数人共同して、当該権利の目的である宅地に係る土地区画整理事業の施行者となることができる。

2．仮換地が指定された場合、従前の宅地の所有者は、換地処分の公告がある日まで、従前の宅地について所有権移転の登記をすることができない。

3．仮換地が指定された場合、従前の宅地の所有者は、換地処分の公告がある日まで、従前の宅地について抵当権設定の登記をすることができない。

4．換地計画において定められた保留地は、換地処分の公告があった日の翌日に、換地計画において換地の所有者として定められた者が取得する。

第5章

不動産　基礎編

1. 適 切　土地区画整理事業の施行者は、以下のとおりである。

　・個人：土地所有者もしくは借地権者等は、1人または数人共同して施行

　・組合：土地所有者または借地権者は、7人以上で土地区画整理組合を設立して施行

　・区画整理会社：土地所有者または借地権者は、株式会社を設立して施行

　・都道府県、市町村　等

2. 不適切　仮換地が指定された場合、所有権は従前の宅地に存する。したがって、売買契約を締結する場合は従前の宅地の住所で行うため、所有権移転登記は従前の宅地で行うことになる。

3. 不適切　所有権は従前の宅地に存するため、従前の宅地に抵当権を設定することができ、抵当権設定登記も行うことができる。

4. 不適切　保留地とは、土地区画整理事業の施行の費用に充てる等の目的で、換地に指定しなかった土地である。したがって、換地の所有者など特定の者が保留地を取得するわけではない。

7 区分所有法

【問題1】（2023年9月 問37）　　　　　　　　チェック欄 ☐☐☐☐☐

　建建物の区分所有等に関する法律に関する次の記述のうち、最も不適切なものはどれか。

1．管理費が未払いのまま区分所有権の譲渡が行われた場合、管理組合は、買主に対して当該管理費を請求することができる。
2．専有部分が数人の共有に属するときは、共有者は、議決権を行使すべき者1人を定めなければならない。
3．敷地利用権が数人で有する所有権である場合、区分所有者は、規約に別段の定めがない限り、その有する専有部分とその専有部分に係る敷地利用権とを分離して処分することができない。
4．区分所有者の承諾を得て専有部分を占有する者は、会議の目的たる事項につき利害関係を有する場合には、集会に出席して議決権を行使することができる。

【問題2】（2016年1月 問37）　　　　　　　　チェック欄 ☐☐☐☐☐

　建物の区分所有等に関する法律に関する次の記述のうち、最も不適切なものはどれか。

1．区分所有者が管理者を選任または解任するためには、原則として集会の決議による必要があるが、規約に別段の定めをすることができる。
2．管理費が未払いのまま区分所有権の譲渡が行われた場合、管理組合は、売主と買主の双方に対して当該管理費を請求することができる。
3．建替え決議を目的とする集会を招集するときは、その集会の招集通知を開催日より少なくとも2カ月前に発しなければならないが、この期間は、規約により短縮することができる。
4．管理組合法人には、管理組合法人の財産の状況や理事の業務の執行の状況の監査などを職務とする監事を置かなければならない。

1. 適 切 管理組合は、管理費を滞納した区分所有者の特定承継人（譲受人など）に対して、当該管理費の支払いを請求することができる。

2. 適 切 なお、招集通知は、共有者全員に対してする必要はなく、議決権を行使すべき者が定められているときはその者に対して、その定めがないときは共有者の1人に対してすれば足りる。

3. 適 切 なお、分離処分の禁止に反してなされた処分は無効であるが、分離処分の禁止の旨の登記がなされる前に処分を受けた者が善意であるときは、その者に対して無効を主張することができない。

4. 不適切 区分所有者の承諾を得て専有部分を専有する者（賃借人など）は、会議の目的たる事項について利害関係を有する場合は、集会に出席して意見を述べることができるが、議決権を行使することはできない。

1. 適 切 管理者は、集会の決議により選任または解任されるが、規約で別段の定めをした場合には規約に従う。

2. 適 切 管理組合が区分所有者に対して有する債権は、買主に対しても請求ができるため、管理費を滞納している区分所有建物の譲渡を受けた者は、滞納している管理費の請求を受けることがある。

3. 不適切 建替え決議のための集会の招集通知は、開催日の少なくとも2カ月前に発しなければならず、この期間は規約で伸長することはできるが、短縮することはできない。

4. 適 切 管理組合法人には、理事と監事を置かなければならない。

【問題3】（2022年9月 問38）　　　　　　チェック欄☐☐☐☐☐

　建物の区分所有等に関する法律に関する次の記述のうち、最も適切なものはどれか。

1．建物価格の2分の1以下に相当する共用部分の滅失があった場合、滅失した共用部分を復旧する旨の集会の決議や建替え決議がないときは、各区分所有者は共用部分を復旧することができない。
2．規約を変更するためには、区分所有者および議決権の各3分の2以上の多数による集会の決議が必要であり、この変更が一部の区分所有者の権利に特別の影響を及ぼすときは、当該区分所有者の承諾を得なければならない。
3．形状または効用の著しい変更を伴う共用部分の変更を行うためには、原則として、区分所有者および議決権の各4分の3以上の多数による集会の決議が必要であるが、この区分所有者の定数については規約で過半数まで減ずることができる。
4．集会において区分所有者および議決権の各5分の4以上の多数による建替え決議がなされた場合、決議に賛成した区分所有者は、建替えに参加しない旨を回答した区分所有者から、区分所有権および敷地利用権を時価で買い取らなければならない。

【問題4】（2019年5月 問37）　　　　　　チェック欄☐☐☐☐☐

　建物の区分所有等に関する法律に関する次の記述のうち、最も適切なものはどれか。

1．各区分所有者は、専有部分を目的とする所有権、敷地利用権、専有部分の床面積の割合による共用部分の持分を有し、かつ、規約に別段の定めがない限り、集会において所有する住戸の購入金額に応じた議決権割合を有する。
2．規約を変更するためには、区分所有者および議決権の各3分の2以上の多数による集会の決議が必要であるが、この変更が一部の区分所有者の権利に特別の影響を及ぼすべきときは、当該区分所有者の承諾を得なければならない。
3．形状または効用の著しい変更を伴う共用部分の変更を行うためには、区分所有者および議決権の各4分の3以上の多数による集会の決議が必要であるが、この区分所有者および議決権の定数については規約で過半数まで減ずることができる。
4．建替え決議を目的とする集会を招集する場合、原則として、招集の通知を会日より少なくとも2カ月前に発し、会日より少なくとも1カ月前までに、区分所有者に対して建替えを必要とする理由等の説明を行うための説明会を開催しなければならない。

1. **不適切** 建物価格の2分の1以下の滅失の場合、区分所有者は各自復旧することができる。ただし、共用部分については、復旧工事着手前に集会の決議があった場合はそれに従い、各自復旧はできない。

2. **不適切** 規約の設定・変更・廃止については、区分所有者および議決権の各4分の3以上の多数による集会の決議が必要である。

3. **適 切** なお、形状または効用の著しい変更を伴わない共用部分の変更を行うためには、区分所有者および議決権の各過半数による集会の決議が必要である。

4. **不適切** 集会において区分所有者および議決権の各5分の4以上の多数による建替え決議がなされた場合、決議に賛成した区分所有者は、建替えに参加しない旨を回答した区分所有者に対し、区分所有権および敷地利用権を時価で売り渡すよう請求することができる。

1. **不適切** 共用部分の持分や購入金額ではなく、専有部分の床面積に応じた議決権割合を有する。

2. **不適切** 規約を変更するためには、区分所有者および議決権の各4分の3以上の多数による集会の決議が必要である。この変更が一部の区分所有者の権利に特別の影響を及ぼす場合には、その承諾を得なければならない。

3. **不適切** 区分所有者については、規約で過半数まで減ずることができるが、議決権の定数については、規約で過半数まで減ずることはできない。

4. **適 切** 建替え決議をするための集会の招集通知は、開催日の少なくとも2カ月前に発しなければならず、この期間は規約で伸長することができる。また、建替えを必要とする理由等の説明会を、当該決議の1カ月前までに開催しなければならない。

【問題5】（2020年9月 問37）　チェック欄□□□□□

　建物の区分所有等に関する法律に関する次の記述のうち、最も適切なものはどれか。

1．区分所有者の承諾を得て専有部分を占有する者は、会議の目的たる事項につき利害関係を有する場合、集会に出席して議決権を行使することができる。
2．管理組合の法人化にあたっては、区分所有者および議決権の各3分の2以上の多数による集会の決議と、その主たる事務所の所在地において登記をする必要がある。
3．規約の変更が一部の区分所有者の権利に特別の影響を及ぼす場合において、その者の承諾を得られないときは、区分所有者および議決権の各4分の3以上の多数による集会の決議によって当該変更を行うことができる。
4．区分所有建物の建替え決議は、集会において区分所有者および議決権の各5分の4以上の多数による必要があり、この区分所有者および議決権の定数については規約で減ずることはできない。

【問題6】（2023年5月 問37）　チェック欄□□□□□

　マンションの建替え等の円滑化に関する法律に関する次の記述のうち、最も適切なものはどれか。

1．マンションが外壁の剥落より周辺に危害を生ずるおそれがあるものとして一定の基準に該当する場合であっても、マンションが地震に対する安全性に係る建築基準法の規定等に適合している場合は、特定要除却認定の申請をすることはできない。
2．特定要除却認定を受けたマンションを含む団地の場合、団地建物所有者集会において、特定団地建物所有者および議決権の各5分の4以上の多数により、当該特定団地建物所有者の共有に属する団地内建物の敷地を分割する旨の決議をすることができる。
3．マンションおよびその敷地の売却決議に反対した区分所有者は、マンションおよびその敷地の売却を行う組合に対し、区分所有権および敷地利用権を時価で買い取るよう請求することができる。
4．要除却認定マンションの建替えにより新たに建築されるマンションで、一定規模以上の敷地面積を有し、交通上、安全上、防火上および衛生上支障がなく、かつ、市街地の環境の整備・改善に資するものについては、特定行政庁の許可により建築基準法による建蔽率制限が緩和される。

1. **不適切** 専有部分の占有者は、会議の目的たる事項につき利害関係を有する場合、集会に出席して意見を述べることはできるが、議決権を行使することはできない。
2. **不適切** 管理組合は、集会による区分所有者および議決権の各4分の3以上の多数の決議と、その主たる事務所の所在地における登記により法人になることができる。
3. **不適切** 規約の変更には、区分所有者および議決権の各4分の3以上の多数の決議が必要であるが、その変更が一部の区分所有者の権利に特別の影響を及ぼす場合、その者の承諾を得なければならない。
4. **適 切** なお、建替え決議をするための集会の招集通知は、開催日の少なくとも2ヵ月前に発しなければならず、この期間は規約で伸長することができる。

1. **不適切** マンションが外壁、外装材その他これらに類する建物の部分の剥落より周辺に危害を生ずるおそれがあるものとして一定の基準に該当する場合、特定要除却認定の申請をすることができる。
2. **適 切** 特定要除却認定を受けた場合においては、団地建物所有者集会において、特定団地建物所有者および議決権の各5分の4以上の多数で、当該特定団地建物所有者の共有に属する団地内建物の敷地またはその借地権を分割する旨の決議（敷地分割決議）をすることができる。
3. **不適切** マンションおよびその敷地の売却決議に賛成した区分所有者は、マンションおよびその敷地の売却を反対する者に対し、区分所有権および敷地利用権を時価で売り渡すよう請求することができる。
4. **不適切** 要除却認定マンションの建替えにより新たに建築されるマンションで、一定規模以上の敷地面積を有し、交通上、安全上、防火上および衛生上支障がなく、かつ、市街地の環境の整備・改善に資するものについては、特定行政庁の許可により建築基準法による容積率制限が緩和される。

8　不動産の取得・保有に関する税金

【問題1】 (2024年1月 問38改題)　　　　　　チェック欄 ☐☐☐☐☐

　不動産取得税に関する次の記述のうち、最も適切なものはどれか。なお、記載のない事項については考慮しないものとする。

1．被相続人の相続人以外の者が、被相続人の遺言による特定遺贈により土地を取得した場合、当該土地の取得には不動産取得税は課されない。
2．宅地建物取引業者が分譲する2024年中に新築された住宅について、当該住宅が新築された日から10カ月を経過しても最初の使用または譲渡が行われない場合、宅地建物取引業者を取得者とみなして不動産取得税が課される。
3．2024年中に宅地を取得した場合、不動産取得税の課税標準は当該宅地の固定資産税評価額の3分の1の額とされ、標準税率は3％とされる。
4．2024年中に自己の居住用として床面積200㎡の認定長期優良住宅を新築した場合、不動産取得税の課税標準となるべき価格から最高で1,300万円が控除される。

【問題2】 (2023年5月 問38改題)　　　　　　チェック欄 ☐☐☐☐☐

　Aさんは、2018年12月に父からの相続により借地権（借地借家法の定期借地権等ではない）と借地上の住宅を取得し、2023年12月に地主から、その借地権が設定されている土地の所有権（底地）を買い取った。下記の〈条件〉に基づき、Aさんの底地買取りに伴う不動産取得税の税額として、次のうち最も適切なものはどれか。なお、記載のない事項については考慮しないものとする。

〈条件〉
・底地の買取価額は3,000万円である。
・この土地の固定資産税評価額は4,000万円である。
・この土地の借地権割合は60％である。
・不動産取得税の税率は3％である。

1．24万円
2．45万円
3．60万円
4．90万円

【問題1】 正解 **4**

1．不適切 包括遺贈および相続人に対する特定遺贈によって不動産を取得した場合は、相続によって不動産を取得した場合と同様に非課税となる。したがって、相続人以外の者が特定遺贈により不動産を取得した場合は、不動産取得税が課される。

2．不適切 宅地建物取引業者が分譲する新築された住宅について、特例措置により宅地建物取引業者を取得者とみなして不動産取得税が課されるのは、当該住宅が新築された日から1年（本則6月）を経過しても最初の使用または譲渡が行われない場合である（2026年3月31日まで）。

3．不適切 宅地の取得に係る課税標準の特例措置によって、当該宅地の不動産取得税の課税標準は、固定資産税評価額の2分の1の額に軽減される（2027年3月31日まで）。

4．適 切 新築住宅を取得した場合の不動産取得税の特例概要は以下のとおりである。

種類	床面積要件	控除額
新築住宅（戸建て）	50㎡以上240㎡以下	1,200万円
うち認定長期優良住宅（※）		1,300万円

（※）2026年3月31日までの間に取得した場合に限る。

【問題2】 正解 **3**

不動産取得税の課税標準は、固定資産課税台帳登録価格（固定資産税評価額）である。宅地については、2027年3月31日までの取得した場合、固定資産税評価額の2分の1が課税標準となる。また、課税の対象は宅地そのものであるため、借地権の取得では不動産取得税は課税されず、底地の取得では宅地全体の取得として取り扱う。

$$4{,}000万円 \times \frac{1}{2} \times 3\% = \textbf{60万円}$$

したがって、正解は **3** となる。

【問題3】 (2022年9月 問39改題)　　　　　　　　　チェック欄 □□□□□
登録免許税に関する次の記述のうち、最も適切なものはどれか。

1. Aさんの相続により土地を取得したBさんが、相続による所有権移転登記をすることなく死亡し、その土地をBさんの相続人であるCさんが相続により取得した場合、Cさんが申請するBさんからCさんへの所有権移転登記については、「相続に係る所有権の移転登記等の免税措置」により、登録免許税は課されない。

2. Dさんが、2024年8月に死亡した父が所有していた土地を相続により取得し、同年中に父からDさんへの所有権移転登記をする場合に、その土地の固定資産税評価額が200万円であったときは、登録免許税は課されない。

3. Eさんが、2024年中に戸建て住宅を新築し、建設工事を請け負った工務店から引渡しを受け、直ちにその家屋の所在や種類、構造、床面積等を記録するための建物の表題登記をする場合、登録免許税は課されない。

4. Fさんが、2024年中に父が所有する戸建て住宅の贈与を受けて自己の居住の用に供し、父からFさんへの所有権移転登記をする場合、当該住宅が所定の要件を満たしていれば、登録免許税の算出にあたって0.3%の軽減税率が適用される。

【問題4】 (2024年1月 問39)　　　　　　　　　　　チェック欄 □□□□□
登録免許税に関する次の記述のうち、最も不適切なものはどれか。

1. 新築した住宅用家屋の所有権の保存登記に係る登録免許税について「住宅用家屋の所有権の保存登記の税率の軽減」の適用を受けるためには、登記申請書に所定の証明書を添付のうえ、当該家屋の新築後1年以内に登記を受ける必要がある。

2. 贈与により取得した住宅用家屋の所有権の移転登記に係る登録免許税については、所定の要件を満たせば、「住宅用家屋の所有権の移転登記の税率の軽減」による税率の軽減措置が適用される。

3. 住宅用家屋の新築をするための借入金を担保する抵当権の設定登記に係る登録免許税の税率は、原則として0.4%であるが、「住宅取得資金の貸付け等に係る抵当権の設定登記の税率の軽減」の適用を受けることにより、その税率が0.1%に軽減される。

4. 「住宅取得資金の貸付け等に係る抵当権の設定登記の税率の軽減」は、自己の居住の用に供する住宅用家屋の取得が対象となり、第三者への貸付の用に供する住宅用家屋の取得は対象とならない。

第5章 不動産 基礎編

1. 不適切 相続により土地の所有権を取得した者（本問ではB）が、当該土地の所有権の移転登記を受けないで死亡し、その者の相続人等（本問ではC）が2018年4月1日から2025年3月31日までの間に、その死亡した者（本問ではB）を登記名義人とするために受ける当該移転登記に対する登録免許税は、「相続に係る所有権の移転登記等の免税措置」により課されない。

2. 不適切 2025年3月31日までに、個人が、固定資産税評価額100万円以下の土地について所有権の保存登記（表題部所有者の相続人が受けるものに限る）または相続による所有権の移転登記を受ける場合、その土地の所有権の保存登記またはその土地の相続による所有権の移転登記については、登録免許税を課されない。本肢の土地は固定資産税評価額が200万円（100万円超）であるため、登録免許税が課される。

3. 適 切 表題登記は非課税である。なお、分筆・合筆の表示変更登記は課税対象である。

4. 不適切 贈与や遺贈に伴う所有権の移転登記については、居住用財産の特例はなく、本則税率の2％が適用される。

1. 適 切 新築住宅用家屋の所有権保存登記の軽減措置の適用を受ける要件として、登記申請書に所定の証明書を添付のうえ、取得後**1年以内**に登記を受ける必要がある。

2. 不適切 「住宅用家屋の所有権の移転登記の税率の軽減」による税率の軽減措置が適用できるのは、売買または競落の場合であり、贈与による取得の場合は適用できない。

3. 適 切 住宅用家屋について、その所有権の保存登記、移転登記、またはその家屋を新築するための借入金を担保する抵当権の設定登記に係る登録免許税については、次のとおり軽減される（2027年3月31日まで）。

登記の種類	本則税率	軽減税率
所有権保存	0.4%	0.15%
所有権移転（売買）	2.0%	0.3%
抵当権設定	0.4%	0.1%

4. 適 切 この措置は、自己の居住用家屋について適用される。貸付用家屋は本措置による特例の適用対象ではない。

【問題5】（2020年1月 問39改題）　　　　　　　　　　チェック欄 □□□□□

　「住宅用地に対する固定資産税の課税標準の特例」（以下、「本特例」という）に関する次の記述のうち、**最も不適切なもの**はどれか。なお、**各選択肢において、ほかに必要とされる要件等はすべて満たしているものとする。**

１．甲土地とその隣接地である乙土地を所有する者が、甲土地上に賃貸アパートを建築し、乙土地を当該アパートの入居者専用の駐車場として利用する場合、乙土地は、当該アパートと一体として利用されていると認められれば、甲土地とともに本特例の対象となる。

２．２階建ての店舗併用住宅の敷地である土地（400㎡）について、当該店舗併用住宅の床面積が300㎡で、そのうち居住部分の床面積が120㎡である場合、本特例の対象となる住宅用地の面積は200㎡となる。

３．2023年6月に購入した土地上で同年12月に新築した住宅に、同月中に入居した場合であっても、2024年1月1日現在において当該住宅の所有権の保存登記が未了であるときは、2024年度分の固定資産税において、当該土地は本特例の対象とならない。

４．一戸の住居の敷地で、本特例の対象となる住宅用地の面積が300㎡である場合、当該土地に係る固定資産税の課税標準は、200㎡相当分について課税標準となるべき価格の6分の1の額となり、残りの100㎡相当分について課税標準となるべき価格の3分の1の額となる。

第5章 不動産 基礎編

1. 適 切 賃貸アパートが建築されている土地と、当該賃貸アパートの居住者が利用する駐車場用地が一体利用されていると認められる場合、いずれの土地も本特例の対象となる。

2. 適 切 併用住宅（一部が居住の用に供されている家屋であり、当該家屋の床面積に対する居住部分の割合が4分の1以上あるもの）の敷地の用に供されている土地のうち、土地の面積に以下の率を乗じて得た面積（住宅用地の面積が家屋の床面積の10倍を超えているときは、床面積の10倍の面積に以下の率を乗じた面積）に相当する土地が住宅用地となる。

家屋	居住部分の割合	面積に乗じる率
地上階数5以上の耐火建築物	1/4以上1/2未満	0.5
	1/2以上3/4未満	0.75
	3/4以上	1.0
上記以外の家屋	1/4以上1/2未満	0.5
	1/2以上	1.0

　本肢は、上記表の「上記以外の家屋」（2階建て）において居住部分の割合が「1/4以上1/2未満」（120㎡÷300㎡＝0.4）に該当する。したがって、住宅用地の面積は、敷地面積に「0.5」を乗じて算出する。

　400㎡×0.5＝**200㎡**

3. 不適切 固定資産税の課税対象となる固定資産は土地、家屋、償却資産であり、登記の有無を問わない。したがって、2024年1月1日現在において、住宅の所有権の保存登記が未了である場合でも、所有者であれば2024年度分の固定資産税が課税されるため、本特例の適用対象となる。

4. 適 切 本特例は、面積により課税標準が異なる。

・小規模住宅用地（200㎡以下の部分）：固定資産課税台帳登録価格の6分の1
・一般の住宅用地（200㎡超の部分）　：固定資産課税台帳登録価格の3分の1

【問題6】（2023年9月 問39）　　　　　　　チェック欄□□□□□

固定資産税に関する次の記述のうち、最も不適切なものはどれか。

1．固定資産税の課税対象となるべき課税客体は、賦課期日において、市町村等に所在する土地、家屋および一定の事業用償却資産である。
2．私道が公共の用に供する道路である場合、原則として、当該私道の土地は固定資産税が課されない。
3．土地および家屋の固定資産税の課税標準は、地目の変換、家屋の改築または損壊等の特別の事情があり、基準年度の価格によることが不適当と市町村長が認める場合、基準年度の価格によらず、その土地等に類似する土地等の基準年度の価格に比準する価格とされる。
4．居住用超高層建築物（高さ60m超、複数の階に住戸があるタワーマンション）の固定資産税額は、区分所有者ごとに居住用および居住用以外の専有部分の床面積の合計を階層別専有床面積補正率により補正して、全体に係る固定資産税額が各区分所有者に按分される。

1．適　切　固定資産税は所在する固定資産に対して課せられる市町村税であり、土地、家屋および一定の事業用償却資産が対象となる。

2．適　切　私道は個人の資産であるため、原則として課税されるが、私道について所有者が制限を設けず、多数人の利用に供されているものは、その公共性を考慮し、認定基準を満たしているものについて、申請により固定資産税が免除される。

3．適　切　土地については地目の変換等の特別の事情、家屋については改築・損壊等の特別の事情があり、基準年度の価格によることが不適当と市町村長が認める場合、基準年度の価格によらず、類似する土地・家屋の基準年度の価格に比準する価格が課税標準とされる。

4．不適切　居住用超高層建築物の固定資産税額は、専有部分の床面積の割合に応じ居住用部分と居住用以外の部分に按分するが、居住用部分の税額を按分する際に、専有部分の床面積の割合に階層別専有床面積補正率を用いる。居住用および居住用以外の専有部分の床面積の合計を階層別専有床面積補正率により補正するわけではない。

9　不動産の譲渡に係る税金

【問題1】（2021年5月 問39改題）　　　　　　　　　　チェック欄☐☐☐☐☐

　Aさんは、2022年4月に死亡した父から相続により取得した自宅の建物とその敷地を2024年3月に売却した。Aさんが売却した自宅の敷地である土地に係る譲渡価額等が下記のとおりであった場合、当該土地に係る譲渡所得の金額の計算上の取得費として、次のうち最も適切なものはどれか。

　なお、取得費はできるだけ多額になるように計算することとし、「相続財産に係る譲渡所得の課税の特例」（相続税の取得費加算の特例）の適用を受けるための要件は満たしているものとする。また、記載のない事項については考慮しないものとする。

〈売却した土地の譲渡価額等〉

・1991年4月　父が祖父から相続により取得（取得費は不明）			
・2022年4月　Aさんが父から相続（単純承認）により取得			
	当該土地の相続税評価額	： 2,000万円	Aさんがほかに相続した土地はない
	Aさんの相続税の課税価格	： 5,000万円	債務控除前の金額
	Aさんが納付した相続税額	： 600万円	
	相続登記関係費用	： 40万円	登録免許税、司法書士手数料など
・2024年3月　譲渡			
	譲渡価額	： 6,000万円	
	仲介手数料	： 160万円	

1．500万円
2．540万円
3．580万円
4．700万円

　Aさんが父から相続（単純承認）により取得しているため、Aさんの父親の取得費を引き継ぐ。ただし、父が祖父から相続により取得した際、取得費が不明であるため、譲渡所得の金額の計算上の取得費は譲渡価額の5％（概算取得費）となる。

　「相続財産に係る譲渡所得の課税の特例」（相続税の取得費加算の特例）による取得費加算額は、次の算式により求める。なお、概算取得費とは重複適用することができる。

$$相続税額 \times \frac{相続税の課税価格のうち譲渡した土地等の相続税評価額}{相続税の課税価格（債務控除前）}$$

　よって、譲渡所得の金額の計算上の取得費は、次のとおりである。

$$6{,}000万円 \times 5\%（概算取得費）+ 600万円 \times \frac{2{,}000万円}{5{,}000万円}（加算額）= \textbf{540万円}$$

　したがって、正解は**2**となる。

【問題2】（2019年1月　問40）　　　　　　　　　　チェック欄 □□□□□

「相続財産に係る譲渡所得の課税の特例」（相続税の取得費加算の特例。以下、「本特例」という）に関する次の記述のうち、最も適切なものはどれか。

1．相続または遺贈により取得した資産を、当該相続の開始があった日の翌日から3年を経過した日以後に譲渡した場合は、本特例の適用を受けることはできない。
2．相続または遺贈により取得した資産を、譲渡者の親族や同族会社などの特殊関係者に譲渡した場合は、本特例の適用を受けることはできない。
3．相続または遺贈により取得した被相続人居住用家屋の敷地である土地を譲渡した場合に、「被相続人の居住用財産（空家）に係る譲渡所得の特別控除」の適用を受けるときは、本特例の適用を受けることはできない。
4．相続または遺贈により取得した土地を譲渡した場合に、譲渡所得の金額の計算上、収入金額の5％相当額を当該土地の取得費とするときは、本特例の適用を受けることはできない。

第5章　不動産　基礎編

1. **不適切** 本特例における譲渡は、相続税の申告期限の翌日以後3年以内に行っていればよいため、相続開始があった日の翌日から3年を経過した日以後に譲渡した場合でも、適用を受けることができる。

2. **不適切** 本特例における譲渡先は、譲渡者の親族や同族会社などの特殊関係者でもかまわない。

3. **適 切** 本特例と「被相続人の居住用財産（空家）に係る譲渡所得の特別控除」は同時に利用することができないため、どちらか有利なほうを選択することになる。

4. **不適切** 譲渡所得の計算上、収入金額の5％相当額を土地の取得費とする「概算取得費」と本特例は重複適用できる。

【問題3】 (2021年9月 問39)　　　　　　　　　　チェック欄 □□□□□

「固定資産の交換の場合の譲渡所得の特例」（以下、「本特例」という）の適用に関する次の記述のうち、適切なものはいくつあるか。なお、各ケースにおいて、ほかに必要とされる要件等はすべて満たしているものとする。また、AさんとBさんとは親族等の特殊な関係にないものとする。

(a) Aさんが、所有する建物（時価200万円）とその敷地たるX土地（時価1,800万円）を、Bさん所有のY土地（時価2,000万円）と交換した場合、AさんとBさんはいずれも土地の部分については本特例の適用が受けられ、建物の部分（時価200万円）については交換差金となり、Aさんは建物を200万円で譲渡し、BさんはY土地のうち200万円相当額を譲渡したとして、それぞれ譲渡所得の課税対象となる。

(b) Aさんが、X土地（Aさんの持分3分の1、Bさんの持分3分の2）のうちのAさんの持分3分の1（時価1,000万円）を、Bさん所有のY土地（時価1,000万円）と交換して、X土地をBさんの単独所有、Y土地をAさんの単独所有とした場合、AさんとBさんはいずれも本特例の適用が受けられる。

(c) Aさん所有の土地（時価2,000万円）とBさん所有の土地（時価2,000万円）を交換した場合において、Aさんが、交換により取得した土地を取得後、同一の用途に供することなく、直ちに売却したときは、AさんとBさんの双方が本特例の適用を受けることができなくなる。

1．1つ
2．2つ
3．3つ
4．0（なし）

第5章　不動産　基礎編

(a) 適 切 土地建物の時価と土地の時価が等価であっても、同種の固定資産の交換でなければ本特例の適用を受けることはできないため、Aさんは、譲渡した建物について本特例の適用を受けることはできない。したがって、Aさんは、建物（時価200万円）を売却により、X土地（時価1,800万円）を交換によりそれぞれ譲渡したものとされる。また、BさんはY土地（時価2,000万円）を交換により譲渡したものとされ、取得する建物が交換差金となるが、その交換差金が高いほうの時価の20％以内（2,000万円×20％＝400万円≧200万円）となっているため、X土地およびY土地の交換について本特例の適用を受けることができる。Aさんは譲渡した建物について、Bさんは受け取った交換差金について、それぞれ譲渡所得として課税される。

(b) 適 切 共有持分と完全所有権の交換の場合、特例の適用を受けることができる。したがって、AさんのX土地の持分3分の1（時価1,000万円）とBさんのY土地の完全所有権（時価1,000万円）は等価であるため、本特例の適用を受けることができる。

(c) 不適切 本特例における「譲渡直前の用途と同一の用途に供すること」という要件は、当事者ごとに判定する。したがって、要件を満たさないAさんは本特例の適用を受けることはできないが、Bさんは本特例の適用を受けることができる。

以上より、適切なものは2つであり、正解は**2**となる。

【問題4】（2020年9月 問40）　　　　　　　　　　チェック欄 □□□□□

　Aさんは、その所有する甲土地または乙土地とBさん（Aさんの親族など特殊関係者ではない）の所有する丙土地とを交換したいと考えている。「固定資産の交換の場合の譲渡所得の特例」（以下、「本特例」という）に関する次の記述のうち、最も適切なものはどれか。なお、各土地の面積、時価（通常の取引価額）は以下のとおりである。また、各選択肢において、ほかに必要とされる要件等はすべて満たしているものとする。

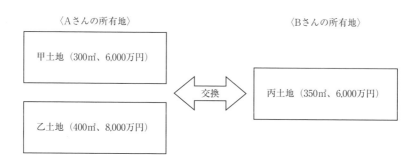

1．甲土地と丙土地を交換差金なしで交換した場合において、Bさんが丙土地を所有していた期間が1年未満であったときは、Aさんは本特例の適用を受けることができない。

2．甲土地と丙土地を交換差金なしで交換した場合において、交換直後にBさんが取得した甲土地を第三者に売却したときは、Aさんは本特例の適用を受けることができない。

3．乙土地と丙土地を交換し、Aさんが2,000万円の交換差金を受け取った場合には、等価による交換であるため、Aさんは本特例の適用を受けることができる。

4．Aさんが、乙土地のうち100㎡を分筆してBさんに2,000万円で売却するとともに、残りの300㎡（6,000万円）を丙土地と交換した場合には、等価による交換であるため、Aさんは本特例の適用を受けることができる。

1．適　切　本特例の適用を受けるためには、譲渡資産および取得資産（交換のために取得したと認められるものを除く）をそれぞれの所有者が1年以上所有していることが必要である。したがって、Bさんの所有期間が1年未満であるため、Aさんは本特例の適用を受けることができない。

2．不適切　本特例の適用を受けるためには、交換取得資産を交換譲渡資産の譲渡直前の用途と同一の用途で使用することが必要である。また、この要件は交換の当事者ごとに判断する。したがって、Bさんが交換直後に取得した甲土地を第三者に売却した場合でも、Aさんが取得した丙土地を同一の用途で使用しているときは、Aさんは本特例の適用を受けることができる。

3．不適切　本特例の適用を受けるためには、交換時の譲渡資産の時価と取得資産の時価との差額が、高いほうの時価の20%以内であることが必要である。乙土地と丙土地の交換においては、交換差金が2,000万円であり、時価の高いほう（8,000万円）の20%（1,600万円）以内となっていないため、本特例の適用を受けることはできない。

4．不適切　本特例の適用を受けるに当たり、1つの資産の一部を売買とした場合、売買した部分については交換差金とみなされる。したがって、選択肢3と同様、売買とした2,000万円が時価の高いほうの20%以内となっていないため、本特例の適用を受けることはできない。

【問題5】（2022年9月 問40）　　　　　　　　　　　チェック欄□□□□□

　不動産の譲渡に係る各種特例の併用の可否に関する次の記述のうち、最も適切なものはどれか。なお、各選択肢に記載されている特例について、それぞれ単独で適用を受けるとした場合に必要とされる要件等はすべて満たしているものとする。

1．Aさんが、2年前に父の相続により取得した実家（建物とその敷地）を譲渡した場合、「被相続人の居住用財産（空き家）に係る譲渡所得の特別控除」と「相続財産に係る譲渡所得の課税の特例」（相続税の取得費加算の特例）について重複して適用を受けることができる。

2．Bさんが、15年間所有していた自宅（建物とその敷地）を譲渡した場合、「居住用財産を譲渡した場合の3,000万円の特別控除」と「居住用財産を譲渡した場合の長期譲渡所得の課税の特例」（軽減税率の特例）について重複して適用を受けることはできない。

3．Cさんが、同一年中に自宅（建物とその敷地）と2年前に父の相続により取得した実家（建物とその敷地）を譲渡した場合、自宅の譲渡について「居住用財産を譲渡した場合の3,000万円の特別控除」の適用を受け、実家の譲渡について「被相続人の居住用財産（空き家）に係る譲渡所得の特別控除」の適用を受けることができるが、特別控除は合わせて3,000万円が限度となる。

4．Dさんが、46年前に4,000万円で取得した自宅（建物とその敷地）を8,000万円で譲渡し、新たな自宅（建物とその敷地）を4,000万円で取得した場合、「特定の居住用財産の買換えの場合の長期譲渡所得の課税の特例」と「居住用財産を譲渡した場合の3,000万円の特別控除」について重複して適用を受けることができる。

第5章　不動産　基礎編

1．不適切　「被相続人の居住用財産（空き家）に係る譲渡所得の特別控除」と「相続財産に係る譲渡所得の課税の特例」（相続税の取得費加算の特例）については、重複して適用を受けることはできない。

2．不適切　「居住用財産を譲渡した場合の3,000万円の特別控除」と「居住用財産を譲渡した場合の長期譲渡所得の課税の特例」（軽減税率の特例）については、重複して適用を受けることができる。

3．適　切　「居住用財産を譲渡した場合の3,000万円の特別控除」と「被相続人の居住用財産（空き家）に係る譲渡所得の特別控除」については、重複して適用を受けることができる。また、同一年内に適用を受ける場合、2つの特例を合わせて3,000万円が控除限度額となる。

4．不適切　「特定の居住用財産の買換えの場合の長期譲渡所得の課税の特例」と「居住用財産を譲渡した場合の3,000万円の特別控除」については、重複して適用を受けることはできない。

【問題6】（2019年9月　問41改題）　　　　　　　　　　　チェック欄□□□□□

　Aさん夫妻は、妻Bさん名義の土地の上に2012年4月に新築したAさん名義の自宅で暮らしていたが、2024年3月にその家屋およびその敷地を売却した。この場合、「居住用財産を譲渡した場合の3,000万円の特別控除」（以下、「本特例」という）に関する次の記述のうち、最も適切なものはどれか。

　なお、Aさんと妻Bさんは、いずれも収入金額が取得費および譲渡費用の合計額を上回って譲渡所得の金額が算出されるものとし、各選択肢において、ほかに必要とされる要件等はすべて満たしているものとする。

1．Aさんと妻Bさんは、いずれも本特例の適用を受けることができない。
2．Aさんは本特例の適用を受けることができるが、Aさんの譲渡所得の金額が3,000万円に満たない場合であっても、妻Bさんは本特例の適用を受けることができない。
3．Aさんは本特例の適用を受けることができ、Aさんの譲渡所得の金額が3,000万円に満たない場合、妻Bさんも本特例の適用を受け、妻Bさんの課税長期譲渡所得金額の計算上、その満たない金額を譲渡所得の金額を限度として控除することができる。
4．Aさんと妻Bさんは、いずれも本特例の適用を受けることができ、Aさんと妻Bさんの課税長期譲渡所得金額の計算上、それぞれ最大3,000万円を控除することができる。

第5章　不動産　基礎編

【問題6】 正解 **3**

　家屋と土地の所有者が異なる場合、以下の要件を満たすことで、まず、家屋の所有者（本問ではＡさん）の譲渡益から3,000万円の特別控除を適用し、控除しきれない分は土地所有者（本問では妻Ｂさん）も残額について譲渡益から控除できる。

① 　家屋と土地を同時に譲渡すること

② 　家屋の所有者と土地の所有者が親族であること

③ 　家屋の所有者と土地の所有者が生計を一にしており、同居していること

1 ．不適切 　上記①〜③の要件を満たしているので、Ａさんの譲渡所得の金額が3,000万円に満たない場合、Ａさんが控除しきれなかった残額について妻Ｂさんの譲渡所得の金額から控除できる。

2 ．不適切 　肢 1 の解説参照。

3 ．適　切 　肢 1 の解説参照。

4 ．不適切 　建物の所有者であるＡさんと、土地の所有者である妻Ｂさんの合計額で3,000万円まで特別控除を適用できる。ゆえに、それぞれ最大3,000万円を控除することはできない。

【問題7】（2022年1月 問40改題）　　　　　　　　チェック欄 ☐☐☐☐☐

「居住用財産を譲渡した場合の3,000万円の特別控除」（以下、「本特例」という）の適用に関する次の記述のうち、適切なものはいくつあるか。なお、各ケースにおいて、ほかに必要とされる要件等はすべて満たしているものとする。

（a）Aさんが、借地上にある自己の居住用家屋とともに、借地権を譲渡した場合、家屋の譲渡は本特例の対象となるが、借地権の譲渡は本特例の対象にならない。

（b）Bさんが、2023年2月に自己の居住用家屋を取り壊し、その家屋の敷地の用に供されていた土地を第三者に貸付けその他の用に供することなく、2023年12月にその土地の譲渡契約を締結して、2024年3月に引き渡した場合、本特例の適用を受けることができる。

（c）Cさんが、自己の居住用家屋とその敷地である宅地を、Cさんと生計を一にし、同居する長女の夫に譲渡し、譲渡後も引き続き長女の夫と生計を一にし同居している場合であっても、Cさんと長女の夫は直系血族ではないため、本特例の適用を受けることができる。

1．1つ
2．2つ
3．3つ
4．0（なし）

【問題7】 正解 **1**

(a) 不適切 居住用家屋とともに譲渡した借地権も本特例の対象となる。

(b) 適 切 取壊しから1年以内に譲渡に関する契約を締結し、かつ、家屋に居住しなくなった日から3年経過した日の属する12月31日までの譲渡であれば本特例の対象となる。ただし、取壊し後に土地を貸し付けていた場合などは適用できない。

(c) 不適切 生計を一にする親族および家屋の譲渡後にその譲渡した者と同居する者への譲渡は、本特例の対象とならない。

　したがって、適切なものは1つであり、正解は**1**となる。

【問題8】(2020年9月 問39) チェック欄☐☐☐☐☐

「特定の居住用財産の買換えの場合の長期譲渡所得の課税の特例」(以下、「本特例」という)に関する次の記述のうち、最も適切なものはどれか。なお、各選択肢において、ほかに必要とされる要件等はすべて満たしているものとする。

1. 居住の用に供している家屋とその敷地を譲渡した場合に、譲渡した年の1月1日において、家屋の所有期間が10年以下で、敷地の所有期間が10年超であるときは、家屋および敷地に係る譲渡所得はいずれも本特例の適用を受けることができない。
2. 20年以上居住の用に供していた家屋を同一の場所で建て替え、建替え後に引き続き居住の用に供した家屋とその敷地を譲渡した場合に、家屋の建替え後の居住期間が10年未満であるときは、本特例の適用を受けることができない。
3. 夫妻で共有している家屋とその敷地を譲渡した場合に、夫の持分に係る譲渡対価の額が8,000万円で、妻の持分に係る譲渡対価の額が4,000万円であるときは、夫妻はいずれも本特例の適用を受けることができない。
4. 家屋とその敷地を譲渡した翌年に買換資産を取得する予定の者が、その取得価額の見積額をもって申告して本特例を選択した場合に、翌年、買換資産の取得を自己都合で取りやめたときは、修正申告により、譲渡した家屋とその敷地について、「居住用財産を譲渡した場合の3,000万円の特別控除」の適用に切り替えることができる。

第5章 不動産 基礎編

1．適 切 居住の用に供している家屋とその敷地を譲渡した場合、家屋および敷地のいずれも、譲渡した年の1月1日において所有期間が10年超でなければ、本特例の適用を受けることはできない。

2．不適切 同一の場所で建て替えた場合、旧家屋の居住期間と新家屋の居住期間を通算することができる。したがって、建替え後の居住期間が10年未満であっても、旧家屋の居住期間を通算することで10年以上となるため、本特例の適用を受けることができる。

3．不適切 譲渡資産が共有である場合、譲渡対価が1億円以下であることの判定は、各共有者の譲渡対価で行う。したがって、夫の持分に係る譲渡対価が8,000万円で、妻の持分に係る譲渡対価が4,000万円であり、いずれも1億円以下という要件を満たすため、本特例の適用を受けることができる。

4．不適切 一旦、適法に特例の適用を受けた場合、その適用を撤回することはできない。したがって、本特例の適用を撤回し、異なる特例に切り替えることはできない。

【問題9】（2022年5月 問40）　　　　　　　　　　　チェック欄□□□□□

「被相続人の居住用財産（空き家）に係る譲渡所得の特別控除の特例」（以下、「本特例」という）に関する次の記述のうち、**最も不適切なもの**はどれか。なお、各選択肢において、ほかに必要とされる要件等はすべて満たしているものとする。

1．被相続人の居住用家屋およびその敷地（地積500㎡、時価1億5,000万円）を相続により取得した被相続人の子が、居住用家屋を取り壊して敷地を2つに分筆（各250㎡）し、一方の敷地を7,500万円で譲渡し、残りの敷地を事業用借地権により賃貸した場合、その譲渡について、子は本特例の適用を受けることができない。

2．被相続人が生前に有料老人ホームに入居したため、被相続人の居住の用に供されなくなっていた家屋およびその敷地を被相続人の子が相続により取得して譲渡した場合、被相続人が有料老人ホームの入居時に介護保険法に規定する要介護認定または要支援認定を受けていなければ、その家屋は被相続人居住用家屋に該当せず、子は本特例の適用を受けることができない。

3．被相続人の居住用家屋およびその敷地を被相続人の子が相続により取得して譲渡した場合、譲渡の前年において、その子が自己の居住用財産について「居住用財産を譲渡した場合の3,000万円の特別控除」の適用を受けている場合であっても、子は本特例の適用を受けることができる。

4．被相続人の居住用家屋およびその敷地を被相続人の子が相続により取得して譲渡した場合において、子が本特例の適用を受けるためには、確定申告書に譲渡資産の所在地を管轄する市町村長または特別区長から交付を受けた被相続人居住用家屋等確認書を添付する必要がある。

第5章 不動産 基礎編

1. 不適切　被相続人の子が相続により被相続人の居住用家屋およびその敷地を取得し、居住用家屋を取り壊して分筆した一方の敷地を7,500万円（1億円以下）で譲渡している。また、分筆した残りの敷地は、譲渡の時まで事業の用、貸付けの用または居住の用に供していない。したがって、要件を満たしているため、本特例の適用を受けることができる。なお、相続により取得した敷地の面積要件はない。

2. 適　切　老人ホーム等に入所をしたことにより被相続人の居住の用に供されなくなった家屋およびその家屋の敷地の用に供されていた土地等は、次の要件を満たす必要がある。

　・被相続人が要介護認定等を受け、かつ、相続開始の直前まで老人ホーム等に入所したこと

　・被相続人が老人ホーム等に入所をしたときから相続開始の直前まで、その家屋について、その者による一定の使用がなされ、かつ、事業の用、貸付けの用またはその者以外の者の居住の用に供されていたことがないこと

3. 適　切　本特例と「居住用財産を譲渡した場合の3,000万円の特別控除」は併用することができる。なお、同一年内に併用する場合、2つの特例を合わせて3,000万円が控除限度額となる。

4. 適　切　なお、被相続人居住用家屋等確認書のほかに、登記事項証明書、耐震基準適合証明書または建設住宅性能評価書の写し、売買契約書の写しなどの添付種類が必要である。

【問題10】（2023年1月 問40改題）　　　　　　　　チェック欄☐☐☐☐☐

　「特定の事業用資産の買換えの場合の譲渡所得の課税の特例」（以下、「本特例」という）に関する次の記述のうち、**最も不適切なもの**はどれか。なお、**各選択肢において、ほかに必要とされる要件等はすべて満たしているものとする。**

1．国内にある事業所等の建物またはその敷地である土地を譲渡し、同じく国内にある土地、建物に買い換える場合、本特例の適用を受けるためには、その譲渡の日の属する年の1月1日において、譲渡資産の所有期間が10年を超えていなければならない。

2．譲渡した土地の面積が200㎡、買い換えた土地の面積が1,200㎡である場合、原則として、買い換えた土地のうち1,000㎡を超える部分は買換資産に該当しない。

3．事業用資産を譲渡した年の前年中に取得した資産を買換資産として本特例の適用を受ける場合、その買換資産を取得した年の翌年3月15日までに、「先行取得資産に係る買換えの特例の適用に関する届出書」を納税地の所轄税務署長に提出しなければならない。

4．本特例の適用を受けるためには、取得した買換資産は、その取得の日から3年を経過する日の属する年の12月31日までに、取得した者の事業の用に供しなければならない。

第5章　不動産　基礎編

1. 適 切 本特例の適用を受けるためには、所有期間が10年を超えていることが必要である。

2. 適 切 譲渡した土地の面積の5倍以内の部分について適用される。

3. 適 切 譲渡した年の前年中に取得した資産を買換資産として本特例の適用を受ける場合、その買換資産を取得した年の翌年3月15日までに、「先行取得資産に係る買換えの特例の適用に関する届出書」を納税地の所轄税務署長に提出する必要がある。なお、譲渡した年の翌年中に取得することも可能である。

4. 不適切 取得した買換資産は、その取得の日から1年以内に事業の用に供しなければならない。

【問題11】（2020年1月 問41）　　　　　　　　　　　チェック欄 ☐☐☐☐☐

　Aさんは、所有する土地の一部をデベロッパーに譲渡し、デベロッパーがその土地上に建設した建築物の一部を取得することを検討している。「既成市街地等内にある土地等の中高層耐火建築物等の建設のための買換えの場合の譲渡所得の課税の特例」（立体買換えの特例。租税特別措置法第37条の5。以下、「本特例」という）に関する次の記述のうち、最も適切なものはどれか。なお、本問においては、本特例の表二号（中高層の耐火共同住宅）に限定するものとし、各選択肢において、ほかに必要とされる要件等はすべて満たしているものとする。

1．Aさんが譲渡した土地が、譲渡直前において事業の用または居住の用に供されておらず、遊休地であった場合、本特例の適用を受けることはできない。
2．Aさんが譲渡した土地の所有期間が、譲渡した日の属する年の1月1日において5年以下であった場合、本特例の適用を受けることはできない。
3．Aさんが、取得した建物を第三者に対する貸付の用に供し、その貸付が事業と称するに至らない場合であっても、本特例の適用を受けることができる。
4．Aさんが、取得した建物を自己の事業の用に供さず、生計を別にする親族の事業の用に供する場合であっても、本特例の適用を受けることができる。

第5章　不動産　基礎編

【問題11】　正解　3

1. **不適切**　譲渡した資産について用途または所有期間における制限はない。

2. **不適切**　肢1の解説参照。

3. **適　切**　買換資産は、譲渡した者の事業もしくは居住の用に供することが要件である。

4. **不適切**　生計を別にする親族が事業の用に供した場合は適用の対象とならない。

【問題12】（2011年9月 問40）　　　　　チェック欄 ☐☐☐☐☐

　Aさんは、所有する土地（用途は貸家の敷地）の有効活用として等価交換方式によりその土地をデベロッパーに譲渡し、その後デベロッパーがその土地上に建設した建築物の一部を取得することを検討している。その際、「既成市街地等内にある土地等の中高層耐火建築物等の建設のための買換えの場合の譲渡所得の課税の特例」（いわゆる立体買換えの特例、以下、「本特例」という）の適用を受けたいと思っている。本特例に関する次の記述のうち、最も適切なものはどれか。なお、本問においては、本特例の表二号（中高層の耐火共同住宅）に限定するものとし、各選択肢において、本特例を受けるために必要とされるほかの要件等はすべて満たしているものとする。

1．譲渡資産が土地等である場合には、その土地等の従前の用途は、事業の用または居住の用に供されていなければならないため、仮に、譲渡資産が遊休地であるときは、本特例の適用を受けることができない。
2．譲渡資産がその譲渡した年の1月1日における所有期間が5年未満の短期所有のものであるときには、本特例の適用を受けることができないため、仮に、Aさんの譲渡資産が短期所有であるときは、本特例の適用を受けることができない。
3．Aさんは、土地を譲渡してから一定期間内に、譲渡した土地の上に建築された地上3階建以上の中高層耐火建築物の一部を取得して、その買換資産の床面積の3分の2以上の部分をもっぱら居住の用に供しなければ、本特例の適用を受けることができない。
4．買換資産が譲渡資産を取得した者または譲渡資産を譲渡した者が建築したものでなければ、原則として、本特例の適用を受けることができない。

第5章 不動産 基礎編

【問題12】 正解 4

1. **不適切** 譲渡資産が遊休地であっても、本特例の適用を受けることができる。

2. **不適切** 本特例には、譲渡資産について所有期間の要件はない。

3. **不適切** 買換資産の床面積の2分の1以上の部分をもっぱら居住の用に供しなければ、本特例の適用を受けることはできない。

4. **適 切** 本特例の対象となる中高層耐火建築物を建築する者は、譲渡資産を取得した者、または譲渡資産を譲渡した者とされている。

【問題13】（2021年5月 問41）　　チェック欄□□□□□

　Ａさんは、土地収用法等の規定に基づく公共事業のために、収用等によりその所有する土地建物を譲渡した。この場合における「収用等に伴い代替資産を取得した場合の課税の特例」（以下、「課税繰延べの特例」という）と「収用交換等の場合の譲渡所得等の特別控除」（以下、「特別控除の特例」という）に関する次の記述のうち、最も適切なものはどれか。なお、記載のない事項については考慮しないものとする。

1．課税繰延べの特例の適用を受けた場合、譲渡益のうち代替資産の取得価額の80％に相当する部分の金額に対する課税を将来に繰り延べることができる。
2．課税繰延べの特例の適用を受けた場合、代替資産の取得時期は収用等により譲渡した資産の取得時期が引き継がれる。
3．特別控除の特例の適用を受けた場合、譲渡所得の金額の計算上、譲渡益から特別控除として最大3,000万円を控除することができる。
4．特別控除の特例の適用を受けるためには、特別控除後に譲渡所得の金額が算出されない場合であっても、確定申告書を納税地の所轄税務署長に提出しなければならない。

第5章 不動産 基礎編

【問題14】（2024年1月 問40）　　チェック欄□□□□□

　土地収用法および収用等の場合の課税の特例に関する次の記述のうち、最も適切なものはどれか。なお、本問においては、「収用交換等の場合の譲渡所得等の特別控除」を特別控除の特例といい、「収用等に伴い代替資産を取得した場合の課税の特例」を課税繰延べの特例という。

1．収用する土地の取得価格や収用する土地に対する補償金額の算定にあたっては、当該土地の相続税評価額が規準となる。
2．土地の収用に伴う補償は、収用する土地および当該土地に関する所有権以外の権利に対する補償に限られ、営業上の損失や建物の移転による賃貸料の損失などの土地所有者が受ける損失は、補償の対象とされない。
3．特別控除の特例の適用を受けるためには、公共事業施行者から最初に買取等の申出のあった日から6カ月以内に収用対象資産を譲渡しなければならない。
4．課税繰延べの特例の適用を受けた場合、譲渡益のうち代替資産の取得価額の80％に相当する部分の金額に対する課税を将来に繰り延べることができる。

【問題13】 正解 2

1. **不適切** 課税繰延べの特例の適用を受けた場合、譲渡益のうち代替資産の取得価額に相当する部分の金額に対する課税を将来に繰り延べることができる。つまり、**100%繰延べできる。**

2. **適　切** 固定資産の交換の特例や繰延べの特例の適用を受けた場合、取得資産の取得時期は、譲渡資産の取得時期を引き継ぐ。

3. **不適切** 特別控除の特例の適用を受けた場合の控除額は、最大**5,000万円**である。

4. **不適切** 特別控除の特例の適用を受け、譲渡所得の金額が算出されない場合、確定申告書を提出する必要はない。

【問題14】 正解 3

1. **不適切** 収用する土地の取得価格や収用する土地に対する補償金額の算定にあたっては、当該土地の公示価格が規準となる。

2. **不適切** 土地の収用に伴う補償は、収用する土地および当該土地に関する所有権以外の権利等土地に関する補償に限らず、営業上の損失や建物移転による賃貸料の損失など土地所有者が受ける明渡しに関する損失も、補償の対象とされる。

3. **適　切** 本特例は、買取等の申出があった月から6カ月以内に譲渡することが要件の一つとなっている。

4. **不適切** 課税繰延べの特例の適用を受けた場合、譲渡益のうち代替資産の取得価額に相当する部分の金額に対する課税を将来に繰り延べることができる。つまり、100%繰延べできる。

【問題15】（2010年9月 問40改題）　　　　　　　チェック欄【　|　|　|　|　|　】

　Ａさんが、本年中に自己の居住用財産を25,000千円で譲渡するとともに新たに住宅借入金を利用して自己の居住用財産を40,000千円で取得した場合において、本年分の所得税の確定申告で「居住用財産の買換え等の場合の譲渡損失の損益通算及び繰越控除」（以下、「本特例」という）の適用を受けたとき、翌年以降に繰り越すことができる譲渡損失の金額として、最も適切なものは次のうちどれか。なお、Ａさんが本特例の適用を受けるために必要とされるほかの要件等は、すべて満たしているものとする。

〈譲渡資産の内容等〉
・譲渡価額：25,000千円
・取得費と譲渡費用の合計額：50,000千円
・譲渡損失の金額：25,000千円
・譲渡契約日の前日の譲渡資産に係る住宅借入金残高：40,000千円
・譲渡資産の土地等の面積：300㎡
・Ａさんの本年分の給与所得の金額：8,000千円（その他の所得はない）
〈買換資産の内容等〉
・取得価額：40,000千円
・本年末の住宅借入金残高：35,000千円

1．　7,000千円
2．15,000千円
3．17,000千円
4．25,000千円

　「居住用財産の買換え等の場合の譲渡損失の損益通算及び繰越控除」では、譲渡損失を他の所得と損益通算できる。なお、控除しきれない金額は、翌年以後3年間にわたり繰越控除することができる。

・譲渡損失：25,000千円
・損益通算：8,000千円－25,000千円＝**▲17,000千円**（翌年以降に繰り越すことができる譲渡損失）

　したがって、正解は**3**となる。

【問題16】（2021年5月　問40改題）　　　　　チェック欄☐☐☐☐☐

　Aさんは、2023年10月に自己の居住用財産を2,000万円で譲渡し、同月中に住宅借入金を利用して新たな居住用財産を3,000万円で取得した。下記の〈条件〉に基づき、「居住用財産の買換え等の場合の譲渡損失の損益通算及び繰越控除」（以下、「本特例」という）に関する次の記述のうち、最も適切なものはどれか。なお、記載のない事項については考慮しないものとする。

〈条件〉
(1)　譲渡資産の内容等
　・譲渡価額　　　　　　　　　　　：2,000万円
　・取得費と譲渡費用の合計額　　　：5,000万円
　・譲渡契約日の前日の譲渡資産に係る住宅借入金の残高　：3,000万円
　・譲渡資産の土地等の面積　　　　：300㎡
　・Aさんの2023年分の給与所得の金額：780万円（その他の所得はない）
(2)　買換資産の内容等
　・取得価額　　　　　　　　　　　：3,000万円
　・2023年12月31日時点の買換資産に係る住宅借入金の残高：2,000万円

1．本特例の適用を受けるためには、譲渡した居住用財産の所有期間が2023年1月1日において10年を超えていなければならない。
2．本特例の適用を受けた場合、2024年以降に繰り越すことができる譲渡損失の金額は、220万円である。
3．本特例の適用を受けて繰り越した譲渡損失の金額を、2024年分の総所得金額等から控除するためには、2024年12月31日において譲渡資産に係る住宅借入金の残高がなければならない。
4．本特例の適用を受ける場合であっても、買換資産に係る住宅借入金について、所定の要件を満たせば、住宅借入金等特別控除の適用を受けることができる。

第5章

不動産　基礎編

【問題16】　正解　4

1．不適切　本特例の適用を受けるためには、譲渡資産につき、譲渡した年（2023年）の1月1日において、所有期間が**5年**を超えていなければならない。

2．不適切　譲渡した年における損失3,000万円（2,000万円－5,000万円）と給与所得で損益通算すると**2,220万円（780万円－3,000万円）**の控除しきれない譲渡損失が翌年（2024年）以降に繰り越される。

3．不適切　繰越控除を適用する年の12月31日において、**買換資産**について償還期間10年以上の住宅借入金の残高がなければならない。

4．適　切　本特例の適用を受けるためには、買換資産を取得した年の12月31日において、買換資産について償還期間10年以上の住宅借入金の残高がなければならないが、要件を満たすことで、当該住宅借入金につき、住宅借入金等特別控除の適用を受けることができる。

【問題17】（2023年9月 問40）　　　　　　　　チェック欄 ☐☐☐☐☐

「低未利用土地等を譲渡した場合の長期譲渡所得の特別控除」（以下、「本特例」という）に関する次の記述のうち、最も不適切なものはどれか。

1．都市計画区域内に所在する低未利用土地等を譲渡する場合、譲渡した年の1月1日において所有期間が5年を超えていなければ、本特例の適用を受けることはできない。

2．本特例は、個人が低未利用土地等を譲渡した場合に適用を受けることができるが、法人が低未利用土地等を譲渡した場合は適用を受けることはできない。

3．市街化区域内に所在する低未利用土地が譲渡され、その譲渡対価の額が600万円であった場合、本特例の適用を受けることはできない。

4．低未利用土地が譲渡された後、その土地が露天のコインパーキングとして利用された場合、本特例の適用を受けることはできない。

第5章

不動産　基礎編

　低未利用土地等を譲渡した場合の長期譲渡所得の特例は、個人が2025年12月31日までの間に、次の要件をすべて満たした場合、その年の低未利用土地等の譲渡に係る譲渡所得の金額から100万円を控除することができるものである。

① 譲渡した土地等が、都市計画区域内にある低未利用土地等であること
② 譲渡した年の1月1日において、所有期間が5年を超えること
③ 譲渡した金額が、低未利用土地等の上にある建物等の対価を含めて800万円以下であること
④ 譲渡した後にその低未利用土地等の利用がされること
⑤ この特例の適用を受けようとする低未利用土地等と一筆であった土地から前年または前々年に分筆された土地またはその土地の上に存する権利について、前年または前々年にこの特例の適用を受けていないこと
⑥ 譲渡した土地等について、収用等の場合の特別控除や事業用資産を買い換えた場合の課税の繰延べなど、他の譲渡所得の課税の特例の適用を受けていないこと

1．適　切　上記要件①および②についての記述である。
2．適　切　法人は本特例の適用を受けることができない。
3．不適切　上記要件③を満たしているため、本特例の適用を受けることができる。
4．適　切　上記要件④の用途について、露天のコインパーキングは除外されている。

10 借地権の税務

　X株式会社（以下、「X社」という）は、X社の社長であるAさんの所有地について、賃貸借契約を締結して当該土地上に会社名義の建物を建設することを計画している。次の3つの方法のいずれかによりAさんの所有地を借り受ける場合、権利金の認定課税を受けない方法として適切なものはいくつあるか。なお、Aさんの所有地は、借地権の設定に際し、その設定の対価として権利金を授受する取引慣行のある地域にあるものとする。

(a) X社が、Aさんに対して通常の権利金を支払い、Aさんに支払う賃料は「通常の地代」とする方法
(b) X社が、Aさんに対して権利金をまったく支払わず、Aさんに支払う賃料は「通常の地代」とし、両者が連名で所轄税務署長に「土地の無償返還に関する届出書」を提出する方法
(c) X社が、Aさんに対して権利金をまったく支払わず、Aさんに支払う賃料は「相当の地代」とする方法

1．1つ
2．2つ
3．3つ
4．0（なし）

第5章 不動産 基礎編

(a) 適 切 通常の権利金を支払っているため、権利金の認定課税を受けない。

(b) 適 切 権利金は支払っていないが、「土地の無償返還に関する届出書」を提出しているので、権利金の認定課税を受けない。

(c) 適 切 権利金は支払っていないが、「相当の地代」を支払っているので、権利金の認定課税を受けない。

したがって、適切なものは3つであり、正解は**3**となる。

【問題2】（2011年9月 問38）　　　　　　　　チェック欄 □□□□□

　借地権の設定に際し権利金等の一時金を授受する慣行のある地域において、個人間で建物の所有を目的とする土地の貸借等があった場合、贈与税の課税関係に関する次の記述のうち、最も適切なものはどれか。

1．親所有の家屋（アパート）とその敷地である土地のうち、家屋のみをその子が贈与を受けてそのままアパートとして賃貸し、土地については子が親に権利金等の一時金や地代を支払わずに借りることにした場合、その家屋の用途が子の居住用家屋でないことから、子は親から借地権相当額の贈与を受けたものとされる。
2．親の所有地をその子が借りて自己の居住用家屋を建築し、子は親に対して権利金等の一時金や地代は支払わず、毎年、その土地の固定資産税相当額を負担することにした場合、土地の使用貸借とはみなされないため、子は親から借地権相当額の贈与を受けたものとされる。
3．親所有の借地権付家屋（親の居住用家屋）とその敷地である土地（借地権）のうち、家屋のみをその子が贈与を受けて直ちに第三者に賃貸し、土地については子が親の借地権を権利金等の一時金や地代を支払わずに転借した場合、「借地権の使用貸借に関する確認書」を所轄税務署長に提出し、所轄税務署長の確認を受ければ、子は親から借地権の贈与を受けたものとはされない。
4．親の所有地をその子が権利金等の一時金や地代を支払わずに借りて自己の居住用家屋を建築した場合、子がその数年後にその家屋を取り壊したうえで借りていた土地を親に無償で返還したときは、親は子から借地権相当額の贈与を受けたものとされる。

1. 不適切 家屋の用途が、子の居住用家屋でなくても使用貸借に該当し、借地権相当額の贈与を受けたものとされない。

2. 不適切 借地人が借地部分の固定資産税相当額を負担していても使用貸借とみなされ、借地権相当額の贈与を受けたものとされない。

3. 適 切 借地上の建物のみの贈与を受け、親の借地権を子が転借している場合でも、「借地権の使用貸借に関する確認書」を所轄税務署長に提出して確認を受ければ、借地権の贈与を受けたものとはされない。

4. 不適切 子が使用貸借していた土地を返還しただけであり、親が借地権相当額の贈与を受けたものとされることはない。

(注) 権利金等の一時金を授受する慣行のある地域で、一時金の授受をせずに借地権を設定した場合には、一時金相当額（借地権相当額）の贈与を受けたものとされるが、使用貸借であれば贈与とみなされない。

【問題3】（2016年1月 問41）　　　　　　　　チェック欄 □□□□□

　貸宅地の整理等に関する次の記述のうち、最も適切なものはどれか。なお、各選択肢において、借地人はいずれも地主と親族等の特別の関係にないものとする。

1．貸宅地の所有権（底地）の一部と借地権の一部を等価交換して、当該宅地を分割して地主と借地人とが所有することとした場合、その交換割合について、当該宅地の路線価図に示されている借地権割合ではなく当事者間で合意した割合で計算したとしても、他の要件を満たせば、「固定資産の交換の場合の譲渡所得の特例」の適用を受けることができる。

2．地主が貸宅地の所有権（底地）を借地人以外の第三者に売却する場合に、当該宅地の路線価図に示されている借地権割合が60％であるときは、一般に、その売却価格は当該宅地の更地時価の40％相当額となる。

3．貸宅地は、管理処分不適格財産として相続税の物納に充てることがいっさいできないため、地主が当該宅地を自己の相続が開始した場合の相続税の物納財産として見込む場合には、借地関係を生前に解消しておく必要がある。

4．借地借家法施行前に締結された借地契約については、その設定契約の更新時に地主から定期借地権設定契約への切替えを申し入れることで、借地人は、正当の事由がない限り、その申入れを拒絶することはできないため、一定期間経過後に借地関係を解消する有効な手段となる。

第5章　不動産　基礎編

【問題3】 正解 **1**

1. 適 切 「固定資産の交換の場合の譲渡所得の特例」は、底地と借地権の交換にも適用でき、また、当事者間で合意した金額が合理的なものであれば時価と相違する場合でも高いほうの金額の20％以内の交換差金などの要件を満たせば適用できる。

2. 不適切 底地を取得しても当該宅地を使用できないため、底地の売却価格は一般的に当該宅地から借地権割合を控除した割合以下となる。

3. 不適切 貸宅地は、管理処分不適格財産ではなく、物納できる財産である。

4. 不適切 借地借家法適用前、つまり旧法で契約した借地契約は、定期借地権に切り替えることはできない。

11 不動産の投資判断

【問題1】（2022年1月 問41） \quad チェック欄 □□□□□

　毎期末に1,000万円の純収益が得られる賃貸マンションを取得し、取得から3年経過後に1億5,000万円で売却するとした場合のDCF法による当該不動産の収益価格として、次のうち最も適切なものはどれか。なお、割引率は年5％とし、下記の係数を利用すること。また、記載のない事項については考慮しないものとする。

〈年5％の各種係数〉

期間（年）	1年	2年	3年
現価係数	0.952	0.907	0.864
年金終価係数	1.000	2.050	3.153
資本回収係数	1.050	0.538	0.367

1．1億5,552万円
2．1億5,683万円
3．1億6,955万円
4．1億7,723万円

DCF法による不動産の収益価格は、対象不動産の保有期間中に得られる純収益と期間満了後の売却によってえられると予想される価格（復帰価格）を、それぞれ現在価値に割戻し合計することで求める。係数は現価係数を利用する。

DCF法による不動産の収益価格＝毎期の純収益（現在価値）の合計＋復帰価格
（現在価値）

＝（1,000万円×0.952＋1,000万円×0.907＋1,000万円×0.864）＋1億5,000万円×0.864

＝**1億5,683万円**

したがって、正解は**2**となる。

【問題2】（2023年9月 問41）　　　　　　チェック欄☐☐☐☐☐

　下記の〈条件〉に基づく不動産投資におけるDSCRとして、次のうち最も適切なものはどれか。なお、記載のない事項については考慮せず、計算結果は小数点以下第3位を四捨五入すること。

〈条件〉

| 投　資　物　件：賃貸マンション（RC造5階建て、築5年） |
| 投　資　　　額：4億円（資金調達：自己資金1億円、借入金額3億円） |
| 賃　貸　収　入：年間2,500万円 |
| 運　営　費　用：年間800万円（借入金の支払利息は含まれていない） |
| 借入金返済額：年間1,440万円（元利均等返済・金利1.5％、返済期間25年） |

1．0.85
2．1.12
3．1.18
4．1.74

【問題3】（2023年5月 問41）　　　　　　チェック欄☐☐☐☐☐

　不動産の投資判断手法に関する次の記述のうち、最も不適切なものはどれか。

1．DCF法は、連続する複数の期間に発生する純収益および復帰価格を、その発生時期に応じて現在価値に割り引いて、それぞれを合計して対象不動産の収益価格を求める手法である。
2．NPV法は、対象不動産に対する投資額と現在価値に換算した対象不動産の収益価格を比較して投資判断を行う手法であり、NPVがゼロを上回る場合、その投資は投資適格であると判断することができる。
3．IRR法は、対象不動産の内部収益率と対象不動産に対する投資家の期待収益率を比較して投資判断を行う手法であり、期待収益率が内部収益率を上回る場合、その投資は投資適格であると判断することができる。
4．直接還元法は、一期間の純収益を還元利回りにより還元して対象不動産の収益価格を求める手法であり、一期間の純収益が1,000万円、還元利回りが5％である場合、収益価格は2億円となる。

第5章
不動産　基礎編

【問題2】 正解 **3**

DSCRとは、借入金の返済能力をみる指標で、年間純収益を年間元利返済額（借入金償還額）で割った数値である。DSCRが1を超えると、不動産から得られる純収益によって、借入金の元利金返済が可能となる。

$$\text{DSCR} = \frac{\text{純収益}}{\text{元利返済額}} = \frac{\text{賃貸収入} - \text{運営費用}}{\text{元利返済額}}$$

$$= \frac{2{,}500万円 - 800万円}{1{,}440万円} = 1.180 \cdots \rightarrow \textbf{1.18}$$

したがって、正解は**3**となる。

【問題3】 正解 **3**

1. **適 切** DCF法は、収益還元法の1つであり、復帰価格は将来の売却予想価格である。

2. **適 切** NPVは収益価格の現在価値から投資額を控除したものである。したがって、NPVがゼロを上回る場合、収益価格の現在価値が投資額を上回ることを意味するため、投資適格と判断することができる。

3. **不適切** IRR法では、内部収益率が期待収益率を上回る場合、その投資は投資適格であると判断する。

4. **適 切** 一期間の純収益が1,000万円、還元利回りが5％である場合、直接還元法による収益価格は、次のとおりである。

1,000万円 ÷ 5 ％ = **2億円**

応 用 編

建蔽率・容積率の計算

【第1問】（2020年9月 第4問《問60》〜《問62》改題） チェック欄□□□□□

次の設例に基づいて、下記の各問（《問1》〜《問3》）に答えなさい。

───────── 《設 例》 ─────────

　Aさん（65歳）は、15年前に父から相続により取得した貸駐車場用地（500㎡）を2023年10月に売却した。その売却資金と銀行借入金によって、2024年中に甲土地を取得し、甲土地の上に賃貸アパートを建築して、貸付事業を開始する予定である。土地の買換えにあたっては、「特定の事業用資産の買換えの場合の譲渡所得の課税の特例」の適用を受けるための所定の手続を行っている。

　Aさんが購入する予定の甲土地の概要は、以下のとおりである。

〈甲土地の概要〉

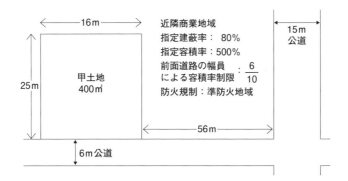

近隣商業地域
指定建蔽率： 80%
指定容積率：500%
前面道路の幅員
による容積率制限 ： $\frac{6}{10}$
防火規制：準防火地域

（注）

・甲土地は400㎡の長方形の土地である。

・幅員15mの公道は、建築基準法第52条第9項の特定道路であり、特定道路から甲土地までの延長距離は56mである。

・指定建蔽率および指定容積率とは、それぞれ都市計画において定められた数値である。

・特定行政庁が都道府県都市計画審議会の議を経て指定する区域ではない。

※上記以外の条件は考慮せず、各問に従うこと。

《問1》「特定の事業用資産の買換えの場合の譲渡所得の課税の特例」および「小規模宅地等についての相続税の課税価格の計算の特例」に関する以下の文章の空欄①～⑧に入る最も適切な語句または数値を、解答用紙に記入しなさい。

〈特定の事業用資産の買換えの場合の譲渡所得の課税の特例〉

Ⅰ 「特定の事業用資産の買換えの場合の譲渡所得の課税の特例」（以下、「本特例」という）は、個人が事業の用に供している特定の地域内にある土地建物等（譲渡資産）を譲渡して、一定期間内に特定の地域内にある土地建物等の特定の資産（買換資産）を取得して事業の用に供したときは、所定の要件のもと、譲渡益の一部に対する課税を将来に繰り延べることができる特例である。

譲渡資産および買換資産がいずれも土地である場合、買い換えた土地の面積が譲渡した土地の面積の（ ① ）倍を超えるときは、原則として、その超える部分について本特例の対象とならない。また、本特例のうち、いわゆる長期所有資産の買換えの場合、譲渡した土地の所有期間が譲渡した日の属する年の１月１日において（ ② ）年を超えていなければならず、買い換えた土地の面積が（ ③ ）㎡以上でなければならない。

なお、本特例による課税の繰延割合は、原則として80％であるが、いわゆる長期所有資産の買換えで、譲渡資産が地域再生法に規定する集中地域以外の地域内に所在し、かつ、買換資産が東京都の特別区の存する区域または集中地域内に所在するときは、（ ④ ）％または75％となる。加えて、集中地域以外から、東京都特別区への主たる事務所・本社の移転の場合は、60％となる。

〈小規模宅地等についての相続税の課税価格の計算の特例〉

Ⅱ Ａさんが取得した甲土地（宅地）上に賃貸アパートを建築し、貸付事業を行う場合、将来のＡさんの相続開始時、相続税の課税価格の計算上、原則として、当該宅地は（ ⑤ ）として評価することになり、賃貸アパートは貸家として評価することになる。また、Ａさんが甲土地の取得や賃貸アパートの建築に銀行借入金を利用した場合に、将来のＡさんの相続開始時における当該借入金の残高は、相続税の課税価格の計算上、（ ⑥ ）の対象となる。

さらに、甲土地は、所定の要件を満たせば、貸付事業用宅地等として「小規模宅地等についての相続税の課税価格の計算の特例」（以下、「本特例」という）の適用を受けることができる。仮に、甲土地の（ ⑤ ）としての評価額が4,000万円である場合に、貸付事業用宅地等として当該宅地のみに本特例の適用を受けたときは、相続税の課税価格に算入すべき当該宅地の価額は（ ⑦ ）万円となる。

なお、相続の開始前（ ⑧ ）年以内に新たに貸付事業の用に供された宅地等に

ついては、被相続人が相続開始前（ ⑧ ）年を超えて事業的規模で貸付事業を行っていた場合等を除き、本特例の適用対象とならない。

《問２》甲土地上に準耐火建築物を建築する場合、次の①および②に答えなさい（計算過程の記載は不要）。〈答〉は㎡表示とすること。なお、記載のない事項については考慮しないものとする。

① 建蔽率の上限となる建築面積はいくらか。
② 容積率の上限となる延べ面積はいくらか。なお、特定道路までの距離による容積率制限の緩和を考慮すること。

〈特定道路までの距離による容積率制限の緩和に関する計算式〉

$$W_1 = \frac{(a - W_2) \times (b - L)}{b}$$

W_1：前面道路幅員に加算される数値
W_2：前面道路の幅員（m）
L ：特定道路までの距離（m）

※「a、b」は、問題の性質上、伏せてある。

《問３》Ａさんが、下記の〈条件〉で事業用資産である土地を譲渡し、甲土地を取得して、「特定の事業用資産の買換えの場合の譲渡所得の課税の特例」の適用を受けた場合、次の①～③に答えなさい。〔計算過程〕を示し、〈答〉は100円未満を切り捨てて円単位とすること。

なお、譲渡所得の金額の計算上、取得費については概算取得費を用いることとし、課税の繰延割合は80％であるものとする。また、本問の譲渡所得以外の所得や所得控除等は考慮しないものとする。

① 課税長期譲渡所得金額はいくらか。
② 課税長期譲渡所得金額に係る所得税および復興特別所得税の合計額はいくらか。
③ 課税長期譲渡所得金額に係る住民税額はいくらか。

〈条件〉

・譲渡資産の譲渡価額：8,000万円
・譲渡資産の取得費　：不明
・譲渡費用　　　　　：300万円（仲介手数料等）
・買換資産の取得価額：7,000万円

【第1問】

《問1》 正解 ① 5（倍） ② 10（年） ③ 300㎡ ④ 70（%）
⑤ 貸家建付地 ⑥ 債務控除 ⑦ 3,000（万円）
⑧ 3（年）

〈特定の事業用資産の買換えの場合の譲渡所得の課税の特例〉

Ⅰ 「特定の事業用資産の買換えの場合の譲渡所得の課税の特例」（以下、「本特例」という）は、個人が事業の用に供している特定の地域内にある土地建物等（譲渡資産）を譲渡して、一定期間内に特定の地域内にある土地建物等の特定の資産（買換資産）を取得して事業の用に供したときは、所定の要件のもと、譲渡益の一部に対する課税を将来に繰り延べることができる特例である。

　　譲渡資産および買換資産がいずれも土地である場合、買い換えた土地の面積が譲渡した土地の面積の（① **5**）倍を超えるときは、原則として、その超える部分について本特例の対象とならない。また、本特例のうち、いわゆる長期所有資産の買換えの場合、譲渡した土地の所有期間が譲渡した日の属する年の1月1日において（② **10**）年を超えていなければならず、買い換えた土地の面積が（③ **300**）㎡以上でなければならない。

　　なお、本特例による課税の繰延割合は、原則として80%であるが、いわゆる長期所有資産の買換えで、譲渡資産が地域再生法に規定する集中地域以外の地域内に所在し、かつ、買換資産が東京都の特別区の存する区域または集中地域内に所在するときは、（④ **70**）%または75%となる。加えて、集中地域以外から、東京都特別区への主たる事務所・本社の移転の場合は、60%となる。

〈小規模宅地等についての相続税の課税価格の計算の特例〉

Ⅱ Aさんが取得した甲土地（宅地）上に賃貸アパートを建築し、貸付事業を行う場合、将来のAさんの相続開始時、相続税の課税価格の計算上、原則として、当該宅地は（⑤ **貸家建付地**）として評価することになり、賃貸アパートは貸家として評価することになる。また、Aさんが甲土地の取得や賃貸アパートの建築に銀行借入金を利用した場合に、将来のAさんの相続開始時における当該借入金の残高は、相続税の課税価格の計算上、（⑥ **債務控除**）の対象となる。

　　さらに、甲土地は、所定の要件を満たせば、貸付事業用宅地等として「小規模宅地等についての相続税の課税価格の計算の特例」（以下、「本特例」という）の適用を受けることができる。仮に、甲土地の（⑤ **貸家建付地**）としての評価額が4,000万円である場合に、貸付事業用宅地等として当該宅地のみに本特例の適用を受けたときは、相続税の課税価格に算入すべき当該宅地の価額は（⑦ **3,000**）万円となる。

　　なお、相続の開始前（⑧ **3**）年以内に新たに貸付事業の用に供された宅地

等については、被相続人が相続開始前（⑧　**3**）年を超えて事業的規模で貸付事業を行っていた場合等を除き、本特例の適用対象とならない。

〈解説〉

Ⅰ　「特定事業用資産の買換えの場合の譲渡所得の課税の特例」の適用要件は以下のとおり。

・買換資産は、譲渡資産を譲渡した年か、その前年中、あるいは譲渡した年の翌年中に取得すること。

・事業用資産を取得した日から1年以内に事業の用に供すること。

・買換資産が土地の場合、譲渡した土地の面積の5倍以内の部分について適用される。

・譲渡資産および買換資産が一定の組合せに該当すること。

Ⅱ　貸付事業用宅地等である小規模宅地等である場合、減額割合は50％、限度面積は200㎡である。したがって、甲土地の貸家建付地としての評価額が4,000万円であり、貸付事業用宅地等として当該宅地のみに本特例の適用を受けた場合、相続税の課税価格に算入すべき当該宅地の価額は、以下のとおり。

$$4,000万円 - 4,000万円 \times \frac{200㎡}{400㎡} \times 50\% = \textbf{3,000万円}$$

《問2》　正解　①　**360㎡**　　②　**1,728㎡**

〈解説〉

①　甲土地は指定建蔽率が80％の地域であり、準防火地域内に準耐火建築物を建築するため、建蔽率は10％緩和される。

建蔽率の上限となる建築面積　$400㎡ \times (80\% + 10\%) = \textbf{360㎡}$

②　前面道路6m、特定道路までの距離56m、a＝12m、b＝70mを計算式に当てはめる。

・特定道路までの距離による容積率制限の緩和

$$\frac{(12m - 6m) \times (70m - 56m)}{70m} = 1.2m$$

・容積率の決定

$$(6m + 1.2m) \times \frac{6}{10} = 432\% < 500\%（指定容積率）\qquad \therefore \quad 432\%を適用$$

・甲土地における容積率の上限となる延べ面積

$400㎡ \times 432\% = \textbf{1,728㎡}$

※「特定行政庁が都道府県都市計画審議会の議を経て指定する区域ではない」た

め、法定乗数は、6/10を使用する。

《問3》 正解 ① **21,900,000円** ② **3,353,900円** ③ **1,095,000円**
① 課税長期譲渡所得金額
   $80,000,000円 - 70,000,000円 \times 80\% = 24,000,000円$

   $(80,000,000円 \times 5\% + 3,000,000円) \times \dfrac{24,000,000円}{80,000,000円}$

   $= 2,100,000円$（取得費および譲渡費用）

   $24,000,000円 - 2,100,000円 = $ **21,900,000円**
② 所得税および復興特別所得税の合計額
   $21,900,000円 \times 15\% = 3,285,000円$

   $3,285,000円 \times 2.1\% = 68,985円$

   $3,285,000円 + 68,985円 = 3,353,985円 \rightarrow$ **3,353,900円**（100円未満切捨て）
③ 住民税額
   $21,900,000円 \times 5\% = $ **1,095,000円**

〈解説〉
　「特定の事業用資産の買換えの場合の譲渡所得の課税の特例」（以下、「本特例」という）において、譲渡収入未満の事業用資産に買い換える場合、買換資産の80％が繰り延べられる。したがって、手許に残った1,000万円（＝8,000万円－7,000万円）と1,400万円（＝7,000万円×20％）の合計2,400万円が収入となり課税される。また、取得費および譲渡費用は、課税対象の2,400万円に対応する部分のみである。本特例の譲渡資産における所有期間の要件は10年超であるため、税率は所得税15％、住民税5％である。なお、取得費が不明のため概算取得費を用いる。

次の設例に基づいて、下記の各問（《問1》～《問3》）に答えなさい。

《設　例》

　Aさん（53歳）は、東京都内の賃貸マンションに居住している。Aさんの父親Bさん（80歳）は、N市内（三大都市圏）の甲土地（Aさんの実家の敷地、地積：600㎡）および乙土地（アスファルト敷きのコインパーキングの敷地、地積：1,350㎡）を所有している。Bさんは、妻（Aさんの母親）の他界後、1年間は甲土地の自宅（Aさんの実家）で1人暮らしをしていたが、2年前に老人ホームに転居した。それ以降、自宅は空き家のままである。Bさんは、介護保険の要介護・要支援認定を受けたことはなく、心身ともに良好で、老人ホームでの暮らしを満喫している。

　甲土地・乙土地の周辺では開発が進んでおり、築55年の実家の建物は、周りの建物に比べると場違いな存在となっている。Aさんは、建物の換気や庭木の手入れなどを定期的に行っている。また、コインパーキングは、10年前から大手の駐車場運営会社に賃貸している。

　Aさんは、老人ホームの高額な入居一時金と月額利用料により、Bさんの預金残高が3,000万円まで減少していることに一抹の不安を感じている。推定相続人は、Aさんと妹Cさん（50歳）の2人である。

　Aさんは、先日、大手ドラッグストアのX社から、「甲土地と乙土地を一体とした土地での新規出店を考えています。契約形態は、建設協力金方式または事業用定期借地権方式のどちらでも構いません」との提案を受けた。Aさんは、実家の管理を負担に感じていたことから、Bさんと相談のうえ、その提案を前向きに検討している。

　甲土地および乙土地の概要は、以下のとおりである。

〈甲土地および乙土地の概要〉

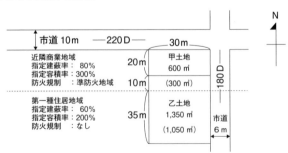

（注）

- 甲土地は600㎡の長方形の土地である。乙土地は1,350㎡の長方形の土地であり、近隣商業地域に属する部分は300㎡、第一種住居地域に属する部分は1,050㎡である。
- 甲土地および乙土地の用途地域等は図に記載のとおりである。なお、点線は用途地域の境を示しており、点線の北側が近隣商業地域で、点線の南側が第一種住居地域である。
- 甲土地、甲土地と乙土地を一体とした土地は、建蔽率の緩和について特定行政庁が指定する角地である。
- 指定建蔽率および指定容積率とは、それぞれ都市計画において定められた数値である。
- 特定行政庁が都道府県都市計画審議会の議を経て指定する区域ではない。
- 甲土地および乙土地は、市街化区域内にあり、普通商業・併用住宅地区に所在する。

※上記以外の条件は考慮せず、各問に従うこと。

《問1》次の①・②に答えなさい（計算過程の記載は不要）。〈答〉は㎡表示とすること。なお、記載のない事項については考慮しないものとする。

① 甲土地と乙土地を一体とした土地上に耐火建築物を建築する場合、建蔽率の上限となる建築面積はいくらか。
② 甲土地と乙土地を一体とした土地上に耐火建築物を建築する場合、容積率の上限となる延べ面積はいくらか。

《問2》甲土地および乙土地の相続税評価に関する以下の文章の空欄①～④に入る最も適切な語句または数値を、解答用紙に記入しなさい。なお、空欄③に入る最も適切な語句は、〈空欄③の選択肢〉のなかから選び、その記号を解答用紙に記入しなさい。

〈地積規模の大きな宅地の評価（以下、「本規定」という）〉

I 「地積規模の大きな宅地とは、三大都市圏では（ ① ）㎡以上の地積の宅地をいいます。ただし、N市（三大都市圏）では指定容積率が（ ② ）％以上の地域に所在する宅地は、地積規模の大きな宅地から除かれます。現時点（2024年5月22日）において、Bさんの相続が開始し、Aさんが甲土地および乙土地を相続により取得

した場合、本規定については甲土地および乙土地のいずれも対象となります」

〈小規模宅地等についての相続税の課税価格の計算の特例（以下、「本特例」という）〉
Ⅱ 「現時点（2024年5月22日）において、Bさんの相続が開始し、Aさんが甲土地
および乙土地を相続により取得した場合、本特例については（　③　）」

〈相続税の総額〉
Ⅲ 「Bさんの相続に係る課税価格の合計額を4億円、法定相続人はAさんと妹Cさ
んの2人であると仮定した場合、相続税の総額は（　④　）万円となります。納税資
金が不足する可能性は高く、何らかの対応策を検討したほうが望ましいと思いま
す」

〈空欄③の選択肢〉
　イ．甲土地のみ対象となります
　ロ．乙土地のみ対象となります
　ハ．甲土地および乙土地のいずれも対象となります
　ニ．甲土地および乙土地のいずれも対象となりません

〈資料〉相続税の速算表（一部抜粋）

法定相続分に応ずる取得金額		税率	控除額
万円超	万円以下		
	～　　1,000	10%	－
1,000	～　　3,000	15%	50万円
3,000	～　　5,000	20%	200万円
5,000	～　10,000	30%	700万円
10,000	～　20,000	40%	1,700万円
20,000	～　30,000	45%	2,700万円
30,000	～　60,000	50%	4,200万円

**《問3》 甲土地および乙土地の有効活用に関する以下の文章の空欄①～⑤に入る最も
適切な語句または数値を、解答用紙に記入しなさい。**

〈建設協力金方式〉
Ⅰ 「建設協力金方式は、建設する建物を借り受ける予定の事業者（テナント）から、
地主が建設資金を借り受けて、事業者の要望に沿った店舗等の建物を建設し、その

建物を事業者に賃貸する手法です。賃貸期間中の撤退リスク、中途解約時の建設協力金残債務の取扱い、賃料の減額など、契約内容を事前に精査しておくことが重要となります。

　仮に、甲土地と乙土地を一体とした土地に店舗等の建物を建設し、賃貸した後にBさんの相続が開始した場合、当該一体の土地の自用地価額を4億円、借地権割合（　①　）％、借家権割合30％、賃貸割合100％とすると、貸家建付地としての相続税評価額は（　②　）万円となります。なお、当該一体の土地は、貸付事業用宅地等として小規模宅地等についての相続税の課税価格の計算の特例の対象となります。また、建設協力金残債務は、相続税の課税価格の計算上、（　③　）の対象となります」

〈事業用定期借地権方式〉

Ⅱ　「事業用定期借地権方式は、事業者である借主が土地を契約で一定期間賃借し、借主が建物を建設する手法です。存続期間が10年以上（　④　）年未満の事業用定期借地権と（　④　）年以上50年未満の事業用定期借地権に区別されます。本方式のメリットとして、土地を手放さずに安定した地代収入を得ることができること、期間満了後は土地が更地となって返還されることなどが挙げられます。X社との交渉により、年間地代とは別に、前払地代を受け取ることができれば、まとまった資金を得ることも可能となります。

　本方式により甲土地と乙土地を一体とした土地を賃貸した後、Bさんの相続が開始した場合、相続税の課税価格の計算上、その敷地は（　⑤　）として評価します。なお、当該敷地は、貸付事業用宅地等として小規模宅地等についての相続税の課税価格の計算の特例の対象となります」

【第2問】

《問1》　正解 ① 1,740㎡　② 4,800㎡

〈解説〉

① 甲土地と乙土地を一体とした土地における建蔽率の上限となる建築面積

　　準防火地域内にあり、耐火建築物を建築するため、10%緩和される。また、甲土地と乙土地を一体とした土地は、建蔽率の緩和について特定行政庁が指定する角地であるため、さらに10%緩和される。

・建蔽率の決定

　（近隣商業地域）80% + 10% + 10% = 100%

　（第一種住居地域）60% + 10% + 10% = 80%

・建蔽率の上限となる建築面積

　（600㎡ + 300㎡）× 100% + 1,050㎡ × 80% = **1,740㎡**

② 甲土地と乙土地を一体とした土地における容積率の上限となる延べ面積

　　幅の広い10m市道が前面道路となる。12m未満であるため、前面道路に法定条数を乗じた数値と指定容積率を比較し、いずれか小さいほうを用いる。

・容積率の決定

　（近隣商業地域）$10m \times \dfrac{6}{10} = 600\% > 300\%$（指定容積率）　∴　300%を適用

　（第一種住居地域）$10m \times \dfrac{4}{10} = 400\% > 200\%$（指定容積率）　∴　200%を適用

　※「特定行政庁が都道府県都市計画審議会の議を経て指定する区域ではない」ため、近隣商業地域の法定乗数は6/10、第一種住居地域の法定乗数は4/10をそれぞれ使用する。

・甲土地と乙土地を一体とした土地における容積率の上限となる延べ面積

　（600㎡ + 300㎡）× 300% + 1,050㎡ × 200% = **4,800㎡**

《問2》　正解 ① 500（㎡）　② 400（%）　③ ロ
　　　　　④ 10,920（万円）

〈解説〉

Ⅰ　地積規模の大きな宅地

　　地積規模の大きな宅地とは、三大都市圏においては500㎡以上の地積の宅地および三大都市圏以外の地域においては1,000㎡以上の地積の宅地をいう。ただし、次の宅地は除かれる。

・市街化調整区域に所在する宅地

・都市計画法の用途地域が工業専用地域に指定されている地域に所在する宅地

540

・指定容積率が400％（東京都の特別区においては300％）以上の地域に所在する宅地
・財産評価基本通達に定める大規模工場用地

Ⅱ　小規模宅地等についての相続税の課税価格の計算の特例

　　被相続人が老人ホームに入居し、相続開始の直前において被相続人の居住の用に供されていない宅地は、原則として、特定居住用宅地等に該当しない。ただし、要介護認定または要支援認定を受けて入居している場合は、他の要件を満たすことにより、特定居住用宅地等に該当する。父親Bさんは、相続開始の2年前に老人ホームに転居しており、要介護・要支援認定を受けたことがないため、自宅のある甲土地は本特例の対象とならない。

　　乙土地は、10年前から大手の駐車場運営会社に賃貸しているアスファルト敷きのコインパーキングであるため、貸付事業用宅地等として本特例の適用を受けることができる。

Ⅲ　相続税の総額

　　複数の子が推定相続人の場合、人数で均等に按分する。したがって、相続分はAさんおよび妹Cさんそれぞれ2分の1である。

・遺産に係る基礎控除額

　　3,000万円＋600万円×2人＝4,200万円

・課税遺産総額

　　4億円－4,200万円＝3億5,800万円

・相続税の総額

　　㋐Aさんおよび妹Cさんが法定相続分に従って取得したものとして計算した相続税の額

$$3億5,800万円 \times \frac{1}{2} = 1億7,900万円$$

　　　1億7,900万円×40％－1,700万円＝5,460万円

　　㋑相続税の総額

　　　5,460万円＋5,460万円＝**10,920万円**

《問3》 正解 ① 60（％） ② 32,800（万円） ③ 債務控除
④ 30（年） ⑤ 貸宅地

〈解説〉

Ⅰ 建設協力金方式

・借地権割合はAを90％として10％ずつ逓減する。したがって、Dは60％となる。

・自用地価額4億円、借地権割合60％、借家権割合30％、賃貸割合100％とした場合、貸家建付地の評価額は、次のとおりである。

> 貸家建付地の評価額＝自用地価額×（1－借地権割合×借家権割合×賃貸割合）

> 4億円×（1－60％×30％×100％）＝**32,800万円**

・被相続人の債務で相続開始の際限に存するもの（租税公課を含む）で、確実と認められるものは債務控除の対象となる。したがって、被相続人の建設協力金債務を相続した場合、相続税の課税価格の計算上、債務控除の対象となる。

Ⅱ 事業用定期借地権方式

・事業用定期借地権は、10年以上30年未満の事業用借地権（短期型）と、30年以上50年未満の事業用定期借地権（長期型）に区別される。

・自己の敷地を他に賃貸した場合、当該敷地は貸宅地として評価される。

【第3問】 (2022年1月 第4問《問60》〜《問62》)　　　　チェック欄 □□□□□

次の設例に基づいて、下記の各問（《問1》〜《問3》）に答えなさい。

《設　例》

　Aさん（50歳）の父親（77歳）は、50年前に取得したK市内（三大都市圏）の甲土地（貸ビルの敷地、地積：400㎡）および乙土地（アスファルト敷きのコインパーキングの敷地、地積：1,500㎡）を所有している。父親が所有する築49年の貸ビルの建物は、老朽化が激しく、テナントは半分程度しか入居していない。コインパーキングは、10年前から大手の駐車場運営会社に賃貸している。父親が保有する金融資産は1億円程度であり、Aさんは相続税の納税資金が不足するのではないかと不安を募らせている。母親は既に他界しており、推定相続人はAさんと妹の2人である。

　Aさんは、先日、不動産会社の営業担当者から「K駅から徒歩圏内にあって、これだけの規模の敷地は相当の価値があります。マンション開発を得意とする弊社にお任せいただけないでしょうか」と有効活用を勧められた。

　甲土地および乙土地の概要は、以下のとおりである。

〈甲土地および乙土地の概要〉

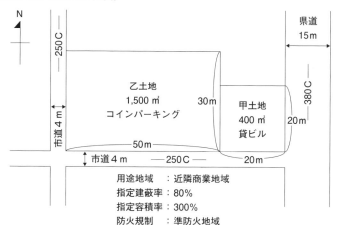

（注）
・甲土地は400㎡の正方形の土地であり、乙土地は1,500㎡の長方形の土地である。
・指定建蔽率および指定容積率とは、それぞれ都市計画において定められた数値である。
・特定行政庁が都道府県都市計画審議会の議を経て指定する区域ではない。

第5章

不動産　応用編

・甲土地および乙土地は、普通商業・併用住宅地区に所在する。

※上記以外の条件は考慮せず、各問に従うこと。

《問1》甲土地および乙土地の相続税評価に関する以下の文章の空欄①～⑤に入る最も適切な数値を、解答用紙に記入しなさい。

〈甲土地の相続税評価額〉

Ⅰ 「甲土地に面する道路に付された路線価の後に表示されている記号『C』は、借地権割合が（　①　）％であることを示しています。甲土地の自用地価額を1億6,000万円、借地権割合（　①　）％、借家権割合30％、賃貸割合50％とした場合、甲土地の貸家建付地としての相続税評価額は（　②　）万円となります」

〈乙土地の相続税評価額〉

Ⅱ 「奥行距離30mの奥行価格補正率1.00、奥行距離50mの奥行価格補正率0.89、側方路線影響加算率0.08、規模格差補正率0.76とした場合、宅地であるとした場合の乙土地の1㎡当たりの価額は（　③　）円になります。現在、コインパーキングの敷地として駐車場運営会社に賃貸している乙土地は、自用地価額から賃借権相当額を控除することができると思われます。仮に、地上権に準ずる賃借権以外の賃借権の場合で賃借権の残存期間が5年以下とすると、自用地価額に（　④　）％を乗じた金額を自用地価額から控除することができます」

〈小規模宅地等についての相続税の課税価格の計算の特例〉

Ⅲ 「Aさんが甲土地および乙土地を父親の相続により取得し、1㎡当たりの相続税評価額の高い甲土地の敷地の全部（空欄②の金額）について、小規模宅地等についての相続税の課税価格の計算の特例の適用を受けた場合、相続税の課税価格に算入すべき甲土地の価額を（　⑤　）万円とすることができます」

〈相続税の総額〉

Ⅳ 「Aさんの父親の相続に係る課税価格の合計額を6億円と仮定した場合、相続税の総額は約2億円となります。納税資金が不足する可能性は高く、何らかの対応策を検討したほうが望ましいと思います」

《問2》次の①・②に答えなさい（計算過程の記載は不要）。〈答〉は㎡表示とすること。なお、記載のない事項については考慮しないものとする。

① 乙土地上に耐火建築物（マンション）を建築する場合、容積率の上限となる延べ面積はいくらか。
② 甲土地と乙土地を一体とした土地上に耐火建築物（マンション）を建築する場合、容積率の上限となる延べ面積はいくらか。

《問3》 甲土地および乙土地の有効活用等に関する以下の文章の空欄①〜④に入る最も適切な語句または数値を、解答用紙に記入しなさい。なお、空欄③に入る最も適切な文章は、次頁〈空欄③の選択肢〉のなかから選び、その記号を解答用紙に記入しなさい。

〈建築基準法の規定〉

Ⅰ 「甲土地および乙土地に、（ ① ）率により計算した採光、通風等が各斜線制限により高さが制限された場合と同程度以上である建築物を建築する場合、当該建築物については、道路斜線制限および隣地斜線制限は適用されません」

〈乙土地の売却〉

Ⅱ 「下記の〈資料〉に基づき、Aさんの父親が乙土地を譲渡し、優良住宅地の造成等のために土地等を譲渡した場合の長期譲渡所得の課税の特例の適用を受けた場合、当該譲渡所得の金額に係る所得税および復興特別所得税、住民税の合計額は（ ② ）円となります。他方、Aさんが父親の相続により取得した乙土地を相続開始のあった日の翌日から相続税の申告期限の翌日以後3年以内に譲渡した場合、譲渡した乙土地に対応する部分の相続税額を取得費に加算することができます」

〈等価交換方式による有効活用〉

Ⅲ 「マンションを建築する方法として、自己資金を使わず、マンション住戸を取得できる等価交換方式という手法があります。複数のマンション住戸を取得することができれば、一部の住戸を売却することで納税資金を確保し、残りの住戸を賃貸に供することもできます。また、相続時の遺産分割も比較的容易になると思います。
　　等価交換方式による有効活用にあたり、Aさんの父親が、既成市街地等内にある土地等の中高層耐火建築物等の建設のための買換えの場合の譲渡所得の課税の特例（立体買換えの特例）の適用を受けた場合、買換資産は譲渡資産の（ ③ ）。本特例の適用を受け、取得したマンション住戸を賃貸する場合、本特例の適用を受けない

場合に比べて、（　④　）が少なく計上されることになるため、その後の不動産所得に係る税額負担が大きくなる可能性があります。本特例の適用可否については、譲渡所得に係る税額負担とその後の不動産所得に係る税額負担、各種の相続対策を勘案して、総合的に判断する必要があると思います」

〈空欄②の譲渡資産（乙土地）の売却に関する資料〉

・譲渡資産の譲渡価額：5億円
・譲渡資産の取得費　：不明
・譲渡費用　　　　　：1,500万円
※税額は、100円未満を切り捨てること。
※本問の譲渡所得以外の所得や所得控除等は考慮しない。

〈空欄③の選択肢〉

イ．取得時期および取得価額を引き継ぎます

ロ．取得時期は引き継ぎますが、取得価額は引き継ぎません

ハ．取得価額は引き継ぎますが、取得時期は引き継ぎません

ニ．取得時期および取得価額を引き継ぎません

【第3問】

〈解説〉

I 貸家建付地の評価額

借地権割合はＡを90％として10％ずつ逓減する。したがって、Ｃは70％となる。

自用地価額１億6,000万円、借地権割合70％、借家権割合30％、賃貸割合50％とした場合、貸家建付地の評価額は、次のとおりである。

> 貸家建付地の評価額＝自用地価額×（１－借地権割合×借家権割合×賃貸割合）

１億6,000万円×（１－70％×30％×50％）＝**14,320万円**

II 乙土地の相続税評価額

(1) 正面と側方に路線がある土地の評価額

正面と側方に路線がある乙土地の１㎡当たりの金額の求め方は、次のとおりである。

> １㎡当たりの金額
>
> ＝（①正面路線価×奥行価格補正率＋②側方路線価×奥行価格補正率×側方路線影響加算率）

① ＝250千円×1.00＝250,000円

② ＝250千円×0.89×0.08＝17,800円

１㎡当たりの金額＝①＋②＝267,800円…Ⓐ

(2) 地積規模の大きな宅地の評価額

乙土地は、三大都市圏にある500㎡以上の地積の宅地であるため、地積規模の大きな宅地となる。地積規模の大きな宅地の１㎡当たりの金額は、規模格差補正率を乗じて求める。

Ⓐ×0.76＝**203,528円**

(3) 貸駐車場として利用している宅地の評価額

貸駐車場として利用している宅地は、原則として、自用地として評価する。ただし、駐車場として利用している者が、車庫等の施設を利用者の資金で建設することを契約内容としている場合は、自用地としての評価額から借地権の価額を控除する。

> 貸駐車場として利用している宅地の評価額＝自用地としての評価額－借地権の価額

借地権の価額は、(a)または(b)の区分による。

(a) 賃借権の登記がされているもの、権利金や一時金が設定の対価とされているものなど、地上権に準ずる権利として評価することが相当と認められる賃借権の価額

第5章 不動産 応用編

$$\text{自用地としての評価額}\times\left(\begin{array}{l}\text{ⓐ賃借権が地上権であるとした場合の法定地上権割合}\\\text{ⓑ借地権であるとした場合の借地権割合}\\\text{ⓐ、ⓑのうち、いずれか低い割合}\end{array}\right)$$

注1　ⓐの法定地上権割合は、次のとおりである。

残存期間	10年以下	10年超15年以下	15年超20年以下	20年超25年以下
法定地上権割合	5％	10％	20％	30％
残存期間	25年超30年以下	30年超35年以下	35年超40年以下	40年超45年以下
法定地上権割合	40％	50％	60％	70％
残存期間	45年超50年以下	50年超		
法定地上権割合	80％	90％		

※地上権で存続期間の定めのないものは「残存期間25年超30年以下」の法定地上権割合とする。

注2　自用地としての評価額に乗じる割合は、賃借権の残存期間に応じ次の割合が下限となる。

賃借権の残存期間	5年以下	5年超10年以下	10年超15年以下	15年超
割合	5％	10％	15％	20％

(b)　(a)以外の賃借権

$$\text{自用地としての評価額}\times\text{賃借権が地上権であるとした場合の法定地上権割合}\times\frac{1}{2}$$

注3　法定地上権割合は(a)の注1と同じである。

注4　自用地としての評価額に乗じる割合は、賃借権の残存期間に応じ次の割合が下限となる。

賃借権の残存期間	5年以下	5年超10年以下	10年超15年以下	15年超
割合	2.5％	5％	7.5％	10％

　　乙土地が、仮に、地上権に準ずる賃借権以外の賃借権の場合（上記(b)）で賃借権の残存期間が5年以下とすると、法定地上権割合は5％であるため、自用地価額に**2.5%**（5％×$\frac{1}{2}$）を乗じた金額を自用地価額から控除する。

Ⅲ　甲土地は貸しビルの敷地であるため、貸付事業用宅地等として小規模宅地等についての相続税の課税価格の計算の特例の適用を受けることができる。貸付事業用宅地等は、200㎡までの価額の50％が減額される。

$$14{,}320\text{万円}-14{,}320\text{万円}\times\frac{200\text{㎡}}{400\text{㎡}}\times50\%=\textbf{10{,}740万円}$$

《問2》 正解 ① 3,600㎡ ② 5,700㎡

〈解説〉

① 乙土地における容積率の上限となる延べ面積

・容積率の決定

$$4\,\mathrm{m} \times \frac{6}{10} = 240\% < 300\%（指定容積率）\quad \therefore\quad 240\%を適用$$

・乙土地における容積率の上限となる延べ面積

1,500㎡ × 240% = **3,600㎡**

※ 「特定行政庁が都道府県都市計画審議会の議を経て指定する区域ではない」ため、法定乗数は、6/10を使用する。

② 甲土地と乙土地を一体とした土地における容積率の上限となる延べ面積

・容積率の決定

幅の広い15m県道が前面道路となる。12m以上であるため、指定容積率300%を用いる。

・甲土地と乙土地を一体とした土地における容積率の上限となる延べ面積

(1,500㎡ + 400㎡) × 300% = **5,700㎡**

《問3》 正解 ① 天空（率） ② 92,228,000（円） ③ ハ ④ 減価償却費

〈解説〉

Ⅰ 斜線制限と同程度以上の採光や通風等が確保されるものとして一定の計算（天空率）による基準に適合する建築物は、道路斜線制限、隣地斜線制限および北側斜線制限は適用されない。

Ⅱ 優良住宅地の造成等のために土地等を譲渡した場合、その譲渡年の1月1日において所有期間が5年を超えるときは、課税長期譲渡所得のうち2,000万円までの部分の税率が所得税10.21%・住民税4%に軽減される。2,000万円を超える部分については、長期譲渡所得として所得税15.315%、住民税5%となる。

・課税長期譲渡所得の金額

5億円 - (5億円 × 5%※ + 1,500万円) = 4億6,000万円

※ 取得費が不明のため、概算取得費を用いる。

・所得税額（復興特別所得税額は所得税額に2.1%を乗じて算出する）

2,000万円 × 10% + (4億6,000万円 - 2,000万円) × 15% = 68,000,000円

68,000,000円 × 2.1% = 1,428,000円

・住民税額

2,000万円 × 4% + (4億6,000万円 - 2,000万円) × 5% = 22,800,000円

・合計税額

　68,000,000円＋1,428,000円＋22,800,000円＝**92,228,000円**

Ⅲ　立体買換え特例では、買換資産は、譲渡資産の取得価額を引き継ぐが、取得時期は引き継がない。その結果、取得したマンション住戸の取得価額は譲渡した土地の取得価額を引き継いでおり、この額を基に減価償却の計算を行うため、譲渡した土地の取得価額が低い場合は、減価償却費も少額となり、不動産所得が大きくなる可能性がある。

【第4問】（2023年9月 第4問《問60》〜《問62》改題）　　チェック欄 □□□□□

次の設例に基づいて、下記の各問（《問1》〜《問3》）に答えなさい。

---- 《設 例》 ----

　Aさん（50歳）が所有している甲土地とその土地上の家屋は、昨年、父親の相続により取得したものであり、先日、相続税を納付した。甲土地上の家屋に父親が1人で居住していたが、Aさんは既に自宅を所有しているため、相続した家屋は空き家となっており、今後も移り住む予定はない。

　相続した家屋は築45年で老朽化が進んでいることから、Aさんは、家屋を取り壊して甲土地を譲渡するか、あるいは甲土地上に賃貸マンションを建築することを検討している。

　甲土地の概要は、以下のとおりである。

〈甲土地の概要〉

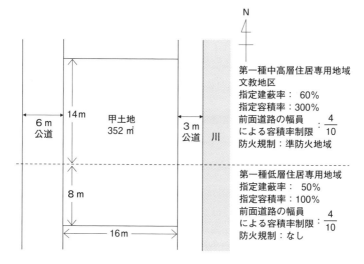

・甲土地は352㎡の長方形の土地であり、第一種中高層住居専用地域に属する部分は224㎡、第一種低層住居専用地域に属する部分は128㎡である。
・幅員3mの公道は、建築基準法第42条第2項により特定行政庁の指定を受けた道路である。また、3m公道の甲土地の反対側は川である。
・指定建蔽率および指定容積率とは、それぞれ都市計画において定められた数値である。
・特定行政庁が都道府県都市計画審議会の議を経て指定する区域ではない。

第**5**章

不動産　応用編

551

《問1》建築物の用途に関する制限および借地借家法における借家契約に関する以下の文章の空欄①〜⑥に入る最も適切な語句または数値を、解答用紙に記入しなさい。なお、本問においては、定期建物賃貸借契約を定期借家契約、それ以外の建物賃貸借契約を普通借家契約という。

〈建築物の用途に関する制限〉

I 「用途地域とは、地域における住居の環境の保護や商業、工業の利便の増進を図るなど、市街地の大枠としての土地利用を定めるもので、都市計画法において第一種低層住居専用地域や第一種中高層住居専用地域など合計（ ① ）種類が定められています。建築基準法において、用途地域の種類ごとに建築することができる建築物の用途が定められており、甲土地上の2つの用途地域にまたがって建築物を建築する場合、その全部について、（ ② ）専用地域の建築物の用途に関する規定が適用されます。

　文教地区など、用途地域内の一定の地区における当該地区の特性にふさわしい土地利用の増進、環境の保護等の特別の目的の実現を図るため当該用途地域の指定を補完して定める地区を（ ③ ）地区といいます。（ ③ ）地区内においては、建築物の建築の制限や禁止に関する規定は、地方公共団体の条例で定めます。また、国土交通大臣の承認を得て、条例で建築物の用途に関する制限が緩和されることもあります」

〈借家契約〉

II 「普通借家契約では、契約期間を1年以内とした場合、期間の定めのない契約とされます。期間の定めのない普通借家契約では、正当な事由に基づき、建物の賃貸人による賃貸借の解約の申入れが認められた場合、建物の賃貸借は、解約の申入れの日から（ ④ ）カ月を経過することによって終了します。一方、建物の賃借人からの解約については、特約がなければ、解約の申入れの日から（ ⑤ ）カ月を経過することによって終了します。

　定期借家契約では、契約期間を1年未満とすることができます。この場合、建物の賃貸人による期間の満了により建物の賃貸借が終了する旨の通知は必要なく、その期間の満了により、当然に契約が終了します。契約期間が1年以上である場合は、原則として、建物の賃貸人は、期間の満了の1年前から6カ月前までの間に建物の賃借人に対して通知をしなければ、その終了を建物の賃借人に対抗することができません。なお、建物の賃借人は、自己の居住用であって賃借している建物の床

面積が（　⑥　）㎡未満であり、転勤等により建物を自己の生活の本拠として使用することが困難となったという要件を満たすときは、解約の申入れの日から1カ月後に当該賃貸借を終了させることができます」

《問2》甲土地上に耐火建築物を建築する場合、次の①および②に答えなさい（計算過程の記載は不要）。〈答〉は㎡表示とすること。なお、記載のない事項については考慮しないものとする。

① 建蔽率の上限となる建築面積はいくらか。
② 容積率の上限となる延べ面積はいくらか。

《問3》Aさんが、相続した家屋を取り壊し、以下の〈条件〉でその敷地である甲土地を譲渡した場合、次の①～③に答えなさい。〔計算過程〕を示し、〈答〉は100円未満を切り捨てて円単位とすること。なお、譲渡所得以外の所得や所得控除等は考慮しないものとする。

① 「被相続人の居住用財産（空き家）に係る譲渡所得の特別控除」の適用を受けた場合の課税長期譲渡所得金額はいくらか。
② 「相続財産に係る譲渡所得の課税の特例」（相続税の取得費加算の特例）の適用を受けた場合の課税長期譲渡所得金額はいくらか。
③ 上記①で求めた金額と上記②で求めた金額のいずれか低い金額に係る所得税額、復興特別所得税額および住民税額の合計額はいくらか。

〈条件〉

〈譲渡資産（甲土地）に関する資料〉	
・譲渡資産の譲渡価額	：4,900万円
・譲渡資産の所有期間	：45年
・譲渡資産の取得費	：不明
・譲渡費用	：900万円（家屋の取壊し費用、仲介手数料等）
〈父親の相続に関する資料〉	
・相続人	：Aさん（ほかに相続人はいない）
・甲土地の相続税評価額	：3,600万円
	（甲土地以外に相続した土地等はない）

第5章 不動産 応用編

・Aさんの相続税の課税価格：7,900万円
　　　　　　　　　　　　（債務控除100万円を控除した後の金額。相続時精算
　　　　　　　　　　　　課税の適用はない）
・Aさんが納付した相続税額：660万円
　　　　　　　　　　　　（贈与税額控除、相次相続控除は受けていない）

【第4問】

《問1》 正解 ① 13（種類）　② 第一種中高層住居（専用地域）
　　　　 ③ 特別用途（地区）　④ 6（カ月）　⑤ 3（カ月）
　　　　 ⑥ 200（㎡）

〈建築物の用途に関する制限〉

Ⅰ 「用途地域とは、地域における住居の環境の保護や商業、工業の利便の増進を図るなど、市街地の大枠としての土地利用を定めるもので、都市計画法において第一種低層住居専用地域や第一種中高層住居専用地域など合計（① **13**）種類が定められています。建築基準法において、用途地域の種類ごとに建築することができる建築物の用途が定められており、甲土地上の2つの用途地域にまたがって建築物を建築する場合、その全部について、（② **第一種中高層住居**）専用地域の建築物の用途に関する規定が適用されます。

　文教地区など、用途地域内の一定の地区における当該地区の特性にふさわしい土地利用の増進、環境の保護等の特別の目的の実現を図るため当該用途地域の指定を補完して定める地区を（③ **特別用途**）地区といいます。（③ **特別用途**）地区内においては、建築物の建築の制限や禁止に関する規定は、地方公共団体の条例で定めます。また、国土交通大臣の承認を得て、条例で建築物の用途に関する制限が緩和されることもあります」

〈借家契約〉

Ⅱ 「普通借家契約では、契約期間を1年以内とした場合、期間の定めのない契約とされます。期間の定めのない普通借家契約では、正当な事由に基づき、建物の賃貸人による賃貸借の解約の申入れが認められた場合、建物の賃貸借は、解約の申入れの日から（④ **6**）カ月を経過することによって終了します。一方、建物の賃借人からの解約については、特約がなければ、解約の申入れの日から（⑤ **3**）カ月を経過することによって終了します。

　定期借家契約では、契約期間を1年未満とすることができます。この場合、建物の賃貸人による期間の満了により建物の賃貸借が終了する旨の通知は必要なく、その期間の満了により、当然に契約が終了します。契約期間が1年以上である場合は、原則として、建物の賃貸人は、期間の満了の1年前から6カ月前までの間に建物の賃借人に対して通知をしなければ、その終了を建物の賃借人に対抗することができません。なお、建物の賃借人は、自己の居住用であって賃借している建物の床面積が（⑥ **200**）㎡未満であり、転勤等により建物を自己の生活の本拠として使用することが困難となったという要件を満たすときは、解約の申入れの日から1カ月後に当該賃貸借を終了させることができます」

第5章 不動産 応用編

〈解説〉

① 用途地域は、住居系8種類、商業系2種類、工業系3種類の合計13種類が定められている。

② 敷地が2以上の用途地域にわたるときは、敷地の全部について過半の属する地域の制限を受ける。甲土地は、第一種中高層住居専用地域に属する部分が224㎡、第一種低層住居専用地域に属する部分が128㎡であるため、甲土地全部について第一種中高層住居専用地域の用途制限の適用を受ける。

③ 文教地区や商業地区など、用途地域内の一定の地区における当該地区の特性にふさわしい土地利用の増進、環境の保護等の特別の目的の実現を図るため当該用途地域の指定を補完して定める地区を特別用途地区という。特別用途地区では、建築物の用途制限を加重または緩和することができる。

④および⑤ 期間の定めのない借家契約では、当事者はいつでも解約の申入れをすることができ、賃貸人からの申入れの場合は6カ月後、賃借人からの解約申入れの場合は3カ月後に賃貸借契約は終了する。なお、賃貸人からの解約の申入れをする場合には、正当事由が必要である。

⑥ 定期建物賃貸借契約において、居住用建物の賃貸借で、賃貸借の対象となる床面積が200㎡未満であり、転勤、療養、親族の介護その他やむを得ない事情により賃借人が建物を生活の本拠として使用することが困難となったときは、賃借人から解約の申入れをすることができる。この場合、解約申入れの日から1カ月で契約は終了する。

《問2》 正解 ① 219（㎡） ② 624（㎡）

〈解説〉

① 建蔽率の上限となる建築面積

甲土地の東側にある幅員3m公道は、建築基準法第42条第2項により特定行政庁の指定を受けた道路であるため、セットバックが必要である。3m公道の乙土地の反対側は川であるため、川側の境界線から4mは道路とみなされる。したがって、セットバック部分の面積は次のとおりである。

※セットバック部分：4m−3m＝1m

（第一種中高層住居専用地域）1m×14m＝14㎡

（第一種低層住居専用地域）1m×8m＝8㎡

第一種中高層住居専用地域は準防火地域内にあり、第一種低層住居専用地域に防火規制はないが、甲土地全体に対して準防火地域の規制が及ぶ。したがって、甲土地に耐火建築物を建築するため、第一種中高層住居専用地域および第一種低層住居専用地域は10%緩和される。なお、甲土地は、建蔽率の緩和について特定行政庁が

指定する角地ではないため、角地による建蔽率の緩和規定は適用されない。
・敷地面積の確認
（第一種中高層住居専用地域）224㎡ － 14㎡ ＝ 210㎡
（第一種低層住居専用地域）128㎡ － 8 ㎡ ＝ 120㎡
・建蔽率の決定
（第一種中高層住居専用地域）60％ ＋ 10％ ＝ 70％
（第一種低層住居専用地域）50％ ＋ 10％ ＝ 60％
・建蔽率の上限となる建築面積
210㎡ × 70％ ＋ 120㎡ × 60％ ＝ **219㎡**

② 容積率の上限となる延べ面積
幅の広い 6 ｍ公道が前面道路となる。12ｍ未満であるため、前面道路に法定乗数
を乗じた数値と指定容積率を比較し、いずれか小さいほうを用いる。
・容積率の決定

（第一種中高層住居専用地域）$6 \text{ m} \times \dfrac{4}{10} = \dfrac{24}{10} = 240\% < 300\%$（指定容積率）

∴ 240％を適用

（第一種低層住居専用地域）$6 \text{ m} \times \dfrac{4}{10} = \dfrac{24}{10} = 240\% > 100\%$（指定容積率）

∴ 100％を適用

※ 「特定行政庁が都道府県都市計画審議会の議を経て指定する区域ではない」
ため、第一種中高層住居専用地域および第一種低層住居専用地域の法定乗数は
4 /10を使用する。
・容積率の上限となる延べ面積
210㎡ × 240％ ＋ 120㎡ × 100％ ＝ **624㎡**

《問3》 正解 ① **7,550,000円** ② **34,580,000円**
③ **1,533,700円**

① 「被相続人の居住用財産（空き家）に係る譲渡所得の特別控除」の適用後の課税
長期譲渡所得金額
49,000,000円 － （49,000,000円 × 5 ％ ＋ 9,000,000円）＝ 37,550,000円
37,550,000円 － 30,000,000円 ＝ **7,550,000円**

② 「相続財産に係る譲渡所得の課税の特例」の適用後の課税長期譲渡所得金額

$6,600,000\text{円} \times \dfrac{36,000,000\text{円}}{79,000,000\text{円} + 1,000,000\text{円}} = 2,970,000\text{円}$

49,000,000円 － （49,000,000円 × 5 ％ ＋ 2,970,000円 ＋ 9,000,000円）＝ **34,580,000円**

③ 所得税額、復興特別所得税額および住民税額の合計額

①＜②より、①の税額を求める

所得税額および復興特別所得税額

7,550,000円×15％＝1,132,500円

1,132,500円×2.1％＝23,782.5円

1,132,500円＋23,782.5円＝1,156,200円（100円未満切捨て）

住民税額

7,550,000円× 5 ％＝377,500円

合計額

1,156,200円＋377,500円＝**1,533,700円**

〈解説〉

・取得費不明のため、概算取得費とする。

・「被相続人の居住用財産（空き家）に係る譲渡所得の特別控除」の控除額は3,000万円である。

・「相続財産に係る譲渡所得の課税の特例」における取得費加算額は、次の算式で求める。

$$取得費加算額＝\frac{譲渡資産の相続税評価額}{相続税の課税価格＋債務控除額}$$

・譲渡資産の所有期間は45年であるため、譲渡年の 1 月 1 日時点で 5 年超となり、税率は所得税15％、住民税 5 ％となる。復興特別所得税額は、所得税額の2.1％である。

次の設例に基づいて、下記の各問（《問1》～《問3》）に答えなさい。

――――――――――――《設　例》――――――――――――

　会社員のAさんは、昨年母が死亡し、母および妻子とともに暮らしていた自宅（建物）およびその敷地である甲土地と、青空駐車場として使用している乙土地を相続により取得した。これらの土地は郊外に所在し、最寄駅までも遠く、交通の便があまり良くないことから、Aさんは今年中に他所に移り住むつもりでいる。

　Aさんは、自宅（建物）および甲土地を売却する方向で検討していたが、先日、大手不動産会社から、甲土地と乙土地とを一体とした土地の上に「サービス付き高齢者向け住宅」を建設して賃貸事業を始めてはどうかとの提案を受けた。その提案によれば、同社が全室をまとめて借り上げるため、長期にわたって安定した収入が確保でき、空室や家賃滞納等の運営に関する手間もかからないとのことである。

　甲土地および乙土地の概要は、以下のとおりである。

〈甲土地および乙土地の概要〉

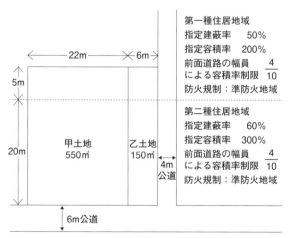

（注）
・甲土地は550㎡の長方形の土地であり、第一種住居地域に属する部分は110㎡、第二種住居地域に属する部分は440㎡である。
・乙土地は150㎡の長方形の土地であり、第一種住居地域に属する部分は30㎡、第二種住居地域に属する部分は120㎡である。

・乙土地は、建蔽率の緩和について特定行政庁が指定する角地である。
・指定建蔽率および指定容積率とは、それぞれ都市計画において定められた数値である。
・特定行政庁が都道府県都市計画審議会の議を経て指定する区域ではない。

※上記以外の条件は考慮せず、各問に従うこと。

《問1》 建築物の用途に関する制限および高齢者の居住の安定確保に関する法律に基づく「サービス付き高齢者向け住宅」の概要に関する以下の文章の空欄①～⑧に入る最も適切な語句または数値を、解答用紙に記入しなさい。

〈建築物の用途に関する制限〉

Ⅰ 用途地域とは、地域における住居の環境の保護や商業、工業の利便の増進を図るなど、市街地の大枠としての土地利用を定めるもので、都市計画法において第一種住居地域や第二種住居地域など合計（ ① ）種類が定められており、建築基準法において、その種類ごとに、当該用途地域内で建築することができる建築物の用途が制限されている。

甲土地と乙土地とを一体とした土地について、第一種住居地域に属する部分および第二種住居地域に属する部分にまたがって建築物を建築する場合は、その全部について、（ ② ）地域の建築物の用途に関する規定が適用される。

〈サービス付き高齢者向け住宅の概要〉

Ⅱ サービス付き高齢者向け住宅とは、高齢者が日常生活を営むために必要な福祉サービスの提供を受けることができる良好な居住環境を備えた賃貸等の住宅で、その名称を使用するためには、都道府県知事等の登録が必要となる。当該住宅を新築する場合、登録基準は、各居住部分の床面積が原則として（ ③ ）㎡以上であること、（ ④ ）構造であること、ケアの専門家が少なくとも日中建物に常駐して状況把握（安否確認）サービスと（ ⑤ ）サービスが提供されることなどとされ、その登録は（ ⑥ ）年ごとの更新制となっている。

登録されたサービス付き高齢者向け住宅は、所定の要件のもと、国による補助事業の対象となる。当該住宅を新築する場合、原則として、補助率は新築工事に要する所定の工事費の（ ⑦ ）％とされ、一戸当たりの上限額が設定されている。

また、所定の要件を満たすサービス付き高齢者向け住宅を新築して賃貸の用に供する場合、固定資産税における（ ⑧ ）年間の減額措置や不動産取得税にお

ける軽減措置といった税制上の優遇措置が設けられている。

《問2》甲土地と乙土地とを一体とした土地の上に耐火建築物を建築する場合、次の①および②に答えなさい（計算過程の記載は不要）。〈答〉は㎡表示とすること。なお、記載のない事項については考慮しないものとする。

① 建蔽率の上限となる建築面積はいくらか。
② 容積率の上限となる延べ面積はいくらか。

《問3》Aさんが、下記の〈条件〉で自宅（建物）および甲土地を譲渡し、「相続財産に係る譲渡所得の課税の特例（相続税の取得費加算の特例）」「居住用財産を譲渡した場合の3,000万円の特別控除」「居住用財産を譲渡した場合の長期譲渡所得の課税の特例」の適用を受けた場合、次の①〜③に答えなさい。〔計算過程〕を示し、〈答〉は100円未満を切り捨てて円単位とすること。

　なお、譲渡所得の金額の計算上、取得費については概算取得費を用いることとし、本問の譲渡所得以外の所得や所得控除等は考慮しないものとする。

① 課税長期譲渡所得金額はいくらか。
② 課税長期譲渡所得金額に係る所得税および復興特別所得税の合計額はいくらか。
③ 課税長期譲渡所得金額に係る住民税額はいくらか。

〈条件〉

〈譲渡資産に係る資料〉
・譲渡資産の譲渡価額
　自宅（建物）：200万円、甲土地：8,000万円
・譲渡資産の所有期間
　自宅（建物）、甲土地いずれも40年
・譲渡資産の取得費
　自宅（建物）、甲土地いずれも不明
・譲渡費用
　250万円（仲介手数料等）

〈母の相続に関する資料〉
・相続人
　Aさん（ほかに相続人はいない）
・自宅（建物）の相続税評価額
　400万円
・土地の相続税評価額
　甲土地：4,000万円、乙土地：2,200万円（左記以外に相続した土地はない）
　※「小規模宅地等についての相続税の課税価格の計算の特例」適用後の金額。
・Aさんの相続税の課税価格
　8,600万円（債務控除200万円を控除した後の金額）
・Aさんが納付した相続税額
　800万円（贈与税額控除、相次相続控除の適用は受けていない）
・自宅（建物）および甲土地に係る相続登記関係費用
　35万円（登録免許税、司法書士手数料等）

【第5問】

　　　　　④ バリアフリー（構造）　⑤ 生活相談（サービス）
　　　　　⑥ 5（年）　⑦ 10（％）　⑧ 5（年間）

〈建築物の用途に関する制限〉

Ⅰ　用途地域とは、地域における住居の環境の保護や商業、工業の利便の増進を図る
など、市街地の大枠としての土地利用を定めるもので、都市計画法において第一種
住居地域や第二種住居地域など合計（①　**13**）種類が定められており、建築基準
法において、その種類ごとに、当該用途地域内で建築することができる建築物の用
途が制限されている。

　　甲土地と乙土地とを一体とした土地について、第一種住居地域に属する部分およ
び第二種住居地域に属する部分にまたがって建築物を建築する場合は、その全部に
ついて、（②　**第二種住居**）地域の建築物の用途に関する規定が適用される。

〈サービス付き高齢者向け住宅の概要〉

Ⅱ　サービス付き高齢者向け住宅とは、高齢者が日常生活を営むために必要な福祉サ
ービスの提供を受けることができる良好な居住環境を備えた賃貸等の住宅で、その
名称を使用するためには、都道府県知事等の登録が必要となる。当該住宅を新築す
る場合、登録基準は、各居住部分の床面積が原則として（③　**25**）㎡以上である
こと、（④　**バリアフリー**）構造であること、ケアの専門家が少なくとも日中建物
に常駐して状況把握（安否確認）サービスと（⑤　**生活相談**）サービスが提供され
ることなどとされ、その登録は（⑥　**5**）年ごとの更新制となっている。

　　登録されたサービス付き高齢者向け住宅は、所定の要件のもと、国による補助事
業の対象となる。当該住宅を新築する場合、原則として、補助率は新築工事に要す
る所定の工事費の（⑦　**10**）％とされ、一戸当たりの上限額が設定されている。

　　また、所定の要件を満たすサービス付き高齢者向け住宅を新築して賃貸の用に供
する場合、固定資産税における（⑧　**5**）年間の減額措置や不動産取得税における
軽減措置といった税制上の優遇措置が設けられている。

《問2》 正解 ① 546㎡　② 1,624㎡

① 建蔽率の上限となる建築面積
・第一種住居地域の部分　　（110㎡＋30㎡）×（50％＋10％＋10％）＝98㎡
・第二種住居地域の部分　　（440㎡＋120㎡）×（60％＋10％＋10％）＝448㎡
・建蔽率の上限となる建築面積　98㎡＋448㎡＝**546㎡**

　　建蔽率の異なる複数の地域にまたがる場合の最大建築面積は、各地域の敷地面積
に各地域の建蔽率を乗じた値の合計となる。乙土地は、特定行政庁が指定する角地

であり、甲土地と乙土地を一体とした土地の上に建築物を建築する場合、甲土地および乙土地ともに建蔽率が10％緩和される。

また、準防火地域において、耐火建築物、準耐火建築物およびこれらの建築物と同等以上の延焼防止性能の建築物を建築する場合も建蔽率が10％緩和される。

② 容積率の上限となる延べ面積

前面道路は広いほうの6mとなる。

〈容積率の決定〉

・第一種住居地域の部分

$$6\,\text{m} \times \frac{4}{10} = 240\% \ > 200\%（指定容積率）\qquad \therefore \quad 200\%を適用$$

140㎡×200％＝280㎡

・第二種住居地域の部分

$$6\,\text{m} \times \frac{4}{10} = 240\% \ < 300\%（指定容積率）\qquad \therefore \quad 240\%を適用$$

560㎡×240％＝1,344㎡

・甲土地における容積率の上限となる延べ面積

280㎡＋1,344㎡＝**1,624㎡**

《問3》 　正解 ① 41,400,000円　　② 4,226,900円
　　　　　　③ 1,656,000円

① 課税長期譲渡所得金額

・取得費が不明のため、概算取得費とする。

　（2,000,000円＋80,000,000円）×5％＝4,100,000円

・相続財産に係る譲渡所得の課税の特例（相続税の取得費加算の特例）により取得費に加算される金額を計算する。

$$取得費加算額＝相続税額 \times \frac{譲渡資産の相続税評価額}{相続税の課税価格^{※}}（譲渡益を限度）$$

※ 生前贈与は含むが、債務控除は適用しない金額である。

$$8,000,000円 \times \frac{4,000,000円＋40,000,000円}{86,000,000円＋2,000,000円} = 4,000,000円$$

・譲渡対価－（取得費＋譲渡費用）－3,000万円特別控除によって課税長期譲渡所得の金額を求める。

$(2,000,000円 + 80,000,000円) - (4,100,000円 + 4,000,000円 + 2,500,000円)$
$- 30,000,000円 = \mathbf{41,400,000円}$

② 所得税および復興特別所得税の合計額

・所有期間が40年のため、長期譲渡所得の課税の特例が適用される。

課税所得金額が6,000万円以下については所得税10％（復興特別所得税は含んでいない）、住民税4％に軽減される。

課税所得金額が6,000万円を超える金額については、所得税15％（復興特別所得税は含んでいない）、住民税5％が課税される。

所得税額　$41,400,000円 \times 10\% = 4,140,000円$

復興特別所得税額　$4,140,000円 \times 2.1\% = 86,940円$

$4,140,000円 + 86,940円 = 4,226,940円 \rightarrow \mathbf{4,226,900円}$（100円未満切捨て）

③ 住民税額

$41,400,000円 \times 4\% = \mathbf{1,656,000円}$

次の設例に基づいて、下記の各問（《問1》～《問3》）に答えなさい。

《設 例》

甲土地の借地権者であるAさんは、甲土地上にある自宅で妻と2人で暮らしている。Aさんは、自宅が老朽化してきたため、建替えを検討していたところ、先日、甲土地の貸主（地主）であるBさんから、甲土地を乙土地と丙土地に分割して、乙土地部分をAさんが取得し、丙土地部分をBさんが取得するように借地権と所有権（底地）を交換したいとの提案を受けた。提案を受け、Aさんは借地権と所有権（底地）を交換した場合における新しい自宅の建替えを検討することにした。

甲土地および交換後の乙土地、丙土地の概要は、以下のとおりである。

〈甲土地の概要〉

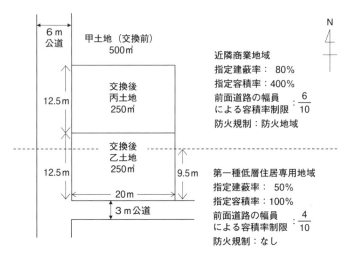

（注）
- 甲土地は500㎡の長方形の土地であり、交換後の乙土地および丙土地はいずれも250㎡の長方形の土地である。
- 交換後の乙土地のうち、近隣商業地域に属する部分は60㎡、第一種低層住居専用地域に属する部分は190㎡である。
- 幅員3mの公道は、建築基準法第42条第2項により特定行政庁の指定を受けた道路である。3m公道の道路中心線は、当該道路の中心部分にある。また、3m公道の甲土地の反対側は宅地であり、がけ地や川等ではない。

- ・交換後の乙土地は、建蔽率の緩和について特定行政庁が指定する角地ではない。
- ・指定建蔽率および指定容積率とは、それぞれ都市計画において定められた数値である。
- ・特定行政庁が都道府県都市計画審議会の議を経て指定する区域ではない。

※上記以外の条件は考慮せず、各問に従うこと。

《問1》Aさんが、下記の〈条件〉で借地権と所有権（底地）を交換し、「固定資産の交換の場合の譲渡所得の特例」の適用を受けた場合、次の①および②に答えなさい。〔計算過程〕を示し、〈答〉は100円未満を切り捨てて円単位とすること。なお、本問の譲渡所得以外の所得や所得控除等は考慮しないものとする。

① 課税長期譲渡所得金額はいくらか。
② 課税長期譲渡所得金額に係る所得税および復興特別所得税、住民税の合計額はいくらか。

〈条件〉

〈交換譲渡資産〉	
・交換譲渡資産	：借地権（旧借地法による借地権） ※2009年10月に相続（単純承認）により取得
・交換譲渡資産の取得費	：不明
・交換譲渡資産の時価	：3,000万円（交換時）
・交換費用（仲介手数料等）	：100万円（譲渡と取得の費用区分は不明）
〈交換取得資産〉	
・交換取得資産	：所有権（底地）
・交換取得資産の時価	：2,700万円（交換時）
〈交換差金〉	
・AさんがBさんから受領した交換差金：300万円	

《問2》交換後の乙土地に耐火建築物を建築する場合、次の①および②に答えなさい（計算過程の記載は不要）。〈答〉は㎡表示とすること。なお、記載のない事項については考慮しないものとする。

① 建蔽率の上限となる建築面積はいくらか。

② 容積率の上限となる延べ面積はいくらか。

《問3》建築基準法等における建築物の高さおよび外壁の後退距離等に関する以下の
文章の空欄①～⑦に入る最も適切な語句または数値を、解答用紙に記入しなさい。

〈建物の高さ制限〉

Ⅰ 「都市計画区域と準都市計画区域内において、用途地域等に応じて、建築物の高
さの制限が定められています。第一種低層住居専用地域、第二種低層住居専用地域
または（ ① ）地域内における建築物の高さは、原則として、10mまたは12mのう
ち都市計画で定められた限度を超えてはならないとされています。

　　また、第一種低層住居専用地域内にある建築物に適用される高さの制限には、道
路斜線制限と（ ② ）斜線制限があります。

　　ほかにも、日影規制（日影による中高層の建築物の高さの制限）の対象区域であ
る第一種低層住居専用地域では、原則として、軒高が（ ③ ）m超または地階を除
く階数が3以上の建築物は、一部地域を除き、冬至日の午前（ ④ ）時から午後4
時までの間において、一定範囲に一定時間以上日影となる部分を生じさせることの
ないものにする必要があります」

〈外壁の後退距離等〉

Ⅱ 「民法では、建物を築造する場合、境界線から（ ⑤ ）cm以上の距離を保たなけ
ればならないとされ、この規定と異なる慣習があるときは、その慣習に従うとされ
ています。建築基準法において都市計画で建築物の外壁と敷地境界線までの距離の
限度を定める場合は、第一種低層住居専用地域、第二種低層住居専用地域または
（ ① ）地域では、原則として、その限度は、1.5mまたは（ ⑥ ）m以上とされてい
ます。

　　なお、壁、柱、床その他の建築物の部分の構造のうち、（ ⑦ ）性能に関して一
定の技術的基準に適合する鉄筋コンクリート造、れんが造その他の構造で、国土交
通大臣が定めた構造方法を用いるものまたは国土交通大臣の認定を受けたものを
（ ⑦ ）構造といいますが、防火地域または準防火地域内にある建築物で、外壁が
（ ⑦ ）構造のものについては、その外壁を隣地境界線に接して設けることができ
ます。

　　また、地区計画や建築協定、風致地区などによって建物の位置関係について定め
られている場合もあるので確認が必要です」

【第6問】

《問1》 正解 ① **2,800,000円** ② **568,800円**

① 課税長期譲渡所得金額

$$300万円-(3,000万円\times5\%+100万円\times50\%)\times\frac{300万円}{2,700万円+300万円}=\textbf{2,800,000円}$$

② 所得税および復興特別所得税、住民税の合計額

所得税および復興特別所得税額

280万円×15% = 420,000円

420,000円×2.1% = 8,820円

420,000円 + 8,820円 = 428,800円（100円未満切捨て）

住民税額

280万円× 5 % = 140,000円

合計額

428,800円 + 140,000円 = **568,800円**

〈解説〉

・Aさんが受領した交換差金300万円が収入となる。

・取得費は不明のため、概算取得費150万円（3,000万円× 5 %）とする。

・交換費用100万円は譲渡と取得の費用区分が不明のため50%（50万円）を譲渡費用とする。

・取得費150万円と譲渡費用50万円は、交換譲渡資産3,000万円全体の分であるため、交換差金300万円分だけを収入から控除する。

・相続（単純承認）による取得の場合、被相続人の取得日を引き継ぐ。本問では、被相続人の取得日の記載がないため正確な所有期間の判定はできないが、相続による取得時期から計算しても譲渡年の1月1日時点で5年超となる。したがって、税率は所得税15%、住民税5%である。復興特別所得税額は所得税額に2.1%を乗じて算出する。

《問2》 正解 ① **168㎡** ② **396㎡**

〈解説〉

① 建蔽率の上限となる建築面積

乙土地の南側にある幅員3m公道は、建築基準法第42条第2項により特定行政庁の指定を受けた道路であるため、セットバックが必要である。3m公道の乙土地の反対側は宅地であり、がけ地や川等ではないため、道路の中心線から2mは道路とみなされる。したがって、セットバック部分の面積は次のとおりである。

$2\,\mathrm{m}-3\,\mathrm{m}\div2=0.5\mathrm{m}$　　$0.5\mathrm{m}\times20\mathrm{m}=10\,\mathrm{m}^2$

近隣商業地域は防火地域内にあり、第一種低層住居専用地域に防火規制はないが、乙土地全体に対して防火地域の規制が及ぶ。したがって、乙土地に耐火建築物を建築するため、指定建蔽率80%の近隣商業地域は適用除外となり、第一種低層住居専用地域は10%緩和される。なお、乙土地は、建蔽率の緩和について特定行政庁が指定する角地ではないため、角地による建蔽率の緩和規定は適用されない。

・敷地面積の確認

（近隣商業地域）資料より60㎡

（第一種低層住居専用地域）190㎡－10㎡＝180㎡

・建蔽率の決定

（近隣商業地域）100%［適用除外］

（第一種低層住居専用地域）50%＋10%＝60%

・建蔽率の上限となる建築面積

60㎡×100%＋180㎡×60%＝**168㎡**

② 容積率の上限となる延べ面積

幅の広い6m公道が前面道路となる。12m未満であるため、前面道路に法定乗数を乗じた数値と指定容積率を比較し、いずれか小さいほうを用いる。

・容積率の決定

（近隣商業地域）$6\,\mathrm{m}\times\dfrac{6}{10}=360\%<400\%$（指定容積率）　　∴　360%を適用

（第一種低層住居専用地域）$6\,\mathrm{m}\times\dfrac{4}{10}=240\%>100\%$（指定容積率）

∴　100%を適用

※　「特定行政庁が都道府県都市計画審議会の議を経て指定する区域ではない」ため、近隣商業地域の法定乗数は6/10、第一種低層住居専用地域の法定乗数は4/10を使用する。

・容積率の上限となる延べ面積

60㎡×360%＋180㎡×100%＝**396㎡**

《問3》 正解 ① **田園住居（地域）**　② **北側（斜線制限）**　③ **7（m）**
④ **8（時）**　⑤ **50（cm）**　⑥ **1（m）**
⑦ **耐火（性能／構造）**

〈建物の高さ制限〉

I 「都市計画区域と準都市計画区域内において、用途地域等に応じて、建築物の高

さの制限が定められています。第一種低層住居専用地域、第二種低層住居専用地域または（①　**田園住居**）地域内における建築物の高さは、原則として、10mまたは12mのうち都市計画で定められた限度を超えてはならないとされています。

　また、第一種低層住居専用地域内にある建築物に適用される高さの制限には、道路斜線制限と（②　**北側**）斜線制限があります。

　ほかにも、日影規制（日影による中高層の建築物の高さの制限）の対象区域である第一種低層住居専用地域では、原則として、軒高が（③　**7**）m超または地階を除く階数が3以上の建築物は、一部地域を除き、冬至日の午前（④　**8**）時から午後4時までの間において、一定範囲に一定時間以上日影となる部分を生じさせることのないものにする必要があります」

〈外壁の後退距離等〉

Ⅱ　「民法では、建物を築造する場合、境界線から（⑤　**50**）cm以上の距離を保たなければならないとされ、この規定と異なる慣習があるときは、その慣習に従うとされています。建築基準法において都市計画で建築物の外壁と敷地境界線までの距離の限度を定める場合は、第一種低層住居専用地域、第二種低層住居専用地域または（①　**田園住居**）地域では、原則として、その限度は、1.5mまたは（⑥　**1**）m以上とされています。

　なお、壁、柱、床その他の建築物の部分の構造のうち、（⑦　**防火**）性能に関して一定の技術的基準に適合する鉄筋コンクリート造、れんが造その他の構造で、国土交通大臣が定めた構造方法を用いるものまたは国土交通大臣の認定を受けたものを（⑦　**防火**）構造といいますが、防火地域または準防火地域内にある建築物で、外壁が（⑦　**防火**）構造のものについては、その外壁を隣地境界線に接して設けることができます。

　また、地区計画や建築協定、風致地区などによって建物の位置関係について定められている場合もあるので確認が必要です」

〈解説〉

Ⅰ　日影規制（日影による中高層の建築物の高さの制限）について

　商業地域、工業地域および工業専用地域を除く対象区域のうち、地方公共団体の条例で指定される区域内にある一定の建築物は、冬至日の午前8時から午後4時まで（北海道では午前9時から午後3時まで）の間において、それぞれ一定の時間、隣地に日影を生じさせることのないものとしなければならない。

対象区域	規制の対象となる建築物
第一種・第二種低層住居専用地域 田園住居地域	次のいずれか ・軒高7m超の建築物 ・地階を除く階数3以上の建築物
第一種・第二種中高層住居専用地域	高さ10m超の建築物 (適用区域内では北側斜線制限は適用されない)
第一種・第二種住居地域、準住居地域 近隣商業地域 準工業地域	高さ10m超の建築物

Ⅱ　外壁の後退距離等

　　第一種低層住居専用地域、第二種低層住居専用地域または田園住居地域内においては、建築物の外壁またはこれに代わる柱の面から敷地境界線までの距離（外壁の後退距離）は、当該地域に関する都市計画においてこの限度が定められた場合においては、一定の場合を除き、1.5mまたは1m以上でなければならない。これは、建物の位置の範囲を定めることにより、家屋の軒同士の接触を防止するための措置である。

　　防火地域または準防火地域内にある建築物で、外壁が耐火構造のものについては、その外壁を隣地境界線に接して設けることができる。なお、耐火構造とは、壁、柱、床その他の建築物の部分の構造のうち、耐火性能（通常の火災が終了するまでの間当該火災による建築物の倒壊および延焼を防止するために当該建築物の部分に必要とされる性能）に関して一定の技術的基準に適合する鉄筋コンクリート造、れんが造その他の構造で、国土交通大臣が定めた構造方法を用いるものまたは国土交通大臣の認定を受けたものをいう。

【第7問】（2013年1月 第4問《問60》～《問62》）　　　チェック欄 □□□□□

次の設例に基づいて、下記の各問（《問1》～《問3》）に答えなさい。

─《設　例》─

　X社は、甲土地を所有しているが、面する道路が東側にしかなく、有効活用できない悩みを抱えていた。そんな折、懇意にしている不動産業者から隣接する乙土地の売却情報があるので、乙土地を購入して、甲土地および乙土地を一体の土地として、当該土地に貸しビルを建築することを勧められた。

　そこで、X社は、乙土地の取得および貸しビルの建築等についてファイナンシャル・プランナーに相談することとした。

〈土地の概要〉

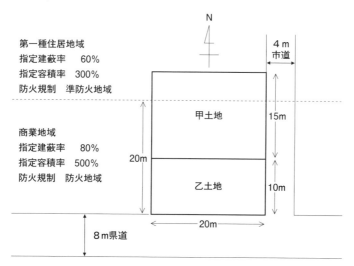

・甲土地および乙土地は、それぞれ敷地面積が300㎡および200㎡の長方形の土地である。
・道路および用途地域区分線は、甲土地および乙土地に対し水平および垂直である。
・甲土地および乙土地を一体とした土地は、特定行政庁から指定された角地である。
・特定行政庁が都道府県都市計画審議会の議を経て指定する区域ではない。

※上記以外の条件は考慮せず、各問に従うこと。

《問1》土地の購入上の留意点について、ファイナンシャル・プランナーが説明した次の文章の空欄①〜③に入る最も適切な語句を、解答用紙に記入しなさい。

　土地の売買にあたって、登記記録の面積を基準として売買し、契約から引渡しまでの間に土地の実測を行い、実測面積と登記記録の面積が相違した場合は、あらかじめ売主・買主間で定めた単価で売買代金を増減する方法がある。これが通常、（　①　）といわれるものである。また、売買の対象となる土地と隣地の筆の界（さかい）に紛争があるときは、不動産登記法に定める（　②　）制度を利用することで境界に関するトラブルを解決することができる場合もある。

　売買契約にあたっては、一般的に手付金の授受が行われている。手付金は売買代金の一部ではなく、各種の性格を有するものとされているが、民法では買主が売主に手付を交付した場合、その手付は（　③　）であるとしている。

《問2》甲土地および乙土地を一体とした土地において貸しビル（耐火建築物）を建築する場合、次の①〜②に答えなさい。それぞれ計算過程を示して、答えは％表示とし、％表示の小数点第1位を四捨五入すること。

①　甲土地および乙土地を一体とした土地に適用される建蔽率の上限はいくらか。
②　甲土地および乙土地を一体とした土地に適用される容積率の上限はいくらか。

《問3》甲土地および乙土地を一体とした土地において建築される貸しビルおよびその敷地の収益価格に関する下記の表の空欄①〜⑥に入る最も適切な数値を、以下の〈条件〉をもとに解答用紙に記入しなさい。答は千円未満を四捨五入し千円単位とすること。なお、表中の「□□□」は、問題の性質上、伏せてある。

〈条件〉
　・純収益は、2年末は1年末と同額、3年末は2年末より2％増額する。
　・転売価格は3年末の純収益を最終還元利回りで還元して求める。なお、最終還元利回りは6％とする。

収入時点	純収益	割引率（複利現価率）	純収益の現在価値
1 年末	35,000	0.952	（ ① ）
2 年末	□□□	0.907	□□□
3 年末	□□□	0.864	（ ② ）
3 年間の純収益の現在価値の合計			（ ③ ）
収入時点	転売価格	割引率	転売価格の現在価値
3 年末	（ ④ ）	0.864	（ ⑤ ）
収益価格（3 年間の純収益の現在価値の合計と転売価格の現在価値との合計額 ③＋⑤）			（ ⑥ ）

【第7問】

《問1》 正解 **①** **実測取引** **②** **筆界特定** **③** **解約手付**

　土地の売買にあたって、登記記録の面積を基準として売買し、契約から引渡までの間に土地の実測を行い、実測面積と登記記録の面積が相違した場合は、あらかじめ売主・買主間で定めた単価で売買代金を増減する方法がある。これが通常、（① **実測取引**）といわれるものである。また、売買の対象となる土地と隣地の筆の界（さかい）に紛争があるときは、不動産登記法に定める（② **筆界特定**）制度を利用することで境界に関するトラブルを解決することができる場合もある。

　売買契約にあたっては、一般的に手付金の授受が行われている。手付金は売買代金の一部ではなく、各種の性格を有するものとされているが、民法では買主が売主に手付を交付した場合、その手付は（③ **解約手付**）であるとしている。

《問2》 正解 **①** **96%** **②** **444%**

各用途地域に含まれる敷地部分の面積
- 第一種住居地域の部分　　（25m − 20m）× 20m = 100㎡
- 商業地域の部分　　　　　20m × 20m = 400㎡

① 第一種住居地域の部分　　100㎡ ×（60% + 10% + 10%）= 80㎡
　　商業地域の部分　　　　　400㎡ × 100% = 400㎡

　　建蔽率の限度　　　　$\dfrac{80㎡ + 400㎡}{500㎡} \times 100 = \mathbf{96\%}$

　建蔽率の異なる複数の地域にまたがる場合の最大建築面積は、各地域の敷地面積に各地域の建蔽率を乗じた値を合計したものとなり、敷地全体の建蔽率の上限は、最大建築可能面積を敷地面積で除した値となる。商業地域が防火地域であるため、一体利用して建築物を建築する場合、第一種住居地域も防火地域の規制を受ける。防火地域内に耐火建築物（耐火建築物と同等以上の延焼防止性能を有する建築物を含む）を建築する場合には、指定建蔽率が10%緩和される。また、指定建蔽率80%とされている地域は建蔽率の適用除外（建蔽率100%）となるため、商業地域の建蔽率は100%となる。一体とした土地は特定行政庁から指定された角地であるため、第一種住居地域については、さらに建蔽率が10%緩和される。

② 第一種住居地域の部分　　$8\,m \times \dfrac{4}{10} = 320\% > 300\%$（指定容積率）

　　　　　　　　　　　　　　　　　∴　300%を適用

　　延べ面積の限度　　　　100㎡ × 300% = 300㎡

576

商業地域の部分　　　　　$8\,\text{m} \times \dfrac{6}{10} = 480\% \,<\, 500\%$（指定容積率）

$$\therefore\quad 480\%\text{を適用}$$

延べ面積の限度　　　　$400㎡ \times 480\% = 1{,}920㎡$

容積率の限度　　　　　$\dfrac{300㎡ + 1{,}920㎡}{500㎡} \times 100 = \mathbf{444\%}$

　容積率の異なる複数の地域にまたがる場合の最大建築可能延べ面積は、各地域の敷地面積に各地域の容積率を乗じた値を合計したものとなり、敷地全体の容積率の上限は、最大建築可能延べ面積を敷地面積で除した値となる。

　前面道路（2面以上に接している場合には広いほう）の幅員が12m未満であるため、幅員による容積率制限で求めた容積率（「前面道路の幅員×法定乗数」）と、指定容積率を比較して、小さいほうの容積率が適用される。「特定行政庁が都道府県都市計画審議会の議を経て指定する区域ではない」ため、法定乗数は、住居系地域である第一種住居地域の部分は4/10、住居系以外の地域である商業地域の部分は6/10を使用する。なお、一体利用するため、いずれの敷地も法定乗数を乗じる前面道路の幅員は8mとなる。

第5章 不動産 応用編

《問3》　正解　① **33,320**（千円）　　② **30,845**（千円）
　　　　　③ **95,910**（千円）　　④ **595,000**（千円）
　　　　　⑤ **514,080**（千円）　　⑥ **609,990**（千円）

① 　1年末の純収益の現在価値　　$35{,}000\text{千円} \times 0.952 = \mathbf{33{,}320\text{千円}}$

② 　3年末の純収益　　　　　　　$35{,}000\text{千円} \times (1 + 0.02) = 35{,}700\text{千円}$

　　3年末の純収益の現在価値　　$35{,}700\text{千円} \times 0.864 = 30{,}844.8 \rightarrow \mathbf{30{,}845\text{千円}}$

（千円未満四捨五入）

③ 　2年末の純収益の現在価値　　$35{,}000\text{千円} \times 0.907 = 31{,}745\text{千円}$

　　3年間の純収益の現在価値の合計　　$33{,}320\text{千円} + 31{,}745\text{千円} + 30{,}845\text{千円} = \mathbf{95{,}910\text{千円}}$

④ 　転売価格　　$35{,}700\text{千円} \div 0.06 = \mathbf{595{,}000\text{千円}}$

⑤ 　転売価格の現在価値　　$595{,}000\text{千円} \times 0.864 = \mathbf{514{,}080\text{千円}}$

⑥ 　収益価格（③＋⑤）　　$95{,}910\text{千円} + 514{,}080\text{千円} = \mathbf{609{,}990\text{千円}}$

（単位：千円）

収入時点	純収益	割引率（複利現価率）	純収益の現在価値
1年末	35,000	0.952	（　① **33,320**　）
2年末	35,000	0.907	31,745
3年末	35,700	0.864	（　② **30,845**　）
3年間の純収益の現在価値の合計			（　③ **95,910**　）
収入時点	転売価格	割引率	転売価格の現在価値
3年末	（　④ **595,000**　）	0.864	⑤ **514,080**
収益価格（3年間の純収益の現在価値の合計と転売価格の現在価値との合計額 ③＋⑤）			（　⑥ **609,990**　）

577

次の設例に基づいて、下記の各問（《問1》〜《問3》）に答えなさい。

《設 例》

Aさん（65歳）は、甲土地（Aさんが所有する賃貸アパートの敷地）および乙土地（Aさんが所有する自宅の敷地）を所有している。

Aさんは、老朽化した自宅と賃貸アパートを撤去した後、甲土地と乙土地とを一体とした土地に、賃貸マンションを建築して、大家として当該マンションに住むか、甲土地は貸駐車場とし、乙土地は6,000万円で売却して、その売却資金で娘夫婦が住む近隣の都市に分譲マンションを4,500万円で購入して移り住むかを検討している。

〈甲土地および乙土地の概要〉

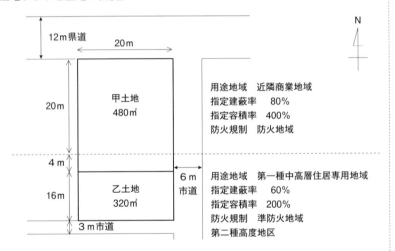

（注）
・甲土地は480㎡の長方形の土地であり、近隣商業地域に属する部分は400㎡、第一種中高層住居専用地域に属する部分は80㎡である。
・乙土地は320㎡の長方形の土地である。
・指定建蔽率および指定容積率は、それぞれ都市計画において定められた数値である。
・甲土地、甲土地と乙土地とを一体とした土地は、建蔽率の緩和について特定行政庁が指定する角地であるが、乙土地は建蔽率の緩和について特定行政庁が指定する角地ではない。

・乙土地の南側、幅員3m市道は建築基準法第42条第2項により特定行政庁の指定を受けた道路である。3m市道の中心線は、当該道路の中心部にある。また、3m市道の乙土地の反対側は宅地であり、がけ地や川等ではない。
・特定行政庁が都道府県都市計画審議会の議を経て指定する区域ではない。

※上記以外の条件は考慮せず、各問に従うこと。

《問1》甲土地と乙土地とを一体とした土地に耐火建築物を建築する場合、次の①および②に答えなさい（計算過程の記載は不要）。〈答〉は㎡表示とすること。なお、記載のない事項については考慮しないものとする。

① 建蔽率の上限となる建築面積はいくらか。
② 容積率の上限となる延べ面積はいくらか。

《問2》建築物の高さ制限等ならびに不動産の取得および保有等に係る税金に関する以下の文章の空欄①〜⑥に入る最も適切な語句または数値を、解答用紙に記入しなさい。

〈建築基準法および都市計画法の高さ制限等〉
　Ⅰ 「都市計画法において定められた都市計画区域および準都市計画区域内の建築物の高さ制限には、建築基準法において絶対高さ制限や、道路斜線制限、（①）斜線制限および（②）斜線制限がありますが、その他にも日影による中高層の建築物の高さの制限（以下、「日影規制」という）があります。なお、高さ制限において第一種中高層住居専用地域および第二種中高層住居専用地域では、（②）斜線制限は日影規制が適用されない場合に限り適用されます。
　　都市計画法に基づく地域地区には、建築物の高さの最高限度または最低限度（準都市計画区域内では最高限度）を定める（③）地区や、建築物の容積率の最高限度および最低限度、建築物の建蔽率の最高限度、建築物の建築面積の最低限度ならびに壁面の位置の制限を定める（④）地区があります」

〈不動産の取得および保有等に係る税金〉
　Ⅱ 「賃貸マンションを新築した場合、不動産取得税については、1室（40㎡以上240㎡以下）につき課税標準となるべき価格から（⑤）万円（認定長期優良住宅を除く）を控除する特例の適用を受けることができます。また、固定資産税は、住

宅用地の課税標準を住宅1戸につき200㎡までの部分（小規模住宅用地）につい
て課税標準となるべき価格の6分の1の額とし、それを超える部分について課税
標準となるべき価格の3分の1の額とする特例の適用を受けることができます。
　　賃貸マンションの敷地は、相続税の課税価格の計算上、貸家建付地として評価さ
れ、自用地の評価額から『自用地の評価額×（　⑥　）×借家権割合×賃貸割合』
を控除した額が評価額とされます」

《問3》　Aさんが、下記の〈譲渡資産および買換資産に関する資料〉に基づき、自宅
を買い換えた場合、次の①および②に答えなさい。〔計算過程〕を示し、〈答〉は100
円未満を切り捨てて円単位とすること。なお、本問の譲渡所得以外の所得や所得控除
等は考慮しないものとする。

①　「特定の居住用財産の買換えの場合の長期譲渡所得の課税の特例」の適用を受け
　た場合の譲渡所得の金額に係る所得税および復興特別所得税、住民税の合計額はい
　くらか。
②　「居住用財産を譲渡した場合の3,000万円の特別控除」および「居住用財産を譲渡
　した場合の長期譲渡所得の課税の特例」の適用を受けた場合の譲渡所得の金額に係
　る所得税および復興特別所得税、住民税の合計額はいくらか。

〈譲渡資産および買換資産に関する資料〉
・譲渡資産の譲渡価額：6,000万円
・譲渡資産の取得費　：不明
・譲渡費用　　　　　：500万円
・買換資産の取得価額：4,500万円

【第8問】

《問1》 正解 ① **712㎡**　② **2,380㎡**

① 甲土地と乙土地を一体とした土地における建蔽率の上限となる建築面積

乙土地の南側にある幅員3m市道は、建築基準法第42条第2項により特定行政庁の指定を受けた道路であるため、セットバックが必要である。3m市道の乙土地の反対側は宅地であり、がけ地や川等ではないため、道路の中心線から2mは道路とみなされる。したがって、セットバック部分の面積は次のとおりである。

$2m - 3m ÷ 2 = 0.5m$　$0.5m × 20m = 10㎡$

近隣商業地域は防火地域であり、第一種中高層住居専用地域は準防火地域にあるが、甲土地と乙土地を一体とした土地全体に対して防火地域の規制が及ぶ。したがって、甲土地と乙土地を一体とした土地に耐火建築物を建築するため、指定建蔽率80%の近隣商業地域は適用除外となり、第一種中高層住居専用地域は10%緩和される。なお、甲土地と乙土地を一体とした土地は、建蔽率の緩和について特定行政庁が指定する角地であるため、第一種中高層住居専用地域はさらに10%緩和される。

・建蔽率の決定

（近隣商業地域）100%［適用除外］

（第一種中高層住居専用地域）60% + 10% + 10% = 80%

・建蔽率の上限となる建築面積

$400㎡ × 100% + (80㎡ + 320㎡ - 10㎡) × 80% = $**712㎡**

② 甲土地と乙土地を一体とした土地における容積率の上限となる延べ面積

幅の広い12m県道が前面道路となる。12m以上であるため、指定容積率を用いる。

・甲土地と乙土地を一体とした土地における容積率の上限となる延べ面積

$400㎡ × 400% + (80㎡ + 320㎡ - 10㎡) × 200% = $**2,380㎡**

《問2》 正解 ① **隣地（斜線制限）**　② **北側（斜線制限）**
　　　　　③ **高度（地区）**　④ **高度利用（地区）**
　　　　　⑤ **1,200万円**　⑥ **借地権割合**

I　建築物の高さ制限等

（① **隣地**）斜線制限は、第一種・第二種低層住居専用地域および田園住居地域以外の地域において適用される。一方、（② **北側**）斜線制限は、原則として、第一種・第二種低層住居専用地域、田園住居地域、第一種・第二種中高層住居専用地域に適用される。ただし、日影による中高層の建築物の高さの制限が提供される第一種・第二種中高層住居専用地域については、北側斜線制限は適用されない。

都市計画法で定める地域地区のうち、（③ **高度**）地区は、用途地域内で市街地の環境維持や土地利用の増進を図るために、建築物の高さの最高限度または最低限

第5章 不動産 応用編

度を定める地区である。一方、(④　**高度利用**）地区は、用途地域内で土地の合理
的かつ健全な高度利用と都市機能の更新とを図るため、容積率の最高限度および最
低限度、建蔽率の最高限度、建築面積の最低限度、壁面の位置の制限を定める地区
である。

Ⅱ　不動産の取得および保有等に係る税金

　　不動産取得税において、床面積が1戸（マンション等の共同住宅にあっては独立
区画1つごと）当たり50㎡（一戸建て以外の貸家住宅は40㎡）以上240㎡以下であ
る住宅を新築した場合、その住宅1つごと（共同住宅については1区画ごと）に固
定資産税評価額から（⑤　**1,200**）万円（認定長期優良住宅は1,300万円）を控除し
たものが課税標準となる。これは貸家住宅でも適用を受けることができる。

　　貸家建付地の評価額は、次の算式で求める。

　　貸家建付地の評価額＝自用地価額×（1－（⑥　**借地権割合**）×借家権割合×賃貸
割合）

《問3》 正解 ① 2,640,900円 ② 3,126,200円

① 特定居住用財産の買換えの特例の適用を受けた場合の税額
　・課税長期譲渡所得の金額
　　6,000万円－4,500万円＝1,500万円

$$1{,}500万円－(6{,}000万円×5\%＋500万円)×\dfrac{1{,}500万円}{6{,}000万円}＝1{,}300万円$$

　・所得税額および復興特別所得税額
　　1,300万円×15％＝1,950,000円
　　1,950,000円×2.1％＝40,950円
　　1,950,000円＋40,950円＝1,990,900円（100円未満切捨て）
　・住民税額
　　1,300万円×5％＝650,000円
　・合計税額
　　1,990,900円＋650,000円＝**2,640,900円**

② 3,000万円特別控除および軽減税率の特例の適用を受けた場合の税額
　・課税長期譲渡所得の金額
　　6,000万円－（6,000万円×5％＋500万円）－3,000万円＝2,200万円
　・所得税額および復興特別所得税額
　　2,200万円×10％＝2,200,000円
　　2,200,000円×2.1％＝46,200円
　　2,200,000円＋46,200円＝2,246,200円

・住民税額

2,200万円 × 4 ％ = 880,000円

・合計税額

2,246,200円 + 880,000円 = **3,126,200円**

① 「特定の居住用財産の買換えの場合の長期譲渡所得の課税の特例」は、譲渡年の1月1日時点で10年を超える長期譲渡所得となるため、税率は所得税15％、住民税5％となる。復興特別所得税は所得税額の2.1％である。また、譲渡資産の取得費が不明なため、概算取得費を用いる。

② 「居住用財産を譲渡した場合の長期譲渡所得の課税の特例（軽減税率）」は、課税長期譲渡所得金額のうち6,000万円以下の部分は所得税10％、住民税4％となる。6,000万円を超える部分は、通常どおり所得税15％、住民税5％となる。また、譲渡資産の取得費が不明なため、概算取得費を用いる。

第5章 不動産 応用編

第6章

相続・事業承継

【問題1】（2023年5月 問42）　　　　　　　　　チェック欄 □□□□□

贈与に関する次の記述のうち、**最も不適切なもの**はどれか。

1．死因贈与は、民法における遺贈に関する規定が準用され、贈与者の一方的な意思表示により成立し、贈与者の死亡によってその効力を生じる。
2．定期贈与は、贈与者または受贈者の死亡により、その効力を失う。
3．負担付贈与とは、贈与契約締結の際に受贈者に一定の負担を課す贈与であり、受贈者の負担によって利益を受ける者は、贈与者以外の第三者や不特定多数の者とすることができる。
4．負担付贈与により土地の贈与を受けた者は、贈与税額の計算上、原則として、当該土地の通常の取引価額に相当する金額から負担額を控除した金額を贈与により取得したものとされる。

1．不適切 死因贈与契約は贈与契約の1種であるため、贈与者と受贈者の意思の合致が必要である。したがって、贈与者の一方的な意思表示では成立しない。

2．適 切 定期贈与は定期の給付を目的とする贈与である。特約のない限り、贈与者・受贈者の一方の死亡により効力を失う。

3．適 切 負担付贈与契約において、受贈者の負担から利益を受ける者は、贈与者に限らない。たとえば、「Cを扶養することを条件にAがBに不動産を贈与する」という内容でもよい。

4．適 切 負担付贈与および低額譲受益では、土地建物等について課税時期の通常の取引価額で評価しなければならない。

【問題2】 (2023年5月 問43)　　　　　　　　　　　　チェック欄 ☐☐☐☐☐

贈与税の課税財産等に関する次の記述のうち、**最も不適切なもの**はどれか。

1．子が、父の所有する土地を借り受け、その土地上に子の居住用家屋を建て、父に対しては土地の公租公課に相当する金額のみを支払うことにした場合、原則として、父から子に借地権の贈与があったものとされる。

2．非上場である同族会社に対して無償で財産が提供されたことにより、同族会社の株式の価額が増加した場合、当該同族会社の株主は、その増加した部分に相当する金額につき、当該財産を提供した者から贈与により取得したものとされる。

3．債務者である子が資力を喪失して債務を弁済することが困難となり、子の父が当該債務を弁済した場合、弁済された金額は父からの贈与により取得したものとみなされるが、そのうち債務を弁済することが困難である部分の金額は、贈与により取得したものとされない。

4．離婚により、夫が妻に居住用マンションを財産分与した場合、原則として、妻が取得した当該マンションは贈与により取得したものとされない。

1. **不適切** 借りている土地について、通常必要とされる費用（固定資産税など）に相当する金額以下の金銭の授受があるに過ぎない場合、その土地の貸し借りは使用貸借となる。借地権の設定が使用貸借に基づく場合、借地人の有する使用収益権の価額をゼロとして取り扱うため、贈与税の課税関係は生じない。

2. **適 切** 同族会社の株式または出資の価額が、例えば、下記Xに該当して増加したときにおいては、その株主または社員が当該株式または出資の価額のうち増加した部分に相当する金額を、それぞれ下記Yから贈与によって取得したものとして取り扱う。なお、この場合における贈与による財産の取得時期は、財産の提供があった時、債務の免除があった時または財産の譲渡があった時による（相続税法基本通達9－2）。

株式または出資の価額が増加した事例（X）	各事例における贈与者（Y）
会社に対し無償で財産の提供があった場合	財産を提供した者
時価より著しく低い価額で現物出資があった場合	現物出資をした者
対価を受けないで会社の債務の免除、引受けまたは弁済があった場合	債務の免除、引受けまたは弁済をした者
会社に対し時価より著しく低い価額の対価で財産の譲渡をした場合	財産の譲渡をした者

3. **適 切** 財産の譲渡を受けた者が資力を喪失して債務を弁済することが困難な状態にある場合で、その債務を弁済するためにその者の扶養義務者が行った譲渡であるときは、財産を取得した者が弁済することが困難である債務の金額については課税されない。

4. **適 切** 婚姻の取消しまたは離婚による財産分与で取得した財産には、贈与税は課されない。また、財産分与で土地や建物を譲渡した者は、時価で譲渡したものとみなされ、譲渡所得として所得税が課税される。なお、他の要件を満たすことで、3,000万円特別控除や軽減税率など、譲渡の特例の適用を受けることができる。

【問題3】（2023年9月 問43改題）　　　　　　　　　チェック欄 ☐☐☐☐☐

　Ａさん（29歳）は、事業資金として、2024年7月に母Ｂさん（60歳）から現金400万円の贈与を受け、同年9月に兄Ｃさん（35歳）から現金100万円の贈与を受けた。Ａさんの2024年分の贈与税額として、次のうち最も適切なものはどれか。なお、いずれも贈与税の課税対象となり、暦年課税を選択するものとする。また、Ａさんは2024年中にほかに贈与は受けていないものとする。

〈贈与税の速算表（一部抜粋）〉

基礎控除後の課税価格		特例贈与財産		一般贈与財産	
		税率	控除額	税率	控除額
万円超	万円以下				
	～　200	10%	―	10%	―
200	～　300	15%	10万円	15%	10万円
300	～　400	15%	10万円	20%	25万円
400	～　600	20%	30万円	30%	65万円

1．33万5,000円
2．38万8,000円
3．48万5,000円
4．49万4,000円

　贈与税の税率は、一般贈与財産の贈与を受けた場合に適用される一般税率と、特例贈与財産の贈与を受けた場合に適用される特例税率に区分されている。特例贈与財産とは、贈与年の1月1日において18歳以上の者が、直系尊属から贈与を受けた場合に適用される。

　同一年中に、一般贈与財産と特例贈与財産の贈与を受けた場合には、次のように贈与税を計算する。

①　贈与財産がすべて一般贈与であると考えて、一般税率により贈与税を計算し、その税額のうち一般贈与財産に対応する部分を求める。

②　贈与財産がすべて特例贈与であると考えて、特例税率により贈与税を計算し、その税額のうち特例贈与財産に対応する部分を求める。

③　①と②の合計が贈与税額となる。

　本問の場合、母親から受けた贈与が特例贈与に該当し、兄からの贈与は一般贈与に該当する。

①　一般贈与に対する税額

$$(400万円+100万円-110万円)\times20\%-25万円=53万円$$

$$53万円\times\frac{100万円}{400万円+100万円}=10万6,000円$$

②　特例贈与に対する税額

$$(400万円+100万円-110万円)\times15\%-10万円=48万5,000円$$

$$48万5,000円\times\frac{400万円}{400万円+100万円}=38万8,000円$$

③　$10万6,000円+38万8,000円=$ **49万4,000円**

【問題4】（2019年5月 問44改題）　　　チェック欄☐☐☐☐☐

贈与税の申告および納付に関する次の記述のうち、**最も不適切なもの**はどれか。

1．相続時精算課税適用者が、その特定贈与者から新たに贈与を受けた場合、基礎控除110万円を超えるときは、贈与税の申告書を提出しなければならない。
2．贈与税の申告書の提出後、課税価格や税額の計算に誤りがあり、申告した税額が過大であることが判明した場合、原則として、法定申告期限から5年以内に限り、更正の請求をすることができる。
3．財産を贈与した者は、当該贈与により財産を取得した者のその年分の贈与税額のうち、贈与した財産の価額に対応する部分の金額について、当該財産の価額に相当する金額を限度として、連帯納付義務がある。
4．贈与税の延納は、最長5年以内であり、延納税額が100万円超または延納期間が3年超である場合には、延納の許可を受けるにあたって担保を提供しなければならない。

【問題4】 正解 2

1. 適　切　相続時精算課税適用者は暦年贈与を適用することができず、その特定贈与者から新たに贈与を受けた場合には、基礎控除110万円を超えるとき、贈与税の申告書を提出しなければならない。なお、2024年1月1日以後においては贈与額が年110万以下の場合は申告不要となる。

2. 不適切　贈与税の場合、更正の請求ができる法定申告期限は6年以内となっている。なお、更正の請求は、納める税金が多すぎた場合や還付される税金が少な過ぎた場合が対象になる。一方、修正申告とは、納める税金が少なすぎた場合や還付される税金が多すぎた場合が対象になる。修正申告の場合、新たに納める税金のほかに過少申告加算税がかかり、その額は原則として、新たに納めることになった税金の10%相当額となる。

3. 適　切　受贈者が贈与税を納付しない場合、財産を贈与した者にはその贈与にかかる贈与税額の連帯納付義務がある。

4. 適　切　贈与税は一括納付が原則であるが、贈与税額が10万円を超え、さらに金銭納付が困難な理由がある場合には、最長5年以内の延納が認められている。なお、延納税額が100万円超または延納期間が3年超である場合には、延納の許可を受けるにあたって担保を提供しなければならない。

【問題 5】（2022年 5 月 問43）　　　　　　　チェック欄 ☐☐☐☐☐

　贈与税の配偶者控除に関する次の記述のうち、最も適切なものはどれか。なお、各選択肢において、贈与の年においてほかに贈与された財産はなく、ほかに必要とされる要件等はすべて満たしているものとする。

1．配偶者から居住用不動産の贈与を受けた者が贈与税の配偶者控除の適用を受けるためには、当該配偶者との婚姻期間が贈与を受けた日の属する年の 1 月 1 日において20年以上でなければならない。
2．夫が所有する居住用家屋およびその敷地の用に供されている土地のうち、妻が土地のみを贈与により取得した場合、妻は贈与税の配偶者控除の適用を受けることができない。
3．夫から妻に対して、店舗併用住宅（相続税評価額6,000万円、店舗部分60%、居住用部分40%）の 3 分の 1 の持分の贈与が行われ、妻が贈与税の配偶者控除の適用を受けた場合、課税価格は算出されず、贈与税は課されない。
4．夫から妻に対して、居住用不動産（相続税評価額2,500万円）の贈与が行われ、妻が贈与税の配偶者控除の適用を受けた年の翌年に夫が死亡した場合、夫の相続により財産を取得した妻の相続税の課税価格に390万円が加算される。

第6章 相続・事業承継　基礎編

【問題5】　正解　**3**

1.不適切　婚姻期間が20年以上であることの判定は、贈与を受けた日で行う。な
お、期間の計算につき、1年未満の端数は切り捨てる。

2.不適切　配偶者の所有する土地のみの贈与を受けた場合でも、①夫または妻が居
住用家屋を所有しているか、または②贈与を受けた配偶者と同居する親族が居住
用家屋を所有しているときは、贈与税の配偶者控除の適用を受けることができる。

3.適　切　店舗併用住宅の贈与の場合、居住用部分に贈与税の配偶者控除の適用を
受けることができる。また、店舗併用住宅の持分の贈与の場合、居住用部分から
優先的に贈与を受けたものとして適用を受けることができる。この場合の居住用
部分の割合は、贈与を受けた持分の割合と居住用部分の割合のいずれか低い割合
となる。
　・居住用部分の割合：居住用部分40％＞持分割合1／3　　∴　　1／3
　・居住用部分の金額：6,000万円×1／3＝2,000万円
　・控除額：2,000万円≦2,000万円　　∴　　2,000万円
　・贈与税の税率を乗じる金額：6,000万円×1／3－2,000万円－110万円＜0万円
　　したがって、課税価格は算出されず、贈与税は課されない。

4.不適切　贈与税の配偶者控除の適用により控除された部分の金額または控除され
ることとなる部分の金額は、その贈与のあと7年以内に贈与者が死亡した場合で
も、生前贈与加算の適用はない。したがって、相続税評価額2,500万円の居住用不
動産の贈与が行われた場合、相続税の課税価格に加算される金額は500万円（2,500
万円－2,000万円）である。

【問題6】（2023年1月 問42改題）　　　　　　　　チェック欄 ☐☐☐☐☐

　Aさんは、妻Bさんに対して、2024年6月にAさん所有の店舗併用住宅（店舗部分60%、住宅部分40%）の敷地の2分の1を贈与した。妻Bさんが贈与税の配偶者控除の適用を受けた場合、2024年分の贈与税の課税価格（配偶者控除の額および基礎控除の額を控除した後の課税価格）として、次のうち最も適切なものはどれか。

　なお、店舗併用住宅の敷地全体の相続税評価額は3,000万円であり、妻Bさんにはこれ以外に受贈財産はなく、贈与税の配偶者控除の適用を受けるにあたって最も有利となるような計算をするものとする。

1.　　0円
2. 190万円
3. 300万円
4. 790万円

【問題7】（2019年5月 問42）　　　　　　　　チェック欄 ☐☐☐☐☐

　贈与税の配偶者控除（以下、「本控除」という）に関する次の記述のうち、最も適切なものはどれか。

1. 本控除の適用を受けるためには、贈与を受けた日において贈与者との婚姻期間が20年以上である必要があるが、婚姻期間に1年未満の端数があるときは、その端数を切り上げて判定することができる。
2. 本控除の適用を受けるためには、戸籍の謄本または抄本、居住用不動産の登記事項証明書、居住後に作成された住民票の写しを添付した贈与税の申告書を提出する必要がある。
3. 配偶者から店舗併用住宅の贈与を受けた場合に、その居住の用に供している部分の面積が、その家屋の面積の過半を占めているときは、その家屋の全部を居住用不動産に該当するものとして本控除の適用を受けることができる。
4. 配偶者から相続税評価額が4,500万円である店舗併用住宅（店舗部分60%、居住用部分40%）の3分の1の持分の贈与を受け、同年中に他の贈与を受けていない場合に、本控除の適用を受けたときは、贈与税額は算出されない。

第6章 相続・事業承継 基礎編

【問題6】 正解 2

　店舗併用住宅の持分贈与を受けた場合は、原則として居住用部分だけが「贈与税の配偶者控除」の適用対象となるが、例外として居住用部分から優先的に贈与を受けたものとして「贈与税の配偶者控除」を適用できる。3,000万円のうち、居住用部分が40%なので、居住用部分の価格1,200万円が「贈与税の配偶者控除」の対象となり、残り10%部分は対象とはならない。なお、「贈与税の配偶者控除」は最高2,000万円で、贈与税の基礎控除110万円と重ねて適用を受けることができる。

> 贈与税の配偶者控除の対象＝3,000万円×40％＝1,200万円
> 基礎控除後の課税価格＝3,000万円×50％－1,200万円－110万円＝190万円

【問題7】 正解 4

1. **不適切**　贈与税の配偶者控除を受けるには、婚姻期間20年以上であることが必要であるが、1年未満の端数は切り捨てて判断を行う。
2. **不適切**　贈与税の配偶者控除を受けるには、戸籍の謄本または抄本、戸籍の附票の写し、居住用不動産の登記事項証明書、居住後に作成された住民票の写しを添付して、贈与税の申告書を翌年3月15日までに提出することが必要である。なお、戸籍の附票の写しとは、この戸籍に記載されている人について住所を記録したものをいう。
3. **不適切**　店舗併用住宅の場合、贈与税の配偶者控除2,000万円の対象は居住部分のみに認められる。なお、居住の用に供されている部分の面積の割合が、90％以上である場合には、その家屋または敷地全体を居住用不動産として、贈与税の配偶者控除の適用が可能であると規定されている。
4. **適　切**　店舗併用住宅の場合、居住用部分から優先して贈与したとされる。4,500万円のうち居住用部分が40％なので、居住用部分の価格は1,800万円となる。4,500万円の3分の1である1,500万円は、すべて居住用部分から贈与されたとみなされ、贈与税額は算出されない。

【問題8】（2020年9月　問42改題）　　　　　　　　チェック欄 ☐☐☐☐☐

　贈与税の配偶者控除に関する次の記述のうち、最も不適切なものはどれか。なお、各選択肢において、贈与の年においてほかに贈与された財産はなく、ほかに必要とされる要件等はすべて満たしているものとする。

1．夫が所有する土地の上にあって子が所有する二世帯住宅でその子と同居している夫妻において、妻が夫から当該土地の贈与を受けた場合、贈与税の配偶者控除の適用を受けることができる。

2．夫が保険料を負担していた生命保険契約に基づき、贈与税の課税対象となる保険金を受け取った妻が、その保険金により居住用不動産を取得した場合、贈与税の配偶者控除の適用を受けることができる。

3．夫から現金1,800万円の贈与を受けた妻が、自己資金500万円を加えた資金により、2,000万円の居住用不動産と300万円の自動車を同時に取得し、贈与税の配偶者控除の適用を受けた場合、贈与税額は算出されない。

4．妻が夫から相続税評価額が3,000万円である店舗併用住宅（店舗用部分60％、居住用部分40％）の2分の1の持分の贈与を受け、贈与税の配偶者控除の適用を受けた場合、贈与税額は790万円に所定の税率を乗じた金額となる。

1. 適 切 贈与税の配偶者控除の適用が受けられる「居住用不動産」は、居住用の土地のみでも、居住用の家屋だけでもよく、居住用の土地および家屋またはこれらの持分でもよい。ただし、居住用の土地のみの場合、以下のいずれかに該当している必要がある。

① 夫または妻が居住用家屋を所有していること

② 贈与を受けた配偶者と同居する親族が居住用家屋を所有していること

本肢では、②に該当するため、贈与税の配偶者控除の適用を受けることができる。

2. 適 切 贈与により取得したとみなされる保険金により居住用不動産を取得する場合、他の要件を満たしているときは、贈与税の配偶者控除の適用を受けることができる。

3. 適 切 配偶者から贈与により取得した金銭および当該金銭以外の資金をもって、居住用不動産と同時に居住用不動産以外の財産を取得した場合には、当該金銭はまず居住用不動産の取得に充てられたものとして取り扱うことができる（相続税法基本通達21の6－5）。したがって、夫から贈与を受けた1,800万円の現金は、まず居住用不動産の取得に充てられたものとして取り扱うことができ、限度額2,000万円以内であるため、贈与税額は算出されない。

4. 不適切 店舗併用住宅の贈与の場合、居住用部分に贈与税の配偶者控除の適用を受けることができる。また、店舗併用住宅の持分の贈与の場合、居住用部分から優先的に贈与を受けたものとして適用を受けることができる。この場合の居住用部分の割合は、贈与を受けた持分の割合と居住用部分の割合のいずれか低い割合となる。

・居住用部分の割合：居住用部分40％＜持分割合50％　　∴　40％

・居住用部分の金額：3,000万円×40％＝1,200万円

・控除額：1,200万円≦2,000万円　　∴　1,200万円

・贈与税の税率を乗じる金額：3,000万円×50％－1,200万円－110万円＝**190万円**

【問題9】（2021年9月　問43改題）　　　　　　　　　　チェック欄 ☐☐☐☐☐

　相続時精算課税制度に関する次の記述のうち、**最も不適切なもの**はどれか。なお、各選択肢において、ほかに必要とされる要件等はすべて満たしているものとする。

1．2024年12月31日までに贈与により住宅取得等資金を取得した場合、贈与者の年齢がその年の1月1日において60歳未満であっても、受贈者は相続時精算課税制度の適用を受けることができる。
2．相続時精算課税適用者が、その特定贈与者から新たに贈与を受けたとき、基礎控除110万円を超える場合には、贈与税の申告書を提出しなければならない。
3．相続時精算課税の特定贈与者の相続において、相続時精算課税を適用して贈与を受けた財産を相続財産に加算した金額が遺産に係る基礎控除額以下であれば、相続税の申告は不要である。
4．養親から相続時精算課税を適用して贈与を受けた養子が、養子縁組の解消により、その特定贈与者の養子でなくなった場合、養子縁組解消後にその者からの贈与により取得した財産については、暦年課税が適用される。

1. 適 切 父母または祖父母からの贈与により、自己の居住の用に供する住宅用家屋の新築、取得または増改築等の対価に充てるための金銭を取得した場合で、一定の要件を満たすときは、贈与者がその贈与の年の1月1日において60歳未満であっても相続時精算課税制度を選択することができる。

2. 適 切 相続時精算課税選択届出書の提出は最初の贈与の時に1回だけでよいが、贈与税の申告書は、基礎控除110万円を超える場合、贈与を受けた年ごとに提出する必要がある。なお、2024年1月1日以後においては贈与額が年110万円以下の場合は申告不要となる。

3. 適 切 相続時精算課税制度の適用を受けていた場合でも、特定贈与者が死亡し、課税価格の合計額が遺産に係る基礎控除額以下であるときは、相続税の申告は不要である。

4. 不適切 養子縁組を解消した場合でも、特定贈与者からの贈与については、相続時精算課税制度が適用される。

【問題10】（2020年9月 問43改題）　チェック欄 □□□□□

　相続時精算課税制度に関する次の記述のうち、最も適切なものはどれか。なお、記載のない事項については考慮しないものとする。

1．養親から相続時精算課税を適用して贈与を受けた養子が、養子縁組の解消により、その特定贈与者の養子でなくなった場合、養子縁組解消後にその特定贈与者であった者からの贈与により取得した財産については、相続時精算課税は適用されない。

2．2024年中に2,000万円の贈与を受けて相続時精算課税の適用を受けた受贈者が、2025年中に同一の贈与者から200万円の贈与を受けた場合、受贈者は、2025年中に他の贈与を受けていなかったとしても、2025年分の贈与税の申告書を提出しなければならない。

3．相続時精算課税の特定贈与者が死亡した場合、相続時精算課税適用者は、相続時精算課税を適用して贈与を受けた財産を相続財産に加算した金額が遺産に係る基礎控除額以下であっても、相続税の申告書を提出しなければならない。

4．相続時精算課税の特定贈与者の死亡以前に相続時精算課税適用者が死亡し、特定贈与者がその相続時精算課税適用者の相続人である場合、相続時精算課税適用者が有していた相続時精算課税の適用を受けていたことに伴う納税に係る権利または義務は当該特定贈与者が承継する。

1. 不適切 相続時精算課税は、いったん選択すると選択した年以後その特定贈与者からの贈与については、特定贈与者が死亡するまで継続して適用され、暦年課税に変更することはできない。したがって、養子縁組を解消して特定贈与者の推定相続人でなくなった場合でも、その特定贈与者からの贈与により取得した財産については、引き続き相続時精算課税が適用される。

2. 適 切 相続時精算課税に係る贈与税額を計算する際には、贈与を受けた財産が基礎控除110万円以下であれば贈与税の申告は不要となる。したがって贈与額が110万円超の場合は贈与税の申告書を提出しなければならない。

3. 不適切 相続時精算課税の特定贈与者が死亡した場合、相続時精算課税適用者は、相続時精算課税を適用して贈与を受けた財産を相続財産に加算した金額が遺産に係る基礎控除額以下であれば、相続税の申告書を提出する必要はない。

4. 不適切 相続時精算課税の特定贈与者の死亡以前に相続時精算課税適用者が死亡し、特定贈与者がその相続時精算課税適用者の相続人である場合、相続時精算課税適用者が有していた相続時精算課税の適用を受けていたことに伴う納税に係る権利または義務を当該特定贈与者は承継しない。

【問題11】（2019年9月　問43改題）　　　　　　　　　チェック欄 □□□□□

　「直系尊属から教育資金の一括贈与を受けた場合の贈与税の非課税」（以下、「本特例」という）に関する次の記述のうち、最も適切なものはどれか。なお、2024年4月1日以後に締結する教育資金管理契約にかかるものとする。

1．教育資金の一括贈与に係る信託受益権等を取得した日の属する年の前年分の所得税に係る合計所得金額が1,000万円を超える受贈者は、本特例の適用を受けることができない。

2．本特例の対象となる教育資金には、学校等に直接支払われる入学金や授業料などの金銭のほか、学校等以外の者に教育に関する役務の提供の対価として直接支払われる金銭も含まれ、その範囲に受贈者の年齢による違いはない。

3．本特例の適用を受けた受贈者が学校等に在学している場合または教育訓練給付金の支給対象となる教育訓練を受講している場合には、受贈者の年齢によって教育資金管理契約が終了することはない。

4．贈与者が教育資金管理契約の期間中に死亡した場合であっても、贈与者の死亡による課税関係は生じず、当該教育資金管理契約に係る非課税拠出額から教育資金支出額を控除した残額が相続税の課税対象となることはない。

第6章　相続・事業承継　基礎編

1．適　切　2019年４月１日以後に取得する信託受益権等については、当該信託受益権等を取得した日の属する年の前年分の受贈者の所得税に係る合計所得金額が1,000万円を超える場合、本特例の適用を受けることができなくなった。

2．不適切　学校等以外の者に対して直接支払われる金銭のうち、2019年７月１日以後に支払われる以下の金銭で、受贈者が23歳に達した日の翌日以後に支払われるものについては、教育訓練給付金の支給対象となる教育訓練を受講するための費用に限定されることとなった。

① 教育（学習塾、そろばんなど）に関する役務の提供の対価や施設の使用料など

② スポーツ（水泳、野球など）または文化芸術に関する活動（ピアノ、絵画など）その他教養の向上のための活動に係る指導への対価など

③ ①の役務の提供または②の指導で使用する物品の購入に要する金銭

　つまり、学校等以外の者に対して直接支払われる金銭については、原則として、23歳未満に限って適用を受けられることになる。

3．不適切　2019年７月１日以後、受贈者が学校等に在学している場合または教育訓練給付金の支給対象となる教育訓練を受講している場合、受贈者が30歳に達した場合においても、教育資金管理契約は終了しない。ただし、30歳に達した日の翌日以後については、以下のいずれか早い日に教育資金口座に係る契約が終了するものとされた。

・その年において受贈者が学校等に在学している期間または教育訓練給付金の支給対象となる教育訓練を受講している期間に該当する期間がなかった場合は、その年12月31日

・受贈者が40歳に達する日

　つまり、受贈者が学校等に在学している場合または教育訓練給付金の支給対象となる教育訓練を受講している場合には、受贈者の年齢（40歳）によって教育資金管理契約が終了することがある。

4．不適切　教育資金管理契約の終了日までの間に贈与者が死亡した場合、その死亡までの年数にかかわらず、その死亡日における管理残額をその贈与者から相続または遺贈により取得したものとみなされる。ただし、贈与者の死亡日において、次のいずれかに該当する場合は除かれる（ただし、贈与者の死亡に係る相続税の課税価格が５億円を超えるときは、当該残額が課税対象となる）。

・23歳未満である場合

・学校等に在学している場合

・教育訓練給付金の支給対象となる教育訓練を受けている場合

【問題12】（2021年1月 問42改題） チェック欄

「直系尊属から住宅取得等資金の贈与を受けた場合の贈与税の非課税」（以下、「本特例」という）に関する次の記述のうち、最も適切なものはどれか。なお、各選択肢において、受贈者が取得する住宅の対価等の額に含まれる消費税等の税率は10%であるものとする。

1．本特例の対象となる住宅取得等資金には、住宅用家屋の取得等の対価に充てるための金銭のほか、不動産仲介手数料や不動産取得税、登録免許税などの住宅用家屋の取得等に要した費用に充てるための金銭が含まれる。
2．2024年6月に父母それぞれから住宅取得等資金の贈与を受け、同年10月に一定の省エネ等住宅に該当する住宅用家屋の新築等に係る契約を締結して本特例の適用を受けた場合、父母から受けた贈与についてそれぞれ1,000万円まで贈与税が非課税とされる。
3．祖父から贈与を受けた住宅取得等資金により取得した店舗併用住宅について、店舗として使用する部分の床面積が100㎡で、住宅として使用する部分の床面積が150㎡である場合、本特例の適用を受けることはできない。
4．祖父から贈与を受けた住宅取得等資金により住宅用家屋の新築に先行してその敷地の用に供される土地を取得し、本特例の適用を受ける場合、贈与を受けた年の12月31日までにその土地の上に住宅用家屋を新築しなければならない。

第6章 相続・事業承継 基礎編

1．不適切　本特例の対象となる住宅取得等資金は、住宅用家屋の取得等の対価が対象となり、売買契約書等に貼付した印紙、不動産仲介手数料、不動産取得税、登録免許税等の住宅用家屋の取得等に要した費用は対象外である。

2．不適切　本特例の非課税限度額は、受贈者ごとの金額である。したがって、複数の贈与者から贈与を受けた場合、非課税限度額を合算するわけではない。

3．適　切　本特例の適用を受けることができる家屋は、登記簿上の床面積（マンション等の区分所有建物の場合はその専有部分の床面積）が50㎡以上240㎡以下であり、かつ、その家屋の床面積の2分の1以上に相当する部分が受贈者の居住の用に供されるものでなければならない。この床面積は、居住の用および居住の用以外を含めた家屋全体で判断するため、店舗用100㎡および居住用150㎡の場合、家屋全体では250㎡となり、本特例の適用を受けることはできない。

4．不適切　住宅用家屋の新築につき本特例の適用を受けるためには、当該新築は住宅取得等資金の贈与を受けた年の翌年3月15日までにされていればよい。

【問題13】（2020年1月　問43改題）　　　　　　　チェック欄 □□□□□

　「直系尊属から住宅取得等資金の贈与を受けた場合の贈与税の非課税」（以下、「本特例」という）に関する次の記述のうち、最も不適切なものはどれか。

1．受贈者の父母からの住宅取得等資金の贈与については本特例の対象となるが、受贈者の配偶者の父母（義父母）からの住宅取得等資金の贈与については本特例の対象とならない。

2．本特例の適用を受けるにあたって、取得する住宅用家屋は、受贈者の居住の用に供する家屋で、当該家屋が区分所有建物である場合、受贈者の合計所得金額が1,000万円超のときは取得した専有部分の床面積が50㎡以上240㎡以下でなければならない。

3．2024年8月に住宅取得等資金の贈与を受け、同年12月に一定の省エネ等住宅に該当する住宅用家屋の新築等に係る契約を締結して本特例の適用を受けた場合、本特例による非課税限度額は1,000万円である。

4．住宅取得等資金の贈与者が贈与後7年以内に死亡し、受贈者が相続により財産を取得した場合、当該住宅取得等資金の額は、本特例の適用を受けることにより贈与税の課税価格に算入されなかった部分も含めて、相続税の課税価格に算入する。

【問題14】（2019年5月　問43）　　　　　　　チェック欄 □□□□□

　「直系尊属から結婚・子育て資金の一括贈与を受けた場合の贈与税の非課税の特例」（以下、「本特例」という）に関する次の記述のうち、最も不適切なものはどれか。

1．本特例の対象となる「受贈者の結婚に際して支出する費用」の範囲には、受贈者の婚姻の日の1年前の日以後に支払われる当該婚姻に係る挙式や結婚披露宴を開催するために要する費用が含まれる。

2．本特例の対象となる「受贈者の妊娠、出産または育児に要する費用」の範囲には、受贈者の出産の日以後1年を経過する日までに支払われる当該出産に係る費用や受贈者の中学校修了前の子の医療のために要する費用が含まれる。

3．贈与者が結婚・子育て資金管理契約の期間中に死亡した場合に、当該資金管理契約に係る非課税拠出額から結婚・子育て資金支出額を控除した残額があるときには、その残額は、受贈者が当該残額以外の財産を相続または遺贈により取得したかどうかにかかわらず、相続税の課税対象となる。

4．受贈者が50歳に達して結婚・子育て資金管理契約が終了した場合に、当該資金管理契約に係る非課税拠出額から結婚・子育て資金支出額を控除した残額があるときには、その残額は、その年に贈与があったものとして贈与税の課税対象となる。

1．**適　切**　2026年12月31日までの間に、贈与があった年の1月1日において18歳以上である者が、自己の居住の用に供する一定の住宅を取得するための資金をその直系尊属からの贈与により取得した場合には、一定金額が非課税になる。

2．**適　切**　適用住宅は床面積50㎡以上240㎡以下（2021年より合計所得金額1,000万円以下の人は40㎡以上240㎡以下）である。

3．**適　切**　2023年1月～2026年12月までは、省エネ等住宅であるときは1,000万円、省エネ等住宅以外であるときは500万円である。

4．**不適切**　本制度の適用を受けることにより贈与税が非課税となった部分の金額は、相続開始前7年以内の贈与であったとしても、相続税の課税価格には含めない。

1．**適　切**　本特例の対象となる「受贈者の結婚に際して支出する費用」の範囲には、次のような金銭（300万円が限度となるもの）がある。

　　挙式費用、衣装代等の婚礼（結婚披露）費用（婚姻の日の1年前の日以後に支払われるもの）、家賃、敷金等の新居費用、転居費用（一定の期間内に支払われるもの）など。

2．**不適切**　本特例の対象となる「受贈者の妊娠、出産または育児に要する費用」の範囲には、不妊治療、妊婦健診に要する費用、分べん費等、産後ケアに要する費用、子の医療費、幼稚園・保育所等の保育料（ベビーシッター代を含む）などが対象となるが、子とは、未就学児（小学校入学前の子）を指している。

3．**適　切**　贈与者が結婚・子育て資金管理契約の期間中に死亡した場合に、当該残額が相続税の課税対象となる。

4．**適　切**　受贈者が50歳に達して結婚・子育て資金管理契約が終了した場合、残額があるときには、その年に贈与があったものとして贈与税の課税対象となる。

【問題1】（2018年1月 問45）　　　　　　　　　チェック欄□□□□□

遺産分割協議書に関する次の記述のうち、最も適切なものはどれか。

1．被相続人が生前に銀行に預け入れていた預金は、遺産分割の対象とならず、相続人に法定相続分で当然に分割されるものであるため、相続人が相続預金を引き出す際、自己の法定相続分までであれば遺産分割協議書が求められることはない。
2．共同相続人間で法定相続分とは異なる割合で成立した遺産分割協議に基づき、不動産を取得した相続人が相続登記をする場合、登記原因証明情報として遺産分割協議書を登記申請書に添付する必要がある。
3．遺産分割にあたって、相続財産を現物で取得した相続人が、他の相続人に対して代償財産を交付する場合、代償財産の支払期日や支払方法などを記載した遺産分割協議書を公正証書により作成する必要がある。
4．遺産分割協議書に共同相続人全員が署名・捺印し、遺産分割協議が成立しても、その内容に不服がある相続人は、協議成立後1年以内に限り、家庭裁判所に分割の調停や審判を請求することができる。

【問題2】（2018年9月 問44）　　　　　　　　　チェック欄□□□□□

相続の限定承認に関する次の記述のうち、最も適切なものはどれか。

1．限定承認は、共同相続人の全員が共同して家庭裁判所にその旨の申述をしなければならないため、共同相続人のうちの1人が相続の放棄をした場合、その相続について限定承認をすることはできない。
2．限定承認の申述が受理された場合、限定承認者または相続財産管理人は、受理された日から20日以内に、すべての相続債権者および受遺者に対し、限定承認をしたことおよび一定の期間内にその請求の申出をすべき旨を公告しなければならない。
3．被相続人の負債額が不明であったために限定承認をした後、被相続人に2,000万円の資産と1,500万円の負債があることが判明した場合には、1,500万円の資産と1,500万円の負債が相続人に承継されることになる。
4．限定承認をした場合に、相続財産に不動産があるときには、被相続人がその財産を時価で譲渡したものとみなして譲渡益が所得税の課税対象となり、その後に相続人が当該財産を譲渡するときには、その時価により取得したものとして譲渡所得の金額が計算される。

1．不適切 被相続人の預金は、遺産分割の対象となるため、相続人がその預金を引き出す際には、遺産分割協議書が必要となる。

2．適　切 法定相続分とは異なる遺産分割をして不動産を取得した相続人が相続登記をする際には、登記原因証明情報として遺産分割協議書を登記申請書に添付することが必要である。

3．不適切 代償分割で代償財産を交付するときには、支払期日や支払方法等を明記した遺産分割協議書を作成する。遺産分割協議書は公正証書である必要はない。ただし、トラブルを回避するためには法的な執行力がある公正証書が有効といえる。

4．不適切 一度遺産分割協議書に署名捺印をしたのであればその合意に拘束されるため、不服は認められない（署名・捺印の時に詐欺・脅迫などがあった場合は除く）。

1．不適切 限定承認の場合、相続を放棄した者を除く相続人全員が共同して家庭裁判所へ申述をすればよい。

2．不適切 限定承認者は、限定承認をした後5日以内に、すべての相続債権者および受遺者に対し、限定承認をしたことおよび一定期間内にその請求の申出をすべき旨を公告しなければならない（民法927条1項）。また、相続財産管理人は、その選任があった後10日以内に、上記の公告をしなければならない（民法936条3項）。

3．不適切 限定承認は資産を上回る負債を相続しないという制度であるため、資産の金額が負債の金額を超える場合は、通常の相続と同じになる。したがって、限定承認をした後に、被相続人に2,000万円の資産と1,500万円の負債があることが判明した場合、2,000万円の資産と1,500万円の負債が相続人に承継される。

4．適　切 限定承認により譲渡所得の基因となる資産（不動産など）の移転があった場合、被相続人が時価により相続人に譲渡したものとみなして所得税の課税対象となる（所得税法59条1項1号）。また、相続人が限定承認により取得した不動産を譲渡する場合の取得価額は、限定承認をしたときの時価となる（所得税法60条2項）。つまり被相続人の取得費を引き継がない。

【問題3】（2020年9月　問44）　　　　　　　　　チェック欄□□□□□

相続の承認と放棄に関する次の記述のうち、最も適切なものはどれか。

1．相続人が、契約者（＝保険料負担者）および被保険者を被相続人、保険金受取人を当該相続人とする生命保険契約の死亡保険金を受け取った場合、その金額の多寡や使途にかかわらず、当該相続人は相続について単純承認したものとみなされる。

2．相続人が、相続について単純承認したものとみなされた場合であっても、原則として自己のために相続の開始があったことを知った時から3カ月以内であれば、相続の放棄をすることができる。

3．共同相続人のうちの1人が相続の放棄をした場合であっても、他の相続人は、原則として自己のために相続の開始があったことを知った時から3カ月以内であれば、全員が共同して申述することにより、相続について限定承認をすることができる。

4．被相続人の負債額が不明であったために限定承認をした後、被相続人に2,000万円の資産と1,500万円の負債があることが判明した場合には、1,500万円の資産と1,500万円の負債が相続人に承継されることになる。

【問題4】（2021年9月　問44）　　　　　　　　　チェック欄□□□□□

法務局における遺言書の保管等に関する法律に関する次の記述のうち、最も不適切なものはどれか。

1．遺言書の保管の申請は、遺言者の住所地、本籍地または遺言者が所有する不動産の所在地を管轄する遺言書保管所に遺言者本人が出頭して行わなければならない。

2．遺言者は、いつでも保管の申請の撤回をすることにより、遺言書の返還を受けることができるが、この撤回は遺言書が保管されている遺言書保管所に遺言者本人が出頭して行わなければならない。

3．推定相続人の1人が遺言者の生前に遺言書の閲覧を請求し、当該遺言書の内容を確認した場合、原則として、遺言者本人および他の推定相続人にその旨が通知される。

4．遺言者の相続開始後、相続人の1人が遺言書情報証明書の交付の請求をし、当該相続人に遺言書情報証明書が交付された場合、原則として、他の相続人、受遺者、遺言執行者に遺言書を保管している旨が通知される。

【問題3】 正解 **3**

1. **不適切** 契約者（＝保険料負担者）および被保険者を被相続人、保険金受取人を相続人とする生命保険契約の死亡保険金を当該相続人が受け取った場合、その死亡保険金は相続人の固有財産であるため、受け取っただけでは単純承認したことにはならない。

2. **不適切** 相続人が、相続について単純承認したものとみなされた場合、自己のために相続の開始があったことを知った時から3カ月以内であっても、相続の放棄や限定承認をすることはできない。

3. **適切** 相続の放棄をした者は、相続開始時に遡って相続人とならなかったものとみなされる。したがって、相続の放棄をした者を除いた残りの相続人全員で限定承認をすることができる。

4. **不適切** 限定承認は資産を上回る負債を相続しないという制度であるため、資産額が負債額を超える場合は、通常の相続と同じになる。したがって、本肢では2,000万円の資産と1,500万円の負債を相続人は承継する。

【問題4】 正解 **3**

1. **適切** 遺言書の保管申請は、遺言者の住所地もしくは本籍地または遺言者が所有する不動産の所在地を管轄する法務局で行う。また、遺言書の保管申請の際に本人確認を要するため、保管申請を本人以外の者は申請できない。

2. **適切** 保管されている遺言書の内容を変更したい場合等には保管の申請を撤回することとなるが、この撤回は、遺言書が保管されている遺言書保管所に遺言者本人が出頭して行う必要がある。なお、保管の申請の撤回は、遺言の効力に影響がない。

3. **不適切** 推定相続人は、遺言者の生前に遺言書の閲覧をすることができない。

4. **適切** 遺言書情報証明書が交付された場合等に、他の相続人等にされる通知のことを関係遺言書保管通知という。これに対し、遺言書保管官が遺言者の死亡の事実を確認した場合に、あらかじめ遺言者が指定した者1人に対し、遺言書が保管されている旨の通知を死亡時通知という。この通知は、遺言者が希望する場合に限り行う。

【問題 5】（2022年5月 問44）　チェック欄 ☐☐☐☐☐

民法における遺言に関する次の記述のうち、**最も不適切なもの**はどれか。

1．相続人が自筆証書遺言を発見し、家庭裁判所の検認を受ける前に開封した場合、その遺言は無効となる。
2．自筆証書遺言を作成した遺言者が、その遺言内の記載について加除その他の変更を加える場合、その場所を指示し、これを変更した旨を付記して特にこれに署名し、かつ、その変更の場所に印を押さなければ、その効力を生じない。
3．公正証書遺言を作成する場合、証人2人以上の立会いが必要であるが、遺言者の推定相続人および受遺者ならびにこれらの配偶者および直系血族は、この証人になることはできない。
4．公正証書遺言は、原本が公証役場に保管されており、遺言者が公正証書遺言の正本を破棄したとしても、遺言を撤回したものとはみなされない。

【問題 6】（2021年9月 問45改題）　チェック欄 ☐☐☐☐☐

遺留分に関する次の記述のうち、**最も適切なもの**はどれか。

1．推定相続人の1人が相続開始前に遺留分の放棄をした場合、その者は、その相続に関して、初めから相続人とならなかったものとみなされる。
2．推定相続人の1人が相続開始前に遺留分の放棄をした場合、他の相続人の遺留分の額は増加する。
3．遺留分を算定するための財産の価額に算入される贈与の範囲は、原則として、相続開始前7年以内に被相続人から贈与を受けた財産（非課税財産を除く）に限られる。
4．遺留分権利者は、受遺者に対し、遺留分侵害額に相当する金銭の支払を請求することができるが、受遺者が金銭を準備できない場合、当該受遺者は、裁判所に対して、金銭債務の全部または一部の支払につき、一定期間の猶予を請求することができる。

第6章　相続・事業承継　基礎編

【問題 5】 正解 **1**

1. **不適切** 封印のある遺言書を家庭裁判所以外で開封しても、遺言の効力に影響はない。なお、家庭裁判所以外で開封した者は 5 万円以下の過料に処せられる。

2. **適 切** 自筆証書遺言の内容の加除その他の変更は、遺言者が、その場所を指示し、これを変更した旨を付記して特にこれに署名し、かつ、その変更の場所に印を押すことで効力が生じる。

3. **適 切** 公正証書遺言を作成する際、次の者は証人になることができない。
    ・未成年者
    ・推定相続人および受遺者ならびにこれらの配偶者および直系血族
    ・公証人の配偶者、4 親等内の親族、書記および使用人

4. **適 切** 公正証書遺言は、原本が公証人役場に保管されているため、遺言者が正本を破棄しても撤回の効力は生じない。

【問題 6】 正解 **4**

1. **不適切** 遺留分を放棄しても相続を放棄したことにならない。したがって、相続開始前に遺留分を放棄した者でも相続人となる。

2. **不適切** 遺留分を放棄しても相続を放棄したことにならないため、他の相続人の遺留分の額は変化しない。

3. **不適切** 遺留分を算定するための財産の価額に算入される贈与の範囲は、次のとおりである。
    ・相続人以外の者に対する相続開始前 1 年間の贈与財産
    ・相続人に対する相続開始前10年以内（原則）のもので、特別受益に該当するもの

4. **適 切** 裁判所は、受遺者または受贈者の請求により、これらの者が負担する債務の全部または一部の支払いにつき相当の期限を許与することができる（民法1047条 5 項）。

【問題7】(2023年9月 問45) チェック欄

下記の〈条件〉に基づき、長男Bさんが、家庭裁判所の審判や調停を経ることなく、遺産分割前に単独で払戻しを請求することができる預貯金債権の上限額として、次のうち最も適切なものはどれか。なお、妻Aさんは、被相続人の相続開始前に死亡している。また、記載のない事項については考慮しないものとする。

〈条件〉
(1) 被相続人の親族関係図

(2) 被相続人の相続開始時の預貯金債権の額
　　X銀行：普通預金600万円、定期預金1,500万円
　　Y銀行：定期預金720万円
　　※定期預金はいずれも満期が到来しているものとする。

1．150万円
2．270万円
3．300万円
4．470万円

　各共同相続人は、遺産に属する預貯金債権のうち、各口座において以下の計算式で求められる額（同一の金融機関に対する権利行使は150万円が限度）までについては、他の共同相続人の同意がなくても単独で払戻しをすることができる。

相続開始時の預貯金債権の額 $\times \dfrac{1}{3} \times$ 当該払戻しを求める共同相続人の法定相続分

　配偶者がいない場合の子の法定相続分は1であり、同順位のものが複数いる場合は均分相続となる。したがって、長男Bさんの法定相続分は$\dfrac{1}{2}$である。

　X銀行において、長男Bさんが単独で払戻しを請求できる金額は、次のとおりである。

$$(600万円 + 1,500万円) \times \dfrac{1}{3} \times \dfrac{1}{2} = 350万円 > 150万円 \quad \therefore \quad 150万円$$

　Y銀行において、長男Bさんが単独で払戻しを請求できる金額は、次のとおりである。

$$720万円 \times \dfrac{1}{3} \times \dfrac{1}{2} = 120万円 \leqq 150万円 \quad \therefore \quad 120万円$$

　以上より、長男Bさんが、家庭裁判所の審判や調停を経ることなく、遺産分割前に単独で払戻しを請求することができる預貯金債権の上限額は**270万円**（150万円 + 120万円）である。

【問題8】 （2023年5月 問46）　　　　チェック欄 ☐☐☐☐☐

民法における特別受益に関する次の記述のうち、最も適切なものはどれか。

1．被相続人の相続財産を相続人である子が相続する場合、被相続人が相続人でない
　孫に対して相続の開始前に贈与を行っていたときは、原則として、当該贈与は特
　別受益に該当する。

2．共同相続人のなかに被相続人を被保険者とする生命保険の死亡保険金受取人がい
　る場合、原則として、当該死亡保険金は特別受益に該当する。

3．共同相続人のなかに被相続人から居住用建物の贈与を受けた者がおり、相続開始
　の時において、受贈者の行為によって当該建物が滅失していた場合、当該建物は
　特別受益の持戻しの対象とはならない。

4．婚姻期間が20年以上の夫婦において、夫が妻に対し、その居住用建物とその敷地
　を遺贈した場合、夫は、その遺贈について特別受益の持戻し免除の意思表示をし
　たものと推定される。

【問題9】 （2023年9月 問44）　　　　チェック欄 ☐☐☐☐☐

養子に関する次の記述のうち、最も不適切なものはどれか。なお、本問において
は、特別養子縁組以外の縁組による養子を普通養子といい、記載のない事項について
は考慮しないものとする。

1．特別養子縁組は、特別養子適格の確認の審判と特別養子縁組の成立の審判により
　成立するが、特別養子適格の確認の審判の申立ては、児童相談所長が行わなけれ
　ばならず、養親となる者が申立てをすることはできない。

2．特別養子の養親は、配偶者を有する者で、夫婦の一方が満25歳以上、かつ、夫婦
　のもう一方は満20歳以上でなければならないが、普通養子の養親は、満20歳以上
　であれば配偶者がいない者でもなることができる。

3．普通養子は、養子縁組の日から養親の嫡出子としての身分を取得し、養親に対す
　る相続権を有するとともに、実親との親族関係も継続するため、実親に対する相
　続権も有する。

4．子を有する者を普通養子とした後、その普通養子が死亡した場合において、普通
　養子の死亡後に養親の相続が開始したときは、普通養子の子は、普通養子の相続
　権を代襲しない。

1. 不適切 特別受益は相続人に限られる。したがって、相続人でない孫が受けた贈与は特別受益に該当しない。

2. 不適切 死亡保険金は保険金受取人の固有の財産であるため、原則として、特別受益に該当しない。

3. 不適切 受贈者の行為により贈与を受けた財産が滅失し、またはその価額の増減があった場合でも、相続開始時において、原状のままであるものとみなした価額で持ち戻す（民法904条）。

4. 適 切 婚姻期間20年以上の夫婦間で居住用不動産（配偶者居住権を含む）を遺贈または贈与した場合は、持戻し免除の意思表示があったものと推定し、遺産分割において、原則として、当該居住用不動産の持戻し計算が不要となる（民法903条4項）。

1. 不適切 特別養子縁組は、特別養子適格の確認の審判と特別養子縁組の成立の審判により成立するが、特別養子適格の確認の審判の申立ては、養親となる者または児童相談所長が行うことができる。

2. 適 切 特別養子縁組において、養親となる者は、配偶者のある者でなければならず、原則として、25歳以上でなければならない。ただし、養親の夫婦の一方が25歳未満であっても、その者が20歳以上であればよい。一方、普通養子縁組において、養親となる者は20歳以上でなければならないが、配偶者がいない者でもかまわない。

3. 適 切 なお、特別養子縁組の場合、実親との親族関係は断絶するため、養親に対する相続権のみ有することになる。

4. 適 切 普通養子は、養子縁組の日から養親の嫡出子としての身分を取得するため、養子縁組前に既に生まれていた養子の子は、養親の直系卑属に該当しない。よって、普通養子の子は養子の代襲相続人とならない。

【問題10】（2022年5月 問45）　　　　　　　　チェック欄 ▢▢▢▢▢

民法における特別寄与料に関する次の記述のうち、**最も適切なもの**はどれか。

1．特別寄与料の支払を請求することができる特別寄与者は、被相続人の親族以外の者に限られる。
2．相続人が特別寄与者に特別寄与料を支払った場合、相続税の総額に課税標準の合計額に対する当該相続人の課税価格の割合を乗じた額から特別寄与料の額を控除する。
3．特別寄与料の支払について、相続人と特別寄与者の間で協議が調わない場合、特別寄与者は家庭裁判所に対して協議に代わる処分を請求することができるが、その申立は相続の開始があったことを知った時から4カ月以内にしなければならない。
4．特別寄与料は、特別寄与者が被相続人から遺贈により取得したものとみなされ、納付すべき相続税額が算出されるときは、原則として、特別寄与料の額が確定したことを知った日の翌日から10カ月以内に相続税の申告書を提出しなければならない。

【問題11】（2022年9月 問44）　　　　　　　　チェック欄 ▢▢▢▢▢

民法における配偶者居住権に関する次の記述のうち、**最も不適切なもの**はどれか。

1．被相続人が相続開始時に居住建物を配偶者以外の者と共有していた場合、配偶者は被相続人が所有していた共有持分に応ずる配偶者居住権を取得することができる。
2．配偶者居住権の存続期間は、遺産分割協議等において別段の定めがされた場合を除き、配偶者の終身の間とされている。
3．配偶者が取得した配偶者居住権を第三者に対抗するためには、配偶者居住権の設定の登記をしなければならない。
4．配偶者居住権は、譲渡することはできないが、配偶者は、居住建物の所有者の承諾を得れば、当該居住建物を第三者に使用させることができる。

【問題10】 正解 **4**

1．不適切 特別寄与者は、相続人や相続の放棄をした者等を除いた被相続人の親族である。

2．不適切 相続人が特別寄与者に特別寄与料を支払った場合、当該相続人に係る相続税の課税価格から特別寄与料の額を控除する。

3．不適切 特別寄与者が家庭裁判所に対して協議に代わる処分を請求するためには、特別寄与者が相続の開始および相続人を知った時から6カ月以内、または相続開始の時から1年以内に申立をしなければならない。

4．適　切 特別寄与料は、特別寄与者が被相続人から遺贈により取得したものとみなされ、納付すべき相続税額が算出されるときは、特別寄与料の額が確定したことを知った日の翌日から10カ月以内に相続税の申告書を提出しなければならない。

【問題11】 正解 **1**

1．不適切 被相続人が相続開始時に居住建物を配偶者以外の者と共有していた場合、配偶者は配偶者居住権を取得することができない。

2．適　切 配偶者居住権の存続期間は、原則として、配偶者の終身の間である。ただし、遺産分割協議、遺言または家庭裁判所の遺産分割の審判において別段の定めがされた場合は、その定めた期間となる。

3．適　切 配偶者居住権の対抗要件は登記である。

4．適　切 配偶者居住権は、譲渡することができない。また、配偶者は、居住建物の所有者の承諾を得なければ、居住建物の増改築をし、または第三者に居住建物の使用収益をさせることができない。

【問題12】（2021年5月　問44）　　　　　チェック欄□□□□□
任意後見制度に関する次の記述のうち、最も**不適切な**ものはどれか。

1．任意後見契約において、複数の者や法人が任意後見受任者となることも可能である。
2．任意後見契約は、その締結後、公証人の嘱託によって登記され、後見登記等ファイルに所定の事項が記録される。
3．任意後見契約は、本人や任意後見受任者などの請求により、家庭裁判所で任意後見監督人が選任された時から、その効力が生じる。
4．任意後見人は、任意後見契約に定めた事項に関する被後見人の法律行為について、代理権および取消権を有する。

【問題13】（2024年1月　問43）　　　　　チェック欄□□□□□
成年後見制度に関する次の記述のうち、最も**不適切な**ものはどれか。

1．後見等開始の審判の請求を本人以外の者が行う場合、後見および保佐については本人の同意は不要であるが、補助については本人の同意が必要である。
2．成年後見人は、成年被後見人が自ら行ったすべての法律行為について、取り消すことができる。
3．被保佐人は、保佐人の同意またはこれに代わる許可を得ないで自ら行った不動産の売買について、取り消すことができる。
4．家庭裁判所は、補助人の請求によって、被補助人のために特定の法律行為について補助人に代理権を付与する旨の審判をすることができる。

1. **適　切**　なお、法定後見制度においても、成年後見人等は複数の者や法人がなることも可能である。

2. **適　切**　なお、法定後見制度における後見・保佐・補助の審判が行われた場合、裁判所書記官の嘱託により、法定後見の登記がされる。

3. **適　切**　なお、任意後見監督人の選任の申立権者は、本人、配偶者、4親等内の親族または任意後見受任者である。

4. **不適切**　任意後見契約は、本人選任の任意後見人に対し、精神上障害になった場合、自己の生活、療養看護および財産の管理に関する事務の全部または一部について**代理権**を付与する委任契約である。任意後見人に**同意権や取消権はない**。

1. **適　切**　なお、保佐人に代理権を付与する場合には本人の同意が必要となる。

2. **不適切**　成年被後見人がした法律行為は取り消すことができる。ただし、日用品の購入その他日常生活に関する行為については単独で有効にすることができるのですべての法律行為について取り消すことができるわけではない。

3. **適　切**　なお、民法13条1項には不動産の売買だけでなく、相続の承認や贈与の申込みなども規定している。

4. **適　切**　なお、補助開始の審判や補助人に代理権を付与する場合でも本人以外の者の請求による場合には本人の同意が必要となる。

3 相続税の課税価格と申告

相続税における課税財産および非課税財産に関する次の記述のうち、最も不適切なものはどれか。なお、記載のない事項については考慮しないものとする。

1. 死亡保険金受取人となっている相続人が相続の放棄をした場合、その者が受け取る死亡保険金については、死亡保険金の非課税金額の規定は適用されない。
2. 死亡保険金の非課税金額の規定を適用することによって相続税の課税価格の合計額が遺産に係る基礎控除額以下となる場合、相続税の申告書を提出する必要はない。
3. 相続開始の時において、まだ定期金給付事由が発生していない定期金給付契約（生命保険契約を除く）で被相続人が掛金の全部を負担し、被相続人以外の者が当該定期金給付契約の契約者である場合、当該契約に関する権利を当該契約者が相続または遺贈により取得したものとみなされる。
4. 被相続人が契約者（＝保険料負担者）および被保険者である生命保険において、死亡保険金の額から契約者貸付金の額が控除された保険金を相続人が受け取った場合、控除された契約者貸付金の額を当該保険金に加算した金額に相当する保険金を相続または遺贈により取得したものとみなされる。

第6章 相続・事業承継　基礎編

1. 適　切　死亡保険金の非課税金額の規定は、相続人に適用される。したがって、相続を放棄した者、欠格や廃除に該当する者は適用を受けることができない。

2. 適　切　非課税金額の規定の適用に申告要件はないため、非課税金額の規定を適用した後の相続税の課税価格の合計額が遺産に係る基礎控除額以下である場合、相続税の申告書を提出する必要はない。

3. 適　切　相続開始の時において、まだ定期金給付事由が発生していない定期金給付契約（生命保険契約を除く）で被相続人が掛金または保険料の全部または一部を負担し、かつ、被相続人以外の者が当該定期金給付契約の契約者であるものがある場合においては、当該定期金給付契約の契約者について、当該契約に関する権利のうち被相続人が負担した掛金または保険料の金額の当該契約に係る掛金または保険料で当該相続開始の時までに払い込まれたものの全額に対する割合に相当する部分は、相続または遺贈により取得したものとみなされる（相続税法3条1項4号）。

4. 不適切　被相続人が契約者（＝保険料負担者）および被保険者である生命保険において、死亡保険金の額から契約者貸付金の額が控除された保険金を相続人が受け取った場合、当該契約者貸付金の額を控除した金額に相当する保険金を取得したものとし、当該控除に係る契約者貸付金の額に相当する保険金および当該控除に係る契約者貸付金等の額に相当する債務はいずれもなかったものとする（相続税法基本通達3－9）。

【問題2】（2017年9月　問45）　　　　　　　チェック欄 □□□□□

　相続税の納税義務者と課税財産に関する次の記述のうち、最も適切なものはどれか。なお、各選択肢において、相続人はいずれも個人であり、被相続人から日本国内にある財産（以下、「国内財産」という）および日本国外にある財産（以下、「国外財産」という）を相続により取得したものとする。また、相続時精算課税の適用を受けていないものとし、複数の国籍を有する者はいないものとする。

1．日本国籍を有する被相続人が相続開始時に日本国内に住所を有し、日本国籍を有する相続人が相続による財産取得時の12年前から日本国外に住所を有する場合、相続人が取得した財産のうち国外財産は相続税の課税対象とならない。
2．日本国籍を有する被相続人が相続開始時の12年前から日本国外に住所を有し、日本国籍を有する相続人が相続による財産取得時の6年前から日本国外に住所を有する場合、相続人が取得した国内財産および国外財産はいずれも相続税の課税対象となる。
3．日本国籍を有する被相続人が相続開始時の18年前から日本国外に住所を有し、日本国籍を有する相続人が相続による財産取得時の15年前から日本国外に住所を有する場合、相続人が取得した国内財産および国外財産はいずれも相続税の課税対象とならない。
4．日本国籍を有する被相続人が相続開始時の8年前から日本国外に住所を有し、外国国籍を有する相続人が相続による財産取得時の20年前から日本国外に住所を有する場合、相続人が取得した財産のうち国外財産は相続税の課税対象とならない。

第6章　相続・事業承継　基礎編

相続税の納税義務者の区分と課税財産の範囲は次のとおり。

区　分			課税財産の範囲
居住無制限納税義務者	財産を取得したときに日本国内に住所を有する者		国内財産・国外財産すべて課税
非居住無制限納税義務者	日本国籍あり	①相続人等または被相続人等のいずれかが、相続開始前10年以内に日本国内に住所を有していたことがある	
	日本国籍なし	②被相続人等が相続開始時に日本国内に住所を有していた	
		③被相続人等が、相続開始時は日本国内に住所を有していないが、相続開始前10年以内に日本国内に住所を有していたことがある	
制限納税義務者	上記以外		国内財産のみに課税

1. **不適切**　相続開始時に被相続人が日本国内に住所を有するため、相続人は非居住無制限納税義務者（①）に該当し、国内財産および国外財産すべてが課税対象となる。

2. **適　切**　相続人が相続開始前10年以内に日本国内に住所を有していたことがあるため、非居住無制限納税義務者（①）に該当し、国内財産および国外財産すべてが課税対象となる。

3. **不適切**　相続人は制限納税義務者に該当し、国内財産のみが課税対象となる。

4. **不適切**　被相続人が、相続開始時は日本国内に住所を有していないが、相続開始前10年以内に日本国内に住所を有していたことがあるため、相続人は非居住無制限納税義務者（③）に該当し、国内財産および国外財産すべてが課税対象となる。

【問題3】（2024年1月 問45）　　　　　　　チェック欄 □□□□□

　相続税法上の債務控除に関する次の記述のうち、**最も不適切なもの**はどれか。なお、各選択肢において、相続人は日本国籍と国内住所を有する個人であり、債務等は相続により財産を取得した相続人が負担したものとする。

1. 被相続人に係る固定資産税について、相続開始時点で納期限が到来していない未払いの金額は債務控除の対象となる。
2. 被相続人に係る住民税について、相続開始時点で納期限が到来していない未払いの金額は債務控除の対象となる。
3. 被相続人に係る所得税の確定申告において、相続人が所得税を過少に申告したために発生した不足分の所得税および加算税は債務控除の対象となるが、延滞税は債務控除の対象とならない。
4. 被相続人が生前に購入した墓碑の購入費で、相続開始時に未払いであったものは債務控除の対象とならない。

1. 適 切 被相続人に納税義務がある固定資産税、住民税は、納期限が到来していないものでも債務控除の対象となる。

2. 適 切 なお、相続人の責めに帰すべき事由により納付することとなった延滞税、利子税や加算税については、債務控除の対象とならない。

3. 不適切 相続人の責任によって納めることとなった延滞税、過少申告加算税といった付帯税は、債務控除の対象とならない。

4. 適 切 被相続人が生前に購入した墓碑の購入費で、相続開始時に未払いであったものについての支払代金は、債務控除の対象とならない。

【問題4】（2022年5月 問47改題）　　　　　　　チェック欄 □□□□□

　下記は、2024年4月6日（土）に死亡したAさんの親族関係図である。Aさんの相続に関する次の記述のうち、適切なものはいくつあるか。なお、妻Bさん、長男Cさん、長女Dさん、孫Fさん、孫Gさん、弟Hさんは、Aさんから相続または遺贈により財産を取得し、相続税額が算出されるものとする。

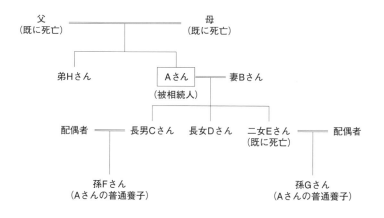

(a) 遺産に係る基礎控除額は、6,000万円である。
(b) 相続税額の2割加算の対象となる者は、孫Fさん、孫Gさん、弟Hさんの3人である。
(c) 長女Dさんの法定相続分は、8分の1である。

1. 1つ
2. 2つ
3. 3つ
4. 0（なし）

(a) **適　切**　相続税法上の法定相続人の数には養子の数の算入制限があり、実子がいる場合の養子は1人までとなっている。ただし、代襲相続人が普通養子となっている場合は、算入制限を受けない。したがって、Aさんの相続における相続税法上の法定相続人は、妻B、長男C、長女D、孫F（普通養子）および孫G（代襲相続人である普通養子）の合計5人である。

　　遺産に係る基礎控除額＝3,000万円＋600万円×5人＝**6,000万円**

(b) **不適切**　1親等の血族、1親等の血族の代襲相続人、被相続人の配偶者以外の者は、2割加算の対象者である。ただし、代襲相続人ではない孫が養子である場合は、2割加算の対象となる。したがって、2割加算の対象者は、孫Fおよび弟Hの2人である。

(c) **不適切**　(a)より法定相続人は、妻B、長男C、長女D、孫F（普通養子）および孫G（代襲相続人である普通養子）の5人であるが、孫Gは代襲相続人および普通養子の二重身分を有する。したがって、子の相続分を算出する際の人数は5人とするため、長女Dの法定相続分は、10分の1（1／2×1／5）である。

以上より、適切なものは1つであり、正解は**1**となる。

【問題5】（2022年9月 問45改題）　　　　　　チェック欄□□□□□

　次の各ケースのうち、相続人が相続税の申告をしなければならないものはいくつあるか。なお、各ケースにおいて、被相続人は2024年中に死亡し、相続人は配偶者と子の合計2人であるものとする。また、相続の放棄をした者はおらず、記載のない事項については考慮しないものとする。

(a) 相続開始時に被相続人が所有していた財産は2,000万円（相続税評価額）であるが、そのほかに、契約者（＝保険料負担者）および被保険者を被相続人とする生命保険契約により配偶者が受け取った死亡保険金3,000万円がある場合
(b) 相続開始時に被相続人が所有していた財産は3,000万円（相続税評価額）であるが、2023年に子が被相続人から現金1,000万円の贈与を受け、相続時精算課税の適用を受けていた場合
(c) 相続開始時に被相続人が所有していた財産は7,000万円（相続税評価額）であるが、配偶者がすべての財産を相続により取得し、「配偶者に対する相続税額の軽減」の適用を受けることにより納付すべき相続税額が算出されない場合

1. 1つ
2. 2つ
3. 3つ
4. 0（なし）

　相続人は配偶者と子の合計2人であるため、遺産に係る基礎控除は次のとおりである。

　3,000万円＋600万円×2人＝4,200万円

(a)　申告不要　契約者（＝保険料負担者）および被保険者を被相続人とする生命保険契約により配偶者が受け取った死亡保険金3,000万円は、みなし相続財産として相続税の課税価格に加算されるが、1,000万円（500万円×2人）の非課税金額の適用を受けることができる。

　　課税価格の合計額：2,000万円＋（3,000万円－1,000万円）＝4,000万円≦4,200万円

　　以上より、課税価格の合計額が遺産に係る基礎控除額以下であるため、相続税の申告をする必要はない。

(b)　申告不要　相続時精算課税の適用を受けた贈与財産の価額は、相続開始前7年以内（2031年1月以降の相続から完全に7年加算）の贈与に限らず、相続税の課税価格に加算される。

　　課税価格の合計額：3,000万円＋1,000万円＝4,000万円≦4,200万円

　　以上より、課税価格の合計額が遺産に係る基礎控除額以下であるため、相続税の申告をする必要はない。

(c)　申告必要　「配偶者に対する相続税額の軽減」の適用を受けるためには、相続税の申告が必要である。

　以上より、相続税の申告をしなければならないものは1つであり、正解は**1**となる。

【問題6】（2022年5月 問48）　　　　　　　　　チェック欄 □□□□□

相続税の申告および納付に関する次の記述のうち、**最も不適切なもの**はどれか。

1．相続税の更正の請求は、原則として、法定申告期限から5年以内に限られるが、遺留分侵害額の請求に基づき支払うべき金銭の額が確定したことにより、当初の申告に係る相続税額が過大となったときは、確定したことを知った日の翌日から4カ月以内であれば、法定申告期限から5年を経過していたとしても、更正の請求をすることができる。

2．祖父の相続により財産を取得し、相続税の申告書を提出する必要がある父親が、提出期限前に当該申告書を提出しないで死亡した場合、父親の相続人である子は、原則として、父親の相続の開始があったことを知った日の翌日から10カ月以内に、父親に代わり、祖父の相続に係る当該申告書を提出しなければならない。

3．期限後申告書を提出した者は、その申告書を提出した日の翌日から1カ月以内に当該申告書に記載した納付すべき相続税額と納付すべき相続税額に所定の割合を乗じた無申告加算税を納付しなければならない。

4．相続税額を納期限までに金銭で一時納付することを困難とする事由があり、納付すべき相続税額が10万円を超える場合、所定の手続により、延納が認められるが、分納税額を納付する際に利子税を併せて納付しなければならない。

1．適　切　次に掲げる事由による場合、法定申告期限から5年を経過していたとしても、その事由が生じたことを知った日の翌日から4カ月以内であれば更正の請求をすることができる。
・未分割遺産が分割された場合に、その分割により取得した財産に係る課税価格が申告時に民法の相続分により計算した課税価格と異なることとなったこと
・認知、相続人の廃除などにより相続人に異動を生じたこと
・遺留分侵害額の請求があったこと
・遺贈に係る遺言書が発見され、または遺贈の放棄があったこと　　など

2．適　切　相続税の申告書を提出すべき者（本肢では父親）が、その申告書の提出期限前に申告書を提出しないで死亡した場合、死亡した者の相続人（包括受遺者を含む。本肢では子）は死亡した者に代わり、相続税の申告書を提出しなければならない。提出期限は、本来の提出義務者（本肢では父親）の相続開始があったことを知った日の翌日から10カ月以内である。

3．不適切　期限後申告書を提出した者は、その申告書を提出した日に当該申告書に記載した納付すべき相続税額を納付しなければならない。また、期限後申告書を提出することとなった事由が正当な事由によるものであると認められない場合、納付すべき相続税額に所定の割合を乗じた無申告加算税を納付しなければならない。

4．適　切　なお、延納ができる期間と延納にかかる利子税の割合については、相続税額の計算の基礎となった財産の価額の合計額のうちに不動産等の価額の占める割合によって決まる。

【問題7】 (2020年9月 問48)　　　　　　　　チェック欄☐☐☐☐☐

相続税の税額控除等に関する次の記述のうち、最も不適切なものはどれか。

1．被相続人との婚姻の届出をした者は、その婚姻期間の長短にかかわらず、「配偶者に対する相続税額の軽減」の適用を受けることができるが、婚姻の届出をしていないいわゆる内縁関係にある者はその適用を受けることができない。
2．相続人に被相続人の未成年の養子が複数いる場合、未成年者控除の適用を受けることができる者は、被相続人に実子がいるときは1人まで、実子がいないときは2人までとなる。
3．障害者控除額が障害者である相続人の相続税額から控除しきれない場合、その控除しきれない部分の金額は、その者の扶養義務者で、同一の被相続人から相続または遺贈により財産を取得した者の相続税額から控除することができる。
4．被相続人から生前に贈与を受けた財産について相続時精算課税の適用を受けていた相続人は、その相続税額から相続時精算課税の適用を受けた財産に係る贈与税相当額を控除することができ、相続税額から控除しきれない場合は税額の還付を受けることができる。

【問題8】 (2023年5月 問47)　　　　　　　　チェック欄☐☐☐☐☐

相続税の税額控除に関する次の記述のうち、最も不適切なものはどれか。

1．在外財産に対する相続税額の控除（外国税額控除）による控除額は、外国の法令により課された相続税に相当する税額を、原則として、その納付すべき日における対顧客直物電信売相場（TTS）により邦貨に換算した金額となる。
2．被相続人を特定贈与者とする相続時精算課税の適用を受けた相続人は、相続税額から相続時精算課税の適用を受けた財産に係る贈与税相当額を控除することができ、相続税額から控除しきれない場合は税額の還付を受けることができる。
3．未成年者である相続人が、過去に未成年者控除の適用を受けたことがある場合、その者が2回目に受けることができる未成年者控除額は、「(18歳－相続開始時年齢)×10万円」の算式により計算した金額である。
4．被相続人が当該相続の開始前10年以内に開始した相続により財産を取得していたときは、当該被相続人から相続により財産を取得した相続人は、相続税額から当該被相続人が納付した相続税額に所定の割合を乗じて得た金額を控除することができる。

【問題7】 正解 2

1. **適 切** 「配偶者に対する相続税額の軽減」の適用を受けるためには、法律上の婚姻の届出をしていることが必要であるが、婚姻期間の要件はない。

2. **不適切** 相続税法上の法定相続人における養子の算入制限は、未成年者控除の適用対象者の判定には影響を与えないため、法定相続人の数に算入されない養子でも、未成年者控除の適用を受けることができる。

3. **適 切** なお、未成年者控除にも同様の規定がある。すなわち、未成年者控除額をその未成年者の算出相続税額から控除しきれない場合は、控除しきれない金額を、その未成年者の扶養義務者の相続税額から控除することができる。

4. **適 切** なお、暦年課税による贈与により取得した財産について課税された贈与税額を控除する場合、相続税額から控除しきれない税額は還付されない。

【問題8】 正解 3

1. **適 切** なお、外国税額控除は、相続または遺贈・相続時精算課税により外国にある財産を取得し、外国で相続に相当する税額を課された場合、外国と日本の二重課税を防止するため、外国で課された税額を控除するものである。

2. **適 切** なお、生前贈与加算の対象となった贈与財産に係る贈与税額は、贈与税額控除の適用を受けることができるが、相続税額から控除しきれない場合でも還付を受けることはできない。

3. **不適切** 初めて未成年者控除の適用を受ける場合、控除額は「(18歳 − 相続開始時年齢)×10万円」の算式により計算する。過去に未成年者控除を受けたことがある場合は、上記控除額と、次の①から②を差し引いた金額を比較し、いずれか少ないほうの金額となる。

   ① 10万円に前の相続開始日から18歳に達するまでの年数を掛けて得た金額

   ② 未成年者およびその扶養義務者が、過去に実際に未成年者控除を受けた金額

4. **適 切** 被相続人がその相続開始前10年以内に相続税を納付していた場合、当該被相続人から相続または遺贈により財産を取得した相続人の相続税額から当該被相続人が納付した相続税額の一定割合を控除することができる。これを相次相続控除という。

【問題9】（2021年5月　問47）　　　　　　　　チェック欄 □□□□□

相続税の延納および物納に関する次の記述のうち、最も適切なものはどれか。

1．延納税額が100万円を超える場合、延納の許可を受けるにあたって、相続または遺贈により取得した財産のなかから、延納税額および利子税の額に相当する価額の財産を担保として提供しなければならない。
2．物納に充てることができる財産は、相続税の課税価格の計算の基礎となった財産であるが、その種類による申請順位があり、不動産は第1順位、国債や地方債、上場株式は第2順位、動産は第3順位とされている。
3．物納の許可限度額を超える価額の財産による物納が許可された場合に、許可に係る相続税額よりも物納許可財産の収納価額が上回ることとなったときには、差額が金銭により還付される。
4．相続税の延納の許可を受けた者が、その後の資力の変化等により延納を継続することが困難となった場合、相続税の申告期限から5年以内に限り、その納付を困難とする金額を限度として、納付方法を物納に変更することができる。

【問題9】 正解 **3**

1. **不適切** 担保に充てることができる財産は、相続人の固有財産や共同相続人または第三者が所有する財産も含まれる。相続または遺贈により取得した財産に限らない。

2. **不適切** 物納申請財産は、次に掲げる財産および順位で、その所在が日本国内になければならない。

   第1順位　不動産、船舶、**国債証券、地方債証券、上場株式等**※
   第2順位　非上場株式等※
   第3順位　動産
   ※　特別の法律により法人の発行する債券および出資証券を含み、短期社債等を除く。

3. **適　切** なお、還付された金銭は、通常の資産の譲渡と同様に譲渡所得として所得税の課税対象となる。

4. **不適切** 延納の許可を受けた相続税額について、その後に延納条件を履行することが困難となった場合は、相続税の申告期限から**10年以内**に限り、分納期限が未到来の税額部分について、延納から物納への変更を行うことができる。

【問題10】（2017年9月 問48改題）　チェック欄 ☐☐☐☐☐
　相続税の物納に関する次の記述のうち、最も不適切なものはどれか。

1．2024年5月に開始した相続に係る相続税の課税価格計算の基礎となった財産のうち、物納財産として申請することができる財産が上場株式と物納劣後財産である不動産であった場合、原則として上場株式を優先して物納申請することになる。
2．建築基準法上の道路に2m以上接していない土地は、物納劣後財産として取り扱われ、ほかに物納に充てるべき適当な価額の土地がある場合は、原則として物納に充てることができない。
3．被相続人から相続時精算課税の適用を受ける贈与により取得し、相続税の課税価格計算の基礎となった財産のうち、相続開始前7年以内に贈与を受け、かつ、相続開始時に相続人が現に所有しているものについては、他の要件を満たせば、物納に充てることができる。
4．物納の許可限度額を超える価額の財産による物納が許可された場合に、許可に係る相続税額よりも物納許可財産の収納価額が上回ることとなったときには、差額が金銭により還付される。

【問題11】（2018年9月 問46改題）　チェック欄 ☐☐☐☐☐
　相続税の物納に関する次の記述のうち、最も不適切なものはどれか。

1．物納財産として申請することができる財産は、相続または遺贈により取得した財産とされ、相続開始前7年以内に被相続人から暦年課税による贈与により取得した財産は、相続税の課税価格の計算の基礎となった財産であっても、物納に充てることができない。
2．物納に充てることができる財産には、その種類による申請順位があり、不動産や上場株式は第1順位、非上場株式は第2順位、動産は第3順位とされている。
3．物納の許可限度額を超える価額の財産による物納が許可された場合に、許可に係る相続税額よりも物納許可財産の収納価額が上回ることとなったときには、差額が金銭により還付される。
4．相続税の延納の許可を受けた者が、その後の資力の変化等により物納に変更する場合において、相続税額の計算上、「小規模宅地等についての相続税の課税価格の計算の特例」の適用を受けている財産は、物納に充てることができない。

　物納に充てることのできる財産の種類と順位は、納付すべき相続税額の課税価格計算の基礎となった相続財産のうち、原則として、下表に掲げる財産の種類と順位による。なお、物納劣後財産を含めた申請の順位は、①から⑤の順である。

順位	物納に充てることのできる財産の種類
第1順位	①不動産、船舶、国債証券、地方債証券、上場株式等
	②不動産および上場株式のうち物納劣後財産に該当するもの
第2順位	③非上場株式等
	④非上場株式のうち物納劣後財産に該当するもの
第3順位	⑤動産

1．適　切　物納財産として申請できる財産が上場株式（①）と物納劣後財産である不動産（②）であった場合、原則として、上場株式を優先して物納申請する。

2．適　切　建築基準法上の道路に2m以上接していない土地は、「法令の規定に違反して建築された建物及びその敷地」として物納劣後財産（②）となる。物納に充てるべき適当な価額の土地（①）がある場合、原則として、物納劣後財産は物納に充てることができない。

3．不適切　相続時精算課税適用財産は物納に充てることができない。

4．適　切　なお、還付された金銭については、原則として、譲渡所得として所得税の課税対象となる。

1．不適切　生前贈与加算の対象になった財産は、物納に充てることができる。

2．適　切　なお、社債、証券投資信託・貸付信託の受益証券、投資証券等のうち上場されているものも第1順位の財産である。

3．適　切　なお、金銭により還付される金額に相当する部分の財産については、通常の資産の譲渡と同様に譲渡所得の課税対象になるが、国に対する譲渡に該当するため、土地の場合には、税額の軽減措置が適用される。

4．適　切　特定物納制度では、管理処分不適格財産および相続税の課税価格計算の特例（「小規模宅地等についての相続税の課税価格の計算の特例」など）を受けている財産は物納に充てることができない（租税特別措置法69条の4第8項）。

4　財産の評価（宅地）

　土地等の使用貸借に関する次の記述のうち、最も不適切なものはどれか。

1．子が親から借地権を無償で借りて、親の借地上に子が自宅を建てた場合、「借地権の使用貸借に関する確認書」を所轄の税務署長に提出し、使用貸借の事実が確認されないと、その実態に応じて親から子に借地権の贈与があったものとして贈与税が課税される場合がある。

2．子が親から借地権を無償で借りて、親の借地上に子が貸家を建てた場合、「借地権の使用貸借に関する確認書」を所轄の税務署長に提出すると、親の所有する借地権は貸家建付借地権として評価される。

3．親の借地権がある土地の底地を子が地主から購入して、親が無償で子から土地を借りる場合、「借地権者の地位の変動がない旨の申出書」を所轄の税務署長に提出しないと、親から子に借地権の贈与があったものとして贈与税が課税される。

4．親が自己所有の土地に建物を建築して第三者に賃貸していたが、親は子に建物だけを贈与して、子は使用貸借で親から土地を借り、建物は従前と同じ第三者に賃貸していた場合、親の土地は貸家建付地として評価される。

1. 適 切 親の借地に子が自宅を建築し権利金や地代を支払うことなく無償で使用した場合には、借地権の使用貸借となる。税務署に「借地権の使用貸借に関する確認書」を提出すれば借地権の贈与の認定課税を防ぐことができる。この確認書を提出しないと実態に応じて、親から子に借地権の贈与があったものとして贈与税が課税される。

2. 不適切 設問の場合、親の借地権は他人に賃貸している借地権の評価額（貸家建付借地権）ではなく、自分で使っている借地権の評価額となる。

3. 適 切 親が借地している土地の所有権（底地部分）を地主から子が買い取り、親から子に地代の支払いがない場合は使用貸借となる。子が土地を買い取ったときに、親の所有していた借地権は、子に贈与されたと考えられるため贈与税がかかるが、子が地主になった後も引き続き借地権者は親であるとする「借地権者の地位に変更がない旨の申出書」を子の住所地の所轄税務署長に提出したときは、贈与税は課税されない。

4. 適 切 貸家とその敷地を所有する親が建物のみを子に贈与し、敷地を使用貸借で子に貸し付ける場合、敷地の評価は贈与前後で借家人に異動があったかどうかにより異なる。建物の贈与前、親と借家人との間で締結された賃貸借契約に基づき、借家人は敷地利用権を有しているが、敷地利用権は建物が第三者に譲渡された場合でも侵害されるものではない。子が使用貸借で土地を借りていても借家人の敷地利用権まで変更されたとはいえず、その敷地は引き続き処分や利用が制限されるので、自用地としての評価額から相応の減額を行うのが当然であり貸家建付地として評価する。一方、贈与後に借家人が変わると自用地評価となってしまう。

【問題2】（2021年9月 問49）　　　　チェック欄□□□□□

　「小規模宅地等についての相続税の課税価格の計算の特例」（以下、「本特例」という）に関する次の記述のうち、**最も適切なもの**はどれか。なお、**各選択肢において、ほかに必要とされる要件等はすべて満たしている**ものとする。

1．特定居住用宅地等（300㎡）、特定事業用宅地等（430㎡）の2つの宅地を相続により取得した場合、2つの宅地の面積の合計が730㎡以下となるため、2つの宅地のすべての面積について本特例の適用を受けることができる。

2．被相続人の居住の用に供されていた宅地を被相続人の親族でない者が遺贈により取得した場合、その者が被相続人と同居していた等の所定の要件を満たせば、当該宅地は特定居住用宅地等として本特例の適用を受けることができる。

3．被相続人の居住の用に供されていた宅地を被相続人と同居していた被相続人の子が相続により取得した場合であっても、その子が相続開始前3年以内に国内にあるその者またはその者の配偶者の所有する家屋に居住したことがあれば、当該宅地は特定居住用宅地等として本特例の適用を受けることはできない。

4．被相続人の居住の用に供されていた宅地について、配偶者居住権を設定し、被相続人と同居していた配偶者が配偶者居住権に基づく敷地利用権を、同じく同居していた子がその敷地所有権を相続により取得した場合、敷地利用権と敷地所有権の双方について、特定居住用宅地等として本特例の適用を受けることができる。

【問題2】 **正解 4**

1. 不適切 特定居住用宅地等については限度面積330㎡以内であるため、300㎡全体に適用を受けることができるが、特定事業用宅地等については限度面積400㎡を超えているため、超えた30㎡については適用を受けることができない。したがって、2つの宅地の面積のうち700㎡までの部分について本特例の適用を受けることができる。

2. 不適切 本特例の適用を受けることができる宅地の取得者は、被相続人の親族に限られる。

3. 不適切 被相続人の居住の用に供されていた宅地を被相続人と同居していた被相続人の子が相続により取得し、本特例の適用を受ける場合、相続税の申告期限まで当該宅地を所有していればよい。なお、相続開始前3年以内に国内にあるその者またはその者の配偶者の所有する家屋に居住したことがある場合に本特例の適用を受けることができないのは、非同居親族である。

4. 適 切 配偶者居住権に基づく敷地利用権および配偶者居住権が設定されている敷地所有権とも、本特例の適用を受けることができる。

【問題3】（2024年1月 問49）　　　　　　　　　チェック欄 □□□□□

　普通住宅地区に所在する自用地である甲宅地（更地）の相続税評価額として、次のうち最も適切なものはどれか。なお、記載のない事項については考慮しないものとする。

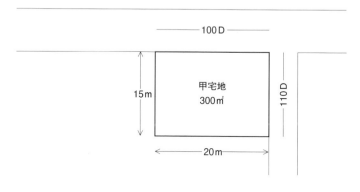

〈奥行価格補正率表（一部抜粋）〉

奥行距離（m） 　地区区分	普通住宅地区
10以上　12未満	
12　〃　14　〃	
14　〃　16　〃	1.00
16　〃　20　〃	
20　〃　24　〃	

〈側方路線影響加算率表（一部抜粋）〉

地区区分	加算率	
	角地の場合	準角地の場合
普通住宅地区	0.03	0.02

1．3,066万円

2．3,099万円

3．3,360万円

4．3,390万円

正面路線の判定

100千円×1.00＝100千円　　100千円＜110千円

110千円×1.00＝110千円　　∴110千円の路線が正面路線となる

相続税評価額

（110千円×1.00＋100千円×1.00×0.03）×15m×20m

　＝3,390万円

【問題4】（2023年1月　問48）　　　　　　　　チェック欄 □□□□□

　Aさんは、父親から建物の敷地となっている下記のX土地、Y土地、Z土地（借地権）を相続により取得した。X土地、Y土地、Z土地（借地権）の相続税評価額の合計額として、次のうち最も適切なものはどれか。

X土地	・Aさんは、父親から固定資産税程度の地代で借り受けているX土地に自宅を建築して居住していた。 ・X土地の自用地評価額は2,500万円、借地権割合は60％、借家権割合は30％である。
Y土地	・Aさんの父親は貸家とその敷地であるY土地のうち、貸家のみをAさんに贈与したが、Aさんとの間で地代等の収受は行われていない。 ・貸家には賃借人BさんがAさんの父親からAさんへ貸家の贈与前から現在まで居住（入居率100％）している。 ・Y土地の自用地評価額は2,000万円、借地権割合は60％、借家権割合は30％である。
Z土地 （借地権）	・Aさんの父親は第三者であるC株式会社からZ土地を通常の地代で借り受けていたが、権利金は支払っていない。Z土地については「土地の無償返還に関する届出書」が税務署長に提出されている。 ・Aさんの父親はZ土地にアパートを建築して、第三者に賃貸（入居率100％）していた。 ・Z土地の自用地評価額は4,000万円、借地権割合は60％、借家権割合は30％である。

1．2,640万円

2．3,300万円

3．4,140万円

4．5,820万円

第6章

相続・事業承継　基礎編

① X土地

　Aさんは父親から固定資産税程度の地代で借り受けているため、使用貸借となる。したがって、X土地は自用地として評価される。

　相続税評価額＝**2,500万円**

② Y土地

　Aさんの父親からAさんへ貸家の贈与前から賃借人Bさんが貸家に居住しているため、Y土地は貸家建付地として評価される。

　相続税評価額＝自用地評価額×（1－借地権割合×借家権割合×賃貸割合）

　　＝2,000万円×（1－60%×30%×100%）＝**1,640万円**

③ Z土地（借地権）

　父親はC株式会社に対して権利金を支払っておらず、「土地の無償返還に関する届出書」を提出しているため、借地権の評価額はゼロとなる。

　相続税評価額＝**0円**

④ X土地、Y土地、Z土地（借地権）の相続税評価額の合計額

　　①＋②＋③＝**4,140万円**

【**問題5**】（2022年9月 問49）　　　　　　チェック欄☐☐☐☐☐

　「小規模宅地等についての相続税の課税価格の計算の特例」（以下、「本特例」という）に関する次の記述のうち、**最も不適切なもの**はどれか。なお、**各選択肢において、ほかに必要とされる要件等はすべて満たしているものとする。**

1．被相続人であるAさんの居住の用に供されていた宅地を、相続開始の直前においてAさんと同居していたAさんの子Bさんが相続により取得した場合、子Bさんが相続開始前3年以内に子Bさんまたは子Bさんの配偶者の所有する家屋に居住したことがあったとしても、当該宅地は特定居住用宅地等として本特例の適用を受けることができる。
2．被相続人であるCさんの居住の用に供されていた宅地を、相続開始直前においてCさんと同居していた内縁の妻Dさんが遺贈により取得した場合、当該宅地は特定居住用宅地等として本特例の適用を受けることができない。
3．被相続人であるEさんが5年前から自転車駐車場業の用に供していた宅地は、その貸付規模、設備の状況および営業形態を問わず、本特例における貸付事業用宅地等の対象とならない。
4．被相続人であるFさんが有料老人ホームに入所したことで、Fさんの居住の用に供されなくなった宅地を、入所前に同居し、引き続き居住しているFさんの子Gさんが相続により取得した場合に、相続開始の直前においてFさんが要介護認定または要支援認定を受けているときは、当該宅地は特定居住用宅地等として本特例の適用を受けることができる。

1. 適 切 「相続開始前3年以内に日本国内にあるその者またはその者の配偶者が所有する家屋に居住したことがないこと」という要件が必要なのは、非同居親族が宅地を取得した場合である。本肢において、子Bさんは被相続人Aさんと同居していたため、当該要件を満たす必要はない。

2. 適 切 内縁関係にある者は、特定居住用宅地等として本特例の適用を受けることができる配偶者に該当しない。入籍していることが必要である。

3. 不適切 貸付事業とは、相続開始の直前において被相続人等の不動産貸付業、駐車場業、自転車駐車場業および事業と称するに至らない不動産の貸付けその他これに類する行為で相当の対価を得て継続的に行う準事業のことをいい（租税特別措置法施行令第40条の2第1項第7項）、その規模、設備の状況および営業形態等を問わない（租税特別措置法基本通達69の4－13）。したがって、被相続人Eさんが5年前から自転車駐車場業の用に供していた宅地は、本特例のおける貸付事業用宅地等の対象となる。

4. 適 切 被相続人が老人ホームに入居し、相続開始の直前において被相続人の居住の用に供されていない宅地は、原則として、特定居住用宅地等に該当しない。ただし、要介護認定または要支援認定を受けて入居している場合は、他の要件を満たすことにより、特定居住用宅地等に該当する。本肢のFさんが、要介護認定または要支援認定を受けて老人ホームに転居している場合、Fさんの転居前から同居していた子Gさんが取得したFさんの居住の用に供されていた宅地は、本特例の適用を受けることができる。

【問題6】（2023年5月 問49）　チェック欄 ☐☐☐☐☐

　財産評価基本通達上の宅地の評価における「地積規模の大きな宅地の評価」の規定（以下、「本規定」という）に関する次の記述のうち、最も不適切なものはどれか。

1．市街化調整区域に所在する宅地（一定の開発行為を行うことができる区域を除く）、工業専用地域に所在する宅地、指定容積率が400％（東京都の特別区では300％）以上の地域に所在する宅地は、地積規模にかかわらず、本規定の対象とならない。
2．倍率方式により評価する地域に所在する一定の要件を満たす宅地についても、本規定に準じて計算した価額により評価する。
3．宅地が指定容積率の異なる2以上の地域にわたる場合、規制の厳しい地域の指定容積率により本規定の適用の可否を判定する。
4．路線価地域では、普通商業・併用住宅地区および普通住宅地区に所在する宅地が本規定の対象となり、ビル街地区、高度商業地区、繁華街地区、中小工場地区、大工場地区に所在する宅地は本規定の対象とならない。

【問題7】（2023年9月 問49）　チェック欄 ☐☐☐☐☐

　取引相場のない株式の評価方法における純資産価額方式に関する次の記述のうち、最も不適切なものはどれか。

1．1株当たりの純資産価額（相続税評価額）の計算上、課税時期の属する事業年度に係る法人税額や消費税額のうち、その事業年度開始の日から課税時期までの期間に対応する金額で未払いのものは負債として計上することはできない。
2．1株当たりの純資産価額（相続税評価額）の計算上、評価会社の株式を所有する役員が死亡し、その相続人に支給した弔慰金で、みなし相続財産とならないものは、負債として計上することはできない。
3．1株当たりの純資産価額（相続税評価額）の計算上、評価会社が所有する課税時期前3年以内に取得した土地の相続税評価額は、原則として、課税時期における通常の取引価額に相当する金額によって評価する。
4．課税時期において評価会社が有する資産の合計額（相続税評価額）に占める株式等の価額の合計額（相続税評価額）の割合が50％以上である場合、同族株主が取得した当該会社の株式は、会社の規模にかかわらず、原則として純資産価額方式により評価する。

1．**適 切** 地積規模の大きな宅地とは、三大都市圏においては500㎡以上の地積の宅地および三大都圏以外の地域においては1,000㎡以上の地積の宅地をいう。ただし、次の宅地は除かれる。
   ・市街化調整区域に所在する宅地（一定の開発行為を行うことができる区域を除く）
   ・都市計画法の用途地域が工業専用地域に指定されている地域に所在する宅地
   ・指定容積率が400％（東京都の特別区においては300％）以上の地域に所在する宅地
   ・財産評価基本通達に定める大規模工場用地

2．**適 切** 路線価方式により評価される地域に所在する宅地に限らず、倍率方式により評価される地域に所在する宅地にも本規定は適用される。

3．**不適切** 宅地が指定容積率の異なる2以上の地域にわたる場合、各地域の指定容積率に、その宅地の当該地域内にある各部分の面積の敷地面積に対する割合を乗じて得たものの合計により判定する。

4．**適 切** 路線価地域における対象となる宅地は、普通商業・併用住宅地区および普通住宅地区に所在するものに限られる。

1．**不適切** 課税時期の属する事業年度に係る法人税額、消費税額、事業税額、道府県民税額および市町村民税額のうち、その事業年度開始の日から課税時期までの期間に対応する金額で、課税時期において未払いのものは負債として計上することができる（財産評価基本通達186）。

2．**適 切** 1株当たりの純資産価額（相続税評価額）の計算上、評価会社の株式を所有する役員が死亡し、その相続人に支給した弔慰金で、みなし相続財産となるものは、負債として計上することができる。

3．**適 切** 評価会社が所有する各資産を評価する場合、その資産の中に、課税時期前3年以内に取得または新築した土地等または建物等があるときは、これらの価額は課税時期における通常の取引価額により評価する。

4．**適 切** 課税時期において評価会社が有する資産の合計額（相続税評価額）に占める株式等の価額の合計額（相続税評価額）の割合が50％以上である場合、当該会社は「株式等保有特定会社」と判定され、同族株主が取得した当該会社の株式は、会社の規模にかかわらず、原則として純資産価額方式により評価する。

【問題8】（2023年9月 問48）　　　　　　　　　　チェック欄 ▢▢▢▢▢

　非上場会社であるX株式会社（以下、「X社」という）の同族関係者であるA～F
の所有株式数等は、下記のとおりである。D、E、Fがそれぞれ中心的な同族株主に
該当するか否かの判定に関する次の記述のうち、最も適切なものはどれか。なお、発
行済株式総数は100株であり、X社株式はすべて議決権を有する普通株式である。

株主	株主Aとの関係	X社における地位	所有株式数
A	本人	代表取締役社長	30株
B	妻	なし	5株
C	父	代表取締役会長	15株
D	弟	経理部長	15株
E	甥（Dの長男）	なし	5株
F	伯父	取締役営業部長	5株
G	―	従業員持株会	25株

1．D、E、Fは、いずれも中心的な同族株主に該当する。
2．DおよびEは中心的な同族株主に該当し、Fは中心的な同族株主に該当しない。
3．EおよびFは中心的な同族株主に該当し、Dは中心的な同族株主に該当しない。
4．DおよびFは中心的な同族株主に該当し、Eは中心的な同族株主に該当しない。

第6章 相続・事業承継 基礎編

【問題8】　正解　**2**

　中心的な同族株主とは、同族株主の1人ならびにその株主の配偶者、直系血族、兄弟姉妹および1親等の姻族（子の配偶者、配偶者の親）の有する議決権の合計数が、その会社の議決権総数の25%以上である場合におけるその株主をいう。

　A〜Fの親族関係図は、次のとおりである。

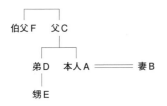

　Dについて：Dに関係する者は直系血族のC、Eと兄弟姉妹のAである。

　　15株（D）＋15株（C）＋5株（E）＋30株（A）＝65株

　　65株÷100株×100＝65%≧25%　∴　Dは中心的な同族株主に該当する。

　Eについて：Eに関係する者は直系血族のC、Dである。

　　5株（E）＋15株（C）＋15株（D）＝35株

　　35株÷100株×100＝35%≧25%　∴　Eは中心的な同族株主に該当する。

　Fについて：Fに関係する者は兄弟姉妹のCである。

　　5株（F）＋15株（C）＝20株

　　20株÷100株×100＝20%＜25%　∴　Fは中心的な同族株主に該当しない。

　したがって、適切な選択肢は**2**となる。

【問題1】（2023年5月 問50）　　　　　　　　　チェック欄 □□□□□

「非上場株式等についての贈与税の納税猶予及び免除」（以下、「一般措置」という）
および「非上場株式等についての贈与税の納税猶予及び免除の特例」（以下、「特例措
置」という）に関する次の記述のうち、最も適切なものはどれか。

1．適用を受けることができる受贈者の人数は、一般措置では1人、特例措置では最
　大4人である。
2．事業の継続が困難な一定の事由が生じ、納税猶予に係る非上場株式等を譲渡した
　場合、一般措置では猶予税額の免除措置は設けられていないが、特例措置では譲
　渡対価の額等に基づき再計算した猶予税額の全額が免除され、従前の猶予税額と
　の差額を納付しなければならない。
3．雇用確保要件を満たさなかった場合、一般措置では、猶予税額の全額を納付しな
　ければならないが、特例措置では、要件を満たさなかった理由等を記載した報告
　書を都道府県知事に提出し、その確認を受けることにより、猶予税額の50％相当
　額を納付し、残額の納税猶予は継続する。
4．一般措置では、60歳以上の贈与者から18歳以上の推定相続人（直系卑属）へ贈与
　する場合、相続時精算課税を併用することができるが、特例措置では、60歳以上
　の贈与者から18歳以上の者への贈与であれば、推定相続人（直系卑属）または孫
　以外への贈与であっても、相続時精算課税を併用することができる。

第6章 相続・事業承継 基礎編

【問題1】 正解 **4**

1. **不適切** 適用を受けることができる受贈者の人数は、一般措置では1人、特例措置では最大3人である。

2. **不適切** 事業の継続が困難な一定の事由が生じ、納税猶予に係る非上場株式等を譲渡した場合、一般措置では猶予税額の免除措置は設けられていないが、特例措置では譲渡対価の額等に基づき再計算した猶予税額の全額を納付し、従前の猶予税額との差額が免除される。

3. **不適切** 雇用確保要件を満たさなかった場合、一般措置では、猶予税額の全額を納付しなければならないが、特例措置では、要件を満たさなかった理由等を記載した報告書を都道府県知事に提出し、その確認を受けることにより、納税猶予は継続する。

4. **適　切** 一般措置も特例措置も相続時精算課税を併用することができる。更に、特例措置では、受贈者が推定相続人や孫に限られない。

【問題2】（2024年1月　問47改題）　　　　　チェック欄 □□□□□

　2024年12月4日に死亡したAさんが所有していた上場企業であるX社の株式1,000株を相続により取得した場合、下記の〈上場株式Xの最終価格〉から算出されるX社の株式1,000株の相続税評価額として、次のうち最も適切なものはどれか。なお、記載のない事項については考慮しないものとする。

〈上場株式Xの最終価格〉

2024年12月4日の最終価格	457円
2024年12月の毎日の最終価格の月平均額	456円
2024年11月の毎日の最終価格の月平均額	460円
2024年10月の毎日の最終価格の月平均額	451円
2024年9月の毎日の最終価格の月平均額	448円
2024年8月の毎日の最終価格の月平均額	455円
2024年の毎日の最終価格の年平均額	449円
2023年の毎日の最終価格の年平均額	450円
2024年12月以前2年間の毎日の最終価格の平均額	453円

1．44万9,000円

2．45万円

3．45万1,000円

4．45万6,000円

【問題2】 正解 **3**

　上場株式の相続税評価額は、次の①〜④のうち、最も低い価額で評価する。

① 　課税時期（死亡日または贈与日）の最終価格⇒457円

② 　課税時期の属する月の毎日の最終価格の月平均額⇒456円

③ 　課税時期の属する月の前月の毎日の最終価格の月平均額⇒460円

④ 　課税時期の属する月の前々月の毎日の最終価格の月平均額⇒451円

よって、最も低い価額は④になるため451円×1,000株＝45万1,000円となる。

【問題3】(2021年9月　問50改題)　　　　チェック欄□□□□□
　「個人の事業用資産についての贈与税の納税猶予及び免除」(以下、「本制度」という)に関する次の記述のうち、最も不適切なものはどれか。

1．先代事業者である贈与者は、贈与の日において60歳以上であること、贈与の日の属する年、その前年およびその前々年の確定申告書を青色申告書により提出していること等の要件を満たす必要がある。
2．後継者である受贈者は、贈与の日において18歳以上であること、贈与の日まで引き続き3年以上にわたり特定事業用資産に係る事業に従事していたこと等の要件を満たす必要がある。
3．特定事業用資産のうち、宅地等は400㎡以下の部分、建物は床面積800㎡以下の部分が本制度の対象となる。
4．後継者が特例受贈事業用資産に係る事業を廃止した場合には、やむを得ない理由がある場合等を除き、納税が猶予されている贈与税の全額と利子税を併せて納付する必要がある。

【問題4】(2023年9月　問50)　　　　チェック欄□□□□□
　すべての株式に譲渡制限のある会社(公開会社でない会社)における自己株式に関する次の記述のうち、最も不適切なものはどれか。

1．会社が特定の株主との合意により当該会社の株式を有償で取得する場合、あらかじめ定時株主総会または臨時株主総会の特別決議が必要である。
2．会社が当該会社の株式を取得する場合における分配可能額は、剰余金の額から自己株式の帳簿価額等を控除した金額の2分の1の金額である。
3．会社が合併や会社分割などの組織再編を行う場合、所定の手続により、新たな株式の発行に代えて、自己株式を交付することができる。
4．自己株式は、議決権その他の共益権を行使することはできず、剰余金の配当請求権もない。

1. 不適切 贈与者に年齢要件はない。

2. 適 切 なお、受贈者の要件の1つに「贈与税の申告期限において開業届出書を提出し、青色申告の承認を受けていること」がある。これは、業務開始日（贈与日）から2カ月以内に、税務署長に申請を行う必要があるが、受贈者が贈与前から他の業務を行っている場合には、青色申告をしようとする年の3月15日までに申請を行うことが必要である。

3. 適 切 なお、特定事業用資産として建物以外の減価償却資産で次のものも対象となる。
・固定資産税の課税対象とされているもの
・自動車税・軽自動車税の営業用の標準税率が適用されるもの
・一定の貨物運送用および乗用自動車、乳牛・果樹等の生物、特許権等の無形固定資産

4. 適 切 納税が猶予されている贈与税の全額と利子税の納付が必要な主な場合は、次のとおりである。
・事業を廃止した場合（やむを得ない理由があるときや破産手続開始の決定があったときを除く）
・特例受贈事業用資産に係る事業について、その年のその事業に係る事業所得の総収入金額がゼロとなった場合
・青色申告の承認が取り消された場合

1. 適 切 なお、株主総会では、株式数、対価、期間を定めて決議しなければならない。

2. 不適切 分配可能額は、原則として、次の算式で求める（会社法461条2項）

前期末の剰余金の額－①の額＋②の額

① 自己株式取得の日までの剰余金の減少額
② 自己株式取得の日までに生じた債権者異議手続を経た剰余金の増加額

3. 適 切 会社が合併や会社分割などの組織再編を行う場合でも、自己株式を交付することが可能である。

4. 適 切 自己株式には共益権の代表である議決権がない（会社法308条2項）。また、自益権の代表である剰余金の配当請求権や残余財産の分配請求権もない（会社法453条、504条3項）。

【第1問】（2023年1月 第5問《問63》～《問65》改題）　チェック欄 ☐☐☐☐☐

次の設例に基づいて、下記の各問（《問1》～《問3》）に答えなさい。

《設　例》

　非上場会社のX株式会社（以下、「X社」という）の代表取締役社長であるA
さん（75歳）の推定相続人は、妻Bさん（71歳）および長男Cさん（48歳）の2
人である。Aさんは、自身の健康面に不安を感じることが多くなったことから、
所有するX社株式を長男Cさんに移転し、勇退することを決意した。しかし、X
社は保有する土地の資産全体に占める割合が高く、X社株式の移転にあたって、
特定の評価会社に該当して株式の相続税評価額が高くなることを懸念している。

　X社の概要は、以下のとおりである。

〈X社の概要〉

(1)　業種　建築工事業

(2)　資本金等の額　8,000万円（発行済株式総数160,000株、すべて普通株式で
　　　　　　　　　　　　1株につき1個の議決権を有している）

(3)　株主構成

株主	Aさんとの関係	所有株式数
Aさん	本人	130,000株
Bさん	妻	10,000株
Cさん	長男	20,000株

(4)　株式の譲渡制限　あり

(5)　従業員数　70人

　※　直前期末以前1年間に継続してX社に勤務する従業員の数である（就業
　　規則等で定められた1週間当たりの労働時間が30時間未満の従業員を除
　　く）。

(6)　X社株式の評価（相続税評価額）に関する資料

　　・X社の比準要素

比準要素	X社
1株（50円）当たりの年配当金額	6.1円
1株（50円）当たりの年利益金額	35円
1株（50円）当たりの簿価純資産価額	350円

　　・類似業種比準価額計算上の業種目／比準要素／業種目別株価

業種目		年配当金額	年利益金額	簿価純資産価額	株価
建設業（大分類）		7.7円	47円	387円	285円
	総合工事業（中分類）	7.5円	43円	337円	225円
		建築工事業（小分類）	8.5円	56円	363円	272円

※建築工事業（小分類）は、業種目欄の3段目に記載。

※すべて1株当たりの資本金等の額を50円とした場合の金額である。

(7) X社の資産・負債の状況

直前期のX社の資産・負債の相続税評価額と帳簿価額は、次のとおりである。

科目	相続税評価額	帳簿価額	科目	相続税評価額	帳簿価額
流動資産	53,000万円	53,000万円	流動負債	26,000万円	26,000万円
固定資産	147,000万円	56,000万円	固定負債	27,000万円	27,000万円
合計	200,000万円	109,000万円	合計	53,000万円	53,000万円

※上記以外の条件は考慮せず、各問に従うこと。

《問1》取引相場のない株式の評価における特定の評価会社に関する以下の文章の空欄①～⑤に入る最も適切な語句または数値を、解答用紙に記入しなさい。

「特定の評価会社には、『株式等保有特定会社』『土地保有特定会社』のほか、『比準要素数1の会社』『開業後（　①　）未満の会社』などがあります。評価会社が特定の評価会社に該当した場合、その株式は、原則として、純資産価額方式により評価します。ただし、『株式等保有特定会社』や『土地保有特定会社』の株式であっても、同族株主以外の株主等が取得した場合には、その株式は（　②　）方式により評価します。

『株式等保有特定会社』は、課税時期において評価会社の総資産価額（相続税評価額）に占める株式等の価額の合計額（相続税評価額）の割合が（　③　）％以上である会社をいいます。

『土地保有特定会社』は、課税時期において評価会社の総資産価額（相続税評価額）に占める土地等の価額の合計額（相続税評価額）の割合（土地保有割合）が評価会社の規模に応じて定められた一定割合以上である会社をいいます。土地保有特定会社に該当する土地保有割合は、評価会社が大会社である場合、（　④　）％以上とされ、評価会社が中会社である場合は90％以上とされています。

『比準要素数1の会社』は、評価会社の類似業種比準価額の計算の基となる『1株当たりの配当金額』『1株当たりの利益金額』『1株当たりの純資産価額（帳簿価額）』のそれぞれの金額のうち、いずれか2要素がゼロであり、かつ、直前々期末を基準にしてそれぞれの金額を計算した場合に、それぞれの金額のうち、いずれか

2要素以上がゼロである会社をいいます。『比準要素数1の会社』の株式を同族株主が取得した場合、その株式は、原則として、純資産価額方式により評価しますが、納税義務者の選択により、『類似業種比準価額×（ ⑤ ）＋1株当たりの純資産価額×（1－（ ⑤ ））』の算式により計算した金額によって評価することができます」

《問2》《設例》の〈X社の概要〉に基づき、X社株式の1株当たりの類似業種比準価額を求めなさい。〔計算過程〕を示し、〈答〉は円単位とすること。また、端数処理は、各要素別比準割合および比準割合は小数点第2位未満を切り捨て、1株当たりの資本金等の額50円当たりの類似業種比準価額は10銭未満を切り捨て、X社株式の1株当たりの類似業種比準価額は円未満を切り捨てること。
　なお、X社株式の類似業種比準価額の算定にあたり、複数の方法がある場合は、最も低い価額となる方法を選択するものとする。

《問3》《設例》の〈X社の概要〉に基づき、X社株式の1株当たりの純資産価額を求めなさい（計算過程の記載は不要）。〈答〉は円未満を切り捨てて円単位とすること。

《問1》 正解 ① **3年（未満）** ② **配当還元（方式）** ③ **50（%）**
④ **70（%）** ⑤ **0.25**

〈解説〉

①② 特定の評価会社とは、資産の大部分が土地または株式であるような会社で、類似業種比準方式により評価することが適当でない会社のことをいう。

特定の評価会社には「株式等保有特定会社」「土地保有特定会社」「比準要素数1の会社」「**開業後3年未満の会社**」などがある。なお、特定の評価会社に該当する場合、原則として純資産価額方式により評価する。ただし、「株式等保有特定会社」や「土地保有特定会社」の株式であっても、同族株主以外の株主等が取得した場合には、その株式は**配当還元方式**により評価する。

③ 株式等保有特定会社とは、評価会社の有する各資産の相続税評価額の合計額のうちに占める株式等の相続税評価額の合計額が**50%**以上である会社をいう。

④ 土地保有特定会社とは、評価会社の有する各資産の相続税評価額の合計額のうちに占める土地等の相続税評価額の合計額が、大会社なら**70**%以上、中会社なら90%以上である会社をいう。

⑤ 比準要素数1の会社の株式を同族株主が取得した場合、その株式は、原則として、純資産価額方式により評価するが納税義務者の選択により類似業種比準価額×**0.25**＋1株当たりの純資産価額×（1－**0.25**）の算式により計算した金額によって評価することができる。

《問2》 正解 **1,386円**

・1株当たりの資本金等の額

8,000万円÷160,000株＝500円

・類似業種は、大分類、中分類および小分類に区分して定める業種目のうち、評価会社の事業が該当する業種目とする。その業種目が小分類に区分されているものは小分類の業種目、小分類に区分されていない中分類のものは中分類の業種目による。ただし、類似業種が小分類の業種目の場合は、その業種目の属する中分類の業種目を選択することができ、類似業種が中分類の業種目の場合は、その業種目の属する大分類の業種目を選択することができる。

X社は「建築工事業」（小分類）に該当するが、「総合工事業」（中分類）を選択することができる。したがって、価額の低い「総合工事業」（中分類）を選択する。

$$225円 \times \dfrac{\dfrac{6.1}{7.5}+\dfrac{35}{43}+\dfrac{350}{337}}{3} \times 0.7 \times \dfrac{500}{50}$$

$$=225円 \times \frac{0.81+0.81+1.03}{3} \times 0.7 \times \frac{500}{50}$$

$$=225 \times 0.88 \times 0.7 \times 10$$

$$=138.6 \times 10$$

$$=\mathbf{1,386円}$$

〈解説〉

類似業種比準価額の算式は次のとおりである。

$$類似業種比準価額＝A \times \frac{\frac{ⓑ}{B}+\frac{ⓒ}{C}+\frac{ⓓ}{D}}{3} \times E \times \frac{1株当たりの資本金等の額}{50円}$$

A＝類似業種の株価
B＝類似業種の1株（50円）当たりの年配当金額
C＝類似業種の1株（50円）当たりの年利益金額
D＝類似業種の1株（50円）当たりの純資産価額（簿価）
ⓑ＝評価会社の1株（50円）当たりの年配当金額
ⓒ＝評価会社の1株（50円）当たりの年利益金額
ⓓ＝評価会社の1株（50円）当たりの純資産価額（簿価）
E＝斟酌率（大会社0.7、中会社0.6、小会社0.5）

※X社は「大会社」に該当するため、斟酌率0.7を用いる。

《問3》 正解 7,083円

〈解説〉

純資産価額の算式は、次のとおりである。

$$\frac{(A-B)-\{(A-B)-(C-D)\} \times 37\%}{E}$$

A：課税時期における相続税評価額で計算した総資産額
B：課税時期における相続税評価額で計算した負債額（引当金等除く）
C：課税時期における帳簿価額で計算した総資産額
D：課税時期における帳簿価額で計算した負債額（引当金等除く）
E：課税時期における議決権総数

・相続税評価額による純資産　　200,000万円－53,000万円＝147,000万円
・帳簿価額による純資産　　　　109,000万円－53,000万円＝56,000万円
・評価差額　　　　　　　　　　147,000万円－56,000万円＝91,000万円
・評価差額に対する法人税額等　91,000万円×37％－33,670万円
・純資産価額　　　　　　　　　147,000万円－33,670万円＝113,330万円

第6章 相続・事業承継 応用編

・純資産価額方式による株価　　113,330万円÷160,000株＝**7,083.1円**
→ **7,083円**

次の設例に基づいて、下記の各問（《問1》～《問3》）に答えなさい。

---《設　例》---

　非上場会社のX株式会社（以下、「X社」という）の代表取締役社長であるAさん（70歳）の推定相続人は、妻Bさん（70歳）、長男Cさん（40歳）の2人である。5年前に大手メーカーを退職し、X社に入社した専務取締役の長男Cさんは、販路拡大に成功し、X社は前期、大幅な増収増益を達成している。X社では、業容拡大により、今期以降、正社員を積極的に通年採用することを計画している。

　Aさんは、X社株式の大半を長男Cさんに早期に移転したいと考えている。Aさんは、先日、既に退職したX社の創業メンバーDさん（74歳）から、「健康状態があまり良くない。資産を整理する一環として、X社株式を買い取ってほしい」との依頼を受け、自社株式の対策を講じなければならないと思案しているところである。

　X社に関する資料は、以下のとおりである。

〈X社の概要〉
(1)　業種　電子部品製造業（従業員数58名）
(2)　資本金等の額　3,000万円（発行済株式総数60,000株、すべて普通株式で1株につき1個の議決権を有している）
(3)　株主構成

株主	Aさんとの関係	所有株式数
Aさん	本人	56,000株
Bさん	妻	2,000株
Cさん	長男	1,000株
Dさん	第三者（注1）	1,000株

（注1）　Aさんおよび長男Cさんと特殊の関係にある者（同族関係者）ではない。

(4)　株式の譲渡制限　あり
(5)　X社株式の評価（相続税評価額）に関する資料
　・X社の財産評価基本通達上の規模区分は「中会社の大」である。
　・X社は、特定の評価会社には該当しない。

第6章　相続・事業承継　応用編

・比準要素の状況

比準要素	X社	類似業種
1株（50円）当たりの年配当金額	□□□円	6.0円
1株（50円）当たりの年利益金額	□□□円	20円
1株（50円）当たりの簿価純資産価額	600円	250円

※すべて1株当たりの資本金等の額を50円とした場合の金額である。

※「□□□」は、問題の性質上、伏せてある。

・類似業種の1株（50円）当たりの株価の状況

課税時期の属する月の平均株価	380円
課税時期の属する月の前月の平均株価	400円
課税時期の属する月の前々月の平均株価	420円
課税時期の前年の平均株価	370円
課税時期の属する月以前2年間の平均株価	375円

(6)　X社の過去3年間の決算（売上高・所得金額・配当金額）の状況

事業年度	売上高	所得金額	配当金額
直　　前　　期	144,000万円	7,740万円	780万円（注3）
直　前　々　期	122,000万円	5,000万円（注2）	360万円
直前々期の前期	103,000万円	3,850万円	360万円

（注2）固定資産の売却による非経常的な利益金額500万円が含まれている。

（注3）記念配当60万円が含まれている。

(7)　X社の資産・負債の状況

直前期のX社の資産・負債の相続税評価額と帳簿価額は、次のとおりである。

科目	相続税評価額	帳簿価額	科目	相続税評価額	帳簿価額
流動資産	44,800万円	44,800万円	流動負債	28,800万円	28,800万円
固定資産	112,000万円	100,000万円	固定負債	80,000万円	80,000万円
合　　計	156,800万円	144,800万円	合　　計	108,800万円	108,800万円

※上記以外の条件は考慮せず、各問に従うこと。

《問1》《設例》の〈X社の概要〉に基づき、X社株式の1株当たりの類似業種比準価額を求めなさい。〔計算過程〕を示し、〈答〉は円単位とすること。また、端数処理については、1株当たりの資本金等の額を50円とした場合の株数で除した年配当金額は10銭未満を切り捨て、1株当たりの資本金等の額を50円とした場合の株数で除した年利益金額は円未満を切り捨て、各要素別比準割合および比準割合は小数点第2位未満を切り捨て、1株当たりの資本金等の額50円当たりの類似業種比準価額は10銭未満を切り捨て、X社株式の1株当たりの類似業種比準価額は円未満を切り捨てること。

　なお、X社株式の類似業種比準価額の算定にあたり、複数の方法がある場合は、最も低い価額となる方法を選択するものとする。

《問2》《設例》の〈X社の概要〉に基づき、X社株式の1株当たりの①純資産価額および②類似業種比準方式と純資産価額方式の併用方式による価額を、それぞれ求めなさい（計算過程の記載は不要）。〈答〉は円未満を切り捨てて円単位とすること。

　なお、X社株式の相続税評価額の算定にあたり、複数の方法がある場合は、最も低い価額となる方法を選択するものとする。

《問3》X社株式に関する以下の文章の空欄①〜⑥に入る最も適切な語句または数値を、解答用紙に記入しなさい。

〈Dさんが所有するX社株式の相続税評価額〉
Ⅰ　「Dさんの相続人がX社株式を相続により取得した場合、X社株式は配当還元方式により評価されます。《設例》の〈X社の概要〉に基づく、X社株式の1株当たりの配当還元方式による価額は（　①　）円になります」

〈Dさんが所有するX社株式の買取り〉
Ⅱ　「実際の売買価額は、配当還元方式による価額と原則的評価方式による価額の範囲内で、Dさんとの相対交渉で決まると思われます。同族株主である長男Cさんが、原則的評価方式による価額以下の低額譲渡によりDさんのX社株式を買い取った場合、その差額が長男Cさんへの（　②　）となることが想定されます」

〈取引相場のない株式の評価上の区分〉
Ⅲ　「非上場株式の相続税評価額を計算するうえでの会社規模は、業種、総資産価額、従業員数、直前期末以前1年間における取引金額（売上高）により判定しま

す。正社員の積極採用を計画しているＸ社の従業員数が（③）人以上になれば、Ｘ社の会社規模は大会社と判定されます。また、従業員数が（③）人未満であっても、直前期末以前１年間における取引金額（売上高）が（④）億円以上になれば、大会社と判定されます」

〈Ｘ社株式の移転〉

Ⅳ 「Ｘ社株式の移転方法には、相続時精算課税制度の活用、非上場株式等についての相続税の納税猶予及び免除の特例の活用、長男ＣさんがＡさんから買い取るなど、いくつかの方法を検討することができますが、Ｘ社株式の相続税評価額を引き下げてから実行に移すことが肝要です。

　Ａさんに対する役員退職金の支給は、１株当たりの利益金額を引き下げる効果が大きいと思われます。１株当たりの利益金額を引き下げるために、新会社を設立するなど、高収益部門を分社化することも検討することができますが、設立した新会社は、開業後（⑤）年未満の会社に該当し、原則として、当該株式は（⑥）方式により評価されます。

　役員退職金の支給は、純資産額も減少させます。また、純資産額を減少させる効果を目的に、賃貸物件を購入する対策も考えられますが、（⑤）年以内に取得した土地および建物は、相続税評価額ではなく、通常の取引価額（取得価額）により評価することに注意してください」

【第2問】

- 1株当たりの資本金等の額を50円とした場合の株数

  3,000万円÷50円＝60万株

- 1株（50円）当たりの年配当金額

$$\frac{(780万円-60万円+360万円)÷2}{60万株}=9.0円$$

- 1株（50円）当たりの年利益金額

  7,740万円＞(7,740万円＋5,000万円－500万円)÷2＝6,120万円　　∴　6,120万円

$$\frac{6120万円}{60万株}=102円$$

- 1株当たりの資本金等の額

  3,000万円÷60,000株＝500円

- 類似業種の株価は、「課税時期の属する月の平均株価」「課税時期の属する月の前月の平均株価」「課税時期の属する月の前々月の平均株価」「課税時期の前年の平均株価」「課税時期の属する月以前2年間の平均株価」の5つの中から最も低い金額を選択するため、370円となる。

$$370円×\frac{\dfrac{9.0円}{6.0円}+\dfrac{102円}{20円}+\dfrac{600円}{250円}}{3}×0.6×\frac{500円}{50円}$$

$$=370円×\frac{1.50+5.10+2.40}{3}×0.6×\frac{500円}{50円}$$

$$=370円×3.00×0.6×10$$

$$=666円×10$$

$$=\textbf{6,660円}$$

第6章 相続・事業承継 応用編

〈解説〉

類似業種比準価額の算式は次のとおりである。

$$類似業種比準価額＝A \times \frac{\frac{ⓑ}{B}+\frac{ⓒ}{C}+\frac{ⓓ}{D}}{3} \times E \times \frac{1株当たりの資本金等の額}{50円}$$

A＝類似業種の株価
B＝類似業種の1株（50円）当たりの年配当金額
C＝類似業種の1株（50円）当たりの年利益金額
D＝類似業種の1株（50円）当たりの純資産価額（簿価）
ⓑ＝評価会社の1株（50円）当たりの年配当金額
ⓒ＝評価会社の1株（50円）当たりの年利益金額
ⓓ＝評価会社の1株（50円）当たりの純資産価額（簿価）
E＝斟酌率（大会社0.7、中会社0.6、小会社0.5）

※X社は「中会社」に該当するため、斟酌率0.6を用いる。

《問2》 正解 7,260円　②　6,720円

〈解説〉

①　純資産価額の算式は次のとおりである。

$$\frac{(A-B)-\{(A-B)-(C-D)\} \times 37\%}{E}$$

A：課税時期における相続税評価額で計算した総資産額
B：課税時期における相続税評価額で計算した負債額（引当金等除く）
C：課税時期における帳簿価額で計算した総資産額
D：課税時期における帳簿価額で計算した負債額（引当金等除く）
E：課税時期における議決権総数

・相続税評価額による純資産	156,800万円－108,800万円＝48,000万円
・帳簿価額による純資産	144,800万円－108,800万円＝36,000万円
・評価差額	48,000万円－36,000万円＝12,000万円
・評価差額に対する法人税額等	12,000万円×37％＝4,440万円
・純資産価額	48,000万円－4,440万円＝43,560万円
・純資産価額方式による株価	43,560万円÷60,000株＝**7,260円**

②　類似業種比準方式と純資産価額方式の併用方式による評価額の算式は次のとおりである。

類似業種比準価額×Lの割合＋純資産価額×（1－Lの割合）
※Lの割合
　中会社の大　0.90
　中会社の中　0.75
　中会社の小　0.60
　小会社　　　0.50

6,660円×0.90＋7,260円×（1－0.90）＝**6,720円**

《問3》 正解	① 900（円）	② みなし贈与	③ 70（人）
	④ 15（億円）	⑤ 3（年）	⑥ 純資産価額（方式）

〈解説〉

I　Dさんが所有するX社株式の相続税評価額

　配当還元価額の算式は次のとおりである。「その株式に係る年配当金額」の算出方法は、類似業種比準方式における「1株（50円）当たりの年配当金額」の算出方法と同じである。なお、その株式に係る年配当金額の算出にあたっては、算出額が2円50銭未満となる場合または無配の場合は2円50銭とする。

$$配当還元価額＝\frac{その株式に係る年配当金額}{10\%}×\frac{1株当たりの資本金の額等}{50円}$$

　その株式に係る年配当金額＝9.0円（《問1》参照）＞2円50銭　　∴　9.0円
　1株当たりの資本金の額等＝500円（《問1》参照）

$$配当還元価額＝\frac{9.0円}{10\%}×\frac{500円}{50円}＝\textbf{900円}$$

II　Dさんが所有するX社株式の買取り

　著しく低い価額の対価で財産の譲渡を受けた場合には、その財産の譲渡時における時価と譲渡対価との差額は、贈与により取得したものとみなされる。同族株主である長男Cさんが、原則的評価方式による価額以下の低額譲渡によりDさんのX社株式を買い取った場合、その差額が長男Cさんへのみなし贈与となる。

III　取引相場のない株式の評価上の区分

　直前期末以前1年間における従業員数が70人以上の会社規模は、大会社と判定される。

　直前期末以前1年間における従業員数が70人未満の会社規模は、(a)「直前期末の総資産価額（帳簿価額）および直前期末以前の1年間における従業員数に応ずる区分」または(b)「直前期末以前1年間の取引金額に応ずる区分」により判定する。

会社規模	卸売業		小売業・サービス業		左記以外の業種	
	(a)	(b)	(a)	(b)	(a)	(b)
大会社 ((a)(b)いずれか)	20億円 以上 （35人以下 除く）	30億円 以上	15億円 以上 （35人以下 除く）	20億円 以上	15億円 以上 （35人以下 除く）	15億円 以上
中会社 （大会社を除き (a)(b)いずれか）	7,000万円 以上 （5人以下 除く）	2億円 以上 30億円 未満	4,000万円 以上 （5人以下 除く）	6,000万円 以上 20億円 未満	5,000万円 以上 （5人以下 除く）	8,000万円 以上 15億円 未満
小会社 ((a)(b)いずれも該当 する会社)	7,000万円 未満 または 5人以下	2億円 未満	4,000万円 未満 または 5人以下	6,000万円 未満	5,000万円 未満 または 5人以下	8,000万円 未満

　従業員数が58人である電子部品製造業（卸売業、小売・サービス業以外）のＸ社は、(a)だけで判定すると、直前期末の総資産価額（帳簿価額）が14億4,800万円であるため中会社となるが、(b)が15億円以上であれば、大会社となる。

Ⅳ　Ｘ社株式の移転

　開業後3年未満である会社は特定の評価会社と判定される。特定の評価会社の株式の評価は、原則として、純資産価額方式により評価される。また、評価会社が所有する各資産を評価する場合、その資産の中に、課税時期前3年以内に取得または新築した土地等または建物等があるときは、これらの価額は通常の取引価額により評価することになる。

次の設例に基づいて、下記の各問（《問1》〜《問3》）に答えなさい。

───────────── 《設　例》 ─────────────

　Aさん（76歳）は、甲土地と、その土地上にある4階建ての賃貸マンションを所有している。Aさんは、最近、急逝した友人の遺族が遺産分割でもめていると聞き、自身の相続が発生した後、妻Bさん（69歳）や長女Dさん（40歳）たちが遺産分割でもめないように準備しておきたいと考えている。また、Aさんは、当該賃貸マンションの1階で経営する洋菓子店の経営を、昨年、生計を一にする長女Dさんに引き継いだが、事業用資産についてはそのままにしているため、長女Dさんに承継する方法を知りたいと思っている。

　Aさんの親族関係図およびAさんが所有している甲土地に関する資料は、以下のとおりである。なお、Aさんは、孫Eさん（14歳）および孫Fさん（13歳）とそれぞれ普通養子縁組（特別養子縁組以外の縁組）をしている。

〈Aさんの親族関係図〉

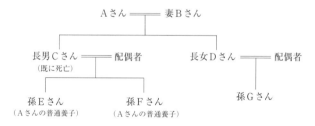

〈Aさんが所有している甲土地に関する資料〉
　甲土地（Aさんが所有している自宅兼賃貸マンションの敷地）
　　宅 地 面 積：264㎡　　　自用地評価額：6,600万円
　　借地権割合：60%　　　借家権割合：30%
　※甲土地上にある賃貸マンションは4階建て（600㎡）であり、各階の床面積は同一である（各階150㎡）。
　※4階部分150㎡はAさんの自宅として使用し、妻Bさんおよび長女Dさん家族と同居している。1階部分のうち100㎡は長女DさんがAさんから使用貸借により借り受けて洋菓子店を営んでいる。1階部分のうち50㎡、2階および3階部分の各150㎡は賃貸の用に供している（入居率100%）。

　※上記以外の条件は考慮せず、各問に従うこと。

《問１》仮に、Ａさんが現時点（2024年９月10日）において死亡し、《設例》の〈Ａさんが所有している甲土地に関する資料〉に基づき、相続税の課税価格の計算上、甲土地の評価額から減額される金額が最大となるように「小規模宅地等についての相続税の課税価格の計算の特例」の適用を受ける場合、貸付事業用宅地等として適用を受けることができる面積を求めなさい（計算過程の記載は不要）。〈答〉は㎡単位とすること。

　なお、甲土地のうち自宅に対応する部分は特定居住用宅地等、洋菓子店に対応する部分は特定事業用宅地等、賃貸マンションに対応する部分は貸付事業用宅地等にそれぞれ該当するものとする。

《問２》仮に、Ａさんが現時点（2024年９月10日）において死亡、孫Ｅさんに係る相続税の課税価格が4,280万円、相続税の課税価格の合計額が２億1,400万円である場合、①および②に答えなさい。〔計算過程〕を示し、〈答〉は万円単位とすること。

　なお、孫Ｅさんはこれまでに相続税の未成年者控除の適用を受けたことがないものとする。

①　相続税の総額はいくらか。
②　孫Ｅさんの納付すべき相続税額はいくらか。

〈資料〉相続税の速算表

法定相続分に応ずる取得金額		税率	控除額
万円超	万円以下		
	～　　1,000	10%	―
1,000　～　　3,000		15%	50万円
3,000　～　　5,000		20%	200万円
5,000　～　10,000		30%	700万円
10,000　～　20,000		40%	1,700万円
20,000　～　30,000		45%	2,700万円
30,000　～　60,000		50%	4,200万円
60,000　～		55%	7,200万円

《問3》「個人の事業用資産についての贈与税・相続税の納税猶予及び免除の特例」
（以下、「本特例」という）および「配偶者に対する相続税額の軽減」（以下、「本制度」
という）に関する以下の文章の空欄①〜⑥に入る最も適切な語句または数値を、解答
用紙に記入しなさい。

〈個人の事業用資産についての贈与税・相続税の納税猶予及び免除の特例〉

Ⅰ 「本特例の適用を受けた場合、後継者が先代事業者から贈与または相続等によ
り取得した特定事業用資産に係る贈与税・相続税の（ ① ）％の納税が猶予され
ます。本特例の適用を受けるためには、2019年4月1日から2026年3月31日まで
の間に個人事業承継計画を（ ② ）に提出し、確認を受ける必要があります。な
お、特定事業用資産とは、先代事業者の事業の用に供されていた宅地等（（ ③ ）
㎡まで）、建物（床面積800㎡まで）、その他一定の減価償却資産で、贈与または
相続等の日の属する年の前年分の事業所得に係る青色申告書の貸借対照表に計上
されているものです。

　相続等により取得して本特例の適用を受ける事業用の宅地は、特定事業用宅地
等に係る『小規模宅地等についての相続税の課税価格の計算の特例』の対象とな
りません」

〈配偶者に対する相続税額の軽減〉

Ⅱ 「本制度は、被相続人の配偶者が相続等により取得した財産の金額が、原則と
して、1億6,000万円または配偶者の法定相続分相当額のいずれか多い金額を超
えない限り、配偶者の納付すべき相続税額が算出されない制度です。

　本制度は、原則として、相続税の申告期限までに分割されていない財産は対象
になりません。ただし、相続税の申告書に『申告期限後（ ④ ）年以内の分割見
込書』を添付したうえで、申告期限までに分割されなかった財産について申告期
限から（ ④ ）年以内に分割したときは、本制度の対象になります。また、相続
税の申告期限から（ ④ ）年を経過する日までに分割できないやむを得ない事情
があり、所轄税務署長の承認を受けた場合で、その事情がなくなった日の翌日か
ら（ ⑤ ）カ月以内に分割されたときも、本制度の対象になります。

　相続税の申告後に行われた遺産分割に基づいて本制度の適用を受けるために
は、分割が成立した日の翌日から（ ⑤ ）カ月以内に（ ⑥ ）の請求をする必要
があります」

【第3問】

〈解説〉

甲土地のうち自宅に対応する部分は特定居住用宅地等に該当する。330㎡を限度として、80%が減額される。

対象面積：$264㎡ \times \dfrac{150㎡}{600㎡} = 66㎡$

特例適用前の評価額：$6,600万円 \times \dfrac{150㎡}{600㎡} = 1,650万円$

1㎡当たりの減額金額：$1,650万円 \div 66㎡ \times 80\% = 20万円$

甲土地のうち洋菓子店に対応する部分は特定事業用宅地等に該当する。400㎡を限度として、80%が減額される。

対象面積：$264㎡ \times \dfrac{100㎡}{600㎡} = 44㎡$

特例適用前の評価額：$6,600万円 \times \dfrac{100㎡}{600㎡} = 1,100万円$

1㎡当たりの減額金額：$1,100万円 \div 44㎡ \times 80\% = 20万円$

甲土地のうち賃貸アパートに対応する部分は貸家建付地として貸付事業用宅地等に該当する。200㎡を限度として、50%が減額される。

対象面積：$264㎡ \times \dfrac{50㎡ + 150㎡ + 150㎡}{600㎡} = 154㎡$

特例適用前の評価額（貸家建付地）

$6,600万円 \times \dfrac{50㎡ + 150㎡ + 150㎡}{600㎡} \times (1 - 60\% \times 30\% \times 100\%) = 3,157万円$

1㎡当たりの減額金額：$3,157万円 \div 154㎡ \times 50\% = 10.25万円$

減額される金額の合計額が最大となる場合は、1㎡当たりの減額金額が高い順に適用すればよい。したがって、特定事業用宅地等と特定居住用宅地等を優先的に適用し、その後に貸付事業用宅地等を適用する。

貸付事業用宅地等を選択する場合、併用可能面積の調整計算が必要となる。併用可能面積の調整計算は、次の算式で行う。

$$特定事業用宅地等の面積 \times \dfrac{200}{400} + 特定居住用宅地等面積 \times \dfrac{200}{330}$$

$$+ 貸付事業用宅地等の面積 \leqq 200㎡$$

特定居住用宅地等

66㎡≦330㎡　∴　66㎡すべて適用を受ける

特定事業用宅地等

44㎡≦400㎡　∴　44㎡すべて適用を受ける

貸付事業用宅地等

$$44㎡ \times \frac{200}{400} + 66㎡ \times \frac{200}{330} + X \leqq 200㎡　∴　X \leqq 138㎡$$

以上より、減額される金額の合計額が最大となる場合における、貸付事業用宅地等として適用を受けることができる面積は**138㎡**である。

《問2》　正解　① 2,750万円　② 510万円

① 相続税の総額

遺産に係る基礎控除額＝3,000万円＋600万円×4人＝5,400万円

課税遺産総額＝2億1,400万円－5,400万円＝1億6,000万円

相続税の基となる税額

妻Bさん＝1億6,000万円×$\frac{1}{2}$×30％－700万円＝1,700万円

孫Eさん＝1億6,000万円×$\frac{3}{16}$×15％－50万円＝400万円

孫Fさん＝1億6,000万円×$\frac{3}{16}$×15％－50万円＝400万円

長女Dさん＝1億6,000万円×$\frac{1}{8}$×15％－50万円＝250万円

相続税の総額＝1,700万円＋400万円＋400万円＋250万円＝**2,750万円**

② 孫Eさんの納付すべき相続税額

$$2,750万円 \times \frac{4,280万円}{2億1,400万円} = 550万円$$

未成年者控除額＝（18歳－14歳）×10万円＝40万円

納付すべき相続税額＝550万円－40万円＝**510万円**

〈解説〉

・Aさんの相続に係る法定相続人は、妻Bさん、長女Dさん、孫Eさんおよび孫Fさんの4人である。孫Eさんおよび孫Fさんが普通養子となっているが、この2人は長男Cさんの代襲相続人であるため、養子の数の算入制限の適用を受けない。

第6章　相続・事業承継　応用編

・法定相続分は、妻Ｂさんが$\frac{1}{2}$、長女Ｄさんが$\frac{1}{8}$（$= \frac{1}{2} \times \frac{1}{4}$）、二重身分である孫Ｅさんおよび孫Ｆさんがそれぞれ$\frac{3}{16}$（$= \frac{1}{8} + \frac{1}{8} \times \frac{1}{2}$）である。

・未成年者控除額は、満18歳に達するまでの年数１年につき10万円である。

《問3》　正解　① 100（％）　② 都道府県知事　③ 400（㎡）
④ 3（年）　⑤ 4（カ月）　⑥ 更正（の請求）

〈解説〉

Ⅰ　個人の事業用資産についての贈与税・相続税の納税猶予及び免除の特例

・後継者は2019年４月１日から2026年３月31日までに個人事業承継計画を都道府県知事に提出し、確認を受けた者に限られる。

・特定事業用資産とは、先代事業者の事業の用に供されていた次の資産で、相続等の日の属する年の前年分の事業所得に係る青色申告書の貸借対照表に計上されていたものをいう。

　㋐　宅地等（400㎡まで）

　㋑　建物（床面積800㎡まで）

　㋒　㋑以外の減価償却資産で次のもの

　　・固定資産税の課税対象とされているもの

　　・自動車税・軽自動車税の営業用の標準税率が適用されるもの

　　・その他一定のもの（貨物運送用など一定の自動車、乳牛・果樹等の生物、特許権等の無形固定資産）

Ⅱ　配偶者に対する相続税額の軽減

　「配偶者に対する相続税額の軽減」は、相続税の申告期限において未分割の財産に対しては適用を受けることができない。ただし、相続税の申告の際に「申告期限後３年以内の分割見込書」を提出し、申告期限後３年以内に遺産分割協議が成立すれば、分割後４カ月以内に更正の請求を行うことにより、「配偶者に対する相続税額の軽減」の適用を受けることが可能となる。

次の設例に基づいて、下記の各問（《問1》〜《問3》）に答えなさい。

―――――――――《設　例》―――――――――

　非上場会社のX株式会社（以下、「X社」という）の代表取締役社長であったAさんが2024年3月に死亡した。Aさんの死亡後、X社では、専務取締役を務めていたAさんの長男Cさんが事業を引き継いでおり、Aさんが所有していたX社株式はすべて長男Cさんが相続により取得する予定である。長男Cさんは、X社株式の相続にあたり、2018年度税制改正により創設された「非上場株式等についての相続税の納税猶予及び免除の特例」の適用を受けることを検討している。

　X社の概要およびAさんに関する資料は、以下のとおりである。なお、長女Dさんは、5年前に病気により死亡している。また、Aさんは、孫Gさんと普通養子縁組（特別養子縁組ではない養子縁組）をしている。

〈X社の概要〉
(1)　業種：食料品製造業
(2)　資本金等の額：7,500万円（発行済株式総数150,000株、すべて普通株式で1株につき1個の議決権を有している）
(3)　株主構成

株主	Aさんとの関係	所有株式数
Aさん	本人	100,000株
Bさん	妻	30,000株
Cさん	長男	20,000株

(4)　株式の譲渡制限：あり
(5)　X社株式の評価（相続税評価額）に関する資料
・X社の財産評価基本通達上の規模区分は「中会社の中」である。
・X社は、特定の評価会社には該当しない。
・比準要素の状況

比準要素	X社	類似業種
1株（50円）当たりの年配当金額	5.5円	4.8円
1株（50円）当たりの年利益金額	41円	38円
1株（50円）当たりの簿価純資産価額	336円	261円

※すべて1株当たりの資本金等の額を50円とした場合の金額である。
・類似業種の1株（50円）当たりの株価の状況
　課税時期の属する月の平均株価　　　　　　：372円
　課税時期の属する月の前月の平均株価　　　：359円

課税時期の属する月の前々月の平均株価　：363円

課税時期の前年の平均株価　　　　　　：336円

課税時期の属する月以前2年間の平均株価：326円

〈Aさんに関する資料〉

(1)　Aさんの親族関係図

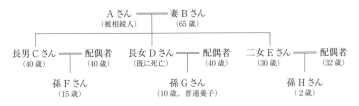

(2)　Aさんが所有していた相続財産（相続税評価額）

現預金　　　　　　　　　：　　7,000万円

X社株式　　　　　　　　：2億8,000万円

自宅の建物　　　　　　　：　　　500万円

自宅の敷地（300㎡）　　：　　6,000万円

X社本社の建物　　　　　：　　3,000万円

X社本社の敷地（500㎡）：　　7,500万円

※X社は、相当の対価を支払い、Aさんから本社建物を賃借していた。

※X社本社の建物および敷地は、貸家および貸家建付地として評価した金額である。

※敷地はいずれも「小規模宅地等についての相続税の課税価格の計算の特例」適用前の金額である。

(3)　Aさんが加入していた生命保険から支払われた死亡保険金

保険の種類　　　　　　　：終身保険

契約年月　　　　　　　　：1990年4月

契約者（＝保険料負担者）：Aさん

被保険者　　　　　　　　：Aさん

死亡保険金受取人　　　　：妻Bさん

死亡保険金額　　　　　　：6,000万円

※上記以外の条件は考慮せず、各問に従うこと。

《問1》《設例》の〈X社の概要〉に基づき、X社株式の1株当たりの類似業種比準価額を求めなさい。〔計算過程〕を示し、〈答〉は円単位とすること。また、端数処理は、各要素別比準割合および比準割合は小数点第2位未満を切り捨て、1株当たりの資本金等の額50円当たりの類似業種比準価額は10銭未満を切り捨て、X社株式の1株当たりの類似業種比準価額は円未満を切り捨てること。

　なお、X社株式の類似業種比準価額の算定にあたり、複数の方法がある場合は、できるだけ低い価額となる方法を選択するものとする。

《問2》《設例》の〈Aさんに関する資料〉に基づき、Aさんの相続における相続税の総額を求めなさい。〔計算過程〕を示し、〈答〉は万円単位とすること。

　なお、長男Cさんは葬儀費用200万円を支払っており、その全額が債務控除の対象となるものとする。また、自宅の敷地は特定居住用宅地等に該当し、X社本社の敷地は特定同族会社事業用宅地等に該当するものとして「小規模宅地等についての相続税の課税価格の計算の特例」の適用を受けるものとし、相続税の総額が最も少なくなるように計算すること。

〈資料〉相続税の速算表

法定相続分に応ずる取得金額		税率	控除額
万円超	万円以下		
	～ 1,000	10%	—
1,000 ～	3,000	15%	50万円
3,000 ～	5,000	20%	200万円
5,000 ～	10,000	30%	700万円
10,000 ～	20,000	40%	1,700万円
20,000 ～	30,000	45%	2,700万円
30,000 ～	60,000	50%	4,200万円
60,000 ～		55%	7,200万円

《問3》2018年度税制改正により創設された「非上場株式等についての相続税の納税猶予及び免除の特例」に関する以下の文章の空欄①～⑧に入る最も適切な語句または数値を、解答用紙に記入しなさい。

「非上場株式等についての相続税の納税猶予及び免除の特例」（以下、「本特例」という）の適用を受けるためには、その会社につき、所定の特例承継計画を策定して都道府県知事に提出し、その確認を受け、「中小企業における経営の承継の円滑化に関する法律」に基づく認定を受けなければならない。この認定を受けるためには、相続開始後（ ① ）カ月以内にその申請を行うことが必要とされている。

また、本特例の適用を受ける後継者は、相続開始の日の翌日から（ ② ）カ月を経過する日において会社の代表権を有し、かつ、相続開始の時において、後継者および後継者と特別の関係がある者で総議決権数の（ ③ ）％超の議決権数を保有することとなることなどの要件を満たす必要がある。なお、後継者が複数いる場合、所定の要件を満たせば、最大（ ④ ）人まで本特例の適用を受けることができる。

仮に、Aさんが所有するX社株式10万株のすべてを長男Cさんが相続により取得し、本特例の適用を受けた場合、長男Cさんは、相続により取得したX社株式に対応する相続税額の（ ⑤ ）の納税猶予を受けることができる。

なお、本特例の適用後、特例経営承継期間の末日において、5年間平均で相続開始時の雇用の（ ⑥ ）割を維持できなかった場合、引き続き納税猶予を受けるためには、下回った理由等を記載した一定の報告書を都道府県知事に提出し、その確認を受ける必要がある。また、特例経営承継期間内は毎年、その期間の経過後は（ ⑦ ）年ごとに、一定の書類を添付した継続届出書を納税地の所轄税務署長に提出する必要があり、その提出がない場合は、猶予されている相続税額の全額と（ ⑧ ）税を納付する必要がある。

【第4問】

⑴　1株当たりの資本金等の額

　　7,500万円÷150,000株＝500円

⑵　類似業種の株価は、①課税時期の属する月の平均株価、②課税時期の属する月の前月の平均株価、③課税時期の属する月の前々月の平均株価、④課税時期の前年の平均株価、⑤課税時期の属する月以前2年間の平均株価の5つの中から最も低い金額を選択するので、326円となる。

$$326円 \times \frac{\dfrac{5.5}{4.8} + \dfrac{41}{38} + \dfrac{336}{261}}{3} \times 0.6 \times \frac{500円}{50円}$$

$$= 326円 \times \frac{1.14 + 1.07 + 1.28}{3} \times 0.6 \times \frac{500円}{50円}$$

$$= 326円 \times 1.16 \times 0.6 \times 10$$

$$= 226.8円 \times 10$$

$$= \mathbf{2,268円}$$

〈解説〉

　類似業種比準価額の算式は以下のとおり。

$$類似業種比準価額 = A \times \frac{\dfrac{ⓑ}{B} + \dfrac{ⓒ}{C} + \dfrac{ⓓ}{D}}{3} \times E \times \frac{1株当たりの資本金等の額}{50円}$$

　A＝類似業種の株価
　B＝類似業種の1株（50円）当たりの年配当金額
　C＝類似業種の1株（50円）当たりの年利益金額
　D＝類似業種の1株（50円）当たりの純資産価額（簿価）
　ⓑ＝評価会社の1株（50円）当たりの年配当金額
　ⓒ＝評価会社の1株（50円）当たりの年利益金額
　ⓓ＝評価会社の1株（50円）当たりの純資産価額（簿価）
　E＝斟酌率（大会社0.7、中会社0.6、小会社0.5）

※　X社は「中会社」に該当するため、斟酌率0.6を用いる。

第6章

相続・事業承継　応用編

① 課税価格の合計額

　　現預金、X社株式（問1）、自宅の建物、自宅の敷地、X社本社の建物 、X社本社の敷地、死亡保険金、自宅とX社本社の敷地は、「小規模宅地等についての相続税の課税価格の計算の特例」を適用する。

　　小規模宅地の特例は、特定居住用宅地等に該当する場合は330㎡を上限に80％が減額される。特定事業用宅地等に該当する場合は400㎡を上限に80％減額される。なお、特定居住用宅地等と特定事業用宅地等を併用するときは、それぞれ適用可能となっている。

> **小規模宅地の特例による評価減額＝自用地評価額×$\dfrac{適用上限}{敷地面積}$×減額割合**

・自宅の敷地は、300㎡であり、すべての敷地面積が80％減額になる。

$$6,000万円－(6,000万円×\frac{300㎡}{300㎡}×80\%)＝1,200万円$$

・X社本社の敷地は、500㎡であり、このうち400㎡が80％減額になる。

$$7,500万円－(7,500万円×\frac{400㎡}{500㎡}×80\%)＝2,700万円$$

　　次に、死亡保険金額6,000万円から、非課税財産を差し引く。Aさんの法定相続人は、妻Bさん、長男Cさん、二女Eさん、長女Dさんの代襲相続人である孫Gさんの4人である。

　　6,000万円－(500万円×4人)＝4,000万円

∴　課税価格の合計額

　　7,000万円＋2億8,000万円＋500万円＋1,200万円＋3,000万円＋2,700万円
　　＋4,000万円－200万円＝4億6,200万円

② 遺産に係る基礎控除額

　　3,000万円＋(600万円×4人)＝5,400万円

③ 課税遺産総額

　　4億6,200万円－5,400万円＝4億800万円

④ 相続税の総額

　　課税遺産総額を法定相続分で仮分割して、相続税額を求める。なお、Aさんは、孫Gさんと普通養子縁組をしている。孫Gさんは、子どもと孫の2つの身分がある。

・妻Bさん：$4億800万円×\dfrac{1}{2}×45\%－2,700万円＝6,480万円$

・長男Cさん：$4億800万円 \times \dfrac{1}{8} \times 30\% - 700万円 = 830万円$

・二女Eさん：$4億800万円 \times \dfrac{1}{8} \times 30\% - 700万円 = 830万円$

・孫Gさん：$4億800万円 \times \dfrac{1}{4} \times 40\% - 1,700万円 = 2,380万円$

∴　相続税の総額
　　$6,480万円 + 830万円 + 830万円 + 2,380万円 = \mathbf{1億520万円}$

《問3》 正解 ① **8（カ月）**　② **5（カ月）**　③ **50（％）**
　　　　　④ **3（人）**　⑤ **全額**　⑥ **8（割）**　⑦ **3（年）**
　　　　　⑧ **利子**

① 「非上場株式等についての相続税の納税猶予及び免除の特例」の適用を受けるためには、2026年3月31日までに特例承継計画を都道府県知事に提出して、認定を受ける必要がある。認定の申請は相続開始後**8カ月**以内となっている。

② なお、この特例の適用を受ける後継者は、相続開始の日の翌日から**5カ月**を経過する日において会社の代表権を有し、

③ 相続開始の時において、後継者および後継者と特別の関係がある者で総議決権数の**50％**超の議決権数を保有することとなることなどの要件を満たす必要がある。

④ 後継者が複数いる場合、所定の要件を満たせば、最大**3人**まで本特例の適用を受けることができる。

⑤ 本特例の適用を受けた場合、長男Cさんは、相続により取得したX社株式に対応する相続税額の**全額**の納税猶予を受けることができる。

⑥ 本特例の適用後、特例経営承継期間の末日において、5年間の平均で相続開始時の雇用の**8割**を維持できなかった場合、引き続き納税猶予を受けるためには、下回った理由等を記載した一定の報告書を都道府県知事に提出し、その確認を受ける必要がある。

⑦ 特例経営承継期間内は毎年、その期間の経過後は**3年**ごとに一定の書類を添付した継続届出書を納税地の所轄税務署長に提出する必要がある。

⑧ 提出がない場合は、猶予されている相続税額の全額と**利子税**を納付する必要がある。

「非上場株式等についての贈与税の納税猶予及び免除の特例」（以下「特例措置」という）と、今までの措置（以下「一般措置」という）の違いは以下のとおりである。

比較項目（主なもの）	一般措置	特例措置
事前の計画策定等	不要	5年以内に特例承継計画を都道府県知事に提出（2026年3月31日まで）
適用期限	なし	10年以内の贈与・相続等（2027年12月31日まで）
対象株式数	保有している株式数（30％）を含めて発行済議決権株式等の総数等の3分の2まで	全株式
納税猶予割合	贈与100％・相続80％	100％
雇用確保要件（承継後5年間で平均8割維持）	要件未達成の場合は、猶予された税額を全額納付	要件未達成の場合でも、猶予は継続可能（経営悪化等が理由の場合、認定経営革新等支援機関の指導助言が必要）

【第5問】（2023年5月 第5問《問63》〜《問65》改題）　　チェック欄□□□□□

次の設例に基づいて、下記の各問（《問1》〜《問3》）に答えなさい。

───── 《設　例》 ─────

　Aさん（71歳）は、一昨年ごろから自身の健康面に不安を感じることが多くなり、自身の相続が発生したときのことを考えるようになった。

　そこで、Aさんは、いくつかの相続セミナーに参加してみたところ、これまで子どもたちの仲は良好であるため遺産分割でもめることはないと漠然と思っていたが、多くのトラブル事例を聞き、不安を感じるようになった。このため、自身の相続財産がどれくらいの金額になるのかを把握したうえで、遺言書を作成しておきたいと考えている。

　また、Aさんは、相続対策の一環として、2022年10月に長男Cさん（42歳）に暦年贈与により560万円を贈与しているが、さらに、二男Dさん（38歳）に贈与税の非課税措置を利用して住宅取得資金の援助を行うことも考えている。

　Aさんに関する資料は、以下のとおりである。

〈Aさんに関する資料〉
（1）　Aさんの親族関係図

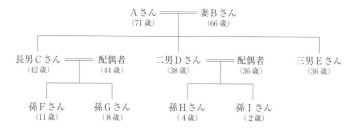

（2）　Aさんが所有する自宅敷地、貸家建付地の概要

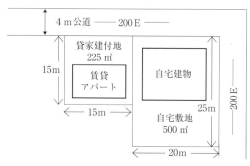

(3) Ａさんが所有する財産（相続税評価額）

現預金　　　：１億4,500万円

上場株式　　：１億3,000万円

自宅建物　　：2,500万円

自宅敷地　　：□□□万円

賃貸アパート：2,000万円

貸家建付地　：□□□万円

(4) Ａさんが加入している生命保険の契約内容

保険の種類　　　　　　　　　：終身保険

契約年月　　　　　　　　　　：1995年４月

契約者（＝保険料負担者）・被保険者：Ａさん

死亡保険金受取人　　　　　　：妻Ｂさん

死亡保険金額　　　　　　　　：5,000万円

※長男Ｃさんは、Ａさんからの贈与について、贈与税を納付しており、贈与税の非課税措置の適用を受けていない。

※自宅敷地は500㎡の長方形の土地であり、貸家建付地は225㎡の正方形の土地である。

※自宅敷地および貸家建付地は、市街化区域内の普通住宅地区に所在し、地積規模の大きな宅地に該当しない。

※賃貸アパートの借家権割合は30％、賃貸割合は100％とする。

※問題の性質上、明らかにできない部分は「□□□」で示してある。

※上記以外の条件は考慮せず、各問に従うこと。

《問１》《設例》のＡさんが所有する自宅敷地、貸家建付地の概要に基づき、次の①および②について「小規模宅地等についての相続税の課税価格の計算の特例」の適用前の相続税評価額をそれぞれ求めなさい（計算過程の記載は不要）。〈答〉は万円単位とすること。

① 貸家建付地

② 自宅敷地

〈資料〉奥行価格補正率表（一部抜粋）

奥行距離（m）　　地区区分	普通住宅地区
10以上　12未満	
12 〃　14 〃	
14 〃　16 〃	1.00
16 〃　20 〃	
20 〃　24 〃	
24 〃　28 〃	0.97

〈資料〉側方路線影響加算率表（一部抜粋）

地区区分	加算率	
	角地の場合	準角地の場合
普通住宅地区	0.03	0.02

《問２》仮にＡさんが現時点（2024年5月28日）で死亡し、長男Ｃさんに係る相続税の課税価格が1億1,070万円である場合、《設例》の〈Ａさんに関する資料〉に基づき、次の①〜③に答えなさい。〔計算過程〕を示し、〈答〉は万円単位とすること。

なお、《問１》の答にかかわらず、自宅敷地の相続税評価額は1億円、貸家建付地の相続税評価額は4,000万円（いずれも「小規模宅地等についての相続税の課税価格の計算の特例」の適用前の金額）とすること。また、自宅建物およびその敷地を妻Ｂさんが相続して、自宅敷地について「小規模宅地等についての相続税の課税価格の計算の特例」の適用を受けるものとする。

① 課税価格の合計額はいくらか。
② 相続税の総額はいくらか。
③ 長男Ｃさんの納付すべき相続税額はいくらか。

〈資料〉相続税の速算表

法定相続分に応ずる取得金額		税率	控除額
万円超	万円以下		
	～ 1,000	10%	―
1,000	～ 3,000	15%	50万円
3,000	～ 5,000	20%	200万円
5,000	～ 10,000	30%	700万円
10,000	～ 20,000	40%	1,700万円
20,000	～ 30,000	45%	2,700万円
30,000	～ 60,000	50%	4,200万円
60,000	～	55%	7,200万円

〈資料〉贈与税の速算表（一部抜粋）

基礎控除後の課税価格		特例贈与財産		一般贈与財産	
		税率	控除額	税率	控除額
万円超	万円以下				
	～ 200	10%	―	10%	―
200	～ 300	15%	10万円	15%	10万円
300	～ 400	15%	10万円	20%	25万円
400	～ 600	20%	30万円	30%	65万円

《問3》遺言および贈与税の非課税措置に関する以下の文章の空欄①～⑥に入る最も適切な語句または数値を、解答用紙に記入しなさい。なお、問題の性質上、明らかにできない部分は「□□□」で示してある。

〈遺言〉

Ⅰ 「民法に定める自筆証書遺言、公正証書遺言、秘密証書遺言のうち、公正証書遺言は、証人（ ① ）人以上の立会いのもと、遺言者が遺言の趣旨を公証人に口授し、公証人がこれを筆記して作成します。自筆証書遺言は、遺言者が、原則としてその全文、日付および氏名を自書し、これに押印して作成します。自筆証書遺言には、自筆証書遺言書保管制度があり、同制度により（ ② ）に保管された自筆証書遺言については、遺言者の相続開始時に（ ③ ）における検認の手続が不要になります。

公正証書遺言では、遺言書の作成時に、正本1通と謄本1通の交付を受けるのが通常であり、これを利用して遺言執行を行うので、遺言者の死後に、改めて遺言書の謄本を請求する必要はありません。一方、自筆証書遺言書保管制度では、

（　②　）で保管された自筆証書遺言について、写しは手元に残りません。遺言者の相続開始後に、相続人等が、一定の書類を添付して（　④　）証明書の交付請求をし、交付を受けた（　④　）証明書を用いて遺言執行を行います」

〈直系尊属から住宅取得等資金の贈与を受けた場合の贈与税の非課税〉

Ⅱ　「贈与により取得した住宅取得等資金について、取得する住宅用家屋の構造に応じて贈与税が非課税となります。この特例による非課税限度額は、2024年5月に住宅用家屋を新築した場合、受贈者ごとに、住宅取得等資金を充てて新築した住宅用家屋が一定の省エネ等住宅であるときは（　⑤　）万円、省エネ等住宅以外であるときは□□□万円となります。

　　この特例の適用を受けるためには、受贈者は、贈与を受けた年の1月1日において18歳以上であり、贈与を受けた年の年分の所得税に係る合計所得金額が2,000万円以下でなければなりません。また、受贈者が取得する住宅用家屋は、受贈者の居住の用に供する家屋で、床面積は（　⑥　）㎡以下等の要件を満たさなければなりません」

【第5問】

《問1》 正解 ① 3,825万円 ② 10,194万円

① 貸家建付地の評価額は、次の算式で求める。

> 貸家建付地の評価額＝自用地価額×（1－借地権割合×借家権割合×賃貸割合）

また、一方のみが路線に接する宅地の評価額は、次の算式で求める。

> 自用地価額＝路線価×奥行価格補正率×地積

Aさんが所有する貸家建付地の評価額を算出するにあたり、借地権割合は路線価図に「E」とあるため50％となる。

自用地価額＝200千円×1.00×225㎡＝45,000千円

貸家建付地の評価額＝45,000千円×（1－50％×30％×100％）

＝38,250千円（3,825万円）

② 正面と側方に路線がある宅地の評価額は、次の算式で求める。

> 自用地価額＝（イ＋ロ）×地積
> イ＝正面路線価×奥行価格補正率
> ロ＝側方路線価×奥行価格補正率×側方路線影響加算率
> ※正面路線は、路線価に奥行価格補正率を乗じた価額の高いものである。

Aさんが所有する自宅敷地の評価額は、次のとおりである。

・正面路線の決定

（北側接道）200千円×0.97＝194千円

（東側接道）200千円×1.00＝200千円

194千円＜200千円より、東側接道が正面路線、北側接道が側方路線となる。

・自宅敷地の評価額

（200千円×1.00＋200千円×0.97×0.02※）×500㎡＝**101,940千円（10,194万円）**

※一系統の路線の屈折部の内側に位置する宅地を準角地といい、側方路線影響加算率は0.02である。

《問2》 正解 ① 4億4,280万円 ② 9,808万円 ③ 2,392万円

① 課税価格の合計額

・自宅敷地（小規模宅地等の評価減の特例適用後の価額）

$$1億円－1億円×\frac{330㎡}{500㎡}×80％＝4,720万円$$

・死亡保険金（非課税限度額適用後の価額）

696

$$5,000万円 - 500万円 \times 4人 = 3,000万円$$

　・課税価格の合計額

　　1億4,500万円 + 1億3,000万円 + 2,500万円 + 4,720万円 + 2,000万円 + 4,000万円

　　+ 3,000万円 + 560万円 = **4億4,280万円**

② 相続税の総額

　・遺産に係る基礎控除額

　　3,000万円 + 600万円 × 4人 = 5,400万円

　・課税遺産総額

　　4億4,280万円 - 5,400万円 = 3億8,880万円

　・妻Bさんが法定相続分にしたがって取得したものとして計算した相続税の額

$$3億8,880万円 \times \frac{1}{2} \times 40\% - 1,700万円 = 6,076万円$$

　・長男Cさん、二男Dさんおよび三男Eさんが法定相続分にしたがって取得したものとして計算した相続税の額

$$3億8,880万円 \times \frac{1}{6} \times 30\% \quad 700万円 - 1,244万円$$

　・相続税の総額

　　6,076万円 + 1,244万円 + 1,244万円 + 1,244万円 = **9,808万円**

③ 長男Cさんの納付すべき相続税額

　・算出相続税額

$$9,808万円 \times \frac{1億1,070万円}{4億4,280万円} = 2,452万円$$

　・贈与税額控除額

　　(560万円 - 110万円) × 20% - 30万円 = 60万円

　・長男Cさんの納付すべき相続税額

　　2,452万円 - 60万円 = **2,392万円**

〈解説〉

　・Aさんの相続に係る法定相続人は、妻Bさん、長男Cさん、二男Dさんおよび三男Eさんの4人である。法定相続分は、妻Bさんが $\frac{1}{2}$、長男Cさん、二男Dさんおよび三男Eさんがそれぞれ $\frac{1}{6}$ （$= \frac{1}{2} \times \frac{1}{3}$）である。

　・2022年10月に長男Cさんに贈与した560万円は生前贈与加算の対象となるが、納付した贈与税額は税額控除の対象となる。

　・自宅敷地について「小規模宅地等の評価減の特例」の適用を受けるため、限度面

積330㎡、減額割合80％として計算する。なお、自宅敷地が限度面積を超えているため、貸家建付地については「小規模宅地等の評価減の特例」の適用を受けることができない。

・死亡保険金は、契約者（＝保険料負担者）および被保険者が被相続人、受取人が相続人であるため、相続税の課税対象となるが、非課税限度額の適用を受けることができる。

《問3》　正解　① 2（人）　② 法務局　③ 家庭裁判所
　　　　　④ 遺言書情報（証明書）　⑤ 1,000（万円）
　　　　　⑥ 240（㎡）

〈解説〉

Ⅰ　自筆証書遺言保管制度の概要は、次のとおりである。

保管申請	・遺言者自ら、遺言者の住所地、本籍地または遺言者が所有する不動産の所在地を管轄する法務局に出頭し、申請する。
遺言者死亡後の取扱い	・相続人や受遺者等は、遺言書が保管されているかどうかを証明した書面（遺言書保管事実証明書）の交付を請求できる。 ・相続人や受遺者等は、遺言書の画像情報等を用いた証明書（遺言書情報証明書）の交付請求および遺言書原本の閲覧請求をすることができる。 ・保管されている遺言書については、相続人であっても返却を受けることができない。
遺言書の検認	・保管されている遺言書は、家庭裁判所の検認が不要である。

Ⅱ　直系尊属から住宅取得等資金の贈与を受けた場合の贈与税の非課税は、その年の1月1日において、18歳以上である者（合計所得金額2,000万円以下の者に限る）が、自己の居住の用に供する一定の家屋の新築、取得または増改築のための資金を、直系尊属からの贈与により取得した場合に、贈与税が非課税となる制度である。

非課税限度額は、次のとおりである。なお、良質な住宅とは、省エネルギー性、耐震性またはバリアフリーを備えた良質住宅用家屋をいう。

贈与日	良質な住宅	一般住宅
2024年1月1日〜2026年12月31日	1,000万円	500万円

また、居住用家屋の主な要件は、次のとおりである。
・新耐震基準に適合している住宅等家屋、登記記録上の建築日が1982年1月1日以後の住宅用家屋または建築後使用されたことがない住宅用家屋
・家屋の床面積（区分所有の場合、当該区分所有する部分の床面積）が50㎡以上240㎡以下であること（合計所得金額が1,000万円である場合、床面積40㎡以上

50㎡未満について適用を受けることができる）

第6章　相続・事業承継　応用編

Memo

一般社団法人　金融財政事情研究会　ファイナンシャル・プランニング技能検定
１級学科試験・１級実技試験（資産相談業務）　平成29年10月許諾番号1710K000002

よくわかるFPシリーズ

2024－2025年版　合格トレーニング　FP技能士1級

（2013年度版　2013年6月30日　初版第1刷発行）
2024年6月5日　初　版　第1刷発行

編 著 者　　Ｔ　Ａ　Ｃ　株　式　会　社
　　　　　　　　　　　　　　　　（FP講座）
発 行 者　　多　　　田　　　敏　　　男
発 行 所　　ＴＡＣ株式会社　出版事業部
　　　　　　　　　　　　　　　　（ＴＡＣ出版）
〒101-8383
東京都千代田区神田三崎町3-2-18
電　話　03（5276）9492（営業）
FAX　03（5276）9674
https://shuppan.tac-school.co.jp/

印　　刷　　株式会社　ワ　　コ　　ー
製　　本　　株式会社　常　川　製　本

© TAC 2024　　Printed in Japan　　ISBN 978-4-300-11199-4
N.D.C. 338

魅惑のパーソナルファイナンスの世界を感じられる無料オンラインセミナーです！

「多くの方が不安に感じる年金問題」「相続トラブルにより増加する空き家問題」
「安全な投資で資産を増やしたいというニーズ」など、社会や個人の様々な問題の解決に、
ファイナンシャルプランナーの知識は非常に役立ちます。
長年、ファイナンシャルプランニングの現場で顧客と向き合い、
夢や目標を達成するためのアドバイスをしてきたベテランFPのTAC講師陣が、
無料のオンラインセミナーで魅力的な知識を特別にお裾分けします。
とても面白くためになる内容です！
無料のオンラインセミナーですので、気軽にご参加いただけます。
ぜひ一度視聴してみませんか？　皆様の世界が広がる実感が持てるはずです。

皆様の **人生を充実させる**のに必要なコンテンツがぎっしり詰まった**オンラインセミナー**です！

 参考 ▷ **過去に行ったテーマ例**

- 達人から学ぶ「不動産投資」の極意
- 老後に役立つ個人年金保険
- 医療費をたくさん払った場合の節税対策
- 基本用語を分かりやすく解説 NISA
- 年金制度と住宅資産の活用法
- FP試験電卓活用法
- 1級・2級本試験予想セミナー
- 初心者でもできる投資信託の選び方
- 安全な投資のための商品選びのチェックポイント
- 1級・2級頻出論点セミナー

- そろそろ家を買いたい！実現させるためのポイント
- 知らないと損する！社会保険と公的年金の押さえるべきポイント
- 危機、災害に備える家計の自己防衛術を伝授します
- 一生賃貸で大丈夫？老後におけるリスクと未然の防止策
- 住宅購入時の落とし穴！購入後の想定外のトラブル
- あなたに必要な保険の見極め方
- ふるさと納税をやってみよう♪ぴったりな寄付額をチェック

ファイナンシャル・プランナー

書籍で学習されている方のための
直前期の試験対策に最適のコース!

1級の書籍で一通り知識のインプット学習を進めている方が、
直前期に最短で効果的な知識の確認と演習を行うことができるコースです。
難関である1級学科試験を突破するために、TACの本試験分析のノウハウを手に入れて
合格を勝ち取りたい方にとって打ってつけのコースです。

最新の試験分析のエッセンスが詰まった
あなたにオススメのコース

▼

1級直前対策パック
（総まとめ講義＋模擬試験）

TACオリジナル教材「総まとめテキスト」(非売品)が手に入ります！

TAC FP 1級直前対策パック🔍

最新の法改正を総ざらいできることはもちろん、
☑ **3年で6回以上出た「サブロクチェック」**
☑ **穴埋めで確認「キーワードチェック」**
☑ **押さえておくべき「定番出題パターン」**
☑ **出題傾向をベースにした「予想問題」など、**
1級試験の"急所"がばっちり押さえられます！

TACは何度も出題されるところを知り尽くしています!

OP オプション講座

1級直前対策パック (総まとめ講義6回+模擬試験1回)

総まとめ講義

試験直前期に押さえておきたい最新の法改正などポイントを総ざらいした「総まとめテキスト」を使用します。
基礎編は出題範囲は広いものの50問しかないため、取りこぼしができません。過去の本試験の頻出論点もピックアップ。"サブロクチェック"で知識の再確認を行います。

応用編は、空欄補充問題と計算問題が中心となります。空欄補充問題で問われやすい論点の用語等のチェックと、計算問題の解法手順を演習を繰り返しながらマスターします。

模擬試験 ※自己採点(配布のみ)

本試験形式のTAC予想問題です。満点を取るまで繰り返し復習し、本試験に臨みましょう。

ひと目でわかるよう図表などを用いて重要論点をまとめています。

過去3年間で6回以上出題されている論点をピックアップしたもので、効率よく知識の再確認ができます。

通常受講料

通学(教室・ビデオブース)講座		¥35,000
Web通信講座		
DVD通信講座		¥40,000

※0から始まる会員番号をお持ちでない方は、受講料のほかに別途入会金(¥10,000・消費税込)が必要です。会員番号につきましては、TACカスタマーセンター(0120-509-117)までお問い合わせください。
※上記受講料は、教材費込・消費税込です。

コースの詳細、割引制度等は、TAC HPまたはパンフレットをご覧ください。

TAC FP 1級直前対策パック

TAC出版 書籍のご案内

TAC出版では、資格の学校TAC各講座の定評ある執筆陣による資格試験の参考書をはじめ、
資格取得者の開業法や仕事術、実務書、ビジネス書、一般書などを発行しています！

TAC出版の書籍

*一部書籍は、早稲田経営出版のブランドにて刊行しております。

資格・検定試験の受験対策書籍

- ○日商簿記検定
- ○建設業経理士
- ○全経簿記上級
- ○税　理　士
- ○公認会計士
- ○社会保険労務士
- ○中小企業診断士
- ○証券アナリスト

- ○ファイナンシャルプランナー(FP)
- ○証券外務員
- ○貸金業務取扱主任者
- ○不動産鑑定士
- ○宅地建物取引士
- ○賃貸不動産経営管理士
- ○マンション管理士
- ○管理業務主任者

- ○司法書士
- ○行政書士
- ○司法試験
- ○弁理士
- ○公務員試験(大卒程度・高卒者)
- ○情報処理試験
- ○介護福祉士
- ○ケアマネジャー
- ○電験三種　ほか

実務書・ビジネス書

- ○会計実務、税法、税務、経理
- ○総務、労務、人事
- ○ビジネススキル、マナー、就職、自己啓発
- ○資格取得者の開業法、仕事術、営業術

一般書・エンタメ書

- ○ファッション
- ○エッセイ、レシピ
- ○スポーツ
- ○旅行ガイド (おとな旅プレミアム/旅コン)

FP（ファイナンシャル・プランナー）対策書籍のご案内

TAC出版のFP（ファイナンシャル・プランニング）技能士対策書籍は金財、日本FP協会それぞれに対応したインプット用テキスト、アウトプット用テキスト、インプット＋アウトプット一体型教材、直前予想問題集の各ラインナップで、受検生の多様なニーズに応えていきます。

みんなが欲しかった！シリーズ

『みんなが欲しかった！FPの教科書』
●1級 学科基礎・応用対策 ●2級・AFP ●3級
1級 滝澤ななみ 監修・TAC FP講座 編著・A5判・2色刷
2・3級 滝澤ななみ 編著・A5判・4色オールカラー
■ イメージがわきやすい図解と、シンプルでわかりやすい解説で、短期間の学習で確実に理解できる！動画やスマホ学習に対応しているのもポイント。

『みんなが欲しかった！FPの問題集』
●1級 学科基礎・応用対策 ●2級・AFP ●3級
1級：TAC FP講座 編著・A5判・2色刷
2・3級：滝澤ななみ 編著・A5判・2色刷
■ 無駄をはぶいた解説と、重要ポイントのまとめによる「アウトプット→インプット」学習で、知識を完全に定着。

わかって合格る シリーズ

『みんなが欲しかった！FPの予想模試 3級』 TAC出版編集部 編著
滝澤ななみ 監修・A5判・2色刷
■ 出題が予想される厳選模試を学科3回分、実技2回分掲載。さらに新しい出題テーマにも対応しているので、本番前の最終確認に最適。

『みんなが欲しかった！FP合格へのはじめの一歩』
滝澤ななみ 編著・
A5判・4色オールカラー
■ FP3級に合格できて、自分のお金ライフもわかっちゃう。本気でやさしいお金の入門書。自分のお金を見える化できる別冊お金ノートつきです。

『わかって合格る FPのテキスト』
●3級 TAC出版編集部 編著
A5判・4色オールカラー
■ 圧倒的なカバー率とわかりやすさを追求したテキスト。さらに人気YouTuberが監修してポイント解説をしてくれます。

『わかって合格る FPの問題集』
●3級 TAC出版編集部 編著
A5判・2色刷
■ 過去問題を徹底的に分析し、豊富な問題数で合格をサポートさらに人気YouTuberが監修しているので、わかりやすさも抜群。

スッキリ シリーズ

『スッキリわかる FP技能士』
●1級 学科基礎・応用対策 ●2級・AFP ●3級
白鳥光良 編著・A5判・2色刷
■ テキストと問題集をコンパクトにまとめたシリーズ。繰り返し学習を行い、過去問の理解を中心とした学習を行えば、合格ラインを超える力が身につきます！

『スッキリとける 過去＋予想問題 FP技能士』
●1級 学科基礎・応用対策 ●2級・AFP ●3級
TAC FP講座 編著・A5判・2色刷
■ 過去問の中から繰り返し出題される良問で基礎力を養成し、学科・実技問題の重要項目をマスターできる予想問題で解答力を高める問題集。

書籍の正誤に関するご確認とお問合せについて

書籍の記載内容に誤りではないかと思われる箇所がございましたら、以下の手順にてご確認とお問合せをしてくださいますよう、お願い申し上げます。

なお、正誤のお問合せ以外の**書籍内容に関する解説および受験指導などは、一切行っておりません。**
そのようなお問合せにつきましては、お答えいたしかねますので、あらかじめご了承ください。

1 「Cyber Book Store」にて正誤表を確認する

TAC出版書籍販売サイト「Cyber Book Store」の
トップページ内「正誤表」コーナーにて、正誤表をご確認ください。

CYBER TAC出版書籍販売サイト
BOOK STORE

URL：https://bookstore.tac-school.co.jp/

2 ①の正誤表がない、あるいは正誤表に該当箇所の記載がない ⇒ 下記①、②のどちらかの方法で文書にて問合せをする

★ご注意ください★

お電話でのお問合せは、お受けいたしません。

①、②のどちらの方法でも、お問合せの際には、「お名前」とともに、
「対象の書籍名（○級・第○回対策も含む）およびその版数（第○版・○○年度版など）」
「お問合せ該当箇所の頁数と行数」
「誤りと思われる記載」
「正しいとお考えになる記載とその根拠」
を明記してください。

なお、回答までに１週間前後を要する場合もございます。あらかじめご了承ください。

① ウェブページ「Cyber Book Store」内の「お問合せフォーム」より問合せをする

【お問合せフォームアドレス】

https://bookstore.tac-school.co.jp/inquiry/

② メールにより問合せをする

【メール宛先　TAC出版】

syuppan-h@tac-school.co.jp

※土日祝日はお問合せ対応をおこなっておりません。
※正誤のお問合せ対応は、該当書籍の改訂版刊行月末日までといたします。

乱丁・落丁による交換は、該当書籍の改訂版刊行月末日までといたします。なお、書籍の在庫状況等により、お受けできない場合もございます。

また、各種本試験の実施の延期、中止を理由とした本書の返品はお受けいたしません。返金もいたしかねますので、あらかじめご了承くださいますようお願い申し上げます。

（2022年7月現在）